國學典藏

呂氏春秋

【汉】高诱 注
【清】毕沅 校
徐小蛮 标点

上海古籍出版社

图书在版编目(CIP)数据

吕氏春秋/(汉)高诱注;(清)毕沅校;徐小蛮标点.—上海:上海古籍出版社,2014.8(2017.2 重印)
(国学典藏)
ISBN 978-7-5325-7184-0

Ⅰ.①吕… Ⅱ.①高… ②毕… ③徐… Ⅲ.①杂家②《吕氏春秋》—注释 Ⅳ.①B229.22

中国版本图书馆 CIP 数据核字(2014)第 030369 号

国学典藏
吕氏春秋
[汉]高诱 注
[清]毕沅 校
徐小蛮 标点
上海世纪出版股份有限公司
上 海 古 籍 出 版 社 出版
(上海瑞金二路 272 号 邮政编码 200020)
(1)网址:www.guji.com.cn
(2)E-mail:guji1@guji.com.cn
(3)易文网网址:www.ewen.co
上海世纪出版股份有限公司发行中心发行经销
上海展强印刷有限公司印刷
开本 890×1240 1/32 印张 20.25 插页 6 字数 560,000
2014 年 8 月第 1 版 2017 年 2 月第 4 次印刷
印数:5,301—6,800
ISBN 978-7-5325-7184-0
B·856 定价:49.00 元

前　言

徐小蛮

《吕氏春秋》又名《吕览》,是先秦的一部重要典籍,旧题秦吕不韦撰,其实是秦相吕不韦主编而由其门下宾客集体撰著的学术总集。

《史记·吕不韦传》记载:"吕不韦乃使其客人人著所闻,集论以为八览、六论、十二纪,二十余万言。以为备天地万物古今之事,号曰《吕氏春秋》。布咸阳市门,悬千金其上,延诸侯游士宾客有能增损一字者予千金。"吕不韦广罗学者,编撰巨著,公开买错,求改文章,这实在是中国编书史上的一大盛事,于此亦可见这位权倾一时的秦相的政治魄力及其称霸学术的气势。

《吕氏春秋》约成书于秦始皇八年。《序意》篇说:"维秦八年,岁在涒滩,秋甲子朔,良人请问十二纪。"秦始皇八年即前239年,距前221年秦统一六国仅十九年。秦的统一天下,在中国历史上是空前的大业,其影响并及于今天。《吕氏春秋》的撰成,显示出统一前政治上的要求,思想上的动员,理论上的准备,是适应历史潮流的产物。

《吕氏春秋》以十二纪为首,"以春为喜气而言生,夏为乐气而言养,秋为怒气而言杀,冬为哀气而言死,所谓春生夏长秋收冬藏也"。每一纪以月令开头,"以第一篇言天地之道,而以四篇言人事",每纪五篇,最后一篇是《序意》,共六十一篇。其次是八览。第一篇《有始览》说:“天斟万物,圣人览焉,以观其类。”明示八览的宗旨,并从开天辟地天地“有始”出发,讲“孝行”、“慎大”、“先识”、“审分”、“审应”、“离俗”、“恃君”,本之于天,探究国家祸福的由来,博论治国之术。每览八篇,《有始览》缺一篇,共计六十三篇。最后是六论,共三十六篇,“盖博言君臣氓庶之所当务者也”(吕思勉《先秦学术概论》)。殿后的《士容论》,主要论述士的气质、修养、品格和知识结构,其后四篇《上农》、《任地》、《辩土》、《审时》则反映了先秦农家学说,盖以农业为国家的基础,士不可不知也,所以其作用不仅仅是保留了极有价值的农家学说资料。《吕氏春秋》以当时的现实政治为纲,纲举目张,全书编次条贯统系,是任何一部先秦著作所不能企及的。

战国后期,先秦各派学术思想空前发达,已到了一个总结阶段,《吕氏春秋》对诸子百家学说作了一次大规模的综合性概括,不别门户,集其大成,以有利于国家的统治。对于此书属于哪一家,历来有不同的看法。班固的《汉书·艺文志》将其归入杂家;《四库全书总目提要》谓“大抵以儒为主,而参以道家、墨家”;清人卢文弨说“大约宗墨氏之学,而缘饰以儒术”;陈奇猷先生在其《吕氏春秋校释》中则认为“吕不韦的主导思想是阴阳家之学”;《辞海》(1988年版)称其“内容以儒道思想为主”。而早在汉末,高诱在《吕氏春秋序》中已说此书“以道法为标的,以无为为纲纪”,肯定了它以老庄哲学思想为主导。

《吕氏春秋》根本旨归在于圣人之治,所以虽倡导法天地、无为而治,仍然集纳儒家的别贵贱、重教化,墨家的首功利、主尚贤,法家的尊主卑臣、一断于法,乃至阴阳家论阴阳五行等一切有益于当时现实政治的学说。此外,《吕氏春秋》又崇尚自然,重视生命,讲全性之道。有的学者将它归入秦汉道家类,自是比较妥当的。

《吕氏春秋》富有中国重实践、讲辩证的思维特色，涵盖哲学、政治、经济、历史、道德、军事等领域，引《诗经》、《尚书》、《周易》、《礼记》、《春秋》及诸子等典籍，为秦统一天下提供了理论基础，为后世展示了一整套综合的文化学说，并保存了大量可贵的先秦学术资料。一百多年后，汉刘安主编的《淮南子》又进一步全面发扬了《吕氏春秋》的基本思想。

吕不韦相秦十三年，为秦统一天下建有不小的功绩，从其主持编成的《吕氏春秋》，“你可以发觉它的每一篇每一节差不多都是和秦国的政治传统相反对，尤其是和秦始皇后来的政见和作风作正面的冲突”（郭沫若《十批判书·吕不韦与秦王政的批判》）。因而，他在生前不幸被迫害而自杀，死后又没有得到公允的评价，是很自然的。而今天，作为对先秦哲学思想进行系统探讨的《吕氏春秋》在先秦哲学史中放射的异彩，正愈来愈吸引着人们的重视与研究。

《吕氏春秋》旧有汉末高诱训解，经二千多年辗转流传，书中有不少讹脱、错简以致晦涩难解之处，有些篇文字前后重复，或内容缺乏联系，甚至相互牴牾，但已无从考订。现存最早版本是元至正年间嘉兴路儒学刊本。明代有弘治十一年李瀚刻等十余种本子。清乾隆间，著名学者毕沅据元人大字本等八种悉心校勘，厘成《吕氏春秋》校正本。光绪元年，浙江书局在印行毕氏本时又作过校正。本书采用浙江书局本作底本，除明显错误外，一般不作校改，顺应原校注内容标点，以为读者提供一种比较简练可读的本子。

目　录

吕氏春秋新校正序

毕　沅

《汉书·艺文志》杂家,《吕氏春秋》二十六卷,秦相吕不韦辑智略士作。原夫六经以后,九流竞兴,虽醇醨有间,原其意旨,要皆有为而作。降如虞卿诸儒,或因穷愁,托于造述,亦皆有不获已之故焉。其著一书,专觊世名,又不成于一人,不能名一家者,实始于不韦,而《淮南》内外篇次之。然淮南王后不韦几二百年,其采用诸书,能详所自出者,十尚四五。即如今《道藏》中《文子》十二篇,淮南王书前后采之殆尽,间有增省一二字、移易一二语以成文者,类皆当时宾客所为,而淮南王又不暇深考与?

不韦书在秦火以前,故其采缀,原书类亡,不能悉寻其所本。今观其《至味》一篇,皆述伊尹之言,而汉儒如许慎、应劭等间引其文,一则直称伊尹曰,一则又称伊尹书。今考《艺文志》道家《伊尹》五十一篇,不韦所本,当在是矣。又《上农》、《任地》、《辨土》等篇,述后稷之言,与《亢仓子》所载略同,则亦周、秦以前农家者流相传为后稷之说无疑也。他如采《老子》、《文子》之说,亦不一而足。是以其书沈博绝丽,汇儒墨之旨,合名法之源,古今帝王天地名物之故,后人所以探索而靡尽与!

《隋书·经籍志》杂部,《吕氏春秋》二十六卷,高诱注。诱序自言尝为《孟子章句》及《孝经解》等,今已不见。世所传诱注《国策》,亦非真本,唯此书及淮南王书注最为可信。诱注二书,亦间有不同,

《有始览》篇"大汾冥阸",解云"大汾,处未闻。冥阸、荆阮、方城皆在楚",而淮南王书注则云"大汾在晋","冥阸"《淮南》作"渑阸",注云"今弘农渑池是也"。《先识览》篇"男女切倚",解云"切,磨;倚,近也",淮南王书"倚"作"踦",注又云"踦,足也"。《知分》篇解云"鱼满二千斤为蛟",而淮南王书又作"二千五百斤"。至于音训,亦时时不同。此盖随文生义,或又各依先师旧训为解,故错出而不相害与?

暇日取元人大字本以下,悉心校勘,同志如抱经前辈等又各有所订正,遂据以付梓。鸠工于戊申之夏,逾年而告成。若淮南王书,则及门庄知县炘已取《道藏》足本刊于西安,故不更及云。

乾隆五十四年岁在己酉孟夏月吉序。

新校吕氏春秋所据旧本

元人大字本脱误与近时本无异。

李瀚本明弘治年刻,篇题尚是古式,今皆仍之。

许宗鲁本从宋贺铸旧校本出,字多古体。嘉靖七年刻。

宋启明本不刻年月。有王世贞序。

刘如宠本神庙丙申刻。

汪一鸾本神庙乙巳刻。

朱梦龙本每用他书之文以改本书,为最劣。

陈仁锡奇赏汇编本。

书内审正参订姓氏

余姚卢文弨绍弓

嘉善谢墉昆城
嘉定钱大昕晓徵
仁和孙志祖诒穀
金坛段玉裁若膺
江阴赵曦明敬夫
嘉定钱塘学源
阳湖孙星衍渊如
阳湖洪亮吉稚存
仁和梁玉绳燿北
钱塘梁履绳处素
武进臧镛堂在东

吕氏春秋序

高　诱

吕不韦者，濮阳人也，为阳翟之富贾，家累千金。

秦昭襄王者，孝公之曾孙，惠文王之孙，武烈王之子也。太子死，以庶子安国君柱为太子。柱有子二十余人，所幸妃号曰华阳夫人，无子。安国君庶子名楚，其母曰夏姬，不甚得幸。令楚质于赵，而不能顾质，数东攻赵，赵不礼楚。时不韦贾于邯郸，见之，曰："此奇货也，不可失。"乃见楚曰："吾能大子之门。"楚曰："何不大君之门，乃大吾之门邪?"不韦曰："子不知也，吾门待子门大而大之。"楚默幸之。不韦曰："昭襄王老矣，而安国君为太子。窃闻华阳夫人无子，能立適嗣者独华阳夫人耳。请以千金为子西行，事安国君，令立子为適嗣。"不韦乃以宝玩珍物献华阳夫人，因言："楚之贤，以夫人为天母，日夜涕泣，思夫人与太子。"夫人大喜，言于安国君，于是立楚为適嗣，华阳夫人以为己子，使不韦傅之。不韦取邯郸姬，已有身，楚见说之，遂献其姬。至楚所，生男，名之曰正，楚立之为夫人。

暨昭襄王薨，太子安国君立，华阳夫人为后，楚为太子。安国君立一年薨，谥为孝文王。太子楚立，是为庄襄王，以不韦为丞相，封为文信侯，食河南洛阳十万户。庄襄王立三年而薨，太子正立，是为秦始皇帝，尊不韦为相国，号称仲父。

不韦乃集儒书，使著其所闻，为十二纪、八览、六论，训解各十余万言，[1]备天地万物古今之事，名为《吕氏春秋》，暴之咸阳市门，悬千金其上，有能增损一字者与千金。[②]时人无能增损者。诱以为时人非不能也，盖惮相国，畏其势耳。然此书所尚，以道德为标的，以无为为纲纪，以忠义为品式，以公方为检格，与孟轲、孙卿、淮南、扬雄相表里也，是以著在《录略》。诱正《孟子》章句，作《淮南》、《孝经》解毕讫，家有此书，寻绎案省，大出诸子之右。既有脱误，小儒又以私意改定，犹虑传义失其本真，少能详之，故复依先师旧训，辄乃为之解焉，以述古儒之旨，凡十七万三千五十四言。若有纰缪不经，后之君子，断[③]而裁之，比其义焉。

①【校】梁伯子云："《史记·十二诸侯年表序》及《吕不韦传》并云著八览、六论、十二纪，以纪居末，故世称《吕览》，举其居首者言之。今《吕氏春秋》以十二纪为首，似非本书序次。"愚案：以十二纪居首，此"春秋"之所由名也。《汉书·艺文志》杂家载《吕氏春秋》二十六篇，不称《吕览》。郑康成注《礼记·礼运》"故圣人作则必以天地为本"一节云："天地以至于五行，其制作所取象也。礼义人情，其政治也。四灵者，其征报也。此则《春秋》始于元、终于麟包之矣。《吕氏》说月令而谓之'春秋'，事类相近焉。"《正义》疏之云："吕不韦说十二月之令谓为《吕氏春秋》，事之伦类，与孔子所修《春秋》相附近焉。《月令》亦载天地阴阳四时日月星辰五行礼义之属，故云相近也。"据此，则自汉以来皆以《吕氏春秋》为正名。至于行文之便，则容有不拘耳。

②【校】梁伯子云："《太平御览》八百九卷引《史记》同此序，而百九十一卷引《史》云，吕不韦撰《春秋》成，榜于秦市曰'有人能改一字者赐金三十斤'，岂别有所据乎？"

③ 一作斫。

第一卷　孟春纪

孟　春

一曰：

孟春之月，日在营室，① 昏参中，旦尾中。② 其日甲乙，其帝太皞，③ 其神句芒。④ 其虫鳞，其音角，⑤ 律中太蔟，其数八。⑥ 其味酸，其臭膻，⑦ 其祀户，祭先脾。⑧ 东风解冻，蛰虫始振，⑨ 鱼上冰，獭祭鱼。⑩ 候雁北。⑪ 天子居青阳左个，⑫ 乘鸾辂，驾苍龙，⑬ 载青旂，衣青衣，服青玉，⑭ 食麦与羊，其器疏以达。⑮

① 孟，长。春，时。夏之正月也。营室，北方宿，卫之分野。是月，日躔此宿。

② 参，西方宿，晋之分野。尾，东方宿，燕之分野。是月昏旦时，皆中于南方。

③ 甲乙，木日也。太皞，伏羲氏以木德王天下之号，死，祀于东方，为木德之帝。

④ 句芒，少皞氏之裔子曰重，佐木德之帝，死为木官之神。

⑤ 东方少阳，物去太阴，甲散为鳞。鳞，鱼属也，龙为之长。角，木也，位在东方。

⑥ 太蔟，阳律也。竹管音与太蔟声和，太阴气衰，少阳气发，万物动生，蔟地而出，故曰“律中太蔟”。五行数五，木第三，故数八。

⑦ 春，东方木王，木味酸。酸者，钻也。万物应阳，钻地而出。膻，木香

膻也。

⑧ 蛰伏之类始动生，出由户，故祀户也。脾属土。陈俎豆，脾在前，故曰“祭先脾”。春，木胜土，先食所胜也。一说，脾属木，自用其藏也。

⑨ 蛰，读如《诗·文王之什》。东方木，木，火母也。火气温，故东风解冻，冰泮释地。蛰伏之虫乘阳，始振动苏生也。

⑩ 鱼，鲤鲋之属也。应阳而动，上负冰。獭獱，水禽也，取鲤鱼置水边，四面陈之，世谓之祭鱼为时候者。

⑪ 候时之雁，从彭蠡来，北过至北极之沙漠也。

【校】案：《礼记·月令》作“鸿雁来”，郑注云：“今《月令》‘鸿’皆为‘候’。”《正义》云：“《月令》出有先后，入《礼记》者为古，不入《礼记》者为今。”则《吕氏春秋》是也。卢案：“仲秋，雁自北徼外而入中国，可以言‘来’，若自南往北，非由南徼外也，似不可以言‘来’。《吕氏》作‘候雁北’，当矣。”

⑫ 青阳者，明堂也。中方外圜，通达四出，各有左右房谓之个。个，犹隔也。东出谓之青阳，南出谓之明堂，西出谓之总章，北出谓之玄堂。是月，天子朝日告朔，行令于左个之房，东向堂，北头室也。

【校】案：明堂之制，中外皆方，不得如注所云。“个犹隔也”，旧本缺一“个”字，今补。

⑬ 辂，车也。鸾鸟在衡，和在轼，鸣[1]相应和。后世不能复致，铸铜为之，饰以金，谓之鸾辂也。《周礼》“马八尺以上为龙，七尺以上为騋，六尺以上为马”也。

【校】案：“鸾”字与《月令》同，唯刘本作“銮”，注“鸾鸟在衡”作“銮在镳”，案《诗·蓼萧》毛传“在镳曰鸾”，郑于《驷驖笺》云：“置鸾于镳，异于常车。”若据郑说，则刘本非是。但《说文》“銮”字从“金”，云“人君乘车，四马，镳八銮。铃，象鸾鸟声”，高氏之解，或异于郑，未可知也，亦不得竟以刘本为非。

⑭ 旂，旗名，交龙为旂。载者若今之鸡翘车是也。服，佩也。所衣服佩

[1] 鸣：原本作“鸟”，蒋维乔曰：浙刊本注“鸣”误“鸟”。

玉皆青者，顺木色也。

【校】案：蔡邕《独断》云："鸾旗车，编羽毛列系橦旁，俗人名之鸡翘车，非也。"《续汉·舆服志》同。刘昭引胡广曰"以铜作鸾鸟车衡上"，则与高诱注合。

⑮ 麦属金，羊属土。是月也，金土以老，食所胜也。宗庙所用之器，皆疏镂通达，以象阳气之射出。

是月也，以立春。① 先立春三日，太史谒之天子曰："某日立春，盛德在木。"② 天子乃斋。③ 立春之日，天子亲率三公、九卿、诸侯、大夫以迎春于东郊。④ 还，乃赏卿、诸侯、大夫于朝。⑤ 命相布德和令，行庆施惠，下及兆民。⑥ 庆赐遂行，无有不当。⑦ 乃命太史，守典奉法，司天日月星辰之行，⑧ 宿离不忒，无失经纪，以初为常。⑨

① 冬至后四十六日而立春，立春之节多在是月也。

② 谒，告也。《周礼》"太史掌国之六典，正岁时以序事"，故告天子以立春日也。盛德在木，王东方也。

③《论语》曰："斋必变食，居必迁坐。"自禋洁也。

④ 率，使也。迎春木气于东方八里之郊。

⑤ 赏，爵禄之赏也。三公至尊，坐而论道，不嫌不赏，故但言卿、诸侯、大夫者也。

【校】旧本"卿"上衍"公"字，乃后人据《月令》增入，而不知其与注不合也。

⑥ 相，三公也。出为二伯，一相处于内也。布阳德和柔之令，行其庆善，施其泽惠，下至于兆民，无不被之也。

⑦ 各得其所也。

⑧ 典，六典。法，八法。日月五星，行度迟速，太史之职也，故命使司知

之也。

⑨ 忒，差也。星辰宿度，司知其度，以起牵牛之初为常。

【校】案：冬至十一月中起牵牛一度。

是月也，天子乃以元日祈谷于上帝。[①]乃择元辰，天子亲载耒耜，措之参于保介之御间，[②]率三公、九卿、诸侯、大夫躬耕帝籍田，[③]天子三推，三公五推，卿、诸侯、大夫九推。[④]反，执爵于太寝，[⑤]三公、九卿、诸侯、大夫皆御，命曰“劳酒”。[⑥]

① 日，从甲至癸也。元，善也。祈，求也。上帝，天帝也。

② 元，善也。辰，十二辰，从子至亥也。耒耜，耕器也。措，置也。保介，副也。御，致也。择善辰之日，载耒耜之具于籍田，致于保介之间施用之也。

【校】《月令》“参于”作“于参”。注“元善也”三字衍，所解于文义不甚顺。郑以保介为车右，此云“副也”，当谓副车。

③ 躬，亲也。天子籍田千亩，以供上帝之粢盛，故曰“帝籍”。

【校】《月令》“帝籍”下无“田”字，此书《上农》篇亦有之。

④ 礼以三为文，故天子三推，谓一发也。《国语》曰：“王耕一发，班三之。”班，次也。谓公、卿、大夫各三，其上公三发，卿九发，大夫二十七发也。

【校】正文“大夫”，《月令》无。案：《周语》作“王耕一墢”，墢有钵、跋二音，《说文》作“坺”，云“一臿土也”。

⑤ 爵，饮爵。太寝，祖庙也。示归功于先祖，故于庙饮酒也。

⑥ 御致天子之命，劳群臣于太庙，饮之以酒。

是月也，天气下降，地气上腾，天地和同，草木繁动。[①]王布农事，命田舍东郊，[②]皆修封疆，审端径术，[③]善相丘陵阪险原隰，[④]土地所宜，五谷所殖，[⑤]以教道民，必躬亲之。[⑥]田事既饬，先定准直，农乃不惑。⑦

① 是月也，泰卦用事，乾下坤上，天地和同。繁，众。动，挺而生也。

【校】“繁动”，《月令》作“萌动”。

② 命，令也。东郊，农郊也。命农大夫舍止东郊，监视田事。

③ 修，治也。封，界也。起其疆畔，纠督惰窳于疆下也。《诗》云：“中田有庐，疆埸有瓜。”无休废也。端正其径路，不得邪行败稼穑也。

【校】《汉书·五行志》载谣曰“邪径败良田”，“灭明不由径”，亦当是不随众人穿田取捷耳。

④ 相，视也。阪险，倾危也。广平曰原。下湿曰隰。

⑤ 殖，长。

⑥《诗》云：“弗躬弗亲，庶民弗信。”

⑦ 饬，读作敕。敕督田事，准定其功，农夫正直不疑惑。

是月也，命乐正入学习舞。①乃修祭典，命祀山林川泽，牺牲无用牝。②禁止伐木，③无覆巢，无杀孩虫胎夭飞鸟，无麛无卵，④无聚大众，无置城郭，⑤掩骼霾髊。⑥

① 乐正，乐官之长也。入学官，教国子讲习羽籥之舞。《周礼》：“大胥掌学士之版，以六乐之会正舞位也。”

② 典，掌也。功施于民则祀之。山林川泽，百物所生，又能兴云雨以殖嘉苗，故祀之。无用牝，尚蠲洁也。

③ 春，木王，尚长养也。

④ 蕃庶物也。麋子曰夭，鹿子曰麛也。

【校】案：《月令正义》云：“胎谓在腹中者，夭谓生而已出者。”此及《淮南注》皆云“麋子曰夭”，本《尔雅·释兽》文。彼“夭”字作“麇”。

⑤ 置，立也。

⑥ 髊，读水渍物之渍。白骨曰骼，有肉曰髊。掩霾者，覆藏之也。顺木德而尚仁恩也。

是月也，不可以称兵，称兵必有天殃。[①]兵戎不起，不可以从我始。[②]无变天之道，[③]无绝地之理，[④]无乱人之纪。[⑤]孟春行夏令，则风雨不时，草木早槁，国乃有恐。[⑥]行秋令，则民大疫，疾风暴雨数至，藜莠蓬蒿并兴。[⑦]行冬令，则水潦为败，霜雪大挚，首种不入。[⑧]

① 称，举也。殃，咎也。

② 春当行仁，非兴兵征伐时也，故曰“不可以从我始”。

③ 变犹戾也。

④ 绝犹断也。

⑤ 人反德为乱。纪，道也。

⑥ 春，木也。夏，火也。木德用事，法当宽仁，而行火令，火性炎上，故使草木槁落，不待秋冬，故曰天气不和，国人惶恐也。

【校】“风雨”，《月令》作“雨水”。

⑦ 木，仁；金，杀；而行其令，气不和，故民疫病也。金生水，与水相干，故风雨数至，荒秽滋生，是以藜莠蓬蒿并兴。

【校】《月令》“疾风”作“猋风”，“数至”作“总至”。

⑧ 春，阳；冬，阴也；而行其令，阴乘阳，故水潦为败，雪霜大挚，伤害五谷。春为岁始，稼穑应之不成熟也，故曰“首种不入”。

【校】案：《月令注》云：“旧说首种谓稷。”

本 生

二曰：

始生之者，天也；养成之者，人也。[①]能养天之所生而勿撄之，谓之天子。[②]天子之动也，以全天为故者也。[③]此官之所自立也。[④]立官者以全生也。[⑤]今世之惑主，[⑥]多官而反以害生，则失所为立之矣。[⑦]譬之若修兵者，以备寇也。今修兵而反以自攻，则亦失所为修之矣。[⑧]

① 始，初也。

② 撄犹戾也。

【校】旧本作“谓天子”，无“之”字，孙据《太平御览》七十七增。

③ 全犹顺也。天，性也。故，事也。

④ 官，正也。自，从也。

⑤ 生，性也。

⑥ 主，谓王也。

⑦ 多立官，致任不肖人，乱象干度，故以害生也，失其所为立官之法也。

⑧ 若秦筑长城以备患，不知长城之所以自亡也，亦失其所为修兵之法也。

夫水之性清，土者扫之，故不得清；[①]人之性寿，物者扫之，故不得寿。[②]物也者所以养性也，非所以性养也。[③]今世之人，惑者多以性养物，[④]则不知轻重也。[⑤]不知轻重，则重者为轻，轻者为重矣。若此，则每动无不败。以此为君，悖；以此为臣，乱；以此为子，狂。三者国有一焉，无幸必亡。[⑥]

① 扣，读曰骨。骨，浊也。

【校】注似衍一“骨”字，《说文》“淈，浊也”，与汩、滑义同，并音骨。

② 扣，乱也。乱之使夭折也。

③ 物者，货贿，所以养人也。世人贪欲过制者，多所以取祸，故曰“非所以性养也”。

④ 夫无为者，不以身役物，有为者，则以物役身，故曰“惑者多以性养物”也。

⑤ 轻，喻物。重，喻身。

⑥ 假令有幸，且犹危危病者也。

今有声于此，耳听之必慊，[1]已听之则使人聋，必弗听；[2]有色于此，目视之必慊，已视之则使人盲，必弗视；[3]有味于此，口食之必慊，已食之则使人瘖，必弗食。[4]是故圣人之于声色滋味也，利于性则取之，害于性则舍之，此全性之道也。世之贵富者，其于声色滋味也多惑者，[5]日夜求，幸而得之则遁焉。[6]遁焉，性恶得不伤？[7]万人操弓，共射其一招，招无不中；[8]万物章章，以害一生，生无不伤，[9]以便一生，生无不长。[10]故圣人之制万物也，以全其天也，[11]天全则神和矣，目明矣，耳聪矣，鼻臭矣，口敏矣，三百六十节皆通利矣。若此人者，不言而信，[12]不谋而当，不虑而得，[13]精通乎天地，神覆乎宇宙，[14]其于物无不受也，无不裹也，[15]若天地然；[16]上为天子而不骄，[17]下为匹夫而不惛，[18]此之谓全德之人。[19]

① 慊，快也。

② 以聋，故不当听也。

③ 以盲，故不当视也。

④ 以瘖，故不当食也。《老子》曰“五声乱耳，使耳不聪；五色乱目，使目不明；五味实口，使口爽伤”也。

【校】案：《老子道经》云“五音令人耳聋，五色令人目盲，五味令人口爽”，此约略其文耳。“实口”，后注亦同，非误。

⑤ 惑，眩。

⑥ 遁，流逸不能自禁也。

⑦ 恶，安也。伤，病也。

⑧ 招，埻的也。众人所见，会弓射之，故曰“无不中”也。

【校】“共射一招”中间“其”字衍。注“埻”与“准”音义同。

⑨ 章章，明美貌。故生陨也。

⑩ 便，利也。利其生性，故生长久也。

⑪ 天，身也。

⑫ 法天不言，四时行焉，是其信也。

⑬《诗》云“不识不知，顺帝之则”，故曰不谋虑而当，合得事实。

⑭ 宇宙，区宇之内。言其德大，皆覆被也。

⑮ 受犹承也。裹犹囊也。

⑯ 其德如天无不覆，如地无不载，故曰“若天地然”也。

⑰ 常战栗也，故《尧戒》曰：“战战栗栗，日慎一日。”

⑱ 惛，读忧闷之闷，义亦然也。

⑲ 其德行升降，无所亏阙，故曰“全”。

贵富而不知道，适足以为患，[①] 不如贫贱。贫贱之致物也难，虽欲过之奚由？[②] 出则以车，入则以辇，务以自佚，[③] 命之曰招蹷之机；[④] 肥肉厚酒，务以自强，命之曰烂肠之食；[⑤] 靡曼皓齿，郑、卫之音，务以自乐，命之曰伐性之斧：[⑥] 三患者，贵富之所致也。故古之人有不肯贵富者矣，由重生故也，[⑦] 非夸以名也，为其实也。[⑧] 则此论之不可不察也。[⑨]

① 不知持盈止足之道，以至破亡，故曰“适足以为患”也。

② 贫贱无势，不能致情欲之物，故曰“难”也。于礼无为，于身无阙，故曰“虽欲过之奚由”也。

③ 人引车曰辇。出门乘车，入门用辇，此骄佚之务也。

④ 招，至也。蹷机，门内之位也。乘辇于宫中游翔，至于蹷机，故曰“务以自佚”也。《诗》云：“不远伊尔，薄送我畿。”此不过蹷之谓。

【校】案：此注全不谙文义而妄说。盖招，致也。蹷者，痿蹷。过佚则血脉不周通，骨干不坚利，故为致蹷之机括。高误以蹷为门橛，又误以机即《诗》之畿，故有斯讹。黄东发亦言其误。又案：李善注《文选》枚乘《七发》引此“招”作“佁”，嗣理切，孤文无证，亦不可从。

⑤《论语》曰“肉虽多，不使胜食气”，又曰“不为酒困”，《老子》曰“五味实口，使口爽伤”，故谓之“烂肠之食”也。

【校】“务以自强”，旧作“相强”，孙据《御览》八百四十五改，与前后句法正同。卢云：“案《贾谊书·傅职》云‘饮酒而醉，食肉而饱，饱而强食’，正自强之谓也。”

⑥ 靡曼，细理弱肌，美色也。皓齿，《诗》所谓“齿如瓠犀”者也。郑国淫辟，男女私会于溱、洧之上，有“询讦”之乐，“勺药”之和。昔者殷纣使乐师作《朝歌》、《北鄙》靡靡之乐，以为淫乱。武王伐纣，乐师抱其乐器自投濮水之中。暨卫灵公北朝于晋，宿于濮上，夜闻水中有琴瑟之音，乃使师涓以琴写其音。灵公至晋国，晋平公作乐，公曰：“寡人得新声，请以乐君。”遂使涓作之，平公大说。师旷止之曰：“此亡国之音也。纣之太师以此音自投于濮水，得此声必于濮水之上。”地在卫，因曰“郑、卫之音”。以其淫辟灭亡，故曰“伐性之斧”者也。

【校】梁仲子案：“《意林》所载作‘伐命之斧’。”注“细理弱肌”，本多无“理弱”二字，今从朱本，与洪兴祖补注《楚辞·招魂》所引合。

⑦ 古人，谓尧时许由、方回、善绻，舜时雄陶，周时伯夷，汉时四皓，皆不肯富贵者。高位实疾颠，故曰“重生故也”。

【校】注“方回”，旧本皆误作“方因”。“善绻”或“善卷”之驳文。“雄陶”

误作“皋陶”。案:《国策》齐颜斶曰“舜有七友”,陶潜《四八目》具载其名,以雄陶为首,盖本《尸子》,今从之。《汉书·古今人表》作“雒陶”。“高位实疾颠”,《周语》文,今本依宋庠之说改作“偾”字。案注“颠,陨也”,正是陨坠之义。宋误为“殒”,故云“宜从偾”。若是“偾”,注当言“踣”乃合。诱注《知分》篇亦是“颠”字。

⑧ 夸,虚也。非以为轻富贵求虚名也,以为其可以全生保性之实也。

⑨ 论此上句贵贱祸福,不可不察也。

重 己

三曰:

倕,至巧也。人不爱倕之指,而爱己之指,有之利故也。①人不爱昆山之玉、江汉之珠,②而爱己之一苍璧小玑,有之利故也。③今吾生之为我有,而利我亦大矣。④论其贵贱,爵为天子,不足以比焉;⑤论其轻重,富有天下,不可以易之;⑥论其安危,一曙失之,终身不复得:⑦此三者,有道者之所慎也。⑧有慎之而反害之者,不达乎性命之情也。⑨不达乎性命之情,慎之何益?⑩是师者之爱子也,不免乎枕之以糠;是聋者之养婴儿也,方雷而窥之于堂,有殊弗知慎者!⑪夫弗知慎者,是死生存亡可不可,未始有别也。⑫未始有别者,其所谓是未尝是,其所谓非未尝非,是其所谓非,非其所谓是,此之谓大惑。⑬若此人者,天之所祸也。⑭以此治身,必死必殃；以此治国，必残必亡。[15]夫死殃残亡，非自至也，惑召之也。[16]寿长至常亦然。[17]故有道者，不察所召，而察其召之者，[18]则其至不可禁矣。[19]此论不可不熟。[20]

① 倕，尧之巧工也。虽巧无益于己，故不爱之也。己指虽不如倕指巧，犹自为用，故言“有之利故也”。

② 昆山之玉，燔以炉炭，三日三夜，色泽不变，玉之美者也。江汉有夜光之明珠，珠之美者也。

③ 苍璧，石多玉少也，珠之不圜者曰玑，皆喻不好也。而爱之者，有之为己用，得其利故也。

④ 吾生我有，有我身也，天下之利有我，如我之爱苍璧与小玑，有之利故也，故曰“利我亦大矣”。

⑤ 论其所贵所贱，人虽尊为天子，不足以比己之所贱。

⑥ 论其所轻所重，人虽富有天下之财，不肯以己易之。

⑦ 贫贱所以安也，富贵所以危也。曙，明日也。言一日失其所以安，终身不能复得之也。

⑧ 道尚无为，不尚此三者，故曰“有道者之所慎”。

⑨ 守慎无为，轻贵重身，当时行则行，时止则止，而反有害之者，故曰“不达乎性命之情”者也。

⑩ 虽慎之犹见害，故曰“何益”。

⑪ 师，瞽师，目无见者也，故枕子以糠，糠易眯子目，非利之者也。聋者不闻雷之声，不顿颡自拍解谢咎过，而反徐步窥儿于堂，故曰“有殊弗知慎者”也。殊犹甚也。

【校】注“易眯”，旧作“其盲眯”，讹。

⑫ 言不能别知也。

⑬ 己之所是，众人之所非也，故曰“未尝是”。己之所非，众人之所是也，故曰“未尝非”。是己之所是，非己之所非，而以此求同于己者也，故谓

之“大惑”。

⑭ 祸，咎也。

⑮ 以其天之所祸也，不死不亡者，未之有也，故曰“必”。

⑯ 召，致也。以惑致之也。

⑰ 亦以仁义召之也。

⑱ 所召，仁与义也。推行仁义，寿长自至，故曰“不察所召”也。召之者，不行仁义，残亡应行而至，故曰“察其召之”也。

⑲ 禹、汤罪己，其兴也勃焉；桀、纣罪人，其亡也忽焉。皆己自召之，何可禁御？

⑳ 熟犹知也。

使乌获疾引牛尾，尾绝力勯，而牛不可行，逆也；[①]使五尺竖子引其棬，而牛恣所以之，顺也。[②]世之人主、贵人，[③]无贤不肖，莫不欲长生久视，[④]而日逆其生，欲之何益？[⑤]凡生之长也，[⑥]顺之也，使生不顺者，欲也，[⑦]故圣人必先适欲。[⑧]

① 乌获，秦武王力士也，能举千钧。勯，读曰单。单，尽也。

② 恣，从也。之，至也。

③ 人主，谓王者、诸侯也。贵人，谓公卿大夫也。

④ 视，活也。

⑤ 王者、贵人所行，淫侈纵欲暴虐，反戾天常，不顺生道，日所施行，无不到逆其生，虽欲长生，若乌获多力，到引牛尾，尾绝不能行，故曰“欲之何益”也。

【校】注“到”字从李本，古“倒”字。

⑥【校】“之”字旧本缺，孙据《御览》七百二十增。

⑦ 欲，情欲也。

⑧ 适犹节也。

室大则多阴，台高则多阳，多阴则蹷，① 多阳则痿，② 此阴阳不适之患也。③ 是故先王不处大室，④ 不为高台，⑤ 味不众珍，⑥ 衣不燀热。⑦ 燀热则理塞，⑧ 理塞则气不达；⑨ 味众珍则胃充，⑩ 胃充则中大鞔；⑪ 中大鞔而气不达，⑫ 以此长生可得乎？⑬ 昔先圣王之为苑囿园池也，足以观望劳形而已矣；⑭ 其为宫室台榭也，足以辟燥湿而已矣；⑮ 其为舆马衣裘也，足以逸身暖骸而已矣；⑯ 其为饮食酏醴也，足以适味充虚而已矣；⑰ 其为声色音乐也，足以安性自娱而已矣。⑱ 五者，圣王之所以养性也，非好俭而恶费也，节乎性也。⑲

① 蹷，逆寒疾也。

② 痿，躄不能行也。

③ 患，害也。

④ 为蹷疾也。

⑤ 为痿疾也。

⑥ 为伤胃也。

⑦ 燀，读曰亶。亶，厚也。

⑧ 理塞，脉理闭结也。

【校】"塞"字旧本作"寒"，孙据《御览》作"塞"，下同。

⑨ 达，通也。

⑩ 充，满也。

⑪ 鞔，读曰懑。不胜食气为懑病也。肥肉厚酒，烂肠之食，此之谓也。

⑫ 不达，壅闭也。

⑬ 言不得也。

【校】《御览》作"以此求长生，其可得乎"。

⑭ 畜禽兽所，大曰苑，小曰囿，《诗》云"王在灵囿"。树果曰园，《诗》曰

"园有树桃"。有水曰池。可以游观娱志,故曰足以劳形而已。

⑮ 宫,庙也。室,寝也。《尔雅》曰:"宫谓之室,室谓之宫。"土方而高曰台。有屋曰榭。燥谓阳炎,湿谓雨露,故曰足以备之而已。

【校】旧校云"'辟'一作'备'"。

⑯ 逸,安也。

⑰ 酏,读如《诗》"蛇蛇硕言"之蛇。《周礼》"浆人掌王之六饮,水浆醴凉医酏"也。又《酒正》"二曰醴齐"。醴者,以蘖与黍相体,不以曲也,浊而甜耳。

【校】注"相体",旧作"相醴",误,今改正。

⑱ 声,五音宫商角徵羽也。色,青黄赤白黑也。

⑲ 节犹和也。和适其情性而已,不过制也。

贵　公

四曰:

昔先圣王之治天下也,必先公,[①]公则天下平矣。[②]平得于公。[③]尝试观于上志,[④]有得天下者众矣,其得之以公,[⑤]其失之必以偏。[⑥]凡主之立也,生于公。[⑦]故《鸿范》曰:"无偏无党,王道荡荡;[⑧]无偏无颇,遵王之义;[⑨]无或作好,遵王之道;[⑩]无或作恶,遵王之路。"[⑪]

① 公,正也。

② 平,和也。

③ 得犹出也。

④ 上志，古记也。

⑤【校】孙云："《御览》七十七作'有天下'，无'得'字，'得之'下有'必'字。"

⑥ 偏，私，不正也。

⑦ 生，性也。

⑧ 荡荡，平易也。《诗》云"鲁道有荡"。

⑨ 义，法也。

【校】案：义，古音俄，正与颇协。而唐《孝明诏》改从《易》泰卦九三之"无平不陂"，非是。观此与《宋世家》犹作"颇"字，乃古书之未经窜改者。梁伯子云："王逸注《离骚》'循绳墨而不颇'，引《易》作'不颇'，知《易》本不作'陂'也。'义'，古作'谊'。案：宜有何音，亦与颇协。"

⑩ 或，有也。好，私好，鬻公平于曲惠也。

⑪ 恶，擅作威也。

天下非一人之天下也，天下之天下也。[①]阴阳之和，不长一类；甘露时雨，不私一物；[②]万民之主，不阿一人。[③]伯禽将行，请所以治鲁，[④]周公曰："利而勿利也。"[⑤]荆人有遗弓者而不肯索，[⑥]曰："荆人遗之，荆人得之，又何索焉？"孔子闻之，曰："去其荆而可矣。"[⑦]老聃闻之，曰："去其人而可矣。"故老聃则至公矣。[⑧]天地大矣，生而弗子，成而弗有，[⑨]万物皆被其泽，得其利，而莫知其所由始，[⑩]此三皇、五帝之德也。[⑪]

①《书》曰"皇天无亲，惟德是辅"，故曰"天下之天下也"。

② 私犹异也。

③ 阿亦私也。

④ 伯禽，周公子也，成王封之于鲁，《诗》云："建尔元子，俾侯于鲁。"

⑤ 务在利民，勿自利也。

⑥ 遗，失也。

⑦ 言人得之而已，何必荆人也。

⑧ 公，正也。言天下得之而已，何必人，故曰"至公"，无所私为也。

⑨ 天大地大，生育民人，不以为己子，成遂万物，不以为己有也。

⑩ 由，从也。万物皆蒙天地之泽而得其利，若尧时父老无徭役之劳，击壤于里陌，自以为当然，故曰莫知其所从始也。

⑪ 三皇、五帝德大，能法天地，民人被其泽而得其利，亦不知其所从始也。《老子》云："圣人不仁，以百姓为刍狗。"此之谓也。

管仲有病，桓公往问之，曰："仲父之病矣，①渍甚，国人弗讳，②寡人将谁属国？"③管仲对曰："昔者臣尽力竭智，犹未足以知之也，④今病在于朝夕之中，臣奚能言？"⑤桓公曰："此大事也，愿仲父之教寡人也。"⑥管仲敬诺，曰："公谁欲相？"⑦公曰："鲍叔牙可乎？"管仲对曰："不可，夷吾善鲍叔牙。⑧鲍叔牙之为人也，清廉洁直，视不己若者不比于人，⑨一闻人之过，终身不忘。"⑩"勿已，则隰朋其可乎"？"隰朋之为人也，上志而下求，⑪丑不若黄帝，而哀不己若者。⑫其于国也，有不闻也；⑬其于物也，有不知也；⑭其于人也，有不见也。⑮勿已乎，则隰朋可也。"⑯夫相，大官也。处大官者，不欲小察，⑰不欲小智。⑱故曰：大匠不斫，⑲大庖不豆，⑳大勇不斗，㉑大兵不寇。㉒桓公行公去私恶，㉓用管子而为五伯长；㉔行私阿所爱，用竖刀而虫出于户。㉕

① 病，困也。

【校】孙云："本书《知接》篇作'仲父之疾病矣'，《列子·力命》篇倒作'病疾'，又《庄子·徐无鬼》篇作'仲父之病病矣'。"

② 渍，亦病也。按《公羊传》曰："大眚者何？大渍也。"国人弗讳，言死生不可讳也。

【校】《御览》六百三十二作"如渍甚"。注"大眚"，《公羊》本作"大灾"，见《庄二十年传》，此"眚"字当是后人因后有"肆大眚"之文而误改之。

③ 属，托也。

④ 未足以知人也。

⑤ 奚，何也。

⑥ 教犹告也。

⑦ 言欲用谁为相。

⑧ 夷吾，管仲名。善犹和也。

⑨ 比，方也。

⑩ 念人之过，必亡人之功，不可为霸者之相也。

【校】注"亡"，似当作"忘"。

⑪ 志上世贤人而模之也。求犹问也。《论语》曰："孔文子不耻下问，是以谓之文也。"

⑫ 自丑其德不如黄帝。《诗》云"高山仰止，景行行止"，乡昔人也。哀不如己者，欲教育训厉，使与己齐也。

【校】丑，耻也。"黄帝"，刘本作"皇帝"，"皇"、"黄"古通用。

⑬ 不求闻其善也，志在利国而已矣。

⑭ 物，事也。非其职事，不求知之也。

⑮ 务在济民，不求见之。《孝经》曰："非家至而见之也。"此总说隰朋所行。

⑯ 言可用也。

⑰ 察，苛也。

⑱ 小智则好知小事以自矜伐也。

⑲ 但视模范而已，不复自斫削也。

⑳ 但调和五味，使神人享之而已，不复自列簠簋籩豆也。

㉑ 大勇之人，折冲千里，而能服远，不复自斗也。

㉒ 寇，害也。若武王之伐纣，扫除无道，释箕子之囚，朝成汤之庙，抚殷之民，不寇害之也。

㉓ 于人之过，无所念、无所私也，故曰“去私”也。

㉔ 长，上也。

㉕ 阿竖刀、易牙之诀，不正適长。其死也，国乱民扰，五子争立，无主丧，六十日乃殡，至使虫流出户也。

【校】刀本有貂音，后人始作“刁”字，今从古。

人之少也愚，其长也智。故智而用私，不若愚而用公。①日醉而饰服，②私利而立公，贪戾而求王，舜弗能为。③

① 用私以败，用公则济。

② 饰，读曰敕。《礼》“丧不饮酒食肉”，而日醉于酒，欲整丧纪，犹无目欲视青黄，无耳欲听宫商也。

③ 舜犹不能为，况凡人乎。

去 私

五曰：

天无私覆也，地无私载也，日月无私烛也，四时无私行也，[1]行其德而万物得遂长焉。[2]黄帝言曰："声禁重，[3]色禁重，[4]衣禁重，[5]香禁重，[6]味禁重，[7]室禁重。"[8]尧有子十人，不与其子而授舜；[9]舜有子九人，不与其子而授禹：至公也。[10]

①【校】旧校云："'行'一作'为'。"孙案："《御览》四百二十九正作'为'。"

② 遂，成也。

③ 不欲虚名过其实也。

【校】《黄氏日抄》云："此禁声色大过耳。"注非。

④ 不欲好色至淫纵也。

⑤ 不欲衣服逾僭，若子臧好聚鹬冠也。

⑥ 不欲奢侈芬香闻四远也。

⑦ 不欲厚味胜食气伤性也。

⑧ 不欲宫室崇侈，使土木胜也。

⑨《孟子》曰："尧使九男二女事舜。"此曰"十子"，殆丹朱为胤子，不在数中。

⑩《国语》曰："舜有商均。"此曰"九子"，不知出于何书也。

晋平公问于祁黄羊曰："南阳无令，其谁可而为之？"[1]祁黄羊对曰："解狐可。"[2]平公曰："解狐非子之仇邪？"[3]对曰："君问可，非问臣之仇也。"平公曰："善。"遂用之。国人称善焉。居有间，[4]平公又问祁黄羊曰："国无尉，其谁可而为之？"对曰："午可。"[5]平公曰："午非子之子邪？"对曰："君问可，非问臣之子也。"平公曰："善。"又遂用之。国人称善焉。孔子闻之曰："善哉！祁黄羊之论也。外举不避仇，内举不避子，祁黄羊可谓公矣。"

① 南阳,晋山阳河北之邑,今河内温阳、樊州之属皆是也。令,君也。而,能。为,治。

【校】注“州”,旧本讹作“川”。案:州为汉河内郡之县,今改正。

② 黄羊,晋大夫祁奚之字。

③ 平公,晋悼公之子彪。

【校】平公、黄羊,不于始见下注,何也?

④ 间,顷也。

⑤《传》曰:“祁奚请老,晋侯问嗣焉,称解狐,其仇也。将立之而卒,又问,对曰‘午也可’。”

【校】案:《左传》在鲁襄三年,晋悼公之四年也,此云“平公”,误。注引《传》文虽略,亦足以正吕氏所记之谬。

墨者有鉅子腹䵍,居秦,①其子杀人,秦惠王曰:“先生之年长矣,非有它子也,寡人已令吏弗诛矣,②先生之以此听寡人也。”腹䵍对曰:“墨者之法曰:杀人者死,伤人者刑。此所以禁杀伤人也。夫禁杀伤人者,天下之大义也。王虽为之赐,③而令吏弗诛,腹䵍不可不行墨子之法。”④不许惠王,而遂杀之。子,人之所私也,⑤忍所私以行大义,⑥鉅子可谓公矣。

① 鉅,姓。子,通称。腹䵍,字也。䵍,读曰车笔之笔。

【校】鉅子,犹鉅儒、鉅公之称,腹乃其姓耳。《庄子·天下》篇“以巨子为圣人”,向、崔本作“鉅”。向云:“墨家号其道理成者为鉅子,若儒家之硕儒。”“䵍”与《檀弓下》“孺子䵍”实同一字,彼《释文》“音吐孙反”,此音车笔《淮南子·精神训》“守其篅笔”,盖竹簟席所为。《玉篇》“音徒本切”,与今人所呼合。旧本作“笔”,盖书家“屯”字往往作“乇”,而此又误从“毛”也。

② 惠王,秦孝公子驷。

③ 受赐也。

【校】案：赐犹惠也，注似误。

④ 欲必行之，杀其子也。

⑤ 私，爱也。

⑥ 忍，读曰仁，行之忍也。

【校】注“曰仁”，李本作“仁行”，俱未详。

庖人调和而弗敢食，故可以为庖。若使庖人调和而食之，则不可以为庖矣。王伯之君亦然，诛暴而不私，以封天下之贤者，故可以为王伯；若使王伯之君诛暴而私之，则亦不可以为王伯矣。[①]

①《传》曰：“作事威，克其爱，虽小必济。”故曰“诛暴而弗私”也。假令有所私枉，则不可以为王伯君矣。

第二卷　仲春纪

仲　春

一曰：

仲春之月，日在奎，① 昏弧中，旦建星中。② 其日甲乙，其帝太皞，其神句芒。其虫鳞，其音角，律中夹钟，③ 其数八。其味酸，其臭膻，其祀户，祭先脾。始雨水，桃李华，④ 苍庚鸣，鹰化为鸠。⑤ 天子居青阳太庙，⑥ 乘鸾辂，驾苍龙，载青旂，衣青衣，服青玉，食麦与羊，其器疏以达。⑦

① 仲春，夏之二月。奎，西方宿，鲁之分野也。是月，日躔此宿。

② 弧星在舆鬼南，建星在斗上。是月昏旦时，皆中于南方。

③ 夹钟，阴律也。是月，万物去阴，夹阳而生，故竹管音中夹钟也。

【校】卢云："案：注旧本作'去阳夹阴'，讹。《淮南注》作'去阴夹阳，聚地而生'。"今据改正。又《初学记》引高注云"是月万物去阴而生，故候管者中夹钟"，可以互证。其不并引"竹管"之语者，以正月已用郑注"管以铜为之"，故不欲互异也。"钟"、"鍾"得两通。

④ 自冬冰雪至此土发而耕，故曰"始雨水"也。桃李之属皆舒华也。

【校】《礼记・月令》作"桃始华"。

⑤ 苍庚，《尔雅》曰"商庚、黎黄，楚雀"也。齐人谓之抟黍，秦人谓之黄离，幽、冀谓之黄鸟，《诗》云"黄鸟于飞，集于灌木"是也。至是月而鸣。鹰化为鸠，喙正直，不鸷击也。鸠，盖布谷鸟。

【校】案：《尔雅》"黎黄"作"鵹黄"，郭璞注"皇黄鸟"下云"俗呼黄离留”,《淮南注》作“秦人谓之黄流离”,此作“黄离”,三者皆可通,无烦补字。

⑥ 青阳,东向堂。太庙,中央室。

⑦ 说在《孟春》。

是月也,安萌牙,养幼少,存诸孤。[①] 择元日,命人社。[②] 命有司,省囹圄,去桎梏,无肆掠,止狱讼。[③]

① 顺春阳,长养幼少,存恤孤寡。萌牙诸当生者不扰动,故曰“安”。

② 元,善也。日,从甲至癸也。社祭后土,所以为民祈谷也。嫌日有从否,重农事,故卜择之。

③ 有司,理官,主狱者也。囹圄,法室。省之者,赦轻微也。在足曰桎,在手曰梏。肆,极。掠,笞也。言“无”者,须立秋也。止,禁。

是月也,玄鸟至。至之日,以太牢祀于高禖。[①] 天子亲往,后妃率九嫔御,[②] 乃礼天子所御,带以弓韣,授以弓矢,于高禖之前。[③]

① 玄鸟,燕也,春分而来,秋分而去。《传》曰:“玄鸟氏,司启者也。”《周礼》“媒氏以仲春之月,合男女于时也。奔则不禁。”因祭其神于郊,谓之“郊禖”。郊音与高相近,故或言“高禖”。王者后妃以玄鸟至日祈继嗣于高禖。三牲具曰太牢。

【校】案:《周礼》本作“于是时也,奔者不禁”。

② 王者,一后、三夫人、九嫔、二十七世妇。但后、夫人率九嫔祀高禖耳。御,见天子于高禖中也。

③ 礼,后妃之侍见于天子者,于高禖祠之前。韣,弓韬也。授以弓矢,示服猛,得男象也。

是月也，日夜分，雷乃发声，始电。[①]蛰虫咸动，开户始出。[②]先雷三日，奋铎以令于兆民曰："雷且发声，[③]有不戒其容止者，生子不备，必有凶灾。"[④]日夜分，则同度量，钧衡石，角斗桶，正权概。[⑤]

① 分，等，昼夜钧也。冬阴闭固，阳伏于下，是月阳升，雷始发声。震气为雷，激气为电。

② 蛰伏之虫始动苏，开蛰之户始出生。

③ 铎，木铃也，金口木舌为木铎，金舌为金铎。所以振告兆民，使知将雷也。

④ 有不戒慎容止者，以雷电合房室者，生子必有瘖躄通精狂痴之疾，故曰"不备，必有凶灾"。

【校】通精，未详。

⑤ 度，尺丈也。量，豴钟也。钧，铨。衡石，称也。石，百二十斤。角，平。斗桶，量器也。称锤曰权。概，平斗斛者。令钧等也。

【校】案：《月令》"角斗甬"，"桶"与"甬"通用，《史记·商君传》"平斗桶"，郑康成音勇，小司马音统；《淮南》作"称"，亦"桶"之讹。李善注《文选》陆佐公《新刻漏铭》引作"角升桶"，"升"字误。

是月也，耕者少舍，[①]乃修阖扇，寝庙必备。[②]无作大事，以妨农功。[③]

① 少舍，皆耕在野，少有在都邑者也。《尚书》曰"厥民析"，散布在野。《传》曰"阴阳分布，震雷出滞，土地不备垦，辟在司寇"之谓也。

② 阖扇，门扇也。民所由出，故治之也。寝以安身，庙以事祖，故曰必无堕顿也。

【校】"必"，《月令》作"毕"，古通用，注自从"必"字作解。

③ 大事，兵戈征伐也。

是月也，无竭川泽，无漉陂池，无焚山林。[①] 天子乃献羔开冰，先荐寝庙。[②] 上丁，命乐正，入舞舍采，[③] 天子乃率三公、九卿、诸侯亲往视之。[④] 中丁，又命乐正，入学习乐。[⑤]

① 皆为尽类夭物。

② 开冰室取冰，以治鉴，以祭庙。春荐韭卵。《诗》云："二之日凿冰冲冲，三之日纳于凌阴，四之日其早，献羔祭韭。"此之谓也。

【校】注"治鉴"二字，旧作"凿"，讹，今据《周礼》改正。

③ 是月上旬丁日，命乐官正，率卿大夫之子入学官习舞也。舍犹置也。初入学官，必礼先师，置采帛于前以贽神也。《周礼》"春入学，舍采合舞，秋颁学，合声，以六乐之会正舞位"，此之谓也。

【校】"入舞舍采"，《月令》作"习舞释菜"。郑注《学记》"菜谓芹藻之类"，与此注异。注"入学官"，各本多作"学宫"，唯李本作"官"。案《贾子·保傅》云："学者所学之官也。"此官盖谓官寺，《正月纪注》中正作"学官"。

④ 常事曰视。

【校】《月令》"诸侯"下有"大夫"。

⑤ 中旬丁日又入学官习乐。乐所以移风易俗，协和民人也。谓六代之乐《云门》、《咸池》、《大韶》、《大頀》、《大夏》、《大武》也。《周礼》曰"以乐教和，则民不乖"，此之谓也。

【校】注"大頀"，注本作"大护"，与"濩"并通用。

是月也，祀不用牺牲，用圭璧，更皮币。[①] 仲春行秋令，则其国大水，寒气总至，寇戎来征。[②] 行冬令，则阳气不胜，麦乃不熟，民多相掠。[③] 行夏令，则国乃大旱，暖气早来，虫螟为害。[④]

① 是月尚生育，故不用牺牲。更，代也，以圭璧代牺牲也。皮币，鹿皮玄纁束帛也。《记》曰“币帛皮圭，告于祖祢”，此之谓也。

② 仲春，阳中也。阳气长养而行秋金杀戮之令，故寒气猥至，寇害之兵来伐其国也。

③ 冬阴肃杀，而行其令，阴气乘阳，阳气不胜，故麦不成熟，民饥穷，故相劫掠也。

④ 夏气炎阳，而行其令，故大旱。火气热，故早暖也。极阳生阴，故虫螟作害也。虫食稼心谓之螟。

贵　生

二曰：

圣人深虑天下，莫贵于生。夫耳目鼻口，生之役也。[①]耳虽欲声，目虽欲色，鼻虽欲芬香，口虽欲滋味，害于生则止。在四官者，[②]不欲，利于生者则弗为。[③]由此观之，耳目鼻口不得擅行，必有所制。[④]譬之若官职，不得擅为，[⑤]必有所制。[⑥]此贵生之术也。

① 役，事也。

【校】案：有君之者，故曰“役”，观下文自明。

② 止，禁也。四官，耳目鼻口也。

③ 则不治此四官之欲。

④ 擅，专也。制，制于心也。

⑤ 为,作。

⑥ 制于君也。

尧以天下让于子州支父,[1]子州支父对曰:"以我为天子犹可也。虽然,我适有幽忧之病,方将治之,未暇在天下也。"[2]天下,重物也,[3]而不以害其生,又况于它物乎?[4]惟不以天下害其生者也,可以托天下。[5]

① 子州支父,古贤人也。

【校】旧作"子州友父",讹。《太平御览》八十引作"子州支父",与《庄子·让王》篇、《汉书·古今人表》皆合。

② 幽,隐也。《诗》云"如有隐忧"。我心不悦,未暇在于治天下。

【校】案:《尔雅》云:"在,察也。"

③ 重,大。物,事。

④ 它犹异也。

⑤ 托,付。

越人三世杀其君,王子搜患之,[1]逃乎丹穴。[2]越国无君,求王子搜而不得,从之丹穴。王子搜不肯出,越人薰之以艾,乘之以王舆。王子搜援绥登车,仰天而呼曰:"君乎!独不可以舍我乎!"[3]王子搜非恶为君也,恶为君之患也。[4]若王子搜者,可谓不以国伤其生矣,此固越人之所欲得而为君也。[5]

① 王子搜,《淮南子》云"越王翳也"。

【校】案《竹书纪年》,翳之前唯有不寿见杀,次朱句立,即翳之父也。翳为子所弑，越人杀其子，立无余，又见弑，立无颛。是无颛之前方可云“三世杀其君”，王子搜似非翳也。

②《淮南》云“山穴”也。

③ 舍，置也。

④ 患，害。

⑤ 欲得王子搜为君也。

鲁君闻颜阖得道之人也，使人以币先焉。颜阖守闾，鹿布之衣而自饭牛。鲁君之使者至，颜阖自对之。使者曰：“此颜阖之家邪？”颜阖对曰：“此阖之家也。”使者致币，颜阖对曰：“恐听缪而遗使者罪，不若审之。”①使者还反审之，复来求之，则不得已。②故若颜阖者，非恶富贵也，由重生恶之也。世之人主多以富贵骄得道之人，其不相知，③岂不悲哉？④

① 恐缪误致币得罪，故劝令审之。

② 颜阖逾坯而逃之，故不得。

③ 骄，泰也。《淮南记》曰：“鱼相忘乎江湖，人相忘乎道术。”言各得其志，故不相知之也。

④ 悲于富贵而骄人也。

故曰：道之真以持身，其绪余以为国家，①其土苴以治天下。②由此观之，帝王之功，圣人之余事也，③非所以完身养生之道也。④今世俗之君子，危身弃生以徇物，⑤彼且奚以此之也？⑥彼且奚以此为也？⑦凡圣人之动作也，必察其所以之⑧与其所以为。⑨今有人于此，以随侯之珠，弹千仞之雀，世必笑之。是何也？所用重，所要轻也。⑩夫生岂特随侯珠之重也哉?

① 以持身之余绪,以治国家。

② 土,瓦砾也。苴,草蒯也。土鼓、蒯桴,伊耆氏之乐也。《孝经》曰:“安上治民,莫善于礼;移风易俗,莫善于乐。”故可以治天下。苴,音同鲊。

【校】《庄子释文》:“土,敕雅反,又如字。苴,侧雅反。”观此注意,土自作如字读。

③ 圣人治之,优有余裕,故曰“余事”。

④ 尧、舜、禹、汤之治天下,黎黑瘦瘠,过家门而不入,故曰“非所以完身养生之道”,趋济民而已。

【校】案:“趋”与“取”同,如杨子取为我;《史记·酷吏传》“取为小治”之意相似。

⑤ 徇犹随也。

⑥ 此,此物也。之,至也。

⑦ 彼,谓今世俗人云“君子优之也”,何以物为也。

⑧ 之,至也。

⑨ 为,作也。

⑩ 重,谓随侯珠也。要,得也。轻,谓雀也。

子华子曰:“全生为上,[1]亏生次之,[2]死次之,[3]迫生为下。”[4]故所谓尊生者,全生之谓。[5]所谓全生者,六欲皆得其宜也。[6]所谓亏生者,六欲分得其宜也。[7]亏生则于其尊之者薄矣。其亏弥甚者也,其尊弥薄。[8]所谓死者,无有所以知,复其未生也。[9]所谓迫生者,六欲莫得其宜也,皆获其所甚恶者,服是也,辱是也。[10]辱莫大于不义,故不义,迫生也,[11]而迫生非独不义也,故曰迫生不若死。[12]奚以知其然也?耳闻所恶，不若无闻；目见所恶，不若无见。故雷则掩耳，电则掩目，此其比也。凡六欲者，皆知其所甚恶，而必不得免，不若无有所以知。无有所以知者，死之谓也，故迫生不若死。嗜肉者，非腐鼠之谓也；嗜酒者，非败酒之谓也；尊生者，非迫生之谓也。

① 子华子，古体道人。无欲，故全其生。长生是行之上也。

② 少亏其生，和光同尘，可以次全生者。

③ 守死不移其志，可以次亏生者。

④ 迫，促也。促欲得生，尸素宠禄，志不高洁，人之下也。

⑤ 于身无所亏，于义无所损，故曰“全生”。

⑥ 六欲：生、死、耳、目、口、鼻也。

⑦ 分，半也。

⑧ 弥，益。

⑨ 死君亲之难，义重于生，视死如归，故曰“无有所以知，复其未生也”。

⑩ 服，行也。行不义，是故辱。

⑪ 不能蹈义而死，迫于苟生。《语》曰：“水火，吾见蹈死者矣，未见蹈仁而死者也。”

⑫ 迫，促。急于苟生，不仁义，不如蹈仁义死为贵。

情　欲

三曰：

天生人而使有贪有欲。欲有情，情有节，①圣人修节以止欲，②故不过行其情也。③故耳之欲五声，目之欲五色，口之欲五味，情也。此三者，贵贱愚智贤不肖欲之若一，④虽神农、黄帝，其与桀、纣同。⑤圣人之所以异者，得其情也。⑥由贵生动则得其情矣，不由贵生动则失其情矣。⑦此二者死生存亡之本也。⑧

① 节，适也。

②【校】旧校云："'止'，一作'制'。"

③ 不过其适。

④ 三，谓耳目口也。一犹等也。

⑤ 有天下同也。

【校】案：此足上文"欲之若一"耳。

⑥ 圣人得其不过节之情。

⑦ 失其不过节之情。

⑧ 圣人得其情，乱人失其情。得情生存，失情死亡，故曰生死存亡之本。

俗主亏情，故每动为亡败。①耳不可赡，目不可厌，口不可满，身尽府种，筋骨沉滞，血脉壅塞，九窍寥寥，曲失其宜，②虽有彭祖，犹不能为也。③其于物也，不可得之为欲，④不可足之为求，⑤大失生本。⑥民人怨谤，又树大雠；⑦意气易动，蹻然不固；⑧矜势好智，胸中欺诈；⑨德义之缓，邪利之急。⑩身以困穷，虽后悔之，尚将奚及？⑪巧佞之近，端直之远，⑫国家大危，悔前之过，犹不可反。⑬闻言而惊，不得所由。⑭百病怒起，乱难时至，以此君人，为身大忧。⑮耳不乐声，目不乐色，口不甘味，与死无择。⑯

① 俗主,凡君也。败,灭亡也。

② 府,腹疾也。种,首疾也。极三关之欲,以病其身,故九窍皆寥寥然虚。曲,过其适,以害其性也。

【校】孙云:"案《玉篇》'疛,除又切,心腹疾'也,引此作'身尽疛种',然则'府'字误也。后《尽数》篇亦同此误。"卢云:"案《尽数》篇'郁处头则为肿为风,处腹则为张为府','府'当为'疛',《玉篇》之说可从。"此处注虽以腹疾首疾分解,而"种"之为首疾亦当作"肿"。此云"身尽府种",则举全体言之,又何必分腹与首邪?案《西山经》云"竹山有草,名曰黄雚,可以已疥,又可以已胕",郭氏注云"治胕肿也,音符",此"府种"即"胕肿"字假借耳。钱学源云:"《素问·五常政大论》'少阳司天有寒热胕肿,太阳司天亦有筋脉不利,甚则胕肿'之语。"

③ 彭祖,殷之贤臣,治性清静,不欲于物,盖寿七百岁。《论语》所谓"述而不作,信而好古,窃比于我老彭"是也。言虽彭祖之无欲,不能化治俗主,使之无欲,故曰"虽有彭祖,犹不能为"。

④ 贵不可得之物,宝难得之货,此之谓欲,故曰"为欲"。

⑤ 规求无足,不知纪极,不可盈厌,此之为求,故曰"为求"。

⑥《老子》曰"出生入死",故曰"大失生本"。

⑦ 俗主求欲,民人皆怨而谤讪,如仇雠也。

⑧ 蹻谓乘蹻之蹻,谓其流行速疾不坚固之貌,故其志气易动也。

【校】注疑是"读乘蹻之蹻"。禹山行乘桥,亦作"蹻"。《类篇》云:"以铁如锥,施之履下。音脚,亦音乔。"

⑨ 矜大其宠势(原为"契",据许维遹本改),好尚其所行,自谓为智,胸臆之中,欺诈不诚,所行暴虐,犹语民言恩惠也。

⑩ 缓犹后,急犹先。

⑪ 困犹危。奚,何也。

⑫ 巧佞者亲近之,正直者疏远之。

⑬ 反,见。

【校】注疑是"反,复"。

⑭ 所行残暴，闻将危败灭亡之言而乃始惊怖，行不仁不义之所致也，故曰“不得所由”。由，用也。

⑮ 此非恤民之道，故身大忧。

⑯ 声色美味，死者所不得说，人不能乐甘之，故曰“与死无择”。择，别也。

古人得道者，生以寿长，[①]声色滋味，能久乐之。奚故？论早定也。[②]论早定则知早啬，[③]知早啬则精不竭。[④]秋早寒则冬必暖矣，春多雨则夏必旱矣，天地不能两，而况于人类乎？人之与天地也同，[⑤]万物之形虽异，其情一体也。[⑥]故古之治身与天下者，必法天地也。[⑦]尊酌者众则速尽，[⑧]万物之酌大贵之生者众矣，[⑨]故大贵之生常速尽，非徒万物酌之也，[⑩]又损其生以资天下之人，[⑪]而终不自知。[⑫]功虽成乎外，而生亏乎内。[⑬]耳不可以听，目不可以视，口不可以食，[⑭]胸中大扰，妄言想见，临死之上，颠倒惊惧，不知所为，用心如此，岂不悲哉！[⑮]

① 体道无欲象天，天予之福，故必寿长，终其性命。

② 体道者生而能行之，故曰“论早定”。

③ 啬，爱。

④ 爱精神，故不竭。

⑤ 同于不能两也。

⑥ 体，性也。情皆好生，故曰“一体”。

⑦ 法，象也。

⑧ 尊，酒也。酌挹之者多，故酒速尽也。

【校】“挹”与“挹”同。

⑨ 万物酌揖阴阳以生。阴阳谕君。大贵君者，爱君之德以生者众也。

【校】注“爱”疑是“受”。梁仲子云：“朱本作‘万物酌君之德以生者众也’。”

⑩ 酌，取之也。

⑪ 资犹给。

⑫ 知犹觉也。

⑬《幽通记》曰“张修襮而内逼”，故曰亏生乎内。

【校】案班固《幽通赋》有此语，此与《必己》篇注皆作“幽通记”，当仍之。张谓张毅，事见《庄子》、《淮南》。“修襮”旧作“循襮”，今依后注，与班赋合。

⑭【校】此下旧提行。今案中间文亦无缺，岂注有脱邪？

⑮ 悲情欲而不知所为用心之人。

世人之事君者，皆以孙叔敖之遇荆庄王为幸。[①]自有道论之则不然，此荆国之幸。[②]荆庄王好周游田猎，驰骋弋射，欢乐无遗，[③]尽傅其境内之劳与诸侯之忧于孙叔敖。[④]孙叔敖日夜不息，不得以便生为故，[⑤]故使庄王功迹著乎竹帛，传乎后世。[⑥]

① 孙叔敖，楚令尹，薳贾之子也。

【校】近时毛检讨大可辨叔敖非楚公族，并非芀氏，乃期思之鄙人。卢云：“窃案《左氏宣十二年传》‘随武子云：芀敖为宰，择楚国之令典，军行右辕’云云，下‘令尹南辕反旆’，又云‘王告令尹，改乘辕而北之’，是芀敖即令尹孙叔敖，军事皆主之。前一年令尹芀艾猎城沂，比年之间，楚令尹不闻置两人，《知分》篇虽有‘孙叔敖三为令尹而不喜，三去令尹而不忧’之语，乃是子文之事误记耳。况在军中必无轻易废置之理，其为一人无可疑者。与其信诸子，不如信《传》。”

② 言孙叔敖贤，能事君以道，致之于霸，荆国得之，幸也。

③ 遗，废。

④ 事功曰劳。尽俾付孙叔敖，使忧之也。

【校】“俾”与“付”通，旧作“传”，误，钱校改。

⑤ 休息也，不得以便利生性，故不休息也。

⑥ 庄王之霸，功传于后世，乃孙叔敖之日夜不息以广其君，君德之所以成也。

当 染

四曰：

墨子见染素丝者而叹曰[①]：“染于苍则苍，染于黄则黄，所以入者变，其色亦变，五入而以为五色矣。”[②]故染不可不慎也。

① 墨子名翟，鲁人，作书七十二篇。

② 一入一色。

非独染丝然也，[①]国亦有染。舜染于许由、伯阳，[②]禹染于皋陶、伯益，[③]汤染于伊尹、仲虺，[④]武王染于太公望、周公旦，[⑤]此四王者所染当，故王天下，[⑥]立为天子，功名蔽天地。[⑦]举天下之仁义显人，必称此四王者。[⑧]夏桀染于干辛、歧踵戎，[⑨]殷纣染于崇侯、恶来，[⑩]周厉王染于虢公长父、荣夷终,[11]幽王染于虢公鼓、祭公敦,[12]此四王者所染不当,故国残身死,为天下僇。[13]举天下之不义辱人,必称此四王者。[14]齐桓公染于管仲、鲍叔,[15]晋文公染于咎犯、郄偃,[16]荆庄王染于孙叔敖、沈尹蒸,[17]吴王阖庐染于伍员、文之仪,[18]越王句践染于范蠡、大夫种,[19]此五君者所染当,故霸诸侯,功名传于后世。范吉射染于张柳朔、王生,[20]中行寅染于黄藉秦、高强,[21]吴王夫差染于王孙雄、太宰嚭,[22]智伯瑶染于智国、张武,[23]中山尚染于魏义、椻长,[24]宋康王染于唐鞅、田不禋。[25]此六君者所染不当,故国皆残亡,身或死辱,宗庙不血食,绝其后类,君臣离散,民人流亡。举天下之贪暴可羞人,必称此六君者。凡为君非为君而因荣也,非为君而因安也,以为行理也。行理生于当染。故古之善为君者,劳于论人,[26]而佚于官事,得其经也。[27]不能为君者,伤形费神,愁心劳耳目,国愈危,身愈辱,不知要故也。[28]不知要故则所染不当,[29]所染不当,理奚由至?[30]六君者是已。六君者非不重其国爱其身也,所染不当也。存亡故不独是也,帝王亦然。[31]

①【校】"然",旧误作"纱",今据《墨子·所染》篇改正。

② 舜,颛顼五世之孙,瞽瞍之子也,名重华。许由,阳城人,尧聘之不至。伯阳,盖老子也,舜时师之者也。

③ 禹,颛顼六世孙,鲧之子也,名文命。伯益,皋陶之子也。

【校】案:皋陶子乃伯翳,非益也,益乃高阳之第三子名隤敳者,《路史》有辨,甚明。

④ 汤,契后十二世孙王癸之子也,名天乙。伊尹,汤相,《诗》云:"实惟阿衡,实左右商王。"仲虺居薛,为汤之左相,皆贤德也。《孟子》曰:"王者师

臣也。”

【校】当出《外书》，或约与景、丑语。

⑤ 武王，周文王之子，名发。太公望，河内汲人也，佐武王伐纣，成王封之于齐。周公旦，武王之弟也，辅成王，封之于鲁。

【校】梁伯子云：“齐、鲁皆武王所封，此与《长见》篇注同误。”

⑥ 所从染得其人，故曰“当”。

⑦ 蔽犹极也。

⑧ 称美其德以为喻也。

⑨ 桀，夏后皋之孙，癸之子也。干辛、歧踵戎，桀之邪臣。

【校】“干辛”，旧本作“羊辛”，《知度》篇亦同。案《墨子》及《古今人表》、《抱朴子·良规》篇与此书《慎大》篇皆作“干辛”，《说苑·尊贤》篇作“干莘”，今据改正。又“歧踵戎”、《墨子》及诸书多作“推哆”，亦作“推侈”。

⑩ 纣，帝乙之子，名辛。崇，国，侯，爵，名虎；恶来，嬴姓，飞廉之子；纣之谀臣。

【校】案：《书》称“商王受”，或云“字受德”，亦见《书》及《逸周书》。此云“名辛”，与《史》同。

⑪ 厉王，周夷王之子，名胡。虢、荣，二卿士也。《传》曰：“荣夷公好专利，而不知大难。”

⑫ 幽王，周厉王之孙，宣王之子，名官皇。虢公、祭公，二卿士也。《传》曰：“虢石父谗谄巧佞之人也，以此教王，其能久乎？”

【校】《墨子》作“染于傅公夷、蔡公榖”。注“官皇”，诸书多作“宫涅”。梁伯子云：“当从刘恕《外纪》、子由《古史》作‘宫涅’，《史记集解》‘徐广曰一作生’，惟名涅，故又作‘生’也。”

⑬ 不当者，不得其人。僇，辱也。

⑭ 称其恶以为戒也。

⑮ 桓公，齐僖公之子，名小白。管、鲍，其二卿也。

⑯ 文公，晋献公之子，名重耳。咎犯、郄偃者，其二大夫。

【校】“郄”乃“郤”之俗字。《墨子》作“高偃”，《御览》六百二十作

“郭偃”。

⑰ 庄王，楚穆王之子，名旅。孙、沈，其二大夫。

⑱ 阖庐，吴王夷昧之子，名光。伍、文，其二大夫。

【校】“文”，旧本讹作“父”，今据《尊师》篇改正。《墨子》作“文义”。

⑲ 句践，允常之子。范蠡，楚三户人也，字少伯。大夫种，姓文氏，字禽，楚之邹人。

【校】案：《越绝》云：“范蠡始居楚，生于宛橐，或伍户之虚。”“伍户”疑即“三户”，它书引《吴越春秋》有云：“文种为宛令，之三户之里见蠡。”案邹是时尚未属楚，《尊师》篇注又作“楚鄞人”，皆误，当作“楚之郢人”。钱詹事晓徵云：“《太平寰宇记·江陵府·人物》云‘文种，楚南郢人’，此必本于高氏注，北宋本犹未讹也。种本楚郢人，故得为宛令，若邹若鄞，皆非楚地矣。王伯厚引《吕览注》以种为鄞人，则南宋本已误。然虞仲翔、朱育历数会稽先贤，初不及种，乾道《四明图经》、宝庆《四明志》叙人物亦无及种者，当依《寰宇记》改正。”

⑳ 吉射，晋范献子鞅之子昭子也。张柳朔、王生二人者，吉射家臣也。

【校】《墨子》作“长柳朔、王胜”。

㉑ 寅，晋大夫中行穆子之子荀子也。黄藉秦、高强，其家臣。高强，齐子尾之子，奔晋为中行氏之臣。

【校】《墨子》无“黄”字。

㉒ 夫差，吴王阖庐子也。雄与嚭二人，其大夫也。嚭，晋伯宗之孙，楚州犁之子。

【校】“王孙雄”，《墨子》作“王孙雒”，《越绝》、《吴越春秋》皆作“王孙骆”，《说苑》作“公孙雒”，《国语》旧本亦作“雒”，宋庠《补音》从《史记》定作“雄”，且为之说曰：“汉改‘洛’为‘雒’，疑‘洛’字非吴人所名。”今案宋说误也。“有骍有雒”，见于《鲁颂》；《春秋·文八年经》书“公子遂会雒戎”，《传》作“伊雒之戎”；《宣三年传》“楚子伐陆浑之戎，遂至于雒”；《汉书》弘农郡上雒；非后汉时始改也。今不若各从本书为得。

㉓ 智瑶，宣子甲之子襄子也。国、武二人，其家臣。

㉔ 尚，魏公子牟之后，魏得中山以邑之也。义、长，其二臣也。

【校】"椻"，《墨子》作"偃"。

㉕ 唐、田，宋康王之二臣。

【校】《荀子·解蔽》篇杨倞注亦作"田不禋"。《古今人表》作"田不礼"，《御览》亦同。《墨子》作"佃不礼"。

㉖ 论犹择也。

㉗ 经，道。

㉘ 愈，益也。益危辱者，不知所行之要约也。

㉙ 所从染不得其人也。

㉚ 至犹得也。

㉛ 为帝王者，亦当知所从染也。

非独国有染也。孔子学于老聃、孟苏、夔靖叔。[1]鲁惠公使宰让请郊庙之礼于天子，[2]桓王使史角往，惠公止之。[3]其后在于鲁，墨子学焉。[4]此二士者，无爵位以显人，无赏禄以利人，[5]举天下之显荣者必称此二士也。[6]皆死久矣，从属弥众，弟子弥丰，充满天下。[7]王公大人从而显之，有爱子弟者，随而学焉，无时乏绝。子贡、子夏、曾子学于孔子。田子方学于子贡，段干木学于子夏，吴起学于曾子。禽滑釐学于墨子，许犯学于禽滑釐，[8]田系学于许犯。孔墨之后学显荣于天下者众矣，不可胜数，皆所染者得当也。

① 三人皆体道者，亦染孔子。

② 惠公，鲁孝公之子，隐公之父。

③ 止，留。

④ 其后，史角之后也，亦染墨翟。

⑤ 二士，谓孔子、墨翟。

⑥ 称，说也。

⑦ 弥，益；丰，盛也。言二士之徒，显荣者益盛，散布，故曰“充满天下”。

⑧【校】梁仲子云：“疑当作‘禽滑釐’，《列子·汤问》篇、《庄子·天下》篇、《说苑·反质》篇皆作‘釐’字，此书《尊师》篇作‘禽滑黎’，《列子·杨朱》篇作‘禽骨釐’，《人表》作‘禽屈釐’，《列子》殷敬顺本亦同。”

功　名①

①【校】一作“由道”。

五曰：

由其道，功名之不可得逃，① 犹表之与影，若呼之与响。②善钓者，出鱼乎十仞之下，饵香也；③善弋者，下鸟乎百仞之上，弓良也；④善为君者，蛮夷反舌殊俗异习皆服之，德厚也。⑤水泉深则鱼鳖归之，树本盛则飞鸟归之，庶草茂则禽兽归之，人主贤则豪桀归之。⑥故圣王不务归之者，而务其所以归。⑦

①《淮南记》曰“人甘，非正为蹠也，蹠而焉往”，故曰“不可得逃”。【校】案：《缪称训》曰“人之甘甘，非正为蹠也，而蹠焉往”，彼注云“臣之死君，子之死父，非以求蹠也，而蹠焉往，言蹠乃往至也”，彼后又注云“蹠，愿也”。

② 影，晷也。行则晷随之，呼则响应之。推此言之，故功名何可得逃也。

③ 七尺曰仞。下犹底也。

④ 弋，缴射之也 。《诗》云“弋凫与雁”。下犹陨也。

⑤ 东方曰夷，南方曰蛮，其在四表皆为夷也。戎狄言语与中国相反，因谓“反舌”。一说南方有反舌国，舌本在前，末倒向喉，故曰“反舌”。

【校】注“舌本”，旧脱“舌”字，孙据李善注《文选》陆佐公《石阙铭》补。

⑥ 才过百人曰豪，千人曰桀。

⑦ 务人使归之，末也；而务其所行可归，本也；故曰“务其所以归”也。

强令之笑不乐，强令之哭不悲。①强令之为道也，可以成小，而不可以成大。②缶醯黄，蜹聚之，有酸，③徒水则必不可。④以狸致鼠，以冰致蝇，虽工，不能。⑤以茹鱼去蝇，蝇愈至，⑥不可禁，⑦以致之之道去之也。⑧桀、纣以去之之道致之也，⑨罚虽重，刑虽严，何益？⑩大寒既至，民暖是利；大热在上，民清是走。故民无常处，见利之聚，无之去。⑪欲为天子，民之所走，不可不察。⑫今之世，至寒矣，至热矣，而民无走者，取则行钧也。⑬欲为天子，所以示民，不可不异也。⑭行不异乱虽信今，民犹无走。⑮民无走，则王者废矣，⑯暴君幸矣，民绝望矣。⑰

① 无其中心，故不乐不悲。

② 虚称可以伪制，显实难以诈成，虚小实大也，故曰“不可以成大”也。

③ 黄，美也。黄故能致酸，酸故能致蜹。

④ 水无酸，故不可以致蜹也。

⑤ 不能致也。

⑥ 茹，读茹船漏之茹字。茹，臭也。愈，益也。

【校】案：《易·既济》六四“繻有衣袽”，子夏《易》作“茹”，又通作“帤”，《韵会》引《黄庭经》云：“人间纷纷臭如帤。”

⑦ 禁，止也。

【校】孙云：“李善注《文选》左太冲《魏都赋》引‘以茹鱼驱蝇，蝇愈至而不可禁’。”

⑧ 致之者茹也，去之不可也。

⑨ 去之，残暴也。以致暴之道致治，不治也。

⑩《淮南记》曰：“急辔利锻，非千里之御也；严刑峻法，非百王之治也。”故曰“何益”。

⑪ 处，居也。去，移也。

⑫ 察犹知也。

⑬ 钧，等也。等于乱暴也。

⑭ 若殷纣暴乱，武王以仁义伐之，故曰“不可不异”。

⑮《传》曰：“以化平化谓之治。”以乱止乱，何治之有？故行不异乱，虽欲信利民，无肯归走也。

⑯ 夫民以王者为命，王者以民为本，本无所走，命无所制，而不废者，未之有也。

⑰ 无明天子，故暴乱诸侯以为幸也。民无所于救命，故绝望。

故当今之世，有仁人在焉，不可而不此务；[①]有贤主，不可而不此事。[②]贤不肖，不可以不相分，[③]若命之不可易，[④]若美恶之不可移。[⑤]桀、纣贵为天子，富有天下，能尽害天下之民，而不能得贤名之。[⑥]关龙逢、王子比干能以要领之死，争其上之过，[⑦]而不能与之贤名。[⑧]名固不可以相分，必由其理。[⑨]

① 务其仁义。

② 事其仁义。

③ 分犹异也。

【校】旧本“异”作“与”，讹，今以上文正之。

④ 命短不可为使长也。

⑤ 尧、舜为美，桀、纣为恶，故曰“不可移”也。

⑥ 残义损善曰桀，贱仁多累曰纣。贤主于行，何可虚得。

【校】案：《独断》“残人多垒曰桀，残义损善曰纣”，《史记集解》作“贼人多杀曰桀”，李石《续博物志》又作“残民多疊曰桀”。

⑦ 关龙逄，桀忠臣也。王子比干，纣诸父也。争，谏也。桀、纣皆杀之，故曰“能以要领之死，争其上之过”也。

【校】“关龙逄”，如字。李本作“逢”，非。

⑧ 不能致桀、纣使享贤名。若后稷好稼，不能使禾自生。

⑨ 为善得善名，为恶得恶名，故曰“必由其理”。

第三卷　季春纪

季　春

一曰：

季春之月，日在胃，①昏七星中，旦牵牛中。②其日甲乙，其帝太皞，其神句芒。其虫鳞，其音角，律中姑洗，③其数八。其味酸，其臭膻，其祀户，祭先脾。桐始华，田鼠化为鴽，④虹始见，萍始生。⑤天子居青阳右个，⑥乘鸾辂，驾苍龙，载青旂，衣青衣，服青玉，食麦与羊，其器疏以达。⑦

① 季春，夏之三月。胃，西方宿，赵之分野。是月，日躔此宿。

【校】案：《淮南·天文训》："胃，魏之分野。"

② 七星，南方宿，周之分野。牵牛，北方宿，越之分野。是月昏旦时，皆中于南方也。

③ 姑洗，阳律也。姑，故。洗，新。是月阳气发生，去故就新，竹管音中姑洗也。

【校】注"发"，旧本作"养"，讹。《初学记》引作"是月阳气发，故去故就新"，今定作"发"字。其"生"字似不误，仍之。

④ 桐，梧桐也，是月生叶，故曰"始华"。田鼠，鼸鼠也。鴽，鹌，青州谓之鴾母，周、雒谓之鴽，幽州谓之鹌也。

【校】案：此注多讹脱，《夏小正传》云"田鼠者，嗛鼠也"，《尔雅》作"鼸"，盖颊里藏食之鼠也。注脱"鼸"字，今补。又"鹌"，旧讹作"鹊"，"鴾母"讹作"鸦鸦"。案《小正传》云："鴽，鹌也。"《尔雅》"鴽，鴾母"，郭注云"䳺也，青州呼鸨母";《列子释文》引《夏小正》"田鼠化为鴑",作"鹌";"鹌"与"鹌"、"鹌"并同,"鹊"以形近而讹,故定为"鹌"字。"鸨"亦以形近讹"鸮",今据郭注改正。鸨母读为牟无,《说文》云"鴑,牟母也"。

⑤ 虹,蝃蝀也,兖州谓之虹,《诗》曰"蝃蝀在东,莫之敢指"是也。萍,水藻,是月始生。

【校】注"虹",旧讹"订",谢校改。"萍",《月令》作"蓱",郑注:"蓱,萍也。"今《月令》亦作"萍",误。

⑥ 右个,南头室也。

⑦ 说在《孟春》。

是月也,天子乃荐鞠衣于先帝,① 命舟牧覆舟,五覆五反,乃告舟备具于天子焉。② 天子焉始乘舟。荐鲔于寝庙,乃为麦祈实。③

①《周礼·司服》章曰:"王祀昊天上帝则服大裘而冕,祀五帝亦如之。"又《内司服》章王后之六服有菊衣,衣黄如菊花,故谓之菊衣。春王东方,色皆尚青,此云荐菊衣,诱未达也。

【校】案:《内司服》郑注云:"鞠衣,黄桑服也,色如麹尘,象桑叶始生。"盖后妃服以躬桑者。

② 舟牧,主舟官也。是月天子将乘舟始渔,恐有穿漏,反覆视之,五覆五反,慎之至也。

③ 焉犹于此。自冬至此,于是始乘舟。荐,进也。鲔鱼似鲤而小,《诗》曰"鳣鲔泼泼",进此鱼于寝庙,祷祈宗祖,求麦实也。前曰庙,后曰寝,《诗》云"寝庙奕奕",言相连也。

【校】注"泼泼",《诗》作"发发"。《鲁颂》"路寝孔硕,新庙奕奕",此引作"寝庙奕奕",蔡邕《独断》所引亦同。"相连",旧作"后连",据《独断》改。《周礼·隶仆》注"奕奕"作"绎绎",云"相连貌"也。

是月也，生气方盛，阳气发泄，生者毕出[①]，萌者尽达，不可以内。[②]天子布德行惠，命有司，发仓窌，赐贫穷，振乏绝。[③]开府库，出币帛，周天下，勉诸侯，[④]聘名士，礼贤者。[⑤]

①【校】旧校云："'生'一作'牙'。"案"牙"字是，《月令》作"句"。

② 发泄犹布散也。象阳达物，亦当散出货贿，不可赋敛以内之。

③ 方者曰仓，穿地曰窌。无财曰贫，鳏寡孤独曰穷。行而无资曰乏，居而无食曰绝。振，救也。

【校】《月令》"窌"作"廪"。

④ 府库，币帛之藏也。周，赐。勉，进。

⑤ 聘，问之也。有明德之士、大贤之人，聘而礼之，将与兴化致理者也。

【校】注首"聘问之也"四字旧本缺，孙据李善注《文选》枣道彦《杂诗》增入。

是月也，命司空曰："时雨将降，下水上腾，循行国邑，周视原野，[①]修利堤防，导达沟渎，开通道路，无有障塞。[②]田猎罼弋，罝罘罗网，喂兽之药，无出九门。"[③]

① 司空，主土官也。是月下水上腾，恐有浸渍，害伤五稼，故使循行遍视之。广平曰原，郊外曰野。

② 障，壅。塞，绝也。

③ 罼，掩网也。弋，缴射飞也，《诗》云"弋凫与雁"。罝，兔网也，《诗》云"肃肃兔罝"。罗，鸟网也，《诗》云"鸳鸯于飞，罼之罗之"。罘，射鹿罟也。网，其总名也。天子城门十二，东方三门，王气所在处，尚生育，明喂兽之药所不得出也，嫌余三方九门得出，故特戒之如言"无"也。

【校】"罼弋"，《月令》作"毕翳"，注云"翳或作弋"。"九门"，旧本作"国门"，云"一作'九'"，今案注作"九"为是。注"如言无也"，李本"如"作"加"，谢云:“如,而也。李本不可从。”

是月也,命野虞无伐桑柘。① 鸣鸠拂其羽,戴任降于桑,② 具栚曲篆筐。③ 后妃斋戒,亲东乡躬桑。④ 禁妇女无观,⑤ 省妇使,劝蚕事。⑥ 蚕事既登,⑦ 分茧称丝效功,⑧ 以共郊庙之服,无有敢堕。⑨

① 野虞,主材官。桑与柘皆可以养蚕,故命其官使禁民不得斫伐。

② 鸣鸠,班鸠也。是月拂击其羽,直刺上飞数十丈乃复者是也。戴任,戴胜,鸱也。《尔雅》曰“鵖鴔”,部生于桑。是月其子强飞,从桑空中来下,故曰“戴任降于桑”也。

【校】“戴任”,《月令》作“戴胜”,《淮南》作“戴鵀”,注不当训鸱。但旧本《月令正义》引《尔雅》亦作“鸱鸠”,此作“鵖鴔”,究属“鵖鴔”二字之误。“部生于桑”云云,不知所出。

③ 栚,读曰朕。栚,持也。三辅谓之栚,关东谓之持。曲,薄也。青、徐谓之曲。圆底曰篆,方底曰筐,皆受桑器也。是月立夏,蚕生,故敕具也。

【校】《月令》作“具曲植籧筐”,《淮南》作“具扑曲莒筐”,此书旧本作“具挟曲蒙筐”。“挟”与“扑”皆“栚”之讹文也。《说文》云:“栚,槌之横者也。”槌即植也。《方言》:“槌,宋、魏、陈、楚、江、淮之间谓之植,自关而西谓之槌,齐谓之样。其横,关西曰㮳,宋、魏、陈、楚、江、淮之间谓之樠,齐部谓之持。”今据此并注皆改正。“栚”从“朕”省,《方言》不省作“㮳”。注“栚,持也”,旧本脱,今从《淮南注》补,则下文方有所承。持,丁革反。旧本作“关东谓之得”,讹。“曲”,《说文》作“苗”,云“蚕薄也”,《广雅》又从“竹”作“笛”。段云:“‘蒙’乃‘篆’字之误,即《记》之‘籧’也,亦即‘莒’也。”今依改正。案郭璞注《方言》云:“‘篆’,古‘莒’字。”

④ 王者一后三夫人。妃即夫人,与后参职,配王兼众事。王者亲耕,故后妃亲桑也,以为天下先,劝众民也。

⑤ 观,游。

⑥ 省其他使,劝其趋蚕事。

⑦ 登,成也。

⑧ 效,致也。丝多为上功。

⑨ 郊祭天,庙祭祖。《周礼·内宰[1]》章“仲春,诏后率内外命妇蚕于北郊,以为祭服”,此之谓也。

【校】“堕”,《月令》作“惰”,同。

是月也,命工师令百工审五库之量,金铁、① 皮革筋、② 角齿、③ 羽箭干、④ 脂胶丹漆,⑤ 无或不良。⑥ 百工咸理,监工日号,无悖于时,⑦ 无或作为淫巧,以荡上心。⑧ 是月之末,择吉日大合乐,⑨ 天子乃率三公、九卿、诸侯、大夫亲往视之。⑩

① 句。

② 句。

③ 句。

④ 句。

⑤ 句。

⑥ 良,善。

⑦ 监工,工官之长。悖,逆也。时可用作器,无逆之也。不作为逆也。

⑧ 淫巧,非常诡怪。若宋人以玉为楮叶,三年而成,乱之楮叶之中不可别知之类也,故曰“以荡上心”。荡,动也。

【校】注旧本“诡”上衍“说”字,今删。

⑨ 乐以和民,故择于是月下旬吉日,大合六乐,八音克谐,《箫韶》九成。

---

[1] 宰:原本作“子”,据《周礼》改。

《周礼·大司[1]乐》章"以乐舞教国子，舞《云门大卷》、《大咸》、《大韶》、《大夏》、《大护》、《大武》，大合乐以和邦国，以谐万民，以安宾客，以悦远人"，此之谓也。

⑩ 视其乐也。

是月也，乃合纍牛、腾马游牝于牧，①牺牲驹犊，举书其数。②国人傩，九门磔禳，以毕春气。③行之是令，而甘雨至三旬。④季春行冬令，则寒气时发，草木皆肃，国有大恐。⑤行夏令，则民多疾疫，时雨不降，山陵不收。⑥行秋令，则天多沉阴，淫雨早降，兵革并起。⑦

① 纍，读如《诗》"葛纍"之纍。纍牛，父牛也。腾马，父马也。皆将群游从牝于牧之野，风合之。

【校】"纍"，《月令》作"累"，《淮南》作"檏"，《淮南》注"读葛藟之藟"。

② 举其犊驹在牺牲者，皆簿领书其头数也。

③ 傩，读《论语》"乡人傩"同。命国人傩，索宫中区隅幽暗之处，击鼓大呼，驱逐不祥，如今之正岁逐除是也。九门，三方九门也。嫌非王气所在，故磔犬羊以禳木气尽之，故曰"以毕春气"也。

【校】"国人傩"，《月令》作"命国傩"，《淮南》作"令国难"。此疑倒误。"傩"疑本作"难"，故注读从《论语》之傩。"同"字疑后人所增。"区隅"亦作"沤隅"，又一作"欧隅"。

④ 行之是令，行是之令也。十日曰旬。

【校】《月令》无此句，《淮南》有，下同。

⑤ 行冬寒杀气之令，故寒气早发，草本肃棘，木不曲直也。气不和，故国大惶恐也。

---

[1] "司"上原衍"胥"字，今删。

【校】注“行冬”下旧本有“令”字，衍，今删。

⑥ 行夏炎阳之令，火干木，故民疾疫，雨泽不降，故山陵所殖不收入。

⑦ 秋阴气用事，水之母也，而行其令，故多沉阴为淫雨也。阴为兵器，故并起。

尽　数

二曰：

天生阴阳寒暑燥湿，四时之化，万物之变，莫不为利，莫不为害。[①]圣人察阴阳之宜，辨万物之利以便生，故精神安乎形，而年寿得长焉。[②]长也者，非短而续之也，毕其数也。[③]毕数之务，在乎去害。何谓去害？大甘、大酸、大苦、大辛、大咸，五者充形则生害矣。大喜、大怒、大忧、大恐、大哀，五者接神则生害矣。大寒、大热、大燥、大湿、大风、大霖、大雾，七者动精则生害矣。[④]故凡养生，莫若知本，知本则疾无由至矣。[⑤]

① 顺者利时，逆者害时。

② 精神内守，无所贪欲，故形性安。形性安则寿命长也。

③ 毕，尽也。平其无欲之情，不夭陨，故尽其长久之数。

④ 诸言大者，皆过制也。

⑤《传》曰“人受天地之中以生”，所谓命也。《孟子》曰：“人性无不善。”本其善性，闭塞利欲，疾无由至矣。

精气之集也，必有入也。集于羽鸟，与为飞扬；[①]集于走兽，与为流行；集于珠玉，与为精朗；集于树木，与为茂长；集于圣人，与为敻明。[②]精气之来也，因轻而扬之，因走而行之，因美而良之，因长而养之，因智而明之。[③]

①【校】旧校云："'养'一作'翔'。"

② 集，皆成也。敻，大也，远也。敻，读如《诗》云"于嗟敻兮"。

【校】此《韩诗》。

【校】旧校云："'养'一作'善'。"案此段用韵，"善"字非也。

③ 因，依也。明，智也。

流水不腐，[①]户枢不蝼，[②]动也。形气亦然。形不动则精不流，精不流则气郁。郁处头则为肿、为风，[③]处耳则为挶、为聋，[④]处目则为䁾、为盲，[⑤]处鼻则为鼽、为窒，[⑥]处腹则为张、为疛，[⑦]处足则为痿、为蹷。[⑧]

① 腐，臭败也。

②【校】《意林》作"不蠹"。

③ 肿与风，皆首疾。

④ 皆耳疾也。

⑤ 䁾，眵也；盲，无见。皆目疾也。

【校】孙云："李善注《文选》宋玉《风赋》引'䁾'作'蔑'，'高诱曰：蔑，眵'。"此注旧本皆作"䁾肝䁾"，误，今从彼注改正。"善又云：'蔑与䁾古字通，亡结切；眵，亡支切。'"

⑥ 鼽，齆鼻。窒，不通。

⑦ 疛，跳动。皆腹疾。

【校】“疛”，旧本作“府”，误也。《说文》：“疛，小腹疾。”此云“跳动”者，《诗·小雅·小弁》云“惄焉如擣”，《释文》云“本或作‘㿣’，《韩诗》作‘疛，除又反，义同”，此所训正合。

⑧ 痿，不能行。蹷，逆疾也。

轻水所，多秃与瘿人；[①] 重水所，多尰与躄人；[②] 甘水所，多好与美人；[③] 辛水所，多疽与痤人；[④] 苦水所，多尪与伛人。[⑤]

① 秃，无发。瘿，咽疾。

【校】所，即处。下放此。

② 肿足曰尰。躄，不能行也。

③ 美，亦好也。

④ 疽、痤，皆恶疮也。

⑤ 尪，突胸仰向疾也。伛，伛脊疾也。

凡食，无强厚味，无以烈味[①] 重酒，[②] 是以谓之疾首。[③] 食能以时，身必无灾。[④] 凡食之道，无饥无饱，是之谓五藏之葆。[⑤] 口必甘味，和精端容，将之以神气。[⑥] 百节虞欢，咸进受气。饮必小咽，端直无戾。

① 烈，犹酷也。

② 重，酒厚也。

③ 疾首，头痛疾也。

【校】疾首，犹言致疾之端，注非是。

④ 时，节也。不过差，故身无灾疾也。

⑤ 葆，安也。

⑥ 端，正。将，养。

今世上卜筮祷祠，故疾病愈来。譬之若射者，射而不中，反修于招，何益于中？[①] 夫以汤止沸，沸愈不止，去其火则止矣。故巫医毒药，逐除治之，故古之人贱之也，为其末也。[②]

① 于招，埻艺也。患射不能中，不知循彀精艺，而反修其标的，故曰“何益于中”也。

【校】旧校云：“‘修’一作‘循’，‘招’一作‘的’。”注“埻”，旧误作“埻”。梁仲子云：“《本生》篇注云‘招，埻的也’，《外传越语》韦注云‘艺，射的也’；‘于招’盖连文。”

② 古之人治正性，保天命者也。不然，则邪气乘之以疾病，使巫医毒药除逐治之，故谓贱之也。若止沸以汤，不去其火，故曰“为其末也”。

先 己

三曰：

汤问于伊尹曰：“欲取天下，若何？”[①] 伊尹对曰：“欲取天下，天下不可取；可取，身将先取。”[②] 凡事之本，必先治身，啬其大宝。[③] 用其新，弃其陈，腠理遂通。[④] 精气日新，邪气尽去，及其天年。[⑤] 此之谓真人。[⑥]

① 汤为诸侯时也。

② 言不可取天下，身将先为天下所取也。

③ 啬，爱也。大宝，身也。

【校】旧校云："'治'一作'取'。"

④ 用药物之新，弃去其陈以疗疾，则腠理肌脉遂通利不闭也。

【校】赵云："注非也，此即《庄子》所云'吐故纳新'也。"梁仲子云："《淮南·泰族训》'呼而出故，吸而入新'，亦相似。"

⑤【校】孙云："《御览》七百二十'及'作'反'。"

⑥ 真德之人。

昔者先圣王成其身而天下成，[①]治其身而天下治。[②]故善响者不于响于声，[③]善影者不于影于形，[④]为天下者不于天下于身。[⑤]《诗》曰："淑人君子，其仪不忒。其仪不忒，正是四国。"[⑥]言正诸身也。故反其道而身善矣，[⑦]行义则人善矣，[⑧]乐备君道而百官已治矣，[⑨]万民已利矣。[⑩]三者之成也，在于无为。无为之道曰胜天，[⑪]义曰利身，[⑫]君曰勿声。[⑬]勿身督听，[⑭]利身平静，[⑮]胜天顺性。[⑯]顺性则聪明寿长，[⑰]平静则业进乐乡，[⑱]督听则奸塞不皇。[⑲]故上失其道，则边侵于敌；[⑳]内失其行，名声堕于外。[㉑]是故百仞之松，本伤于下，而末槁于上；[㉒]商、周之国，谋失于胸，[㉓]令困于彼。[㉔]故心得而听得，[㉕]听得而事得，事得而功名得。[㉖]五帝先道而后德，[㉗]故德莫盛焉；[㉘]三王先教而后杀，[㉙]故事莫功焉；[㉚]五伯先事而后兵，[㉛]故兵莫强焉。[㉜]当今之世，巧谋并行，诈术递用，[㉝]攻战不休，亡国辱主愈众，[㉞]所事者末也。[㉟]

① 王道成也。

② 詹何曰"未闻身治而国乱，身乱而国治者"，此之谓也。

③ 声善则响善也。

④ 形正则影正。

⑤ 身正则天下治。

⑥ 忒，差也。

⑦ 体道无欲，故身善。

⑧ 行仁义于所宜，则人善之矣。

⑨ 乐服行君人无为之道，则百官承使化职事也。

【校】注当云"则百官承化，职事已治也"，旧本有脱误。

⑩ 君无为则万民安利。

⑪ 天无为而化，君能无为而治民，以为胜于天。

⑫ 能行仁义，则可以利其身。

⑬ 为君之道，务在利民；勿自利身，故曰"勿身"。

⑭ 督，正也。正听，不倾听也。

【校】旧本作"倾不听也"，讹，今乙正。

⑮ 行仁义，故能平静也。

⑯ 无为而不欲，故能顺性也。

⑰ 顺法天性，则聪明也。《虞书》云"天聪明，自我民聪明"，此之谓也。法天无为，故寿长久也。

⑱ 行仁义则民业进而乐乡其化。

⑲ 正听万法，赏罚分明，故奸轨塞断于不皇。皇，暇也。

⑳ 君无道则敌国侵削其边，俘其民也。《论语》曰"上失其道，民散久矣"，此之谓也。

㉑ 内失抚民之行则邻国贱之，故曰"名声堕于外"也。若晋惠公背外内之赂，杀李克之党，内无忠臣之辅，外无诸侯之助，与秦穆公战而败亡。

【校】赵云："内失其行，不能反道以善身，故名声堕于外也。'李克'，《内》《外传》作'里克'，古'李'、'里'通用。"

㉒ 本，根也。君亦国之本。

㉓ 商、周二王之季也。胸犹内。

㉔ 彼亦外也。

㉕ 得犹知也。

㉖ 事事必得之则功成名立，故功名得也。

㉗ 五帝：黄帝、高阳、高辛、尧、舜。先犹尚也。

㉘ 德之大者，无出于五帝。

㉙ 三王，夏、商、周也。

㉚ 成王事之功，无过于三王。

【校】孙云："《御览》七十七作'三王先德而后事，故功莫大焉'。"

㉛ 五伯：昆吾、大彭、豕韦、齐桓、晋文。

㉜ 兵之强者，无强于五伯者也。

㉝ 递，代。

㉞ 愈，益。众，多。

㉟ 事，治。

夏后伯启与有扈战于甘泽而不胜，[①]六卿请复之。[②]夏后伯启曰："不可。吾地不浅，[③]吾民不寡，战而不胜，是吾德薄而教不善也。"于是乎处不重席，食不贰味，琴瑟不张，[④]钟鼓不修，[⑤]子女不饬，[⑥]亲亲长长，[⑦]尊贤使能。期年而有扈氏服。[⑧]故欲胜人者，必先自胜；欲论人者，必先自论；[⑨]欲知人者，必先自知。[⑩]《诗》曰："执辔如组。"[⑪]孔子曰："审此言也，可以为天下。"[⑫]子贡曰："何其躁也！"孔子曰："非谓其躁也，谓其为之于此，而成文于彼也。"圣人组修其身，而成文于天下矣。故子华子曰："丘陵成而穴者安矣，[⑬]大水深渊成而鱼鳖安矣，[⑭]松柏成而涂之人已荫矣。"[⑮]

① 有扈，夏同姓诸侯。《传》曰"启伐有扈"，《书》曰"大战于甘，乃召六卿。王曰：'六事之人，予誓告汝。有扈氏威侮五行，怠弃三正，天用剿绝其命，今予惟龚行天之罚。'"此之谓也。

【校】“夏后伯启”，旧本作“夏后相”。孙云：“如果为相，注不应但据启事为证，考《御览》八十二帝启事中引此作‘夏后伯启’，乃知今本误也。然《困学纪闻》亦引作‘夏后相’，则南宋时本已误矣。”卢云：“案‘伯’，古多作‘柏’，后人疑为‘相’，因并误删‘启’字。”

② 请复战也。

③ 浅，褊。

④ 张，施。

⑤ 修，设。

⑥ 不文饬也。

【校】“饬”与“饰”通，《御览》二百七十九作“饰”。

⑦ 长长，敬长。

⑧ 服，从。

⑨《传》曰“惟无瑕者可以戮人”，亦由无阙者可以论人，身有阙而论人，是为自论也。

【校】赵云：“必先自论，与上自胜、下自知一例，注并非。”

⑩ 知人则哲，惟帝其难之，故当先自知而后求知人也。

⑪ 组，读组织之组。夫组织之匠，成文于手，犹良御执辔于手而调马足，以致万里也。

【校】注“足以”，旧本作“口以”，讹。

⑫ 审，实也。为，治也。

⑬ 穴而处之。

⑭ 沉而居之。

⑮ 成，茂。

孔子见鲁哀公，① 哀公曰：“有语寡人曰：‘为国家者，为之堂上而已矣。’② 寡人以为迂言也。”③ 孔子曰：“此非迂言也。丘闻之：得之于身者得之人，失之于身者失之人。④ 不出于门户而天下治者，其惟知反于己身者乎！”⑤

① 哀公，定公宋之子蒋也。

② 夫人皆治堂以行礼，治国亦当以礼，故曰“为之堂上而已矣”。

【校】《说苑・政理》篇、《家语・贤君》篇俱作“卫灵公问”。

③ 迂，远。

④《论语》曰“君子求诸己”，故曰得之身者得诸人，失之身则失之人也。

⑤ 反者大也。

论　人

四曰：

主道约，君守近。①太上反诸己，其次求诸人。其索之弥远者，其推之弥疏；②其求之弥强者，失之弥远。

① 近者，守之于身也。

② 索，求。弥，益也。

【校】注“求”下旧衍“之”字。

何谓反诸己也？适耳目，节嗜欲，释智谋，去巧故，①而游意乎无穷之次，②事心乎自然之涂，③若此则无以害其天矣。④无以害其天则知精，⑤知精则知神，知神之谓得一。⑥凡彼万形，得一后成。⑦故知一，则应物变化，阔大渊深，不可测也;[8]德行昭美,比于日月,不可息也;[9]豪士时之,远方来宾,不可塞也;[10]意气宣通,无所束缚,不可收也。[11]故知知一,则复归于朴。[12]嗜欲易足,取养节薄,不可得也;[13]离世自乐,中情洁白,不可量也;[14]威不能惧,严不能恐,不可服也。[15]故知知一,则可动作当务,与时周旋,不可极也。[16]举错以数,取与遵理,不可惑也;[17]言无遗者,集肌肤,不可革也;[18]谗人困穷,贤者遂兴,不可匿也。[19]故知知一,则若天地然,则何事之不胜,[20]何物之不应?[21]譬之若御者,反诸己,则车轻马利,致远复食而不倦。[22]昔上世之亡主,以罪为在人,故日杀僇而不止,以至于亡而不悟。[23]三代之兴王,以罪为在己,故日功而不衰,以至于王。[24]

① 释亦去也。巧故,伪诈也。

② 次,舍。

③ 事,治也。自然,无为。涂,道也。

④ 天,身。

⑤ 精,明微。

⑥ 一,道也。

⑦ 天道生万物,万物得一乃后成也。

⑧ 测,尽极也。

⑨ 息,灭也。

⑩ 塞,遏也。

⑪ 收,守。

【校】“收”,疑当作“牧”,与韵叶,牧亦训守。

⑫ 朴,本也。

⑬ 不可得使多欲,厚自养也。一曰:若此人者不可得。

⑭ 离世，不群。量，行也。

【校】“量”字亦疑误。

⑮ 不可无威得威力服。

【校】注“不可”二字疑衍，盖言无威而使威力皆服也。

⑯ 极，穷。

⑰ 惑，眩。

⑱ 遗，失也。《孝经》曰“言满天下无口过”，此之谓也。革，更也。

【校】正文有脱字。

⑲ 匿犹伏也。

【校】注“伏”，旧讹“任”，今改正。

⑳ 胜犹任也。

㉑ 应，当也。

㉒ 倦，罢。

【校】复食二字未详。

㉓ 亡主，若桀、纣者也。以罪为在他人，故多杀僇，是灭亡之道也，而不自觉知也。

㉔ 三代，禹、汤、文王也。日行其人民之功不衰倦，以至于王有天下也。

何谓求诸人？人同类而智殊，[①]贤不肖异，皆巧言辩辞以自防御，[②]此不肖主之所以乱也。[③]凡论人，通则观其所礼，[④]贵则观其所进，[⑤]富则观其所养，听则观其所行，[⑥]止则观其所好，习则观其所言，[⑦]穷则观其所不受，贱则观其所不为。[⑧]喜之以验其守，[⑨]乐之以验其僻，[⑩]怒之以验其节，[⑪]惧之以验其特，[⑫]哀之以验其人，[⑬]苦之以验其志。[⑭]八观六验，此贤主之所以论人也。[⑮]论人者又必以六戚四隐。[⑯]何谓六戚？父、母、兄、弟、妻、子。何谓四隐？交友、故旧、邑里、门郭。内则用六戚四隐，外则用八观六验，人之情伪贪鄙美恶，无所失矣，[17]譬之若逃雨污，无之而非是，[18]此先圣王之所以知人也。

① 殊，异。

② 防御仇也。

【校】注疑有误。

③ 乱，惑。

【校】“主”旧作“王”，案下有“贤主”，则此当作“不肖主”明矣，今改正。

④ 通，达也。《孟子》曰“达则兼善天下”，故观其所宾礼。

⑤ 进，荐也。尧荐舜，舜荐禹。《传》曰：“善进善，不善蔑由至矣；不善进不善，善亦蔑由至矣。”故曰“观其所进”也。

⑥ 养则养贤也，行则行仁也，故观之也。

【校】听，谓听言也。

⑦ 好则好义，言则言道。

⑧ 不受非其类也。不为谄谀。

【校】不受非分之财，不为非义之事。

⑨ 守，清守也。

⑩ 僻，邪。

⑪ 节，性。

⑫ 特，独也。虽独不恐。

⑬ 人人可哀，不忍之也。

⑭ 钻坚攻难，不成不止，故曰“以验其志”也。

⑮ 论犹论量也。

⑯ 六戚，六亲也。四隐，相隐而扬长蔽短也。

【校】注“短”字旧阙，今案文义补。

⑰ 言尽知之。

⑱ 皆是雨也。

圜 道

五曰：

天道圜，地道方，圣王法之，所以立上下。[①]何以说天道之圜也？精气一上一下，圜周复杂，无所稽留，故曰天道圜。[②]何以说地道之方也？万物殊类殊形，皆有分职，不能相为，故曰地道方。[③]主执圜，臣处方，方圜不易，其国乃昌。日夜一周，圜道也。[④]月躔二十八宿，轸与角属，圜道也。[⑤]精行四时，一上一下，各与遇，圜道也。[⑥]物动则萌，萌而生，生而长，长而大，大而成，成乃衰，衰乃杀，杀乃藏，圜道也。[⑦]云气西行，云云然，[⑧]冬夏不辍；[⑨]水泉东流，日夜不休；[⑩]上不竭，下不满；[⑪]小为大，重为轻；圜道也。[⑫]黄帝曰："帝无常处也，[⑬]有处者乃无处也。"[⑭]以言不刑蹇，圜道也。[⑮]人之窍九，一有所居则八虚，[⑯]八虚甚久则身毙。[⑰]故唯而听，唯止；[⑱]听而视，听止。[⑲]以言说一。[⑳]一不欲留，留运为败，[㉑]圜道也。一也齐至贵，[㉒]莫知其原，莫知其端，莫知其始，莫知其终，而万物以为宗。[㉓]圣王法之，以令其性，以定其正，[㉔]以出号令。令出于主口，官职受而行之，[㉕]日夜不休，宣通下究，[㉖]瀸于民心，遂于四方，[㉗]还周复归，至于主所，圜道也。令圜则可不可，善不善，无所壅矣。[㉘]无所壅者，主道通也。[㉙]故令者，人主之所以为命也，贤不肖安危之所定也。[㉚]

① 上，君。下，臣。

② 杂犹匝。无所稽留，运不止也。

【校】《御览》二及十五俱作"圜通周复无杂"，此出后人所附益，不可信也。

③ 不能相为，不能相兼。

④ 圜，天道也。

⑤ 躔，舍也。轸，南方鹑尾。角，东方苍龙。行度所经也。

【校】赵云："二十八宿，始角终轸，轸角相接，注不分晓。"

⑥ 精，日月之光明也。

⑦ 藏，潜也。

⑧ 云，运也。周旋运布，肤寸而合，西行则雨也。

【校】注云"运也"，旧本作"游也"，误，今改正。

⑨ 辍，止也。

⑩ 休，息也。

⑪ 水从上流而东，不竭尽也。下至海，受而不满溢也。

⑫ 小者泉之源也，流不止也，集于海，是为大也。水湿而重，升作为云，是为轻也。

⑬ 无常处，言无为而化，乃有处也。

⑭ 有处，有为也。有为则不能化，乃无处为也。

⑮ 刑，法也。言无刑法，故蹇难也。天道正刑不法，故曰"圜道也"。

⑯ 居，读曰居处之居，居犹壅闭也。

⑰ 虚，病。毙，死。

⑱ 听则唯止矣。

⑲ 视则听止矣。

⑳ 一，道本。

㉑ 留，滞。

㉒ 道无匹敌，故曰"至贵"也。

【校】孙云："李善注《文选》江文通《拟孙廷尉诗》引作'一也者，至贵者'也。"

㉓ 道无形，其原始终极莫能知之。道生万物，以为宗本。

㉔【校】旧校云："'令'一作'全'，'正'一作'生'。"

㉕ 官职，职官之长。

【校】注似当作"官职，百官之职"。

㉖ 宣，遍布也。

㉗ 瀸，洽。遂，达。

【校】注旧本作"遂远"，讹，今改正。

㉘ 不可者能令之可，不善者能令之善，化使然也。皆通之，故曰"无所壅"。

㉙ 言纳忠受谏，臣情上达，无所壅蔽，是为君之道通也。

㉚ 君者法天，天无私，故所以为命也。赋命各得其中，安与危无怨憾，故曰"定"也。

【校】正文"安"下旧本衍"之"字，今删。

人之有形体四枝，其能使之也，为其感而必知也。①感而不知，则形体四枝不使矣。②人臣亦然。号令不感，则不得而使矣。③有之而不使，不若无有。④主也者，使非有者也，⑤舜、禹、汤、武皆然。先王之立高官也，必使之方，⑥方则分定，分定则下不相隐。⑦尧、舜，贤主也，皆以贤者为后，不肯与其子孙，犹若立官必使之方。⑧今世之人主，皆欲世勿失矣，⑨而与其子孙，立官不能使之方，以私欲乱之也，何哉？其所欲者之远，而所知者之近也。⑩今五音之无不应也，其分审也。⑪宫、徵、商、羽、角，各处其处，音皆调均，不可以相违，此所以无不受也。⑫贤主之立官，有似于此。百官各处其职，治其事以待主，主无不安矣；以此治国，国无不利矣；以此备患，患无由至矣。⑬

① 感者，痛恙也。手足必知其处所，故使之也。

② 不能相使，则形体疾也。

③ 不可得而使则国乱。

④ 不若无臣。

⑤ 汤使桀臣，武王使纣臣，皆非其有也。

⑥ 方，正。

⑦ 隐，私也。君臣上下无私邪相壅蔽之。

⑧ 以贤者为后，谓禅位也。尧传舜，舜传禹，故曰"不肯与其子孙"也。方，正，不私邪之谓也。

⑨ 父死子继曰世。

⑩ 自传子孙，冀世世不失，是其所欲者之远也。子孙不肖，骄淫暴虐，必见改置，不得长久，是所知者之近也。

⑪ 各守其声，集以成和，故曰"其分审"。

⑫ 受亦应也。

【校】旧本脱"无"字，则义相反，今依上文补之。注"也"字旧作"之"，亦改正。

⑬【校】"患"字，本亦有不叠者，今从许本、汪本。

第四卷　孟夏纪

孟　夏

一曰：

孟夏之月，日在毕，① 昏翼中，旦婺女中。② 其日丙丁，其帝炎帝，③ 其神祝融。④ 其虫羽，其音徵，⑤ 律中仲吕，其数七。⑥ 其性礼，其事视，⑦ 其味苦，其臭焦，⑧ 其祀灶，祭先肺。⑨ 蝼蝈鸣，丘蚓出，⑩ 王菩生，苦菜秀。⑪ 天子居明堂左个，⑫ 乘朱辂，驾赤骝，⑬ 载赤旂，衣赤衣，服赤玉，⑭ 食菽与鸡，其器高以觕。⑮

① 孟夏，夏之四月也。毕，西方宿，秦之分野。是月，日躔此宿也。

【校】案：《淮南·天文训》"毕，魏之分野"，与此注不同。

② 翼，南方宿，楚之分野。婺女，北方宿，越之分野。是月昏旦时，皆中于南方。

【校】案：注"婺女北方宿"，旧作"南方"，讹。《淮南》作"须女吴"，此与《季冬纪》注皆云越，不同。

③ 丙丁，火日也。炎帝，少典之子，姓姜氏，以火德王天下，是为炎帝，号曰神农，死托祀于南方，为火德之帝。

④ 祝融，颛顼氏后，老童之子吴回也，为高辛氏火正，死为火官之神。

⑤ 盛阳用事，鳞散而羽，故曰"其虫羽"。羽虫，凤为之长。徵，火也，位在南方。

⑥ 仲吕，阴律也。阳散在外，阴实在中，所以旅阳成功也，故曰"仲吕"。

五行数五，火第二，故曰“七”。

【校】旧本“在中”作“其中”，“旅阳”作“类阳”，“成功”二字脱在下，作“其数成功五”，梁仲子据《初学记》所引改正。“五行数五”，亦据前后文改。

⑦【校】《月令》无此二句，此书前后亦无此例，当为衍文。

⑧ 火味苦。火臭焦。

⑨ 吴回，回禄之神，托于灶。是月火王，故祀之也。肺，金也。祭礼之先进肺，用其胜也。一曰：肺，火，自用其藏。

【校】注“吴回”，旧作“吴国”，讹，今改正。

⑩ 蝼蝈，虾蟆也。是月阴气动于下，故阴类鸣，丘蚓从土中出。

【校】注“丘蚓”下旧本有“虾蟆”二字，乃衍文，今删。

⑪ “菩”或作“瓜”，瓠瓤也，是月乃生。《尔雅》云：“不荣而实曰秀，荣而不实曰英。”苦菜当言英者也。

【校】“王菩”，旧本并注皆讹作“王善”。案《月令》“王瓜生”，注云“今《月令》云‘王萯生’”，此书必本作“菩”，古“菩”、“萯”通用，郭璞注《穆天子传》“茅萯”云：“‘萯’，今‘菩’字，音倍。”《集韵》“音蓓，与‘萯’通”。此书刘本疑“王善”误，径依《月令》作“王瓜生”，并改注云“王瓜即今栝楼也”，大违阙疑之义。

⑫ 明堂，南乡堂。左个，东头室。

⑬ 顺火德也。骍马黑尾曰骊。

⑭ 皆赤，顺火也。

⑮ 菽，豆也。觕，大也。器高大以象火性。

是月也，以立夏。① 先立夏三日，太史谒之天子曰：“某日立夏，盛德在火。”② 天子乃斋。③ 立夏之日，天子亲率三公、九卿、大夫以迎夏于南郊。④ 还，乃行赏，封侯庆赐，无不欣说。⑤ 乃命乐师，习合礼乐。⑥ 命太尉，赞杰俊，遂贤良，举长大，⑦ 行爵出禄，必当其位。⑧

① 春分后四十六日立夏。立夏多在是月。

② 太史,说在《孟春》。以盛德在火,火王南方也。

③ 说在《孟春》。

④ 南郊,七里之郊。

⑤ 还,从南郊还也。封侯,命以茅土。《传》曰"赏以春夏,刑以秋冬",此之谓也。无不欣说,咸赖其所赐。

⑥ 礼,所以经国家,定社稷,利人民;乐,所以移风易俗,荡人之邪,存人之正性;故命乐师使习合之。

⑦ 命,使。赞,白也。千人为俊,万人为杰。遂,达也。有贤良长大之人,皆当白达举用之,故齐桓公命于子之乡,有孝于父母,聪慧质仁秀出于众者,则以告,有不以告,谓之蔽贤而罪之,此之谓也。

【校】注"白达",旧讹作"自达",又"于子之乡"作"于天子之乡","聪慧质仁"作"聪慧质直仁",《齐语》无"天"字、"质"字,今皆删正。

⑧ 当,直也。

是月也,继长增高,无有坏隳。[①]无起土功,无发大众,无伐大树。[②]

① 象阳长养物也。

【校】"隳",《月令》作"堕",《释文》云:"又作'隳'。"

② 所以顺阳气。

是月也,天子始絺。[①]命野虞出行田原,劳农劝民,无或失时;[②]命司徒循行县鄙,[③]命农勉作,无伏于都。[④]

① 絺,细葛也。《论语》曰"当暑袗絺绤",此之谓也。

② 劳,勉。劝,教。使民不失其时。

【校】《月令》“劳农”上有“为天子”三字。

③ 县，畿内之县。县，二千五百家也。鄙，五百家也。司徒主民，故使循行。

④ 伏，藏。都，国。

【校】《月令》“伏”作“休”。

是月也，驱兽无害五谷，无大田猎，[①]农乃升麦。[②]天子乃以彘尝麦，先荐寝庙。[③]

① 为夭物也。

② 升，献。

【校】《月令》作“农乃登麦”。升犹登也。旧本作“收”，今据注定作“升”。

③ 麦始熟，故言尝。彘，水畜，夏所宜食也。先寝庙，孝之至。

是月也，聚蓄百药，糜草死。[①]麦秋至，断薄刑，决小罪，出轻系。[②]蚕事既毕，后妃献茧，乃收茧税，以桑为均，[③]贵贱少长如一，以给郊庙之祭服。

① 是月阳气极，药草成，故聚积之也。糜草，荠、亭历之类。

【校】“糜”，《月令》作“靡”。

② 是月阳气盛于上，及五月阴气伏于下，故断薄刑、决小罪，顺杀气也。轻系，不及于刑者解出之。

③ 均，平也。桑多税多，桑少税少。

是月也，天子饮酎，用礼乐。[①]行之是令，而甘雨至三旬。[②]孟夏行秋令，则苦雨数来，五谷不滋，四鄙入保。[③]行冬令，则草木早枯，后乃大水，败其城郭。[④]行春令，则虫蝗为败，暴风来格，秀草不实。[⑤]

① 酎，春酝也。是月天子乃与群臣饮酒作乐。《诗》云："为此春酒，以介眉寿。"

② 行之是令，行此之令也。旬，十日也。十日一雨，三旬三雨也。

③ 孟夏盛阳而行金气杀戮之令，水生于金，故苦雨杀谷不滋茂也。四境之民，畏寇贼来，入城郭以自保守也。

④ 行冬寒固闭之令，故草木早枯，大水坏其城郭，奸时逆行之徵也。

⑤ 是月当继长增高，助阳长养，而行春启蛰之令，故有虫蝗之败。春木气，多风，故暴疾之风应气而至，使当秀之草不长茂。

劝　学[①]

①【校】一作"观师"。

二曰：

先王之教，莫荣于孝，莫显于忠。忠孝，人君人亲之所甚欲也；显荣，人子人臣之所甚愿也。然而人君人亲不得其所欲，人子人臣不得其所愿，此生于不知理义。[①]不知义理，生于不学。[②]

① 不知理义，在君父则不仁不慈，在臣子则不忠不孝。不忠不孝，故君父不得其所欲也。不仁不慈，故臣子不得其所愿也。

② 生犹出。

【校】“义理”，亦当同上文作“理义”。

学者师达而有材，吾未知其不为圣人。[①]圣人之所在，则天下理焉。[②]在右则右重，在左则左重，[③]是故古之圣王未有不尊师者也。尊师则不论其贵贱贫富矣。[④]若此则名号显矣，德行彰矣。故师之教也，不争轻重尊卑贫富，[⑤]而争于道。其人苟可，其事无不可。[⑥]所求尽得，所欲尽成，此生于得圣人。圣人生于疾学。[⑦]不疾学而能为魁士名人者，未之尝有也。[⑧]疾学在于尊师。师尊则言信矣，道论矣。[⑨]故往教者不化，召师者不化；[⑩]自卑者不听，[⑪]卑师者不听。[⑫]师操不化不听之术而以强教之，欲道之行、身之尊也，不亦远乎？[⑬]学者处不化不听之势而以自行，欲名之显、身之安也，是怀腐而欲香也，是入水而恶濡也。[⑭]

① 学者师道通达其义，而有材秀，言圣人之言，行圣人之行，是则圣人矣，故曰“吾未知其不为圣人”也。

② 理，治。

③ 重，尊也。德大行可顺移也。

④ 言道重人轻。

⑤《论语》曰“人能弘道，非道弘人”，故曰“不争轻重尊卑”。

⑥《易·系辞》曰“苟非其人，道不虚行”，故曰“其人苟可，其事无不可”。

⑦ 疾，趋也。

⑧ 魁大之士，名德之人。

⑨ 信，从也。言从则其道见讲论矣。

⑩《易》曰“匪我求童蒙，童蒙来求我”，故往教之师不见化从也。童蒙

当求师而反召师，亦不宜化，师之道也。

【校】梁仲子云："案《周易释文》'童蒙求我，一本作来求我'，此注所引，从或本也。"又"而反召师"，旧本"师"讹"也"，今改正。

⑪ 言往教之师不见听也。

⑫ 谓召师而学，亦不听师言也。

⑬ 言愈远于尊也。

⑭ 腐烂必臭，怀而欲其香；入水必濡，而恶之；皆不可得也。

凡说者，兑之也，非说之也。[1]今世之说者，多弗能兑，而反说之。夫弗能兑而反说，是拯溺而硾之以石也，[2]是救病而饮之以堇也，[3]使世益乱，不肖主重惑者，从此生矣。故为师之务，在于胜理，在于行义。[4]理胜义立则位尊矣，[5]王公大人弗敢骄也，[6]上至于天子，朝之而不惭。[7]凡遇，合也，合不可必；[8]遗理释义，以要不可必，[9]而欲人之尊之也，不亦难乎？[10]故师必胜理行义然后尊。

①【校】旧校云："一作'本'。"

② 硾，沉也。能没杀人，何拯之有？

【校】旧校云："'拯'一作'承'。"案"拯"、"承"通。

③ 救，治也。堇，毒药也。能毒杀人，何治之有？

④ 行尊道贵德之义。

⑤ 王者不臣师，是位尊也。

【校】孙云："以上下文参校，'义立'当作'义行'。"

⑥ 不敢骄侮轻慢师道。

⑦ 天子朝师，尊有德，故不惭。

⑧ 师道与天子，遭时见尊，不可必常也。

⑨ 要，求也。

⑩ 为师如是，不见尊之道也，故曰“不亦难乎”。

曾子曰：“君子行于道路，其有父者可知也，其有师者可知也。夫无父而无师者，余若夫何哉！”此言事师之犹事父也。曾点使曾参，过期而不至，[①] 人皆见曾点曰：“无乃畏邪？”[②] 曾点曰：“彼虽畏，我存，夫安敢畏？”孔子畏于匡，颜渊后，孔子曰：“吾以汝为死矣。”颜渊曰：“子在，回何敢死？”颜回之于孔子也，犹曾参之事父也。古之贤者与，[③] 其尊师若此，故师尽智竭道以教。[④]

① 曾点，曾参父也。《诗》云“期逝不至，而多为恤”，此之谓也。

② 畏，犹死也。

③ 句。

④ 尊师犹尊父，则师不为之爱道也，故曰“尽智竭道以教”也。

尊　师

三曰：

神农师悉诸，黄帝师大挠，[①] 帝颛顼师伯夷父，帝喾师伯招，帝尧师子州支父，[②] 帝舜师许由，禹师大成贽，[③] 汤师小臣，[④] 文王、武王师吕望、周公旦，齐桓公师管夷吾，[⑤] 晋文公师咎犯、随会，[⑥] 秦穆公师百里奚、公孙枝，[⑦] 楚庄王师孙叔敖、沈尹巫，[8]吴王阖闾师伍子胥、文之仪，[9]越王句践师范蠡、大夫种。[10]此十圣人、六贤者，未有不尊师者也。今尊不至于帝，智不至于圣，而欲无尊师，奚由至哉？[11]此五帝之所以绝，三代之所以灭。[12]

① 悉，姓；诸，名也。大挠作甲子。

【校】《汉书·古今人表》亦作“悉诸”，《新序·杂事》五引《吕子》作“悉老”，“大挠”作“大真”，《人表》作“大填”。

②【校】旧本无“支”字，校云“一作‘友’”，则于文无所丽。孙据《御览》四百四所引补“支”字，与《庄子》、《汉书人表》、皇甫谧《高士传》皆合。《贵生》篇作“子州友父”，嵇康《高士传》亦同，见《御览》五百九，此即旧校者所据本也。

③【校】《新序》作“执”。

④ 小臣，谓伊尹。

⑤【校】《新序》有“隰朋”。

⑥ 咎犯，狐偃也。随会，范武子。

【校】案：随会在文公后，此与《说苑·尊贤》篇“晋文侯行地登隧，随会不扶”，皆记者之误也。梁伯子云：“《列子·说符》又以随会与赵文子并时，亦非。”

⑦ 百里奚，故虞臣也。公孙枝，大夫子桑也。

⑧ 沈县大夫。

【校】旧本“尹”作“申”，讹。其名多不同，《当染》篇作“沈尹蒸”，《察传》篇作“沈尹筮”，《赞能》篇作“沈尹茎”，此又作“巫”，《新序》作“竺”，《渚宫旧事》作“华”，文皆相近。

⑨ 文，氏；之仪，名。

⑩ 范蠡，字少伯，楚人也。大夫种，姓文，字禽，楚郢人。

【校】注“郢”，旧本讹作“鄞”，今改正，说见《当染》篇。

⑪ 至于道。

⑫ 言五帝、三代之后，不复重道尊师，故所以绝灭。

且天生人也，而使其耳可以闻，不学，其闻不若聋；① 使其目可以见，不学，其见不若盲；② 使其口可以言，不学，其言不若爽；③ 使其心可以知，不学，其知不若狂。④ 故凡学，非能益也，⑤ 达天性也。能全天之所生而勿败之，是谓善学。⑥ 子张，鲁之鄙家也；⑦ 颜涿聚，梁父之大盗也；学于孔子。段干木，晋国之大驵也，⑧ 学于子夏。⑨ 高何、县子石，⑩ 齐国之暴者也，指于乡曲，⑪ 学于子墨子。⑫ 索卢参，东方之巨狡也，⑬ 学于禽滑黎。⑭ 此六人者，刑戮死辱之人也。今非徒免于刑戮死辱也，由此为天下名士显人，以终其寿，⑮ 王公大人从而礼之，此得之于学也。⑯

① 聋，无所闻也。

② 盲，无所见也。

【校】梁仲子云："《意林》作'耳有所闻，不学而不如聋；目有所见，不学而不如盲'，马氏盖以意节之耳。"

③ 爽，病；无所别也。

【校】《新序》"爽"作"喑"。孙云："《御览》三百六十六作'其言曲以爽'。"

④ 暗行妄发之谓狂。

【校】孙云："《御览》作'其知暗以狂'。"

⑤【校】《御览》"能益"上有"为"字，《新序》"能益"下有"之"字。

⑥ 败，毁也。

⑦ 鄙，小。

⑧ 驵，侩人也。

【校】注"侩"，疑与"侩"通。

⑨ 子夏，孔子弟子卜商之字。

⑩【校】《墨子》书，弟子有高石子，不见此二人。

⑪ 其暴虐为乡曲人所斥也。

⑫ 墨翟。

⑬ 巨，大。狡，猾。

⑭ 禽滑黎，墨子弟子。

【校】此注末有"一作籥滑"四字，当出旧校者之辞，但"滑"字各书或作"骨"，或作"屈"，"黎"字或作"氂"，或作"釐"，至"禽"字各书俱同，未见有作"籥"者。《墨子·耕柱》篇有骆滑氂好勇，闻乡有勇士必杀之，墨子谓非好勇是恶勇，则非墨子弟子也。

⑮ 寿，年也。

⑯ 学以致之，无鬼神也，故曰得之。

凡学，必务进业，心则无营；①疾讽诵，②谨司闻；③观欢愉，问书意；④顺耳目，不逆志；⑤退思虑，求所谓；⑥时辨说，以论道；⑦不苟辨，必中法；⑧得之无矜，失之无惭，⑨必反其本。⑩生则谨养，谨养之道，养心为贵；⑪死则敬祭，敬祭之术，时节为务。⑫此所以尊师也。治唐圃，疾灌寖，务种树；⑬织葩屦，⑭结罝网，捆蒲苇；之田野，力耕耘，事五谷；⑮如山林，入川泽，⑯取鱼鳖，求鸟兽。此所以尊师也。视舆马，慎驾御；⑰适衣服，务轻暖；临饮食，必蠲絜；⑱善调和，务甘肥；必恭敬，和颜色，审辞令；疾趋翔，⑲必严肃。此所以尊师也。

① 营，惑。

② 疾，力。

③ 司，候。

【校】"司"，古"伺"字。

④ 视师欢悦以问书意。

⑤ 不自干逆力学之志。

⑥ 求所思虑，是而行之。

⑦ 辨别道之义理。

⑧ 不苟口辨，反是为非，言中法制。

⑨ 矜，自伐。无惭慊也。

⑩ 本，谓本性也。

⑪ 贵，尚也。

【校】所谓养志是也。

⑫ 四时之节。

【校】旧校云："'时'一作'崇'。"

⑬ 唐，堤，以壅水。圃，农圃也。树，稼也。

⑭【校】案："葩"疑"葩"字之误。《说文》"葩，枲实也"，或作"黂"。盖葩屦即后人所谓麻鞖耳。案《晏子·问下》篇有"治唐园，考菲履"之语，葩音与菲亦相近，益明为"葩"字无疑。

⑮ 事，治也。

⑯ 如，往也。川泽有水，故言入也。

⑰【校】旧校云："'慎'一作'顺'。"

⑱ 蠲，读曰圭也。

【校】旧校云："'絜'字一作'祭'。"

⑲【校】"翔"与"跄"同。

君子之学也，说义必称师以论道，[①]听从必尽力以光明。[②]听从不尽力，命之曰背；说义不称师，命之曰叛。[③]背叛之人，贤主弗内之于朝，[④]君子不与交友。[⑤]故教也者，义之大者也；学也者，知之盛者也。义之大者，莫大于利人，利人莫大于教；[⑥]知之盛者，莫大于成身，成身莫大于学。[⑦]身成，则为人子弗使而孝矣，为人臣弗令而忠矣，为人君弗强而平矣，有大势可以为天下正矣。⑧故子贡问孔子曰：“后世将何以称夫子？”孔子曰：“吾何足以称哉？勿已者，则好学而不厌，好教而不倦，其惟此邪！”天子入太学[1]祭先圣，则齿尝为师者弗臣，所以见敬学与尊师也。⑨

① 论，明。

② 听从师所行。

③ 背，戾也。叛，换也。言学者听从不尽其力，犹民背国；说义不称其师，犹臣叛君。

【校】注以换训叛。换，易也。《诗·卷阿》“伴奂”，徐邈音“畔换”，笺云“自纵弛之意”。学者以己臆见易师之说，即是自放纵叛其师也。

④ 贤，明。

⑤ 不与背叛之人为交友。

⑥ 以仁义利之，教然后知，故曰“莫大于教”也。

⑦ 成身遂为君子，以致之，故曰“莫大于学”。

⑧ 天下正者，正天下也。

⑨ 太学，明堂也。

诬　徒①

①【校】一作“诋役”。

---

[1] 学：原本作“庙”，据许维遹本改。

四曰：

达师之教也，[①]使弟子安焉，乐焉，休焉，游焉，肃焉，严焉。此六者得于学，则邪辟之道塞矣，[②]理义之术胜矣。[③]此六者不得于学，则君不能令于臣，父不能令于子，师不能令于徒。[④]人之情，不能乐其所不安，不能得于其所不乐。为之而乐矣，奚待贤者？虽不肖者犹若劝之。为之而苦矣，奚待不肖者？虽贤者犹不能久。[⑤]反诸人情，则得所以劝学矣。子华子曰："王者乐其所以王，[⑥]亡者亦乐其所以亡，[⑦]故烹兽不足以尽兽，嗜其脯则几矣。"[⑧]然则王者有嗜乎理义也，[⑨]亡者亦有嗜乎暴慢也。所嗜不同，故其祸福亦不同。[⑩]

① 达，通也。

② 塞，断也。

③ 术，道也。胜犹行也。

④【校】旧云："此篇一名'诋役'，凡篇中'徒'字皆作'役'，徒与役谓弟子也。"案此段疑非高氏之文。

⑤ 久，长也。

⑥ 子华子，古之体道人。乐其所以王，故得王，汤、武是也。

⑦ 乐其所以亡，故得亡，桀、纣是也。

⑧ 几，近也。

⑨ 嗜犹乐。乐行理义。

⑩ 嗜理义则获福，嗜暴慢则获祸，故曰"祸福亦不同"。

不能教者，志气不和，取舍数变，固无恒心，若晏阴喜怒无处；[①]言谈日易，以恣自行，失之在己，不肯自非，[②]愎过自用，不可证移；[③]见权亲势及有富厚者，不论其材，不察其行，驱而教之，阿而谄之，若恐弗及；[4]弟子居处修洁，身状出伦，[5]闻识疏达，就学敏疾，本业几终者，则从而抑之，[6]难而悬之，妒而恶之；弟子去则冀终，[7]居则不安，[8]归则愧于父母兄弟，[9]出则惭于知友邑里；此学者之所悲也，[10]此师徒相与异心也。人之情恶异于己者，此师徒相与造怨尤也。[11]人之情不能亲其所怨，不能誉其所恶，学业之败也，道术之废也，从此生矣。[12]

① 晏阴，喻残害也。处，常也。

② 谓若桀、纣罪人。

③ 愎，戾。证，谏。

④ 见权势及富厚者，故不论其材行，阿意谄之，恐不见及。

⑤ 伦，匹。

⑥ 几，近也。

⑦ 弟子欲去，则冀终其业，且由豫也。

⑧ 居，近也。苦其恶不安也。

⑨ 愧，惭。

⑩ 悲，悼。

⑪ 造，作。

⑫ 废，失。

善教者则不然，视徒如己，[1]反己以教，则得教之情也。[2]所加于人，必可行于己，[3]若此则师徒同体。[4]人之情，爱同于己者，誉同于己者，助同于己者，学业之章明也，道术之大行也，从此生矣。

① 徒，谓弟子也。

② 情，理。

【校】朱本“也”作“矣”。

③ 所施于人者，人乐也，故曰“必可行于己”。

④ 体，行也。

不能学者，从师苦而欲学之功也，[1] 从师浅而欲学之深也。[2] 草木、鸡狗、牛马不可谯诟遇之，谯诟遇之，则亦谯诟报人，[3] 又况乎达师与道术之言乎？[4] 故不能学者，遇师则不中，用心则不专，[5] 好之则不深，就业则不疾，[6] 辩论则不审，[7] 教人则不精；[8] 于师愠，[9] 怀于俗，[10] 羁神于世；[11] 矜势好尤，故湛于巧智，[12] 昏于小利，惑于嗜欲；[13] 问事则前后相悖，[14] 以章则有异心，[15] 以简则有相反；[16] 离则不能合，合则弗能离，[17] 事至则不能受；[18] 此不能学者之患也。[19]

① 苦，读如盬会之盬。苦，不精至也。功，名也。欲得为名。

【校】注“盬”，旧作“监”，讹。此以盬恶训苦，但会字未详，亦恐有讹。精至，即精致。其云“功，名也”误。功与苦相反，与下文浅、深一例。《齐语》云“工辨其功苦”，注云：“坚曰功，脆曰苦。”

② 欲人谓之学深也。

③ 谯诟犹祸恶也。

【校】谯诟疑即贾谊疏之“奊诟”，谓遇之不如其分也。彼颜注云“无志分”，此注云“祸恶”，亦各以意解耳。旧校云“‘谯’一作‘护’”，更难通。

④ 达，通也。

⑤ 不中，不正也。不专，不壹也。

⑥ 不心好之，故不能深。就业不疾速也。

⑦ 不能明是非。

⑧ 教，效也。效人别是非，不能精核。

⑨ 愠，怒也。不能别是非，故怨于师。

⑩ 怀，安也。

⑪ 羁，牵也。神，御也。世，时也。

【校】盖谓其精神萦扰于世务而不能脱然也。注训神为御，未详。

⑫ 矜大其权势，好为尤过之事，湛没于巧诈之智。

⑬ 昏，迷；惑，悖也。

⑭ 悖，乱。

⑮ 心犹义也。

【校】旧校云："'章'一作'军'。"

⑯ 反，易。

【校】旧校云："'简'一作'文'。"

⑰ 离，别。

⑱ 受犹成也。

⑲ 患，害也。

用　众[1]

①【校】一作"善学"。

五曰：

善学者若齐王之食鸡也，必食其跖数千而后足，[1]虽不足，犹若有跖。[2]物固莫不有长，莫不有短，人亦然。[3]故善学者，假人之长以补其短，故假人者遂有天下。无丑不能，无恶不知。[④] 丑不能，恶不知，病矣。[⑤] 不丑不能，不恶不知，尚矣。[⑥] 虽桀、纣犹有可畏可取者，而况于贤者乎？[⑦] 故学士曰："辩议不可不为。"[⑧] 辩议而苟可为，是教也。教，大议也。辩议而不可为，是被褐而出，衣锦而入。[⑨]

① 跖，鸡足踵。喻学者取道众多然后优也。跖，读如捃摭之摭。

【校】《淮南·说山训》"数千"作"数十"。注"取道"，旧本作"之道"，亦从彼注改。

② 食鸡跖众而后足也。若有博学多艺，如食鸡跖，道乃深也。

【校】正文难晓。注重释上文，于此句殊不比附。窃疑正文"不"字乃衍文。谓虽足而犹若有跖未尽食者，此则学如不及，唯恐有闻，为足以形容好学者贪多务得之意耳。

③ 亦有长短。

④ 故孔子入太庙每事问，是不丑不能，不恶不知。

⑤ 病，困。

⑥ 尚，上也。

⑦ 桀作瓦，纣作胡粉，今人业之，尚可取之一隅。

⑧ 不可为者，不可施也。

⑨ 被褐在外，衣锦盛内，故不可。

戎人生乎戎、长乎戎而戎言，不知其所受之；楚人生乎楚、长乎楚而楚言，不知其所受之。今使楚人长乎戎，戎人长乎楚，则楚人戎言，戎人楚言矣。[①] 由是观之，吾未知亡国之主不可以为贤主也，[②] 其所生长者不可耳。故所生长不可不察也。

①《孟子》曰："有楚大夫，欲其子之齐言也，使一齐人傅之，众楚人咻之，虽日挞而求其齐也，不可得矣。引而置之庄岳之间数年，虽日挞而求其楚，亦不可得矣。"此之谓也。

② 欲以楚人戎言、戎人楚言化移之。

天下无粹白之狐，而有粹白之裘，[①]取之众白也。夫取于众，此三皇五帝之所以大立功名也。[②]凡君之所以立，出乎众也。立已定而舍其众，是得其末而失其本。得其末而失其本，不闻安居。[③]故以众勇无畏乎孟贲矣，[④]以众力无畏乎乌获矣，[⑤]以众视无畏乎离娄矣，[⑥]以众知无畏乎尧、舜矣。[⑦]夫以众者，此君人之大宝也。[⑧]田骈谓齐王曰："孟贲庶乎患术，而边境弗患。[⑨]楚、魏之王辞言不说，[⑩]而境内已修备矣，兵士已修用矣，得之众也。"

① 粹，纯。

② 三皇：伏羲、神农、女娲也。五帝：黄帝、帝喾、颛顼、帝尧、帝舜也。

【校】注"女娲"当在"神农"前。

③ 不闻得末失本能有安定之居也。

④ 孟贲，古大勇士。

⑤ 乌获，有力人，能举千钧。

【校】注"千钧"，旧本误作"千金"，今据前《重己》篇注改正。

⑥ 离娄，黄帝时明目人，能见针末于百步之外。

⑦ 尧、舜，圣帝也。言百发之中，必有羿、逢蒙之功，众知之中，必有与圣人同，故曰无畏于尧、舜也。

【校】注"功"，疑当作"巧"。

⑧《淮南记》曰："万人之众无废功，千人之众无绝良。"故人君以众为大

宝也。

⑨ 齐之边境,不以孟贲为患者,众也。

⑩ 不以言辞为说。

第五卷　仲夏纪

仲　夏

一曰：

仲夏之月，日在东井，① 昏亢中，旦危中。② 其日丙丁，其帝炎帝，其神祝融。其虫羽，其音徵，律中蕤宾，③ 其数七。其味苦，其臭焦，其祀灶，祭先肺。小暑至，螳螂生，④ 鵙始鸣，反舌无声。⑤ 天子居明堂太庙，⑥ 乘朱辂，驾赤骍，载赤旂，衣朱衣，服赤玉，食菽与鸡，其器高以觕，养壮狡。⑦

① 仲夏，夏之五月。东井，南方宿，秦之分野，是月日躔此宿。

② 亢，东方宿，卫之分野；危，北方宿，齐之分野；是月昏旦时，皆中于南方也。

【校】案：《淮南·天文训》亢为郑之分野。

③ 蕤宾，阳律也。是月阴气萎蕤在下，象主人；阳气在上，象宾客。竹管音中蕤宾也。

④ 小暑，夏至后六月节也，螳螂于是生。螳螂一曰天马，一曰齕疣，兖州谓之拒斧也。

【校】注“齕疣”，《月令正义》郑答王瓒问作“食肬”；俗本作“食胧”，误。《淮南》注作“齿肬”，当是脱其半耳。《初学记》引此注正作“齕疣”，又云“兖、豫谓之巨斧”。

⑤ 鵙，伯劳也。是月阴作于下，阳发于上，伯劳夏至后应阴而杀蛇，磔

之于棘而鸣于上。《传》曰："伯赵氏，司至者也。"反舌，伯舌也，能辨反其舌，变易其声，效百鸟之鸣，故谓之百舌。承上微阴，伯赵起于下，后应阴，故无声。

【校】注"阳发于上"，《初学记》作"阳散于上"；又"磔之"句作"乃磔之棘上而始鸣也"。案辨反即遍反，古"辨"、"遍"通。

⑥ 明堂，南向堂也。太庙，中央室也。

⑦ 壮狡，多力之士，养之慎阳施也，盖所谓旱则资舟，夏则资皮，备之也。

【校】"壮狡"，《月令》作"壮佼"。此书《听言》篇作"壮狡"，《禁塞》篇作"壮佼"，二字通。郑《诗·狡童》传云"昭公有壮狡之志"，亦作"狡"字。

是月也，命乐师，修鞀鞞鼓，均琴瑟管箫，①执干戚戈羽，②调竽笙埙篪，③饬钟磬柷敔。④命有司，为民祈祀山川百原，大雩帝，用盛乐。⑤乃命百县，雩祭祀百辟卿士有益于民者，以祈谷实。⑥农乃登黍。⑦

① 师，乐官之长也。鞀鞞，所以节乐也，故修之。琴瑟管箫，所以宣音也，故均平之。管，六孔，似篪。箫，今之歌竹箫也。

【校】注"管六孔似篪"，旧本作"一孔似蘧"，讹，今据《广雅》改正。

② 干，楯。戚，斧。戈，戟，长六尺六寸。羽以为翳，舞者执之以指麾也。春夏干戚，秋冬羽籥。

③ 竽，笙之大者，古皆以瓠为之。竽，三十六簧，笙，十七簧。埙，以土为之，大如雁子，其上为六孔。篪，以竹，大二寸，长尺二寸，七孔，一孔上伏，横吹之。声音上和，故言调。《诗》云"伯氏吹埙，仲氏吹篪"，此之谓也。

【校】"埙篪"，《月令》作"篪簧"。注"竽笙之大者"，旧脱"者"字，今补。郭璞注《尔雅》大笙云"十九簧"，小笙"十三簧"，《广雅》但云"笙十三管"，今此云"十七簧"，恐字误。

④ 钟，金。磬，石。柷，如漆桶，中有木椎，左右击以节乐。敔，木虎，脊上有鉏铻，以杖栎之以止乐。乐以和成，故饬整之也。

⑤ 名山大川，泉源所出。非一，故言百。能兴雨者，皆祈祀之。雩，旱祭也。帝，五帝也。为民祈雨，重之，故用盛乐。六代之乐也。

⑥ 百县，畿内之百县大夫也。祀前世百君卿士功施于民者。雩祭之，求福助成谷实。

【校】"祭"字衍，《月令》无。注首"百县"，旧作"百辟"，讹，今改正。

⑦ 登，进。稙黍熟，先进之。

是月也，天子以雏尝黍，① 羞以含桃，先荐寝庙。② 令民无刈蓝以染，③ 无烧炭，④ 无暴布。⑤ 门闾无闭，关市无索。⑥ 挺重囚，益其食。⑦ 游牝别其群，则絷腾驹，班马正。⑧

① 雏，春鹨也。不言尝雏而言尝黍，重谷也。

② 羞，进。含桃，鸎桃。鸎鸟所含食，故言含桃。是月而熟，故进之。先致寝庙，孝而且敬。

③ 为蓝青未成也。

④ 为草木未成，不欲夭物。

【校】《月令》作"毋烧灰"。

⑤ 是月炎气盛猛，暴布则脆伤之。

⑥ 门，城门。闾，里门也。民顺阳气，布散在外，人当出入，故不闭也。关，要塞也，市，人聚也。无索，不征税。

⑦ 挺，缓也。

⑧ 是月牝马怀妊已定，故放之则别其群，不欲驹蹄逾趯其胎育，故絷之也。班，告也。马正，掌马之官。《周礼》"五尺曰驹"。"马正"，《月令》作"马政"。注"逾"，疑当作"踊"。

是月也，日长至，[①]阴阳争，死生分。[②]君子斋戒，处必掩，[③]身欲静无躁，止声色，无或进，[④]薄滋味，无致和，[⑤]退嗜欲，定心气，百官静，事无刑，以定晏阴之所成。[⑥]鹿角解，蝉始鸣，[⑦]半夏生，木堇荣。[⑧]

① 夏至之日，昼漏水上刻六十五，夜漏水上刻三十五，故曰“长至”。

【校】旧本作“长日至”，《黄氏日抄》已言其误，今依《月令》移正。

② 是月阴气始起于下，盛阳盖覆其上，故曰“争”也。品物滋生，荠、麦、亭历、棘刺之属死，故曰“死生分”。分，别也。

【校】注“覆”字旧本脱在“起于”下，今移正。

③ 句。

④ 掩，深也。声，五音。色，五色。止节之，无有进御也。

【校】《月令》无“欲静”二字，郑注云“今《月令》‘毋躁’为‘欲静’”，然则此又出“无躁”二字，非本文也。“掩”亦与“奄”同，注皆训为深。盖夏避暑气，冬避寒气，皆以居处言也。今人多读“处必掩身”为句。考《月令正义》引正文已如此，但其所释亦是以居处言，并不谓身之不当亵露，故疑《正义》“处必掩”下之“身”字亦后人所加也。

⑤ 薄犹损也。和，齐和也。

⑥ 退，止也。事无刑，当精详而后行也。晏安阴，微阴。

【校】《月令》“退”作“止”。

⑦ 夏至，鹿角解堕，蝉鼓翼始鸣。

⑧ 半夏，药草。木堇，朝荣暮落，是月荣华，可用作蒸，杂家谓之朝生，一名蕣，《诗》云“颜如蕣华”是也。

是月也，无用火南方，[①]可以居高明，可以远眺望，可以登山陵，可以处台榭。[②]仲夏行冬令，则雹霰伤谷，道路不通，暴兵来至；[③]行春令，则五谷晚熟，百螣时起，其国乃饥；[④]行秋令，则草木零落，果实早成，民殃于疫。⑤

① 火王南方，为扬火气。

② 明，显也。积土四方而高曰台，台加木为榭，皆所以顺阳宣明之。

【校】观此，则郑注“处必掩”为“隐翳”，高注为“深”，皆与此相反，故仲夏言掩身，理可通也。

③ 冬寒，冰冻，故雹霰伤害五谷也。冬阴，闭藏，多雹霰，道路陷坏，不通利也。暴害之兵横来至。

【校】《月令》“霰”作“冻”。

④ 行春木王生育之令，故五谷晚熟也。百螣，动股之属也，时起为害，故五谷不时，国饥也。螣，读近殆，兖州人谓蝗为螣。

⑤ 有核曰果，无核曰蓏。仲夏行秋成熟之令，故草木零落，果实早成熟。非其时气，故民疾疫。

大　乐

二曰：

音乐之所由来者远矣，①生于度量，本于太一。太一出两仪，两仪出阴阳。②阴阳变化，一上一下，合而成章。③浑浑沌沌，离则复合，合则复离，④是谓天常。⑤天地车轮，⑥终则复始，极则复反，莫不咸当。⑦日月星辰，或疾或徐，日月不同，以尽其行。⑧四时代兴，或暑或寒，或短或长，或柔或刚。⑨万物所出，造于太一，化于阴阳。⑩萌芽始震，凝漻以形。[11]形体有处，莫不有声。声出于和，和出于适。和适，先王定乐，由此而生。[12]

① 远，久。

② 两仪，天地也。出，生也。

③ 章犹形也。

④ 浑，读如衮冕之衮。沌，读近屯。离，散。合，会。

⑤ 天之常道。

⑥ 轮，转。

【校】李善注《文选》木玄虚《海赋》引作“天地如车轮”，《御览》一、又五百六十六皆无“如”字。

⑦ 极，穷。咸，皆。当，合。

⑧ 不同，度有长短也。以尽其行度也。起牵牛至周于牵牛，故曰“以尽其行”。

【校】《御览》五百六十六作“宿日不同”。

⑨ 冬寒，夏暑。冬至短，夏至长。春柔而秋刚。

⑩ 造，始也。太一，道也。阴阳，化成万物者也。

【校】旧校云：“‘造’一作‘本’。”案《御览》“造”、“本”二字皆有。

⑪ 震，动也。谓动足以成形也。

【校】《御览》作“萌芽始厥，凝寒以刑”，注“厥，动也”。案字书本无“澟”字，此误。“刑”与“形”通。

⑫ 由和生也。

【校】正文“和适”二字疑衍。注“由和”下似当有“适”字。

天下太平，万物安宁，[1]皆化其上，[2]乐乃可成。成乐有具，必节嗜欲，[3]嗜欲不辟，[4]乐乃可务。[5]务乐有术，必由平出，平出于公，[6]公出于道。故惟得道之人，其可与言乐乎！[7]亡国戮民，非无乐也，其乐不乐。[8]溺者非不笑也，[9]罪人非不歌也，[10]狂者非不武也，[11]乱世之乐有似于此。君臣失位，父子失处，夫妇失宜，民人呻吟，其以为乐也，若之何哉？[12]

①【校】“物”，《御览》作“民”。

② 化犹随也。

③ 节，止。

④ 辟，开。

⑤ 务，成。

⑥ 公，正。

⑦ 言，说。

⑧ 不和于雅，故不乐也。

【校】旧本作“不乐其乐”，孙云“《御览》五百六十九作‘其乐不乐’。”案下篇及《明理》篇俱作“其乐不乐”，今移正。

⑨《传》曰：“溺人必笑。”虽笑不欢。

⑩ 当死强歌，虽歌不乐。

【校】注“强歌”二字，旧本作“者”，今从《御览》补正。

⑪ 狂悖之人，虽武不足畏。

⑫ 以民人呻吟叹戚，不可为乐也，故曰“若之何哉”。

凡乐，天地之和，阴阳之调也。始生人者，天也，人无事焉。天使人有欲，人弗得不求；[1]天使人有恶，人弗得不辟。[2]欲与恶所受于天也，[3]人不得兴焉，[4]不可变，不可易。[5]世之学者，有非乐者矣，安由出哉？[6]

① 欲，贪也。人情欲，故弗得不有求也。

② 恶，憎；辟，远也。故曰“弗得不辟”，人情有所憎恶，辟远之也。

③ 受之于天。

④ 不得为天之为也。

【校】注“不得为”下旧衍一“焉”字，今删。

⑤ 天所为，故不可变易。

⑥ 非犹讥。出犹生。

【校】案：《墨子》书有《非乐》篇。

大乐，君臣、父子、长少之所欢欣而说也。欢欣生于平，[①]平生于道。道也者，视之不见，听之不闻，不可为状。[②]有知不见之见、不闻之闻、无状之状者，则几于知之矣。[③]道也者，至精也，[④]不可为形，不可为名，强为之，谓之太一。[⑤]故一也者制令，两也者从听，[⑥]先圣择两法一，[⑦]是以知万物之情。故能以一听政者，乐君臣，和远近，说黔首，[⑧]合宗亲；能以一治其身者，免于灾，[⑨]终其寿，全其天；[⑩]能以一治其国者，奸邪去，贤者至，成大化；能以一治天下者，寒暑适，风雨时，[⑪]为圣人。故知一则明，明两则狂。[⑫]

① 平，和。

② 言道无形，不可为状。

③ 几，近也。有人能是，近于知道也。

④ 精，微。

⑤【校】“强为之”下疑脱一“名”字。

⑥ 从听，听从。

⑦ 择，弃也。法，用也。

⑧ 秦谓民为黔首。

⑨ 灾，害。

⑩ 天，身。

⑪ 适，和也。时，不差忒。

⑫【校】疑当叠“知一”二字。

侈　乐

三曰：

人莫不以其生生，而不知其所以生；[①]人莫不以其知知，而不知其所以知。知其所以知，之谓知道；不知其所以知，之谓弃宝。弃宝者必离其咎。[②]世之人主，多以珠玉戈剑为宝，愈多而民愈怨，国人愈危，身愈危累，[③]则失宝之情矣。[④]乱世之乐与此同。[⑤]为木革之声则若雷，为金石之声则若霆，为丝竹歌舞之声则若噪。[⑥]以此骇心气、动耳目、摇荡生则可矣，[⑦]以此为乐则不乐。[⑧]故乐愈侈，而民愈郁，[⑨]国愈乱，主愈卑，则亦失乐之情矣。凡古圣王之所为贵乐者，为其乐也。夏桀、殷纣作为侈乐，大鼓钟磬管箫之音，以巨为美，[⑩]以众为观，俶诡殊瑰，耳所未尝闻，目所未尝见，[⑪]务以相过，不用度量。[⑫]宋之衰也，作为千钟；[⑬]齐之衰也，作为大吕；[⑭]楚之衰也，作为巫音。[⑮]侈则侈矣，自有道者观之，则失乐之情。失乐之情，其乐不乐。[⑯]乐不乐者，其民必怨，其生必伤。[⑰]其生之与乐也，若冰之于炎日，反以自兵。[⑱]此生乎不知乐之情，而以侈为务故也。

① 以，用。

② 宝，重也。咎，殃也。

③《老子》曰“多藏厚亡”，故曰“愈危累”。

④ 情，实也。

⑤ 同于危累。

⑥ 噪，叫。

⑦ 生，性。

⑧ 不乐，不和。

⑨ 侈，淫。郁，怨。

⑩ 巨，大。

⑪ 俶，始也。始作诡异瑰奇之乐，故耳未尝闻，目未尝见。

【校】案：“俶诡”亦作“諔诡”。《庄子・德充符》释文云：“諔，尺叔反。李云：‘諔诡，奇异也。’”又见《天下》篇。此注训諔为始，非也。

⑫ 不用乐之法则，故曰务相过。

⑬ 钟律之名。

【校】“千钟”，《御览》五百六十六作“十秩”。

⑭ 大吕，阴律，十二月也。

【校】此注非也。《贵直论》“无使齐之大吕陈之廷”，注云：“齐之钟律也。”案《史记索隐》云：“大吕，齐钟名。”王厚斋云：“此即乐毅书所云‘大吕陈于元英’者。”

⑮ 男曰觋，女曰巫。

【校】旧本注无“男曰觋”三字，今从《初学记》十五所引补。梁仲子云：“《尚书》‘是谓巫风’，不特属之女也。《周礼・春官・神仕》疏云：‘男子阳，有两称，名巫名觋；女子阴，不变，直名巫，无觋。’所谓散文则通也。”

⑯ 非正乐，故曰“不乐”也。

⑰ 怨，悲。伤，痛。

⑱ 兵，灾也。

【校】“生”，旧本讹作“王”，从《御览》改正。“炎日”，《御览》作“炭”。注“兵灾也”，或作“兵灾兵也”，非。

乐之有情，譬之若肌肤形体之有情性也，有情性则必有性养矣。寒、温、劳、逸、饥、饱，此六者非适也。[①]凡养也者，瞻非适而以之适者也。能以久处其适，则生长矣。[②]生也者，其身固静，感而后知，或使之也。遂而不返，[③]制乎嗜欲，[④]制乎嗜欲无穷，则必失其天矣。[⑤]且夫嗜欲无穷，则必有贪鄙悖乱之心，淫佚奸诈之事矣。[⑥]故强者劫弱，众者暴寡，勇者凌怯，壮者慠幼，从此生矣。[⑦]

① 适，中适也。

② 长，久。

③ 返，还。

④ 为嗜欲所制。

⑤ 天，身。

⑥【校】“悖乱”，旧作“浮乱”，讹，今改正。此与《乐记》文相似。

⑦ 从欲生也。

适　音[①]

①【校】一作“和乐”。

四曰：

耳之情欲声，[1]心不乐，五音在前弗听；[2]目之情欲色，[3]心弗乐，五色在前弗视；[4]鼻之情欲芬香，[5]心弗乐，芬香在前弗嗅；[6]口之情欲滋味，[7]心弗乐，五味在前弗食。欲之者，耳目鼻口也；乐之弗乐者，心也。心必和平，然后乐；心必乐，然后耳目鼻口有以欲之。故乐之务在于和心，和心在于行适。[8]夫乐有适，心亦有适。[9]人之情，欲寿而恶夭，欲安而恶危，欲荣而恶辱，欲逸而恶劳。四欲得，四恶除，则心适矣。四欲之得也，在于胜理。胜理以治身，则生全，以生全则寿长矣。胜理以治国，则法立，法立则天下服矣。故适心之务在于胜理。

① 欲闻音声。

② 心不乐，声音虽在前，耳不听之。

③ 欲视五色。

④ 心不欲视之也。

⑤ 欲芬香之韬藉也。

【校】注“韬藉”疑是“酝藉”。

⑥ 不嗅味也。

⑦ 欲美味也。

⑧ 适，中适也。

⑨【校】旧本“夫乐”下衍“之”字，又“亦”字作“非”，孙并从《御览》五百六十九删正。

夫音亦有适。太巨则志荡，[1]以荡听巨则耳不容，不容则横塞，横塞则振。[2]太小则志嫌，以嫌听小[3]则耳不充，不充则不詹，[④]不詹则窕。[⑤]太清则志危，以危听清则耳谿极，[⑥]谿极则不鉴，不鉴则竭。[⑦]太浊则志下，以下听浊则耳不收，[⑧]不收则不抟，不抟则怒。[⑨]故太巨、太小、太清、太浊，皆非适也。[⑩]

①【校】孙云："'太巨'，《御览》作'大巨'，以下凡'太'字并作'大'。"

② 振，动。

【校】旧本作"横塞则振动"，无注，今从《御览》改正。

③ 嫌听譬自嫌之嫌。

【校】注有误字，似本为嫌字作音，而后人妄改之。

④ 詹，足也。詹，读如澹然无为之澹。

【校】《御览》作"詹音澹也"，疑是。盖"澹"，古"赡"字。注既训詹为足，则自读从澹足之澹。《汉书·食货志》"犹未足以澹其欲也"，师古曰："'澹'，古'赡'字。赡，给也。"当读时艳切。若依此注则如字，读徒滥切矣。恐亦是后人妄改也。

⑤ 窕，不满密也。

⑥ 谿，虚；极，病也。不闻和声之故也。

⑦ 鉴，察也。太清无和，耳不能察，则竭病也。

【校】"鉴"，《御览》并作"监"。注末"也"字，旧本讹作"之"。

⑧ 不收，越散。

⑨ 不抟，人不专一也。故惑怒也。

【校】"抟"，旧本皆误作"特"，孙从《御览》改正。案"抟"与"专"同。注"人"字亦从《御览》补。

⑩ 不巨、不小、不清、不浊，得四者之中乃为适。此四者，皆言其太，故曰"非适"。

【校】旧本"太小"在"太清"下，从《御览》乙正。

何谓适？衷，音之适也。何谓衷？大不出钧，重不过石，小大轻重之衷也。[①]黄钟之宫，音之本也，[②]清浊之衷也。衷也者，适也。以适听适则和矣。乐无太，平和者是也。故治世之音安以乐，其政平也；[③]乱世之音怨以怒，其政乖也；亡国之音悲以哀，其政险也。[④]凡音乐，通乎政而移风平俗者也。[⑤]俗定而音乐化之矣。故有道之世，观其音而知其俗矣，观其政而知其主矣。故先王必托于音乐以论其教。[⑥]《清庙》之瑟，朱弦而疏越，一唱而三叹，有进乎音者矣。[⑦]大飨之礼，上玄尊而俎生鱼，[⑧]大羹不和，有进乎味者也。[⑨]故先王之制礼乐也，非特以欢耳目、极口腹之欲也，[⑩]将以教民平好恶、行理义也。[⑪]

① 三十斤为钧，百二十斤为石。

② 本始于黄钟，十一月律。

③ 民闻其乐，安之日喜。

④ 险犹危。

⑤ 风犹化。

⑥ 论，明。

⑦ 文王之庙，肃然清静，贵其乐和，故曰“有进音”。

【校】案：《礼记·乐记》作“有遗音者矣”，下亦作“遗味”，郑注：“遗，余也。”今此俱作“进”，文不同。

⑧ 大飨，飨上帝于明堂也。玄尊，明水也；俎生鱼，皆上质贵本。

【校】注“明水”，旧本作“酒水”讹，今改正。

⑨ 大羹，肉湆而未之和，贵本古得礼也，故曰“有进乎味”。

⑩ 特，但也。

【校】旧本于“将”字下注“特也”二字，误。案“将”字当属下文，据《乐记》当作“将以”，今并补正。

⑪ 平，正也。行犹通也。

古乐

五曰：

乐所由来者尚也，[1]必不可废。有节有侈，有正有淫矣。[2]贤者以昌，不肖者以亡。[3]

① 尚，曩。

② 节，适也。侈，大也。正，雅也。淫，乱也。

③ 昌，盛也。亡，灭也。

昔古朱襄氏之治天下也，[1]多风而阳气畜积，万物散解，果实不成，[2]故士达作为五弦瑟，以来阴气，以定群生。[3]昔葛天氏之乐，三人操牛尾，投足以歌八阕：[4]一曰《载民》，二曰《玄鸟》，三曰《遂草木》，四曰《奋五谷》，五曰《敬天常》，六曰《建帝功》，七曰《依地德》，八曰《总禽兽之极》。[5]昔陶唐氏之始，阴多滞伏而湛积，[6]水道壅塞，不行其原，[7]民气郁阏而滞著，[8]筋骨瑟缩不达，[9]故作为舞以宣导之。[10]

① 朱襄氏，古天子，炎帝之别号。

② 解，落也。有核曰果。

③ 士达，朱襄氏之臣。

【校】“来”，旧本作“采”，讹，今从《御览》五百七十六改正。《日抄》同。

④ 葛天氏，古帝名。投足犹蹀足。阕，终。

【校】张揖曰：“葛天氏，三皇时君号也。”见《文选·上林赋》注。“操”旧作“掺”，俗字，今从《初学记》九、《御览》五百六十六、陈祥道《礼书》改正。

⑤ 上皆乐之八篇名也。

【校】旧本“建帝功”作“达帝功”。案：《文选·上林赋》注张揖引作“彻帝功”。李善谓以“建”为“彻”，误，则当作“建”也。又旧本作“总万物之极”，校云：“一作‘禽兽之极’。”今案《初学记》十五、《史记·司马相如传》索隐及《选注》皆作“总禽兽之极”，今据改正。

⑥ 陶唐氏，尧之号。

【校】孙云：“‘陶唐’乃‘阴康’之误。颜师古注《汉书·司马相如传》云：‘《古今人表》有葛天氏、阴康氏，诱不观《古今人表》，妄改《吕氏》本文。’案李善注《文选》竟沿其误，唯章怀注《后汉书·马融传》引作‘阴康’。”

⑦ 故有洪水之灾。

【校】旧校云：“一作‘阳道壅塞，不行其次’。”孙云：“李善注《文选》傅武仲《舞赋》、张景阳《七命》俱引作‘阳道壅塞’。”

⑧ 阏，读曰遏止之遏。

⑨【校】《七命注》作“筋骨挛缩”。

⑩ 宣，通。

昔黄帝令伶伦作为律。[①]伶伦自大夏之西，[②]乃之阮隃之阴，[③]取竹于嶰溪之谷，以生空窍厚钧者，断两节间，[④]其长三寸九分而吹之，以为黄钟之宫，[⑤]吹曰“舍少”。次制十二筒，[⑥]以之阮隃之下，听凤皇之鸣，以别十二律。其雄鸣为六，雌鸣亦六，以比黄钟之宫，适合。[⑦]黄钟之宫皆可以生之，故曰黄钟之宫，律吕之本。⑧黄帝又命伶伦与荣将⑨铸十二钟，以和五音，以施《英韶》。以仲春之月，乙卯之日，日在奎，始奏之，命之曰《咸池》。⑩

① 伶伦，黄帝臣。

【校】《说苑·修文》篇作"泠伦"，《古今人表》作"泠沦"。

② 大夏，西方之山。

③ 阮隃，山名。山北曰阴。

【校】"阮隃"，《汉书·律志》作"昆仑"，《说苑·修文》篇、《风俗通·音声》篇、《左氏成九年正义》皆作"昆仑"，《世说·言语[1]》篇引《吕》亦同。

④ 竹生溪谷者，取其厚钧，断两节间，以为律管。

【校】《汉志》作"取竹之解谷，生其窍厚均者"，《说苑》、《风俗通》亦同。《世说注》"厚"上增"薄"字，赘。

⑤ 断竹长三寸九分，吹之，音中黄钟之宫。

【校】"其长三寸九分"，《汉志》无，《说苑》及《御览》五百六十五作"其长九寸"。钱詹事云："三寸九分，不必改作九寸。安溪李文贞谓'黄钟长八寸一分，应钟长四寸二分，此三寸九分，即二律相较之数'，是也。案此三寸九分，备有十二律，非谓黄钟止长三寸九分。下云'以为黄钟之长'者，即长于应钟之数。盖应钟十月律，秦岁首所中也。增长三寸九分而得黄钟，方是十一月律。《吕纪》本用秦法，追考上古，知安溪之说不谬。"

⑥ 六律六吕各有管，故曰十二筒。舍，成舍矣。

【校】《说苑》无"吹"字。旧本"曰"作"日"，《说苑》作"曰"，又"舍"作"含"，今"曰"字已据改正，其"舍"字亦讹，注"舍成舍矣"四字亦不可晓，因有此注"舍"字姑仍之。考《晋志》及《御览》五百六十五并作"含少"。明弘治中莆人李文利主"含少"之说，谓黄钟实止三寸九分，其说与古背，不可

[1] 言语：原本作"德行"，误，据《世说新语》改正。

用。《御览》竟改作其“长九寸”，又近人谓当作“四寸五分”，皆非是。“筒”，《说苑》、《风俗通》、《御览》俱作“管”，李善注《文选》丘希范《侍宴》诗作“筩”，与“筒”实一字。善又别引作“箫”，误也。

⑦ 合，和谐。

【校】“比”，旧本误作“此”，李善注马季长《长笛赋》引作“比”，《汉书》、《说苑》皆同。

⑧ 法凤之雌雄，故律有阴阳，上下相生，故曰“黄钟之宫，皆可以生之”。

⑨【校】旧校云：“一作‘援’。”今案《御览》作“营援”；《路史》作“荣猨”，注引《隋志》及《国朝会要》皆作“荣猨”。

⑩ 奏十二钟乐，名之为《咸池》。

帝颛顼生自若水，实处空桑，[1]乃登为帝。惟天之合，正风乃行，[2]其音若熙熙凄凄锵锵。帝颛顼好其音，乃令飞龙作效八风之音，[3]命之曰《承云》，以祭上帝。[4]乃令鱓先为乐倡，[5]鱓乃偃寝，以其尾鼓其腹，[6]其音英英。[7]

① 处，居。空桑。

② 惟天之合，德与天合。风，化也。

【校】赵云：“言八方之风，各得其正也。”

③ 八风，八卦之风。

④ 上帝，昊天上帝。

⑤ 倡，始也。

【校】“乃令”，《初学记》作“乃命”。乐倡，乐人也，似不当训为始。

⑥ 鼓，击。

【校】“寝”，旧本讹“浸”。

⑦ 英英，和盛之貌。

【校】旧本"英英"不重，误，与上文皆依《初学记》、《御览》改正。

帝喾命咸黑作为《声歌》：[①]《九招》、《六列》、《六英》。[②]有倕作为鼙、鼓、钟、磬、吹苓、管、埙、篪、鞀、椎、锺。[③]帝喾乃令人抃，[④]或鼓鼙，击钟磬，吹苓，展管篪。因令凤鸟、天翟舞之。帝喾大喜，乃以康帝德。[⑤]

①【校】旧校云："'声'一作'唐'。"案《御览》、《路史》俱作"唐"。

②【校】此六字衍，说见下。

③【校】"有倕"，《御览》倒作"倕有"。有，当读为又。

④ 两手相击曰抃。

⑤ 康，安。

帝尧立，乃命质为乐。质乃效山林溪谷之音以歌，[①]乃以麋𩊚置缶而鼓之，[②]乃拊石击石，以象上帝玉磬之音，以致舞百兽。瞽叟乃拌五弦之瑟，[③]作以为十五弦之瑟。命之曰《大章》，以祭上帝。

① "质"当为"夔"。

【校】《路史》以质与夔非一人。"质"亦作"鄮"。

② 鼓，击。

③ 拌，分。

舜立，命延[①]乃拌瞽叟之所为瑟，益之八弦，以为二十三弦之瑟。帝舜乃令质修《九招》、《六列》、《六英》，以明帝德。[②]

①【校】"命",旧本作"仰",误,据《路史》改正。

②《招》、《列》、《英》,皆乐名也。帝,谓舜。

【校】《招》、《列》、《英》至此始见,故诱于此下注,则上乃衍文明矣。

禹立,勤劳天下,日夜不懈。[1]通大川,决壅塞,凿龙门,降通漻水以导河,[2]疏三江五湖,注之东海,以利黔首。于是命皋陶作为《夏籥》九成,以昭其功。[3]

① 勤,忧。

② 决壅塞,故凿龙门也。降,大。漻,流。

③ 九成,九变。昭,明。

殷汤即位,夏为无道,暴虐万民,侵削诸侯,不用轨度,天下患之。汤于是率六州以讨桀罪。[1]功名大成,黔首安宁。汤乃命伊尹作为《大护》,歌《晨露》,修《九招》、《六列》,以见其善。[2]

①【校】旧校云:"'讨'一作'诛'。"案《御览》作"以诛桀之罪"。

②《大护》、《晨露》、《九招》、《六列》,皆乐名。善,美。

周文王处岐,诸侯去殷三淫而翼文王。[1]散宜生曰:"殷可伐也。"文王弗许。[2]周公旦乃作诗曰:"文王在上,于昭于天。周虽旧邦,其命维新。"以绳文王之德。[3]

① 文王,古公亶父之孙,王季历之子也。古公避獯鬻之难,邑于岐,谓岐山之阳有周地,及受命,因为天下号也。淫,过。翼,佐。三淫,谓剖比干

之心，断材士之股，刳孕妇之胎者，故诸侯去之而佐文王也。

【校】古文《秦誓》有"斮朝涉之胫"语，究不知何出？《春秋繁露·王道》篇云："斮朝涉之足，视其拇。"《水经注》九淇水下云："老人晨将渡水，而沈吟难济。纣问其故，左右曰'老者髓不实，故晨寒也'，纣乃于此斮胫而视髓。"是相传有此事也。今此云"断材士之股"，《先识览》注亦同，《淮南·俶真训》亦有此语。

② 散宜生，文王四臣之一也。《论语》曰："文王为西伯，三分天下有其二，以服事殷。"故弗许。

③【校】绳，誉也。见《左氏庄十四年传正义》云："字书'绳'作'譝'。"

武王即位，以六师伐殷。六师未至，以锐兵克之于牧野。[①]归，乃荐俘馘于京太室，乃命周公为作《大武》。[②]

① 未至殷都，而胜纣于牧野。

②《大武》，周乐。

【校】"为作"，《御览》倒。

成王立，殷民反，[①]王命周公践伐之。[②]商人服象，为虐于东夷。[③]周公遂以师逐之，至于江南。乃为《三象》，以嘉其德。

① 反，叛。

② 践，往。

【校】《尚书大传》云："周公摄政三年，践奄。践之者，籍之也。籍之，谓杀其身，执其家，猪其宫。"

③ 象，兽名也。

故乐之所由来者尚矣，非独为一世之所造也。①

①《三象》，周公所作乐名。嘉，美也。尚，久也。自黄帝以来，功成作乐，故曰“非独为一世之所造也”。

第六卷 季夏纪

季 夏

一曰：

季夏之月，日在柳，[①]昏心中，旦奎中。[②]其日丙丁，其帝炎帝，其神祝融。其虫羽，其音徵，律中林钟，[③]其数七。其味苦，其臭焦，其祀灶，祭先肺。凉风始至，蟋蟀居宇，[④]鹰乃学习，腐草化为蚈。[⑤]天子居明堂右个，[⑥]乘朱辂，驾赤骊，载赤旂，衣朱衣，服赤玉，食菽与鸡，其器高以觕。

① 季夏，夏之六月也。柳，南方宿，周之分野。是月，日躔北宿。

② 心，东方宿，宋之分野。奎，西方宿，鲁之分野。是月昏旦时，皆中于南方。

③ 林，众；钟，聚；阴律也。阳气衰，阴气起，万物众聚而成，竹管之音应林钟也。

④ 夏至后四十六日立秋节，故曰"凉风始至"。蟋蟀，蜻蛪，《尔雅》谓之蛬。阴气应，故居宇，鸣以促织。

【校】《月令》"凉风"作"温风"，"居宇"作"居壁"。

⑤ 秋节将至，故鹰顺杀气自习肄，为将搏鸷也。蚈，马蚿也。蚈，读如蹊径之蹊。幽州谓之秦渠，一曰萤火也。

【校】《月令》作"腐草为萤"。此书旧本作"腐草化为萤蚈"，衍"萤"字。《淮南》无，观注当与《淮南》同。盖昔人读此书，偶旁记异同之文，而因以误入也。《说文》引《明堂月令》曰"腐草为蠲"，蠲，即蚈也。"化"亦衍字。

⑥ 明堂，向南堂。右个，西头室。

是月也，令渔师，伐蛟取鼍，升龟取鼋。① 乃命虞人入材苇。②

① 渔师，掌鱼官也。渔，读若相语之语。蛟、鼍、鼋皆鱼属。鼍皮可作鼓。《诗》曰“鼍鼓逄逄”；鼋可为羹，《传》曰“楚人献鼋于郑灵公，灵公不与公子宋鼋羹，公子怒，染指于鼎，尝之而出”是也；皆不害人，易得，故言“取”也。蛟有鳞甲，能害人，难得，故言“伐”也。龟，神，可以决吉凶，入宗庙，尊之也，故曰“升”也。

【校】渔，高读牛倨切，《季冬》云“音《论语》之语”亦同。《月令》“登龟”，此作“升”，义同。

② 虞人，掌山泽之官。材苇供国用也。

【校】“虞人”，《月令》作“泽人”。

是月也，令四监大夫合百县之秩刍，以养牺牲。① 令民无不咸出其力，② 以供皇天上帝、名山大川、四方之神，以祀宗庙社稷之灵，为民祈福。③

① 周制，天子畿内方千里，分为百县，县有四郡，郡有鄙，故《春秋传》曰：“上大夫受县，下大夫受郡。”周时县大郡小，至秦始皇兼天下，初置三十六郡以监县耳。此云“百县”，说周制畿内之县也。四监，监四郡大夫也。秩，常也。常所当刍，故聚之以养牺牲。

【校】《月令》作“大合”，无“夫”字。

② 咸，皆也。出其力以聚刍而用之。

③ 祈，求也。

【校】《月令》“为民”上有“以”字。

是月也，命妇官染采，黼黻文章，必以法故，无或差忒，黑黄苍赤，莫不质良，[①]勿敢伪诈，[②]以给郊庙祭祀之服，[③]以为旗章，以别贵贱等级之度。[④]

① 妇人善别五色，故命其官使染采也。白与黑谓之黼。黑与青谓之黻。青与赤谓之文。赤与白谓之章。修其法章，不有差忒，故黑黄苍赤之色皆美善。

【校】《月令》"忒"作"贷"。旧校云："'差'一作'迁'。"注"修其法章"，疑是"法制"。

② 勿，无也。

【校】《月令》作"毋敢诈伪"。

③ 郊祀天，庙祀祖。

④ 熊虎为旗。章，服也。贵有长尊，贱有等威，故曰"度"。

【校】"等威"，旧误作"等卑"，今依《左氏宣十二年传》文改正。

是月也，树木方盛，乃命虞人入山行木，无或斩伐。[①]不可以兴土功，不可以合诸侯，不可以起兵动众，无举大事，以摇荡于气。[②]无发令而干时，以妨神农之事。[③]水潦盛昌，命神农将巡功，举大事则有天殃。[④]

① 虞人，掌山林之官。行，察也。视山木，禁民不得斩伐。

【校】"无或"，《月令》作"无有"，或亦训有也。

② 土功，筑台穿池。合诸侯，造盟会也。举动兵众，思启封疆也。大事，征伐也。于时不时，故曰"摇荡于气"。

【校】《月令》作"以摇养气"。注"思启封疆"，用《左氏成八年传》文，旧本作"息封疆"，误，今改正。

③ 无发干时之令，畜聚人功，以妨害神农耘耨之事。

【校】“干时”，《月令》作“待”，无“干”字。

④ 昔炎帝神农，能殖嘉谷，神而化之，号为神农。后世因名其官为神农。巡行堰亩修治之功。于此时或举大事，妨害农事，禁戒之，云有天殃之罚。

【校】《月令》“神农”上无“命”字，“巡”作“持”。

是月也，土润溽暑，大雨时行，烧薙行水，利以杀草，如以热汤，可以粪田畴，可以美土疆。[①]行之是令，是月甘雨三至，三旬二日。[②]季夏行春令，则谷实解落，国多风咳，人乃迁徙。[③]行秋令，则丘隰水潦，禾稼不熟，乃多女灾。[④]行冬令，则寒气不时，鹰隼早鸷，四鄙入保。[⑤]

① 夏至后三十日大暑节，火王也。润溽而溽重，又有时雨。烧薙，行水灌之，如以热汤，可以成粪田畴，美土疆。疆，界畔。

② 行之是令，行是之令也。十日为旬。二日者，阴晦朔日也。月十日一雨，又二十日一雨，一月中得二日耳，故曰“三旬二日”。

③ 春，木王。木性堕落，阳发多雨，而行其令，故谷实散落，民病风咳上气也。民迁徙移家，春阳布散也。

【校】“解落”，《月令》作“鲜落”。

④ 丘，高；隰，下也。言高下有水潦，象金气也。故杀禾稼，使不成熟也。金干火，故多女灾，生子不育也。

⑤ 冬阴闭固，而行其令，故寒风不节也。鹰隼早鸷，象冬气杀戮。四界之民畏寇贼之来，故入城郭自保守也。

【校】“寒气”，《月令》作“风寒”。

中央土，其日戊己，[①]其帝黄帝，其神后土。[②]其虫倮，其音宫，[3]律中黄钟之宫，其数五。[4]其味甘，其臭香，[5]其祀中霤，祭先心。[6]天子居太庙太室，[7]乘大辂，驾黄骍，载黄旂，衣黄衣，服黄玉，[8]食稷与牛，[9]其气圜以掩。[10]

① 戊己，土日，土王中央也。

② 黄帝，少典之子，以土德王天下，号轩辕氏，死，托祀为中央之帝。后土，官。共工氏子句龙，能平九土，死，托祀为后土之神。

③ 阳发散越，而属倮虫。倮虫，麒麟为之长。宫，土也，位在中央，为之音主。

④ 黄钟，阳律也。竹管音中黄钟之宫也。其数五，五行之数，土第五也。

⑤ 土味甘。土臭香。

⑥ 土王中央，故祀中霤。霤，室中之祭，祭后土也。祭祀之肉先进心，心，火也，用所胜也。一曰：心，土，自用其藏也。

⑦ 南向中央室曰太庙。又处其中央，故曰“太室”。

⑧ 土色黄，故尚黄色。

⑨ 稷、牛皆属土。

⑩ 掩，象土含养万物。

【校】《月令》作“圜以闳”。旧校云：“一作‘掩以闳’。”

音　律

二曰：

黄钟生林钟，[1]林钟生太蔟，[2]太蔟生南吕，[3]南吕生姑洗，[4]姑洗生应钟，[5]应钟生蕤宾，[6]蕤宾生大吕，[7]大吕生夷则，[8]夷则生夹钟，[9]夹钟生无射，[10]无射生仲吕。[11]三分所生，益之一分以上生。三分所生，去其一分以下生。黄钟、大吕、太蔟、夹钟、姑洗、仲吕、蕤宾为上，林钟、夷则、南吕、无射、应钟为下。[12]大圣至理之世，天地之气，合而生风。日至则月钟其风，以生十二律。[13]仲冬日短至，[14]则生黄钟。季冬生大吕。孟春生太蔟。仲春生夹钟。季春生姑洗。孟夏生仲吕。仲夏日长至，[15]则生蕤宾。季夏生林钟。孟秋生夷则。仲秋生南吕。季秋生无射。孟冬生应钟。天地之风气正，则十二律定矣。

① 黄钟，十一月律。林钟，六月律。

② 太蔟，正月律。

③ 南吕，八月律。

④ 姑洗，三月律。

⑤ 应钟，十月律。

⑥ 蕤宾，五月律。

⑦ 大吕，十二月律。

⑧ 夷则，七月律。

⑨ 夹钟，二月律。

⑩ 无射，九月律。

⑪ 仲吕，四月律。

【校】案：《说苑·修文》篇云“黄钟生林钟，林钟生大吕，大吕生夷则，夷则生太蔟，太蔟生南吕，南吕生夹钟，夹钟生无射，无射生姑洗，姑洗生应钟，应钟生蕤宾”，无“蕤宾生大吕”句。《御览》五百六十五引《吕氏》亦与《说苑》同，皆非隔入相生之义。《晋书·律志》引《吕氏》则皆与今本合，知不可信《御览》以改此文。

⑫ 律吕相生，上者上生，下者下生。

【校】案：蕤宾不当为上，当在林钟之首。考《周礼》《大司乐》、《大师》两章注，蕤宾皆重上生。即朱子《钟律》篇亦并不误。而近人反据误本谓蕤宾亦下生，谬之甚者。《晋志》俗本亦误作蕤宾下生，《宋志》则不误，可以正之。此注当作"上者下生，下者上生"，如此方所谓律吕相生。今本疑亦传写之误。

⑬【校】《御览》"月钟"作"日行"，盖亦依《说苑》之文以改《吕氏》。

⑭ 冬至日，日极短，故曰"日短至"。

⑮ 夏至日，日极长，故曰"日长至"。

黄钟之月，土事无作，慎无发盖，以固天闭地，阳气且泄。①

① 黄钟，十一月也。且，将也。

【校】《月令》作"以固而闭"。又"且泄"作"沮泄"。

大吕之月，数将几终，①岁且更起，而农民无有所使。②

① 大吕，十二月。几，近。终，尽。

② 使，役。

【校】《礼记·月令》"而农民"上有"专"字。

太蔟之月，阳气始生，①草木繁动，②令农发土，无或失时。③

① 太蔟，正月。冬至后四十六日立春，故曰“阳气始生”。

② 动，生。

③ 发土而耕。

【校】此月去芒种尚远，而必亟于发土者，盖所谓勿震勿渝，脉其满眚，谷乃不殖，故数劳之地，苗乃易于滋长也。

夹钟之月，宽裕和平，行德去刑，① 无或作事，以害群生。②

① 夹钟，二月也。行仁德，去刑戮也。

② 事，兵戎事也。故曰“以害群生”。

姑洗之月，达道通路，沟渎修利，① 申之此令，嘉气趣至。②

① 姑洗，三月也。时雨将降，故修利沟渎。

② 顺其阳德，故嘉喜之气至。

仲吕之月，无聚大众，巡劝农事，① 草木方长，无携民心。②

① 仲吕，四月。大众，谓军旅工役也。顺阳长养，无役大众，妨废农功，故戒之曰“无”也。必循行农事劝率之。

② 民当务农，长养谷木，徭役聚则心携离，逆上命也，故戒之曰“无”也。

蕤宾之月，阳气在上，安壮养侠，① 本朝不静，草木早槁。[2]

① 蕤宾，五月。壮，盛；侠，少也。皆安养之，助阳也。

【校】“在上”，旧本作“在土”。案是月阴始生于下，则当云“阳气在上”，今改正。《月令》是月“养壮佼”，此“养侠”亦当是“养佼”之误。

② 静，安。朝政不宁，故草木变动堕落早枯槁也。

林钟之月，草木盛满，阴将始刑，[1]无发大事，以将阳气。[2]

① 林钟，六月。刑，杀也。夏至后四十六日立秋。秋则行刑戮，故曰阴气将始杀也。

【校】“盛满”疑本是“盛盈”，与下文皆两句为韵。

② 发，起。将犹养。

夷则之月，修法饬刑，选士厉兵，[1]诘诛不义，以怀远方。[2]

① 夷则，七月也。饬，读如敕。饬正刑法，所以行法也。简选武士，厉利其兵。

② 怀，柔也。《诗》云“柔远能迩，以定我王”也。

南吕之月，蛰虫入穴，[1]趣农收聚，[2]无敢懈怠，以多为务。[3]

① 南吕，八月也。蛰，读如《诗·文王之什》。

【校】旧本“文王”下有一“什”字，非，《孟春纪》注可证。

② 仲秋大雨，故收聚。

③ 务犹事也。

无射之月，疾断有罪，当法勿赦，[1] 无留狱讼，以亟以故。[2]

① 无射，九月。有罪当断，故勿赦。

② 亟，疾。故，事。

应钟之月，阴阳不通，闭而为冬，[1] 修别丧纪，[2] 审民所终。[3]

① 应钟，十月。阳伏在下，阴闭于上，故不通。

②【校】旧校云：“‘别’一作‘辨’。”

③ 审，慎。终，卒。修别丧服亲疏轻重之纪，故曰“审民所终”也。

音初

三曰：

夏后氏孔甲田于东阳萯山，[1] 天大风，晦盲，[2] 孔甲迷惑，入于民室。主人方乳，[3] 或曰：“后来，是良日也，[4] 之子是必大吉。”[5]或曰:“不胜也,之子是必有殃。”后乃取其子以归,曰:“以为余子,谁敢殃之?”子长成人,幕动坼橑,斧斫斩其足,[6]遂为守门者。[7]孔甲曰:“呜呼!有疾命矣夫!”乃作为《破斧》之歌,实始为东音。[8]

① 孔甲,禹后十四世皋之父,发之祖,桀之宗。田,猎也。

【校】注“宗”,曾也,谓曾祖。

② 盲,暝也。

③ 乳,产。

④【校】“是”,旧本作“见”。孙云:“《御览》三百六十一及七百六十三‘见’俱作‘是’。”今据改。

⑤ 之,其。

⑥【校】“斫斩”疑衍“斩”,《御览》作“破”。

⑦ 以其无足,遂为守门之官,向谓之子有殃也。

⑧ 为东阳之音。

禹行功[1]见涂山之女,[2]禹未之遇而巡省南土。[3]涂山氏之女乃令其妾候禹于涂山之阳。[4]女乃作歌,歌曰:“候人兮猗。”[5]实始作为南音。[6]周公及召公取风焉,以为《周南》、《召南》。[7]

①【校】孙云:“李善注《文选》张平子《南都赋》、左太冲《吴都赋》并引作‘禹行水’,《御览》一百三十五同。”

②【校】梁仲子云:“《水经注》《淮水》及《江水》引此并作‘嵞山’。”案宋柳佥本元作“涂山”。

③ 遇,礼也。禹未之礼而巡狩南行也,省南方之土。

④ 涂山在九江，近当涂也。山南曰阳也。

【校】“候”，旧本作“待”，今从《初学记》十改。善注《吴都赋》引作“往候”。注“九江”，旧作“九回”，误，今据《汉书·地理志》改正。

⑤【校】《选》注无“兮”字。

⑥ 南方国风之音。

⑦ 取涂山氏女南音以为乐歌也。

周昭王亲将征荆，① 辛馀靡长且多力，为王右。② 还反涉汉，梁败，③ 王及蔡公抎于汉中。④ 辛馀靡振王北济，又反振蔡公。⑤ 周公乃侯之于西翟，实为长公。⑥ 殷整甲徙宅西河，⑦ 犹思故处，⑧ 实始作为西音。长公继是音以处西山，⑨ 秦缪公取风焉，实始作为秦音。⑩

① 周昭王，康王之子，穆王之父。荆，楚也。秦庄王讳楚，避之曰“荆”。

【校】《左氏僖四年传正义》引“荆”下有“蛮”字。

② 右，兵车之右也。

③【校】案：《左传正义》云：“旧说皆言汉滨之人，以胶胶船，故得水而坏，昭王溺焉。”不知本出何书？此言“梁败”，又互异也。

④ 抎，坠，音曰颠陨之陨。

【校】注“曰”字衍。

⑤ 振，救也。《传》曰：“齐桓公伐楚，让之曰：‘尔贡苞茅不入，王祭不供，无以缩酒，寡人是徵。昭王南征，没而不复，寡人是问。’对曰：‘贡之不入，寡君之罪，敢不共乎？昭王之不复，君其问诸水滨。’”由此言之，昭王为没于汉，辛馀靡焉得振王北济哉？

【校】孙云：“振者，振其尸也。注非。”

⑥ 西翟，西方也。以辛馀靡有振王之功，故赏之为长公。

【校】注“功”，旧本作“力”，非是，今改正。

⑦【校】案:《竹书纪年》"河亶甲名整,元年自嚣迁于相",即其事也。旧校云:"'河'一作'阿'。"

⑧ 处,居也。

⑨ 西音,周之音。

⑩ 取西音以为秦国之乐音。

有娀氏有二佚女,为之九成之台,[①]饮食必以鼓。[②]帝令燕往视之,[③]鸣若谥隘。[④]二女爱而争搏之,覆以玉筐。少选,发而视之,[⑤]燕遗二卵,北飞遂不反。[⑥]二女作歌,一终曰"燕燕往飞",实始作为北音。[⑦]

① 成犹重。

【校】孙云:"王逸注《离骚》引'有娀氏有美女,为之高台而饮食之'。李善注《文选》《鲁灵光殿赋》、《齐故安陆昭王碑文》两引此文,'为'下皆无'之'字。"

② 鼓,乐。

③【校】旧校云:"'视'一作'矪'。"

④【校】孙云:"《安陆昭王碑文》注引作'隘隘'。"

⑤ 少选,须臾。

【校】梁仲子云:"《一切经音义》十三引《吕氏》作'小选',古'少'、'小'通用。"案:今《吕氏》本皆作"少选",此与《荡兵》、《执一》诸篇皆然,无作"小"者,当亦由后人改之矣。

⑥ 帝,天也。天令燕降卵于有娀氏女,吞之生契。《诗》云:"天命玄鸟,降而生商。"又曰:"有娀方将,立子生商。"此之谓也。

【校】案:《列女传》一引《诗》"有娀方将,立子生商",亦无"帝"字。旧本作"有娀氏女方将",因上文误衍二字,今删去。

⑦ 北国之音。

凡音者，产乎人心者也。感于心则荡乎音，[①]音成于外而化乎内。[②]是故闻其声而知其风，[③]察其风而知其志，[④]观其志而知其德。盛衰、贤不肖、君子小人皆形于乐，不可隐匿。故曰：乐之为观也，深矣。

① 荡，动。

② 内化生内心。

③ 风，俗。

④【校】旧校云："一作'意'，下同。"

土弊则草木不长，[①]水烦则鱼鳖不大，[②]世浊则礼烦而乐淫。[③]郑、卫之声，桑间之音，[④]此乱国之所好，衰德之所说。[⑤]流辟、誂越、慆滥之音出，[⑥]则滔荡之气、邪慢之心感矣，感则百奸众辟从此产矣。故君子反道以修德，[⑦]正德以出乐，和乐以成顺。[⑧]乐和而民乡方矣。[⑨]

① 弊，恶。

② 扰，浑。

【校】据此注则正文本作"水扰"，后人以《乐记》之文改之。

③ 烦，乱。淫，邪。

④ 说见《孟春纪》。

⑤ 说，乐。

⑥ 出，生也。

【校】"誂"与"佻"同。

⑦ 修，治也。

⑧ 乐以和为成顺。

⑨ 乡,仰。方,道。

制　乐

四曰:

欲观至乐,必于至治。[1]其治厚者,其乐治厚;其治薄者,其乐治薄;[2]乱世则慢以乐矣。今室闭户牖,动天地,一室也。故成汤之时,有谷生于庭,昏而生,比旦而大拱。[3]其吏请卜其故。[4]汤退卜者曰:"吾闻祥者,福之先者也,见祥而为不善,则福不至。妖者,祸之先者也,见妖而为善,则祸不至。"[5]于是早朝晏退,问疾吊丧,务镇抚百姓。三日而谷亡。[6]故祸兮福之所倚,福兮祸之所伏。圣人所独见,众人焉知其极?[7]

① 至乐,至和之乐。至治,至德之治。

②【校】孙云:"李善注《文选》潘安仁《笙赋》引此'其乐厚'、'其乐薄',无两'治'字。"

③《书叙》云:"伊陟相太戊,亳有桑谷祥,共生于朝。"太戊,太甲之孙,太康之子也,号为中宗。满两手曰拱。汤生仲丁,仲丁生太甲,太甲生太康,太康生太戊,凡五君矣。此云汤之时,不亦谬乎?由此观之,曝咸阳市门,无敢增损一字者,明畏不韦之势耳。故扬子云恨不及其时,车载其金而归也。

【校】"而大拱",旧本讹作"其大拱",梁仲子据《御览》八十三改,与《韩诗外传》正同。梁伯子云："昏生旦拱，与《史记》言'一暮大拱'，并理所难信。《书大传》、《汉书·五行志》、《说苑·敬慎》篇、《论衡·异虚》篇并作'七日大拱'，《韩诗外传》三作'三日'，当以'七日'为是。伪孔传及《家语·五仪》篇亦作'七日'。"

④ 灼龟曰卜。

【校】《御览》"吏"作"史"。

⑤ 为善则福应之，故祸无从至也。

【校】《外传》三以此为伊尹之言。

⑥ 亡，灭。

【校】旧本"亡"讹"止"，今据《御览》改。《外传》亦作"亡"。

⑦ 极犹终。

周文王立国八年，[①]岁六月，文王寝疾五日而地动，东西南北不出国郊。[②]百吏皆请曰："臣闻地之动，为人主也。今王寝疾五日而地动，四面不出周郊，群臣皆恐，曰请移之。"[③]文王曰："若何其移之也？"对曰："兴事动众，以增国城，其可以移之乎！"文王曰："不可。夫天之见妖也，以罚有罪也。我必有罪，故天以此罚我也。今故兴事动众以增国城，是重吾罪也。不可。"[④]文王曰：[⑤]"昌也请改行重善以移之，其可以免乎！"于是谨其礼秩、皮革，以交诸侯；饬其辞令、[⑥]币帛，以礼豪士；[⑦]颁其爵列、等级、田畴，以赏群臣。[⑧]无几何，疾乃止。[⑨]文王即位八年而地动，已动之后四十三年，凡文王立国五十一年而终。此文王之所以止殃翦妖也。[⑩]

①【校】《外传》三"立"作"莅"。

② 邑外曰郊。

③【校】孙疑“曰”字衍，《外传》无。

④ 重犹益也。移咎徵于他人，是重吾罪，故曰“不可”。

⑤【校】语毕而更起也。《外传》作“以之”，连上“不可”为文。

⑥ 饬，读如敕。饬正其辞令也。

⑦ 币，圭璧。帛，玄纁也。材倍百人曰豪也。

⑧【校】旧校云：“‘赏’一作‘宾’。”

⑨ 止，除也。

⑩ 翦，除。

宋景公之时，荧惑在心。①公惧，召子韦而问焉，曰：“荧惑在心，何也？”②子韦曰：“荧惑者，天罚也；心者，宋之分野也。祸当于君。虽然，可移于宰相。”公曰：“宰相，所与治国家也，而移死焉，不祥。”③子韦曰：“可移于民。”公曰：“民死，寡人将谁为君乎？宁独死。”④子韦曰：“可移于岁。”公曰：“岁害则民饥，⑤民饥必死。为人君而杀其民以自活也，其谁以我为君乎？⑥是寡人之命固尽已，子无复言矣。”子韦还走，北面载拜曰：“臣敢贺君。天之处高而听卑。君有至德之言三，天必三赏君。今昔荧惑其徙三舍，⑦君延年二十一岁。”公曰：“子何以知之？”对曰：“有三善言，必有三赏，荧惑必三徙舍。⑧舍行七星，⑨星一徙当一[1]年，三七二十一，臣故曰君延年二十一岁矣。⑩臣请伏于陛下以伺候之。荧惑不徙，臣请死。”公曰：“可。”是夕荧惑果徙三舍。

① 景公，元公佐之子栾。荧惑，五星之一，火之精也。心，东方宿，宋之

[1] 一：原本作“七”，误，据许维遹本改。

分野。

② 子韦，宋之太史，能占宿度者，故问之。

③ 祥，吉。

【校】注“吉”，疑本是“善”字。

④《传》曰：“后非众无以守邑。”故曰“将谁为君乎”？

【校】案：“众非元后何戴，后非众罔与守邦”，此晚出《古文尚书·大禹谟》文也。汉时未有此，故诱皆以为《传》。

⑤ 谷不熟为饥也。

⑥《传》曰：“众非元后何戴。”故曰“其谁以我为君”。

⑦【校】“今昔”本多作“今夕”，今依李本作“今昔”。昔训夜。

⑧【校】“必三徙舍”，旧作“有三徙舍”，讹，今据《淮南·道应训》及《新序》四改正。

⑨ 星，宿也。

⑩ 以德复星也。徙三舍固其理也。死生有命，不可益矣。而延二十一岁，诱无闻也。

明　理

五曰：

五帝三王之于乐，尽之矣。①乱国之主未尝知乐者，是常主也。②夫有天赏得为主，而未尝得主之实，③此之谓大悲。④是正坐于夕室也，⑤其所谓正，乃不正矣。⑥

① 尽，极。

② 非贤主也。

③ 未尝得为贤主之实。

④ 此之为大悲哀之人。

⑤ 夕室，以喻悲人也。言其室邪夕不正，徒正其坐也。

【校】梁仲子云："《晏子春秋》六曰：'景公新成柏寝之室，使师开鼓琴。师开左抚宫，右弹商，曰室夕云云。公曰：先君太公以营丘之封立城，曷为夕？晏子对曰：古之立国者，南望南斗，北戴枢星，彼安有朝夕哉？然而以今之夕者，周之建国，国之西方，以尊周也。'"

⑥ 悲人所为，如坐夕室，自以为正，乃不正之谓也。

凡生，非一气之化也；长，非一物之任也；成，非一形之功也。故众正之所积，其福无不及也；[①]众邪之所积，其祸无不逮也。其风雨则不适，[②]其甘雨则不降，其霜雪则不时，[③]寒暑则不当，[④]阴阳失次，[⑤]四时易节，[⑥]人民淫烁不固，[⑦]禽兽胎消不殖，[⑧]草木庳小不滋，[⑨]五谷萎败不成。[⑩]其以为乐也，若之何哉？[⑪]故至乱之化，君臣相贼，[⑫]长少相杀，父子相忍，弟兄相诬，知交相倒，[⑬]夫妻相冒，日以相危，失人之纪，[⑭]心若禽兽，长邪苟利，[⑮]不知义理。[⑯]

① 及，至也。

② 适，时也。

③ 不当霜雪而霜雪，故曰"不时"。

④ 不当寒而寒，不当暑而暑。

⑤【校】旧校云："一作'易次'。"

⑥ 谓不得其所。

【校】旧校云："'节'一作'位'。"

⑦ 淫邪销烁不一也。不固，不执正道。

⑧ 销烁不成，不得长殖也。

⑨ 滋亦长。

【校】"庳"与"卑"同。旧本作"痺"，讹，今改正。

⑩ 成，熟也。

⑪ 言不可以为乐，故曰"若之何哉"。

⑫ 君不君，臣不臣，故相贼。

⑬ 倒，逆。

⑭ 冒，嫉。危，疑。相嫉则相猜疑，故失人道之纲纪。

【校】案："日以相危，失人之纪"，乃统承上文，不专以夫妻言。注非。

⑮【校】旧校云："一作'苟且'。"

⑯ 乱政之化也，心如禽兽，焉知义理。

其云状有若犬、若马、若白鹄、若众车；[①]有其状若人，苍衣赤首，不动，其名曰天衡；[②]有其状若悬旍而赤，其名曰云旍；[③]有其状若众马以斗，其名曰滑马；[④]有其状若众植华以长，[⑤]黄上白下，其名蚩尤之旗。[⑥]其日有斗蚀，有倍僪，有晕珥，[⑦]有不光，有不及景，[⑧]有众日并出，有昼盲，[⑨]有霄见。[⑩]其月有薄蚀，[⑪]有晖珥，有偏盲，有四月并出，有二月并见，[⑫]有小月承大月，有大月承小月，有月蚀星，有出而无光。其星有荧惑，[⑬]有彗星，有天棓，有天欃，有天竹，有天英，有天干，[⑭]有贼星，有斗星，有宾星。其气有上不属天，下不属地，[⑮]有丰上杀下，有若水之波，有若山之楫，[⑯]春则黄，夏则黑，秋则苍，冬则赤。其妖孽有生如带，有鬼投其陴，[⑰]有菟生雉，雉亦生鷃，[⑱]有螟集其国，其音匈匈，[⑲]国有游蛇西东，[20]马牛乃言，[21]犬彘乃连，[22]有狼入于国，[23]有人自天降，[24]市有舞鸱，国有行飞，[25]马有生角，[26]雄鸡五足，[27]有豕生而弥，[28]鸡卵多毈，[29]有社迁处，[30]有豕生狗。[31]国有此物，其主不知惊惶亟革，上帝降祸，凶灾必亟。[32]其残亡死丧，殄绝无类，流散循饥无日矣。[33]此皆乱国之所生也，不能胜数，尽荆、越之竹，犹不能书。[34]故子华子曰："夫乱世之民，长短颉許，百疾，[35]民多疾疠，道多褓繈，盲秃伛尪，万怪皆生。"[36]故乱世之主，乌闻至乐？[37]不闻至乐，其乐不乐。[38]

① 云气形状如物之形也。

② 衡物之气。

【校】《御览》八百七十七作"天冲"。

③ 云气之象旍旗者。

【校】"悬旍"，旧本作"悬釜"，讹。案：《御览》作"悬旌"，"旌"与"旍"同，今定为"旍"字。

④《五行传》为马妖也。

⑤【校】旧校云："'华'一作'藿'。"

⑥【校】旧本作"蚩尤之旍"，又作"蚩尤之旍旗"，皆讹。今据《史记·天官书》、《汉书·天文志》改正。《集解》及师古注并引晋灼曰："《吕氏春秋》云其色黄上白下。"

⑦ 斗蚀，两日共斗而相食。倍僪、晕珥，皆日旁之危气也；在两旁反出为倍，在上反出为僪，在上内向为冠，两旁内向为珥。晕，读为君国子民之君。气围绕日周匝，有似军营相围守，故曰"晕"也。

【校】"倍僪"亦作"背鐍"，又作"背谲"，《汉志》作"背穴"。

⑧【校】旧校云："'及'一作'反'。"

⑨ 盲，冥也。

⑩ 霄，夜。见，明。

【校】“霄”，当是“宵”之借。

⑪ 薄，迫也。日月激会相掩，名为薄蚀。

【校】“其月”，旧本作“其日”，误，今改正。

⑫ 并犹俱也。

⑬ 荧惑，火精。

⑭ 干，楯也。

⑮ 属犹至。

⑯ 楫，林木也。

⑰ 骭，脚也，音“杨子爱骭一毛”之骭。

【校】案：骭字音义皆可疑，或是骨榦之榦，则是脊胁也，与骭音正同，但不当训为脚耳。

⑱ 鹖，一名冠爵，于《五行传》羽虫之孽。

⑲ 食心为螟。音声飞匈匈，惊动众人，集其国都也。

⑳ 于《五行传》为蛇妖也。西东，示民流迁，国不安宁也。

㉑ 言，语。皆妖也。

㉒ 连，合。皆妖也。

【校】汉孝景二年有此。

㉓ 国，都也。《河图》曰：“野鸟入，主人亡也。”

㉔ 降，下。人，妖也。

㉕【校】旧校云：“一作‘龛’。”

㉖ 于《五行传》为马祸。

㉗ 羽虫之孽。

㉘ 弥，蹄不甲也。于《五行传》为青黑之祥也。

【校】注旧本“青黑”上有“墨”字衍。

㉙【校】案：《说文》“毈，卵不孚也，徒玩切”。旧本作“假”，讹，今改正。《淮南·原道训》、《法言·先知》篇俱有“毈”字。

㉚ 迁，移。

【校】案：《史记·六国表》：“秦惠文君二年宋太丘社亡。”

㉛ 于《五行传》为豖祸。

㉜ 乱惑之主，见妖孽之怪，不知惊惶疾自革更，共御厥罚，故上帝降之祸，凶灾必至。

【校】“共御”，旧本作“共卫”，讹，今从《书大传》改正。

㉝ 循，大也。谷不熟曰饥。无复有期日也。

㉞ 楚、越，竹所出也，尚不能胜书者，妖多也。

㉟ 疾，病也。长短者，无节度也。颉犹大。牾，逆也。百疾，变诈也。既无节度，大逆为变诈之疾也。

【校】案：《庄子·徐无鬼》篇“颉滑有实”，向秀注：“颉滑，错乱也。”此“颉牾”疑与“颉滑”义同。注“颉犹大”，旧本作“牾犹大”，讹。又“逆”作“迎”，亦讹。今并改正。

㊱ 褓，小儿被也。繦，褛格绳也。言民繦负其子走道，跛而散去。盲，无见。秃，无发。伛，偻俯者也。尪，短仰者也。怪物妄生非一类，故言万怪者也。

【校】注“繦，褛格绳也”，旧本“格”作“袷”，又作“拾”，下又衍一“上”字，皆讹。案：褛格即缕络，《方言》“络谓之格”，义得通也，后《直谏》篇注作“缕格”。段若膺云：“织缕为络，其绳谓之繦。”梁仲子云：“《论语》‘繦负’，疏引《博物志》云‘织缕为之’。又《汉书·宣帝纪》注：‘李奇曰：繦，络也。’”

㊲ 乌，安也。

【校】旧校云：“‘乌’一作‘焉’。”

㊳ 乱国之乐怨以悲，不闻至德之乐，故曰“其乐不乐”也。

第七卷　孟秋纪

孟　秋

一曰：

孟秋之月，[①] 日在翼，[②] 昏斗中，旦毕中。[③] 其日庚辛，其帝少皞，[④] 其神蓐收。[⑤] 其虫毛，其音商，[⑥] 律中夷则，其数九。[⑦] 其味辛，其臭腥，[⑧] 其祀门，祭先肝。[⑨] 凉风至，白露降，[⑩] 寒蝉鸣，鹰乃祭鸟，始用行戮。[⑪] 天子居总章左个，[⑫] 乘戎路，驾白骆，[⑬] 载白旂，衣白衣，服白玉，[⑭] 食麻与犬，其器廉以深。[⑮]

① 【校】旧此下有"长日至四旬六日"七字，又注云"夏至后，日尚长，至四十六日立秋，昼夜等，故曰长日至四旬六日"二十五字，于文不类。且后文自有注，不应预出。立秋时亦不得云昼夜等。谢以辞义俱浅陋，定为俗师所加。今从《月令》删去。

② 孟秋，夏之七月。翼，南方宿，楚之分野。是月，日躔此宿。

③ 斗，北方宿，吴之分野。毕，西方宿，赵之分野。是月昏旦时，皆中于南方。

【校】正文旧又衍"则立秋"三字，《月令》无，今并删去。又注"毕，赵之分野"，旧"赵"讹作"越"。案《淮南·天文训》则属魏。

④ 庚辛，金日也。少皞，帝喾之子挚兄也。以金德王天下，号为金天氏，死配金，为西方金德之帝。

⑤ 少皞氏裔子曰该，皆有金德，死托祀为金神。

【校】注“皆”字疑当作“实”。

⑥ 金气寒，裸者衣毛。毛，虫之属，而虎为之长。商，金也，其位在西方。

【校】注“裸者衣毛”，旧本脱“毛”字，今从《淮南》注补。

⑦ 夷则，阳律也，竹管音与夷则和，太阳气衰，太阴气发，万物肃然，应法成性，故曰“律中夷则”。其数九，五行数五，金第四，故曰“九”。

【校】梁仲子云：“《初学记》引注‘气衰’作‘力衰’，‘肃然’作‘雕伤’。”

⑧ 五行，金味辛，金臭腥。

⑨ 孟秋始内，由门入，故祀门也。肝，木也。祭祀之肉用其胜，故先进肝。又曰：肝，金也，自用其藏也。

⑩ 凉风，坤卦之风，为损。降下。

⑪ 寒蝉得寒气，鼓翼而鸣，时候应也。是月鹰挚杀鸟于大泽之中，四面陈之，世谓之祭鸟。于是时乃始行戮，刑罚顺秋气。

【校】“始用”，《月令》、《淮南》皆作“用始”。此误倒也。高注《淮南》云“用是时乃始行戮”，语尤明。

⑫ 总章，西向堂也。西方总成万物，章明之也，故曰“总章”。左个，南头室也。

⑬ 戎路，白路也。白马黑鬣曰骆。

⑭ 白，顺金也。

⑮ 犬，金畜也。廉，利也，象金断割。深，象阴闭藏。

是月也，以立秋。先立秋三日，大史谒之天子，[①]曰：“某日立秋，盛德在金。”天子乃斋。[②]立秋之日，天子亲率三公、九卿、诸侯、大夫以迎秋于西郊。[③]还，乃赏军率武人于朝。[④]天子乃命将帅，选士厉兵，简练桀俊，[⑤]专任有功，以征不义，[⑥]诘诛暴慢，以明好恶，巡彼远方。[⑦]

① 夏至后四十六日立秋，多在是月。谒，告也。

② 盛德在金，金主西方也。斋，自禋洁。

③ 九里之郊。

④ 金气用事，治兵讨暴，非率不整，非武不齐，故赏军将与武人于朝，与众共之。

⑤ 材过万人曰桀，千人曰俊。

【校】旧本“选”误“还”，又脱“士”字，今从汪本据《月令》补正。《淮南》作“选卒”。

⑥ 征，正也。

⑦ 巡，行也。远方，天下也。

【校】“巡”，《月令》、《淮南》作“顺”。

是月也，命有司，修法制，① 缮囹圄，具桎梏，禁止奸，② 慎罪邪，务搏执。命理瞻伤察创，视折审断，③ 决狱讼，必正平，戮有罪，严断刑。④ 天地始肃，不可以赢。⑤

① 禁令。

② 囹圄，法室。桎梏谓械，在足曰桎，在手曰梏，所以禁止人之奸邪。

③ 慎，戒。有奸罪者搏执之也。理，狱官也。使视伤创毁折者可断之，故曰“审断”。

④ 争罪曰狱，争财曰讼。决之者必得其正平，不直者戮而刑之。

【校】“正平”，《月令》作“端平”，此反不为始皇讳。

⑤ 肃，杀。素气始行，不可以骄赢。犯令必诛，故曰“不可以赢”。

【校】注“犯令必诛”以下乃后人所妄加。高氏本以“赢”与“盈”同。夏日长赢，今当秋收敛之候，不可以骄盈也。《淮南》注“赢，盛也”，义亦相似。《月令》郑注云“解也”，以肃为严急，故不可以舒缓，与骄盈意亦未尝不相近也。

是月也，农乃升谷，天子尝新，先荐寝庙。[1]命百官，始收敛。[2]完堤防，谨壅塞，以备水潦。[3]修宫室，附墙垣，补城郭。[4]

① 升，进也。先致寝庙，《孝经》曰："四时祭祀，不忘亲也。"

② 收敛，孟秋始内。

③ 是月，月丽于毕，俾雨滂沱，故预完堤防，备水潦。

④ 附，读如符。附犹培也。

【校】《月令》"附"作"坏"。

是月也，无以封侯、立大官，[1]无割土地，行重币，出大使。[2]

① 封侯，裂土封之邑也。大官，谓上公九命之官。

② 无割土地，以地赐人。重币，金帛之币。大使，使命也。方金气之收藏，皆所不宜行也。

行之是令，而凉风至三旬。孟秋行冬令，则阴气大胜，介虫败谷，戎兵乃来。[1]行春令，则其国乃旱，阳气复还，五谷不实。[2]行夏令，则多火灾，寒热不节，民多疟疾。[3]

① 冬，水王，而行其令，故阴气大胜也。介虫，龟属。冬，玄武，故介甲之虫败其谷也。金水相并，则戎兵来侵为害。

② 春阳亢燥，而行其令，故枯旱也。是月凉风用事，而行春暖之令，而谷更生，故害而不成实也。

【校】"复还"本或作"后还"，误，今从汪本，与《月令》、《淮南》皆合。

③ 夏，火王，而行其令，故多火灾。金气，火气。寒热相干不节，使民病疟疾。寒热所生。

【校】《月令》作"则国多火灾"。《淮南》作"冬多火灾"。

荡　兵[1]

① 【校】一作"用兵"。

二曰：

古圣王有义兵而无有偃兵。[1]兵之所自来者上矣，[2]与始有民俱。[3]凡兵也者，威也；威也者，力也。民之有威力，性也。性者所受于天也，非人之所能为也。武者不能革，[4]而工者不能移。[5]兵所自来者久矣，黄、炎故用水火矣，[6]共工氏固次作难矣，[7]五帝固相与争矣，递兴废，胜者用事。人曰[8]"蚩尤作兵"，蚩尤非作兵也，利其械矣。[9]未有蚩尤之时，民固剥林木以战矣，胜者为长。[10]长则犹不足治之，故立君。[11]君又不足以治之，故立天子。天子之立也出于君，君之立也出于长，长之立也出于争。[12]争斗之所自来者久矣，不可禁，不可止。[13]故古之贤王有义兵而无有偃兵。

① 偃，止。

② 自，从。上，古。

【校】旧校云："'上'一作'久'。"

③ 俱，皆。

④ 革，更。

⑤ 移，易。

⑥ 黄，黄帝；炎，炎帝也。炎帝为火灾，黄帝灭之也。

【校】《御览》二百七十一"故"作"固"，下文皆作"固"。案"故"、"固"古亦通用。

⑦ 共工之治九州，有异高辛氏，争为帝而亡，故曰"次作难也"。

【校】《御览》"次"作"欲"。

⑧【校】旧本作"又曰"，今从《御览》改。

⑨ 蚩尤，少皞氏之末，九黎之君名也。始作乱，伐无罪，杀无辜，善用兵，为之无道，非始造之也，故曰"非作兵也"。

【校】《御览》"矣"作"也"。

⑩ 长，率。

⑪ 立，置也。

⑫ 战胜而为长，故曰"出于争"。

⑬ 天生五材，民并用之，废一不可，谁能去兵？兵之来久矣，圣人以治，乱人以亡，废兴、存亡、昏明之术也，故曰"不可禁，不可止"。

【校】注本子罕语，见襄廿七年《左传》。

家无怒笞，则竖子婴儿之有过也立见；[①]国无刑罚，则百姓之悟相侵也立见；[②]天下无诛伐，则诸侯之相暴也立见。[③]故怒笞不可偃于家，刑罚不可偃于国，诛伐不可偃于天下，有巧有拙而已矣。[④]故古之圣王有义兵而无有偃兵。

① 家无严亲怒笞之威，则小子好争上下，过立著见也。

② 无刑罚可畏，臣下故有相侵凌夺掠之罪。

【校】“悟”与“忤”、“牾”并通用。《史记·韩非传》“大忠无所拂悟”，《索隐》云：“不拂‘牾’于君。”《正义》云：“‘拂悟’，当为‘咈忤’，古字假借耳。”今本《史记》作“拂辞”，误也。朱本于此书又删去“悟”字，轻改古书，最不可训。

③ 无诛伐可畏，故相暴，大兼小也。

④ 巧者以治，拙者以乱。

夫有以饐死者，欲禁天下之食，悖；[①] 有以乘舟死者，欲禁天下之船，悖；有以用兵丧其国者，欲偃天下之兵，悖。夫兵不可偃也，譬之若水火然，[②] 善用之则为福，不能用之则为祸；[③] 若用药者然，得良药则活人，得恶药则杀人。义兵之为天下良药也亦大矣。[④] 且兵之所自来者远矣，未尝少选不用。贵贱长少、贤者不肖相与同，有巨有微而已矣。[⑤] 察兵之微，在心而未发，兵也；疾视，兵也；作色，兵也；傲言，兵也；援推，[⑥] 兵也；连反，[⑦] 兵也；侈斗，[⑧] 兵也；三军攻战，兵也：此八者皆兵也，微巨之争也。今世之以偃兵疾说者，终身用兵而不自知悖，故说虽强，谈虽辨，文学虽博，犹不见听。[⑨] 故古之圣王有义兵而无有偃兵。

① 悖，惑。

② 水以疗汤，火以熟食，兵以除乱，夫何偃也？故曰“若水火然”。

【校】注“熟食”，旧本“熟”多作“热”，讹，唯朱本作“熟”，此可从。

③《传》曰“能者养之以求福，不能者败之以取祸”，此之谓。

【校】案：《左氏成十三年传》刘子言“能者养以之福，不能者败以取祸”。《汉书》《律志》、《五行志》，汉《酸枣令刘熊碑》，皆作“养以之福”，孔疏、颜注莫不同。今本则作“养之以福”，此注颇与今本同。凡注家引书，诚不必尽符本文，然此颇有后人妄改痕迹。缘高氏本作“养以之福”，读者不解，因改为“求福”，而以“之”字移于上，又于次句亦增一“之”字，以成对文。末句“此之谓也”，删去“也”字，则必刻成之后，就板增两字，而末句只有一字之空，故并“也”字去之，始整齐耳。元和陈芳林云：“改‘之福’为‘求福’，则非定命矣。”斯言允哉。

④ 义兵除天下之凶残，解百姓之倒悬而生育之，故方之于良药。

⑤ 少选，须臾也。贤不肖者用兵，皆欲得胜，是其同也。巨，觕略。微，要妙，睹未萌之萌也。

⑥【校】案：援推，义当与推挽同，或援之使来，或推之使去，有分别，见即兵象矣。旧校云“一作‘挂剌’”，所未能详也。

⑦【校】“连反”当出《易·蹇》爻辞。连，与人也；反，自守也；有同有异而兵兴矣。旧校云“‘连’一作‘速’”，疑误。

⑧【校】犹斗侈也，谓以豪侈相争胜也。

⑨ 虽以辨文博学，力说偃兵，不自知博者，不听从也。

【校】注“博者”字讹，或“博”是“悖”字，下亦当有一“人”字。

兵诚义，以诛暴君而振苦民，[①]民之说也，若孝子之见慈亲也，若饥者之见美食也；民之号呼而走之，[②]若强弩之射于深溪也，若积大水而失其壅堤也。中主犹若不能有其民，而况于暴君乎？[③]

①【校】旧校云：“一作‘弱民’。”

② 走，归。

③ 中主，非贤君。

振 乱

三曰：

当今之世浊甚矣，①黔首之苦不可以加矣。②天子既绝，贤者废伏，③世主恣行，与民相离，黔首无所告愬。④世有贤主、秀士，宜察此论也，则其兵为义矣。⑤天下之民，且死者也而生，⑥且辱者也而荣，⑦且苦者也而逸。⑧世主恣行，则中人将逃其君，去其亲，又况于不肖者乎？⑨故义兵至，则世主不能有其民矣，人亲不能禁其子矣。⑩

① 浊，乱也。君肆害，不可禁卫，故乱甚。

【校】注"禁卫"疑亦是"禁御"。

② 民人之苦毒，不可复增加。

③ 绝，若三代之末，祚数尽也。贤者不见用，故废伏。

【校】赵云："天子既绝，谓周已亡而秦未称帝之时也。"

④ 世主，乱主也。乱政亟行，与民相违，黔首怀怨，无所控告。

⑤ 贤主，治主也。秀士，治士也。宜察恣行之主与民相离怨而舍之也，必举兵诛之。诛其君，吊其民，故曰"其兵为之义"也。

【校】注"为之义"，疑"之"字衍，或"为"字当作"谓"。

⑥ 且，将也。治主之兵救其民，故曰将生也。

【校】且，将也。旧本作"行也"，讹，今改正。

⑦ 荣，光明也。

⑧ 民见吊恤安逸。

⑨ 遭恣行之君，中凡之人将逃而去之，不能顾其亲戚也，又况下愚不肖之人，能保守其君而不逃去其亲者也？

⑩ 世主暴乱，若桀、纣者也，民去之而归汤、武，故不能得其有也，其亲不能禁止其子。

凡为天下之民长也，虑莫如长有道而息无道，赏有义而罚不义。今之世学者多非乎攻伐。非攻伐而取救守，取救守则乡之所谓长有道而息无道、赏有义而罚不义之术不行矣。天下之长民，其利害在[①]察此论也。攻伐之与救守一实也，[②]而取舍人异。[③]以辨说去之，终无所定论。固不知，悖也；知而欺心，诬也。[④]诬悖之士，虽辨无用矣。[⑤]是非其所取而取其所非也，是利之而反害之也，安之而反危之也。[⑥]为天下之长患，致黔首之大害者，若说为深。[⑦]夫以利天下之民为心者，不可以不熟察此论也。[⑧]

①【校】旧校云："一本下有'此'字。"朱本从之。今案："在察此论也"连下读为是，观下文可见。

② 攻伐欲陷人，救守欲完人，其实一也。

③ 攻伐欲破人，救守欲全人，故曰"取舍人异"。

④ 论说事情，固不知之，是为悖；实知之而自欺其心，是为诬。

⑤ 辨无所能施，故谓之"无用"。

【校】赵云："言说虽若可听，而断不可用也。下文申言其故。"

⑥ 民以为安，而安之以礼义也；危之，乃危亡之道也；故曰安之反危也。

【校】言非攻伐欲以安利之，而不知其适相反。

⑦ 说若是者，为天下之患，为黔首之害深而大也。

⑧ 论犹别也。

【校】"别"即"辩"，古通用。

夫攻伐之事，未有不攻无道而罚不义也。攻无道而伐不义，则福莫大焉，黔首利莫厚焉。[①]禁之者，[②]是息有道而伐有义也，是穷汤、武之事，而遂桀、纣之过也。[③]凡人之所以恶为无道不义者，为其罚也；[④]所以蕲有道行有义者，为其赏也。[⑤]今无道不义存，存者，赏之也；[⑥]而有道行义穷，穷者，罚之也。[⑦]赏不善而罚善，欲民之治也，不亦难乎？[⑧]故乱天下害黔首者，若论为大。[⑨]

① 厚，重也。

② 禁，止也。

③ 遂犹长也。

④ 恶犹畏。

⑤ 蕲，读曰祈。或作“勤”。

⑥ 虽存，幸耳，赏之非也。

⑦ 虽穷，不幸耳，罚之非也。

【校】注皆不得本意，此所云赏罚，岂真赏之罚之也哉？使无道者安全，即不啻赏之；使有道者不得伸天讨，即不啻罚之矣。

⑧ 治，整也。

⑨ 论若是者，赏所当罚者，罚所当赏者，是以乱天下而害黔首最为大也。

【校】案：此篇之论，其谓天下攻伐人者之皆义兵乎？苟非义兵，则能救守者，正《春秋》之所深嘉而乐予也，而此非之，是与圣贤之意相违矣。下篇虽稍持平，然亦偏主攻伐意多。

禁 塞

四曰：

夫救守之心，未有不守无道而救不义也。守无道而救不义，则祸莫大焉，① 为天下之民害莫深焉。② 凡救守者，太上以说，③ 其次以兵。④ 以说则承从多群，⑤ 日夜思之，事心任精，起则诵之，卧则梦之。自今单脣乾肺，费神伤魂，⑥ 上称三皇五帝之业以愉其意，⑦ 下称五伯名士之谋以信其事，⑧ 早朝晏罢，以告制兵者，⑨ 行说语众，以明其道。道毕说单而不行，⑩ 则必反之兵矣。⑪ 反之于兵，则必斗争之情，必且杀人，⑫ 是杀无罪之民，以兴无道与不义者也。无道与不义者存，是长天下之害，⑬ 而止天下之利，⑭ 虽欲幸而胜，祸且始长。⑮ 先王之法曰，"为善者赏，为不善者罚。"古之道也，不可易。⑯ 今不别其义与不义，而疾取救守，不义莫大焉，害天下之民者莫甚焉。故取攻伐者不可，非攻伐不可，⑰ 取救守不可，⑱ 非救守不可。⑲ 取惟义兵为可。⑳[1] 兵苟义，攻伐亦可，㉑ 救守亦可；㉒ 兵不义，攻伐不可，㉓ 救守不可。㉔

① 莫，无也。无有大之者。

② 深，重也。无有重之者。

③ 说，说言也。

【校】注当是"说以言也"，次"说"字讹。

[1] 按：陈昌齐曰：据文义当以四"不可"截句，高氏误读误注。

④ 以兵威之。

⑤【校】旧校云:"'从'一作'徒'。"

⑥ 单,尽。乾,晞。费,损。神,人之神也。魂,人之阳精也。阳精为魂,阴精为魄。

【校】"自今",疑本是"自令"。

⑦ 愉,悦。

⑧ 信,明也。其说救守之事。

⑨ 制者,主也。谓敌之主兵者。

⑩ 毕、单皆尽。不行,不见从。

⑪ 说不见从,故反之以兵威之。

⑫【校】"斗争"二字当叠。

⑬ 为天下之害者得滋长。

⑭ 晋献公曰:"物不两施。"害长故利止者也。

⑮ 晋献公伐丽戎,史苏曰:"胜而不吉。"故曰祸乃始长也。

⑯ 易犹违。

⑰ 于义可攻可伐,故不可非也。

⑱ 于义不可攻不可伐,故不可取,惟义所在。

⑲ 于义当救当守,故不可非。

⑳ 于义当守当救,不可取而有之也。

【校】此"救守不可取"五字乃衍文。注亦无异前说,皆当删去。

㉑ 以有道攻伐无道,故《司马法》曰"以战去战,虽战可也",此之谓也。

㉒ 谓诸侯思启封疆,以无道攻有道,虽救之可也,极困设守亦可也。

㉓ 若以桀、纣之兵攻伐汤、武,曷当可乎?

㉔ 桀、纣坚守而往救之,亦不可也。

使夏桀、殷纣无道至于此者,幸也;使吴夫差、智伯瑶侵夺至于此者,幸也;[①] 使晋厉、陈灵、宋康不善至于此者,幸也。[2]若令桀、纣知必国亡身死，殄无后类，吾未知其厉为无道之至于此也。吴王夫差、智伯瑶知必国为丘墟，身为刑戮，吾未知其为不善无道侵夺之至于此也。[3]晋厉知必死于匠丽氏，[4]陈灵知必死于夏徵舒，[5]宋康知必死于温，吾未知其为不善之至于此也。[6]此七君者，大为无道不义，所残杀无罪之民者，不可为万数；[7]壮佼、老幼、胎膭之死者，[8]大实平原，广堙深溪、大谷，赴巨水，积灰，填沟洫险阻，犯流矢，蹈白刃，加之以冻饿饥寒之患，以至于今之世，为之愈甚。故暴骸骨无量数，[9]为京丘若山陵。[10]世有兴主仁士，深意念此，亦可以痛心矣，亦可以悲哀矣。[11]

① 夫差，吴王阖闾之子。智伯，智宣子之子襄子也。

② 晋厉公，景公之子州蒲也。陈灵公，共公之子平国也。宋康王，在春秋后，当战国时，僭称王。

【校】案：厉公实名州满，《史记》作“寿曼”，声同耳。梁伯子云：“《左传成十年正义》引应劭《讳议》云：‘周穆王名满，而有晋侯州满。’”

③ 夫差、智伯为无道，侵夺无厌。夫差为越王句践所灭，智伯为襄子所杀于晋阳之下也。

④ 匠丽氏，晋大夫家也。厉公无道，栾书、中行偃杀之于匠丽氏也。

⑤ 夏徵舒，陈大夫御叔之子，夏姬所生也。灵公通于夏姬，与孔宁、仪行父饮酒于夏氏。徵舒过之，公谓行父曰：“徵舒似汝。”对曰：“亦似君。”徵舒病之。公出自其厩，射而杀之，故曰“死于夏徵舒”。

⑥ 温，魏邑也。宋康王，名偃，宋元公佐六世之孙，辟兵之子也。立十一年，自为王。东败齐，取五城；南败楚，取三百里；西败魏军于温；与齐、楚、魏为敌国。以韦囊盛血，悬而射之，号曰射天。诸侯患之，咸曰宋复为纣，不可不诛。即位四十七年，齐湣王与楚、魏伐宋，遂灭之，而三分其地，

故曰“死于温”。

【校】“宋康”，《荀子·王霸》篇作“宋献”，杨倞云：“国灭之后，其臣子各私为谥，故不同。”案：此注依《宋世家》为说。“四十七年”，《年表》偃立止四十三年。梁伯子云“宋实无取齐、楚地及败魏军之事”，详所著《史记刊误》中。

⑦ 万人一数之，言多不可胜数。

【校】“大为无道”，旧本“为”误作“而”，今改正。

⑧【校】“膭”与“殨”同。

⑨ 言多。

⑩ 战斗杀人，合土筑之，以为京观，故谓之京丘，若山林高大也。

⑪ 哀亦痛也。

察此其所自生，生于有道者之废，而无道者之恣行。①夫无道者之恣行，幸矣。②故世之患，不在救守，而在于不肖者之幸也。③救守之说出，则不肖者益幸也，贤者益疑矣。④故大乱天下者，在于不论其义而疾取救守。⑤

① 恣，放也。

② 无道者恣其情欲而见信用，不得诛灭，是乃幸也。

③【校】正文似讹，当云“故世之患，在于救守，而为不肖者之幸也”，如此方与上下文顺。

④ 疑怪其何以益幸也。

⑤ 疾犹争。

怀 宠

五曰：

凡君子之说也，非苟辨也；士之议也，非苟语也。必中理然后说，[①]必当义然后议。[②]故说义而王公大人益好理矣，士民黔首益行义矣。[③]义理之道彰，则暴虐奸诈侵夺之术息也。[④]暴虐奸诈之与义理反也，其势不俱胜，不两立。故兵入于敌之境，[⑤]则民知所庇矣，[⑥]黔首知不死矣。[⑦]至于国邑之郊，不虐五谷，不掘坟墓，不伐树木，不烧积聚，不焚室屋，不取六畜。得民虏奉而题归之，[⑧]以彰好恶；[⑨]信与民期，以夺敌资。[⑩]若此而犹有忧恨冒疾遂过不听者，虽行武焉亦可矣。

① 理，义。

② 议，言。

③ 一命为士民。士民之说为士者也。

④ 彰，明。息，灭。

⑤ 境，壤。

⑥ 庇，依荫也。

⑦ 知义兵救民之命，不杀害。

⑧ 奉，送也。

⑨ 好其颛民，恶其恶君也。《传》曰："其君是恶，其民何罪？"此之谓也。

⑩ 以信与民期，不违之也。资，用也。敌以暴虐用其民，故以信义夺其民也。

先发声出号曰：[①]兵之来也，以救民之死。[②]子之在上无道，[③]据傲荒怠，贪戾虐众，恣睢自用也，辟远圣制，謷丑先王，排訾旧典，上不顺天，[④]下不惠民，[⑤]征敛无期，求索无厌，[⑥]罪杀不辜，庆赏不当。若此者，天之所诛也，人之所仇也，不当为君。今兵之来也，将以诛不当为君者也，以除民之仇而顺天之道也。[⑦]民有逆天之道，卫人之仇者，身死家戮不赦。[⑧]有能以家听者，禄之以家；[⑨]以里听者，禄之以里；[⑩]以乡听者，禄之以乡；[⑪]以邑听者，禄之以邑；[⑫]以国听者，禄之以国。[⑬]故克其国，不及其民，[⑭]独诛所诛而已矣。[⑮]举其秀士[⑯]而封侯之，[⑰]选其贤良而尊显之，[⑱]求其孤寡而振恤之，[⑲]见其长老而敬礼之。[⑳]皆益其禄，加其级。[㉑]论其罪人而救出之。[㉒]分府库之金，散仓廪之粟，[㉓]以镇抚其众，不私其财。问其丛社大祠，民之所不欲废者而复兴之，[㉔]曲加其祀礼。是以贤者荣其名，而长老说其礼，民怀其德。[㉕]

① 号，令。

② 死，命。

③ 子，谓所伐国之君。

【校】“据”当与“倨”通，朱本即作“倨”。

④ 顺，承。

⑤ 惠，爱。

⑥ 期，度。厌，足。

【校】注旧作“其度厌之”，讹，今改正。

⑦【校】旧校云：“‘天’一作‘民’。”

⑧ 卫犹护助也。救无道之君，则身死家戮不赦贷也。

【校】孙云：“‘不赦’，旧本误作‘不救’。注‘赦贷，旧本误作‘救贰’。”今并从孙说改正。

⑨ 以一家禄之。

⑩ 里，闾也。《周礼》“五家为比，五比为闾”，闾，二十五家。

⑪《周礼》“二千五百家为州，五州为乡”，乡，万二千五百家。

⑫《周礼》“八家为井，四井为邑”，三十二家也。此上乡邑皆不从《周礼》。

⑬ 国，都也。《周礼》“二千五百家为县，四县为都”，然则国都万家也。

⑭ 克，胜。及，罪。

⑮ 所诛，君也。

⑯【校】旧校云：“一作‘俊’。”案：非是。

⑰ 秀士，俊士。

⑱ 授以上位。

⑲ 无子曰孤，无夫曰寡。振，赡。矜，恤。

⑳ 尊高年。

㉑ 禄，食。级，等。

㉒ 论犹理。

【校】“救”，亦当作“赦”。

㉓ 金，铁也，可以为田器，皆布散以与人民。

㉔ 兴之，举其祀。

㉕ 怀，安也。

今有人于此，能生死一人，①则天下必争事之矣。②义兵之生一人亦多矣，③人孰不说？故义兵至，则邻国之民归之若流水，④诛国之民望之若父母，行地滋远，得民滋众，⑤兵不接刃而民服若化。⑥

① 生，活也。

② 事此一人。

③【校】案："一"字衍。

④ 民归之若流水，不可壅御也。

⑤ 所诛国之民，晞望义兵之至，若望其父母。滋，益；众，多也。《孟子》曰："百姓箪食壶浆以迎王师，奚为后予？"此之谓也。

⑥ 接，交。若被其化也。

【校】"若化"，本多作"其化"，今从宋邦乂本。

第八卷　仲秋纪

仲　秋

一曰：

仲秋之月，日在角，[①]昏牵牛中，旦觜嶲中。[②]其日庚辛，其帝少皞，其神蓐收，其虫毛，其音商，[③]律中南吕，[④]其数九。其味辛，其臭腥，其祀门，祭先肝。凉风生，[⑤]候雁来，玄鸟归，群鸟养羞。[⑥]天子居总章太庙，[⑦]乘戎路，驾白骆，载白旂，衣白衣，服白玉，食麻与犬，其器廉以深。[⑧]

① 仲秋，夏之八月。角，东方宿，韩、郑之分野。是月，日躔此宿。

② 牵牛，北方宿，越之分野。觜嶲，西方宿，魏之分野。是月昏旦时，皆中于南方。

【校】案《淮南·天文训》，觜嶲属赵。

③ 说在《孟秋》。

④ 南吕，阴律。是月，阳气内藏，阴旅于阳，任其成功，竹管音中南吕。

⑤ 说在《孟秋》。

【校】《月令》作"盲风至"，郑注："盲风，疾风也。"孙云："《孟秋》已云凉风至，此何以又云凉风生？应从《记》。"

⑥ 是月候时之雁从北漠中来，南过周、雒之彭蠡。玄鸟，燕也，春分而来，秋分而去，归蛰所也。《传》曰："玄鸟氏，司分者也。"寒气将至，群鸟养进其毛羽御寒也，故曰"群鸟养羞"。

【校】注"北漠"各本作"北汉"，讹，今从汪本，与《淮南》注合。郑注《月令》云“羞谓所食也”,此注又别。

⑦ 总章,西向堂。太庙,中央室也。

⑧ 说在《孟秋》。

是月也,养衰老,授几杖,行麋粥饮食。[①]乃命司服,具饬衣裳,文绣有常,制有小大,度有短长,衣服有量,必循其故,冠带有常。[②]命有司,申严百刑,斩杀必当,[③]无或枉桡,枉桡不当,反受其殃。[④]

① 阴气发,老年衰,故共养之。授其几杖,赋行饮食麋粥之礼。今之八月,比户赐高年鸠杖粉粢是也。《周礼》,大罗氏掌献鸠杖以养老,又伊耆氏掌共老人之杖。

【校】“麋”与“糜”同,本亦作“糜”。《周礼》罗氏掌献鸠以养国老,《礼记·郊特牲》有大罗氏,此参用彼文,衍“杖”字,缺“国”字。《周礼》伊耆氏共王之齿杖,郑注:“王之所以赐老者之杖。”

② 司服,主衣服之官。将饬正衣服,故命之也。上曰衣,下曰裳。青与赤五色备谓之绣。《周礼》:“司服掌王之吉服。祀昊天上帝则大裘而冕,祀五帝亦如之。享先王则衮冕,享先公飨射则鷩冕,祀四望山川则毳冕,祭社稷五祀则絺冕,群小祀则玄冕,凡兵事韦弁服,视朝则皮弁服。”皮者鹿皮冠,服者素积也,故曰小大短长,冠带有常也。

【校】旧注多脱误,今考《礼》注补正。

③ 有司,理官。刑非一,故言百。军刑斩,狱刑杀,皆重其事,故曰“必当”。

④ 凌弱为枉,违强为桡。反,还。殃,咎。

是月也,乃命宰祝,巡行牺牲,视全具,案刍豢,[①]瞻肥瘠,察物色,[②]必比类,量小大,视长短,皆中度。五者者备当，上帝其享。天子乃傩，御佐疾，以通秋气。③以犬尝麻，先祭寝庙。④

① 宰，于《周礼》为充人，掌养祭祀之牺牲。系于牢，刍之三月也。祝，太祝。以骍牷事神，祈福祥也。巡行牺牲，视其全具者，恐其毁伤。案其刍豢之薄厚。牛羊曰刍，犬豕曰豢。

② 物，毛也。

③ 傩，逐疫除不祥也。《语》曰："乡人傩，朝服立于阼阶。"御，止也。佐疾谓疗也，傩以止之也。以通达秋气，使不壅闭。

【校】《月令》无"御佐疾"三字。

④ 犬，金畜也。麻始熟，故尝之。

是月也，可以筑城郭，建都邑，①穿窦窌，修囷仓。②乃命有司，趣民收敛，务蓄菜，多积聚。③乃劝种麦，无或失时，行罪无疑。④

① 国有先君宗庙曰都，无曰邑。

② 穿水通窦，不欲地泥湿也。穿窌所以盛谷也。修治囷仓，仲秋大内，谷当入也。圆曰囷，方曰仓。

③ 有司，于《周礼》为场人。场，协入也。蓄菜，乾苴之属也。《诗》云："亦有旨蓄，以御冬"也。

④ 罪，罚也。

【校】"无或"当从《淮南》作"若或"。如从《月令》作"无或失时"，则下"其有失时"句亦不可去。

是月也，日夜分，雷乃始收声，蛰虫俯户。①杀气浸盛，阳气日衰，水始涸。[2]日夜分，则一度量，[3]平权衡，正钧石，齐斗甬。[4]

① 是月秋分。分，等也。昼漏五十刻，夜漏五十刻，故曰“日夜分”也。雷乃始收藏，其声不震也。将蛰之虫，俯近其所蛰之户。

【校】《月令》作“雷始收声”，此“乃”、“始”二字，当衍其一。“俯户”，《月令》作“坏户”。

② 杀气，阴气。涸，竭。

③ 一，同也。度，尺丈。量，釜钟也。

④ 权，秤衡也。三十斤为钧。百二十斤为石。斗、甬，皆量器也。

【校】“斗甬”，旧本作“升角”，讹，今从《月令》改正。

是月也，易关市，来商旅，入货贿，以便民事。[1]四方来杂，远乡皆至，[2]则财物不匮，上无乏用，百事乃遂。[3]凡举事无逆天数，[4]必顺其时，[5]乃因其类。[6]

① 易关市，不征税也，故商旅来。市贱鬻贵曰商。旅者，行商也。货贿，财赂也。以所有易所无，民得其求，故曰“以便民事”。

② 杂，会也。关市不征，故远乡皆至。

【校】“杂”，《月令》作“集”。

③ 上无乏用，所求得也。事非一，故言“百事”。遂，成也。

④ 天数，天道。

【校】“举事”，《月令》作“举大事”，“天数”作“大数”。

⑤ 其时，天时。

⑥ 因顺其事类不干逆。

【校】“乃因”，《月令》作“慎因”。

行之是令，白露降三旬。[①] 仲秋行春令，则秋雨不降，草木生荣，国乃有大恐。[②] 行夏令，则其国旱，蛰虫不藏，五谷复生。[③] 行冬令，则风灾数起，收雷先行，草木早死。[④]

① 行之是令，行是之令也，故白露降三旬，成万物也。

② 天阳亢燥，而行温仁之令，故雨不降。尚生育，故草木荣华，李、梅之属冬实也。金木相干，有兵象，故曰民有大惶恐也。

③ 夏气盛阳，故炎旱，使蛰伏之虫不潜藏，五谷复萌生也，于《洪范》五行为"恒燠"之徵。

【校】"其国旱"，必本是"其国乃旱"，上节必本是"国有大恐"。后人以《月令》参校，遂记一"乃"字于"有大恐"之上，写时因误入，后来校者本欲去上"乃"字，而反误去此节之"乃"字，一剩一脱，其所以致误之由，尚可推求而得也。

④ 冬寒严猛，故风灾数发。收藏之雷先动，行未当行，故曰"先"也。

论　威[①]

①【校】"论"疑本是"谕"字。

二曰：

义也者，万事之纪也。君臣上下，亲疏之所由起也；[①] 治乱安危，过胜之所在也。[②] 过胜之，勿求于他，必反于己。人情欲生而恶死，[③] 欲荣而恶辱。死生荣辱之道一，则三军之士可使一心矣。[4]凡军，欲其众也；[5]心，欲其一也。三军一心，则令可使无敌矣。令能无敌者，其兵之于天下也亦无敌矣。古之至兵，民之重令也，[6]重乎天下，贵乎天子。其藏于民心，捷于肌肤也，深痛执固，[7]不可摇荡，[8]物莫之能动。[9]若此则敌胡足胜矣。[10]故曰其令强者其敌弱，其令信者其敌诎。[11]先胜之于此，则必胜之于彼矣。[12]

① 上，长。下，幼。

② 得纪则治而安，失纪则乱而危也。过犹取也。胜，有所胜也。

③ 欲，贪也。

④ 一于纪。

⑤ 众，多也。以多击寡，虽拙者犹以克胜，故欲其众。

⑥ 至兵，至德君之兵也。令无不化，故谓之至重也。

【校】注“至重”，似不当有“至”字。

⑦ 捷，养也。

【校】注疑未是。“捷”，或当为“浃”。

⑧ 荡，动也。

⑨ 动，移也。

⑩ 如此者胜敌不足以为武，故言“胡足胜矣”，小之也。

⑪ 令强者，不可犯也；令信者，赏不僭，刑不滥也；故能使其敌弱而屈服也。

⑫ 此，近，谓庙堂。彼，远，谓原野。

凡兵，天下之凶器也；勇，天下之凶德也。[1]举凶器，行凶德，犹不得已也。[2]举凶器必杀，杀，所以生之也；[3]行凶德必威，威，所以慑之也。[4]敌慑民生，此义兵之所以隆也。[5]故古之至兵，才民未合，[⑥]而威已谕矣，[⑦]敌已服矣，[⑧]岂必用枹鼓干戈哉？[⑨]故善谕威者，于其未发也，于其未通也，窅窅乎冥冥，莫知其情，[⑩]此之谓至威之诚。[⑪]

① 兵者战斗有负败，勇者凌傲有死亡，故皆谓之凶。

② 已，止也。

③ 杀无道所以生有道也。《司马法》曰："有故杀人，虽杀人可也。"

④ 威，畏也。慑，惧也。以威畏敌人，使之畏惧己也。

⑤ 隆，盛也。

⑥ 合，交。

【校】孙云："'才民'，《御览》二百七十一、又三百三十九俱作'士民'。"

⑦ 谕犹行。

⑧ 服，降。

⑨ 鼓以进士。干，楯也。戈，戟也。

⑩ 窅，音窈。

【校】"窅窅乎冥冥"，疑"窅"字不当叠。

⑪ 诚，实也。

凡兵，欲急疾捷先。欲急疾捷先之道，在于知缓徐迟后而急疾捷先之分也。[①]急疾捷先，此所以决义兵之胜也，而不可久处。知其不可久处，则知所兔起凫举死殙之地矣。[②]虽有江河之险则凌之，[③]虽有大山之塞则陷之，[④]并气专精，[⑤]心无有虑，[⑥]目无有视，耳无有闻，一诸武而已矣。冉叔誓必死于田侯，而齐国皆惧；[⑦]豫让必死于襄子，而赵氏皆恐；[⑧]成荆致死于韩主，而周人皆畏；[⑨]又况乎万乘之国，而有所诚必乎，则何敌之有矣？[⑩]刃未接而欲已得矣。[⑪]敌人之悼惧惮恐，单荡精神尽矣，咸若狂魄，⑫形性相离，⑬行不知所之，走不知所往，虽有险阻要塞，铦兵利械，心无敢据，意无敢处，此夏桀之所以死于南巢也。今以木击木则拌，⑭以水投水则散，以冰投冰则沉，以涂投涂则陷，此疾徐先后之势也。

①【校】孙云："'而'字，《御览》作'缓徐迟后'四字。"

② 起，走；举，飞也。兔走凫趋，喻急疾也。殙音闷，谓绝气之闷。

【校】注"谓"字非衍即误。

③ 凌，越也。

④ 陷，坏也。

⑤【校】卢云："案《御览》二百七十一作'抟精'。""抟"与"专"同，前卷五《适音》篇"不收则不抟，不抟则怒"，注云："不抟，不专一也。"则知《吕氏》书多用"抟"字。《御览》所见，尚仍是古本。后人不知，乃径改为"专"字。余尝考《易》、《左传》、《管子》、《史记》，而知"抟"之即"专"，文繁不录。

⑥ 无有由豫之虑。

⑦ 冉叔，仪工。田侯，齐君也。

【校】事无考，注亦不明。

⑧ 豫让，晋毕阳之孙，因族以为氏。让欲报仇杀赵襄子，故赵氏恐也。

⑨ 畏其义。

⑩ 言无有敢敌者。

⑪ 已得欲杀也。

⑫ 咸，皆。魄飞荡若狂人。

⑬ 离，违也。

⑭ 拌，析也。

夫兵有大要，知谋物之不谋之不禁也，①则得之矣。专诸是也，②独手举剑至而已矣，吴王壹成。③又况乎义兵，多者数万，少者数千，密其躅路，开敌之涂，则士岂特与专诸议哉！

①【校】句疑。

② 专诸，吴之勇人，为阖庐刺吴王僚也。

③ 专诸一举而成阖庐为王，故曰“吴王一成”。成，谓专诸能成吴王也。

简 选

三曰：

世有言曰：“驱市人而战之，可以胜人之厚禄教卒；[①]老弱罢民，可以胜人之精士练材；[②]离散係系，[③]可以胜人之行陈整齐；[④]锄櫌白梃，可以胜人之长铫利兵。”[⑤]此不通乎兵者之论。[⑥]今有利剑于此，以刺则不中，以击则不及，与恶剑无择，[⑦]为是斗因用恶剑则不可。[⑧]简选精良，兵械铦利，发之则不时，纵之则不当，与恶卒无择，[⑨]为是战因用恶卒则不可。王子庆忌、陈年犹欲剑之利也。[⑩]简选精良，兵械铦利，令能将将之，[⑪]古者有以王者、有以霸者矣，汤、武、齐桓、晋文、吴阖庐是矣。[⑫]

① 厚禄，大将也。教卒，习战也。

② 练材，拳勇有力之材。

③【校】疑“系”为“喙”字之误。

④ 行陈，五列也。整齐，周旋进退也。

【校】注“五列”即“伍列”。

⑤ 櫌，椎；梃，杖也。长铫，长矛也。铫，读曰苇苕之苕。

⑥ 通，达也。

⑦ 择，别。

⑧ 言不可用也。

⑨ 恶卒，怯卒。

⑩ 庆忌，吴王僚之子也；陈年，齐人；皆勇捷有力也。

【校】梁仲子云：“陈年即《吴越春秋》之陈音，善射者，楚人也。古年、音声相近。”

⑪ 能将，上将。

⑫ 汤，殷主癸之子天乙也。武，周文王之子发也。齐桓，僖公之子小白也。晋文，献公之子重耳也。吴阖庐，夷眜之子光也。

殷汤良车七十乘，必死六千人，[①]以戊子战于郕，遂禽推移、大牺，[②]登自鸣条，乃入巢门，遂有夏。[③]桀既奔走，于是行大仁慈，以恤黔首，反桀之事，[④]遂其贤良，顺民所喜，远近归之，故王天下。[⑤]

①【校】孙云：“《御览》三百二十五‘必死’下有‘士’字。”

② 桀多力，能推移大牺，因以为号，而禽克之。

【校】“移”上旧本缺“推”字，据《御览》补。注“推”下缺“移”字，亦补之。梁仲子云：“《淮南·主术训》‘桀之力能推移大牺’，此注所本也。据《墨子·明鬼下》篇‘禽推哆、大戏’，则皆人名。此推移即推哆也。《所染》篇云‘夏桀乐于干辛、推哆’，此下又云‘推哆、大戏，主别兕虎，指画杀人’，此大牺即大戏也。诱不参考，而以大牺为桀号，误甚。”卢云：“案下文云‘桀奔走'，则何尝成禽哉？汤之待桀有礼，见于他书者多矣，从未有言禽桀者。”

③ 殷汤遂有夏之天下。

④ 桀为残贼，汤为仁惠，故曰“反桀之事”。

⑤ 殷之王，古之帝也。

【校】“故王”之王，于况反。注读如字，误。

武王虎贲三千人，简车三百乘，以要甲子之事于牧野，而纣为禽。[①]显贤者之位，进殷之遗老，而问民之所欲，行赏及禽兽，行罚不辟天子，[②]亲殷如周，视人如己，天下美其德，万民说其义，故立为天子。[③]

① 要，成也。甲子之日，获纣于牧野。

② 谓杀纣也。

③ 武王为天所子。

【校】语极明白，而注故迂曲。

齐桓公良车三百乘，教卒万人，以为兵首，[①]横行海内，天下莫之能禁，[②]南至石梁，[③]西至酆郭，[④]北至令支。[⑤]中山亡邢，狄人灭卫，[⑥]桓公更立邢于夷仪，更立卫于楚丘。

① 首，始也。

② 禁，止也。

③ 石梁，在彭城也。

④ 酆郭，在长安西南。

⑤ 令支，在辽西。

⑥ 中山，狄国也，一名鲜虞，在今卢奴西。中山伐邢而亡之。邢国今在

赵襄国也。狄杀卫懿公于荧泽，故曰“灭”也。

【校】梁仲子云：“齐桓因狄伐邢，遂迁之。狄未尝亡邢也。邢为卫灭，见《左传》僖廿五年。中山为白狄别种，伐邢者为赤狄。诱不之驳，何也？”

晋文公造五两之士五乘，[①]锐卒千人，先以接敌，[②]诸侯莫之能难。反郑之埤，东卫之亩，[③]尊天子于衡雍。[④]

① 两，技也。五技之人，兵车五乘，七十五人也。

【校】以技训两，未知何出。“五乘”下当叠一“乘”字。

② 在车曰士，步曰卒。

③ 反，覆。覆郑城埤而取之，使卫耕者皆东亩，以遂晋兵也。

④ 文公率诸侯朝天子于衡雍。衡雍践土，今之河阳。

吴阖庐选多力者五百人，利趾者三千人，以为前陈，[①]与荆战，五战五胜，遂有郢。[②]东征至于庳庐，[③]西伐至于巴、蜀，北迫齐、晋，令行中国。[④]

① 趾，足也。陈，列也。

② 郢，楚都。

③ 国名也。

④ 中国，诸华。

故凡兵势险阻，欲其便也；兵甲器械，欲其利也；选练角材，欲其精也；[①]统率士民，欲其教也。[②]此四者，义兵之助也。时变之应也，不可为而不足专恃，[③]此胜之一策也。[④]

① 角犹量也。精犹锐利。

② 教，习也。

③ 专，独也。

④ 策，谋术。

决 胜

四曰：

夫兵有本干：必义，必智，必勇。义则敌孤独，[①]敌孤独则上下虚，[②]民解落；[③]孤独则父兄怨，贤者诽，乱内作。[④]智则知时化，知时化则知虚实盛衰之变，知先后远近纵舍之数。[⑤]勇则能决断，能决断则能若雷电飘风暴雨，能若崩山破溃、别辨實坠，若鸷鸟之击也，[⑥]搏攫则殪，[⑦]中木则碎。此以智得也。

① 孤独，无助。

②【校】旧校云："一作'乘'。"

③ 解，散。

④ 诽，谤也。

⑤ 数，术也。

⑥ 谓如鹰隼感秋霜之节奋击也。

⑦ 殪，死也。

夫民无常勇，亦无常怯。有气则实，实则勇；无气则虚，虚则怯。怯勇虚实，其由甚微，不可不知。[①]勇则战，怯则北。[②]战而胜者，战其勇者也；战而北者，战其怯者也。怯勇无常，倏忽往来，而莫知其方，[③]惟圣人独见其所由然。故商、周以兴，[④]桀、纣以亡。巧拙之所以相过，[⑤]以益民气与夺民气，以能斗众与不能斗众。军虽大，卒虽多，无益于胜。[⑥]军大卒多而不能斗，众不若其寡也。夫众之为福也大，其为祸也亦大。譬之若渔深渊，其得鱼也大，其为害也亦大。[⑦]善用兵者，诸边之内莫不与斗，虽厮舆白徒，方数百里皆来会战，势使之然也。[⑧]幸也者，审于战期而有以羁诱之也。[⑨]

① 当知之也。

② 北，走也。

③ 方，道也。

④ 商，汤也。周，武也。

⑤ 过，绝也。

⑥ 多而不能以克，故曰“无益于胜”。

⑦ 为賈溺则死，故害大。

⑧ 厮，役。舆，众。白衣之徒。

⑨ 羁，牵。诱，导。

凡兵，贵其因也。因也者，因敌之险以为己固，因敌之谋以为己事。能审因而加，胜则不可穷矣。[①]胜不可穷之谓神，神则能不可胜也。[②]夫兵，贵不可胜。[③]不可胜在己，可胜在彼。圣人必在己者，不必在彼者，故执不可胜之术以遇不胜之敌，若此，则兵无失矣。凡兵之胜，敌之失也。胜失之兵，必隐必微，必积必抟。隐则胜阐矣，[4]微则胜显矣，积则胜散矣，抟则胜离矣。诸搏攫柢噬之兽，其用齿角爪牙也，必托于卑微隐蔽，此所以成胜。[5]

① 穷，极。

② 能胜不能所以胜，故曰“不可胜”。

③【校】孙云：“《御览》二百二十五作‘夫兵不贵胜，而贵不可胜’，此脱四字。”

④ 阐，布也。

【校】上“必抟”与此“抟”字，旧本皆作“搏”，盖因下文“搏”字而误。案抟之义为专壹，正与分离相反，故今定作“抟”字。

⑤ 若狐之搏雉，俯伏弭毛以喜说之，雉见而信之，不惊惮远飞，故得禽之。军戎亦皆如此，故曰“所以成胜”。

【校】注“军戎”，旧本作“军贼”，讹，今改作“戎”。亦或是“战”字误。

爱　士[1]

①【校】一作“慎穷”。

五曰：

衣人以其寒也，食人以其饥也。饥寒，人之大害也。救之，义也。[1]人之困穷，甚如饥寒，故贤主必怜人之困也，必哀人之穷也。如此则名号显矣,国士得矣。[②]

① 大仁义也。

② 得国士也。

昔者秦缪公乘马而车为败,右服失而野人取之。[①]缪公自往求之,[②]见野人方将食之于岐山之阳。[③]缪公叹曰[④]:“食骏马之肉而不还饮酒,余恐其伤女也!”于是遍饮而去。处一年,为韩原之战。[⑤]晋人已环缪公之车矣,晋梁由靡已扣缪公之左骖矣,[⑥]晋惠公之右路石奋投而击缪公之甲,中之者已六札矣。[⑦]野人之尝食马肉于岐山之阳者三百有余人,毕力为缪公疾斗于车下,[⑧]遂大克晋,反获惠公以归。[⑨]此《诗》之所谓曰“君君子则正,以行其德;[⑩]君贱人则宽,以尽其力”者也。[⑪]人主其胡可以无务行德爱人乎?[⑫]行德爱人,则民亲其上;[⑬]民亲其上,则皆乐为其君死矣。[⑭]

① 四马车,两马在中为服,《诗》曰“两服上襄”是也;两马在边为骖,《诗》曰“两骖如舞”是也。

②【校】旧本脱此句,孙据李善注《文选》曹子建《求自试表》所引补。梁仲子云:“《韩诗外传》十作‘求三日而得之’,《淮南·氾论训》作‘追而及之’,《说苑·复恩》篇亦有‘自往求之’句,皆于语义为合,此文脱无疑。”

③【校】《外传》作“茎山”。

④【校】《选注》、《御览》四百七十九、又八百九十六俱作“笑曰”。

⑤ 处一年,饮食肉人酒之明年也。伐晋惠公,战于晋地之韩原。

⑥ 环,围。扣,持。

⑦ 甲,铠也。陷之六札。

【校】孙云:“《御览》作‘其甲之抎者已六札矣’,注‘抎者,配隤也,文有所失也’。《说文系传》手部‘抎’字亦引之。此文疑已为后人窜改,并注亦删去。”卢云:“案‘抎者,配隤也’,语不可晓,疑或是‘抎音颠陨也’,下‘有所失也’是《说文》语。高未必引《说文》,殆后人所益,又脱去‘说’字耳。”

⑧ 毕,尽。疾,急。

⑨ 克,胜也。胜晋,执惠公归于秦。

⑩ 为君子作君,正法以行德,无德不报。

⑪ 此逸诗也。为贱人作君,宽饶之以尽其力,故缪公战以胜晋。

⑫ 胡,何也。

【校】旧本“行德”下有“人”字,今从《御览》删。

⑬【校】“行德”二字旧脱,从《御览》补。

⑭ 食马肉人为缪公死战,不爱其死,以获惠公是也。

赵简子有两白骡而甚爱之。阳城胥渠处①广门之官,夜款门而谒曰:“主君之臣胥渠有疾,②医教之曰:‘得白骡之肝,病则止;③不得则死。’”谒者入通。董安于御于侧,愠曰:“嘻!胥渠也,期吾君骡,请即刑焉。”④简子曰:“夫杀人以活畜,不亦不仁乎?杀畜以活人,不亦仁乎?”于是召庖人杀白骡,取肝以与阳城胥渠。处无几何,⑤赵兴兵而攻翟。广门之官左七百人,右七百人,皆先登而获甲首。⑥人主其胡可以不好士?

① 阳城,姓。胥渠,名。处犹病也。

【校】注以处训病,未见所出。《贾谊书·耳痹》篇有“渠如处车裂回泉”语,彼是人名,则此亦正相类。《汉书·人表》载“胥渠”,无“处”字。

② 广门,邑名也。官,小臣也。款,扣也。赵简子,晋大夫也,大夫称主

者也。

③ 止，愈也。

④ 安于，简子家臣。愠，怒。即，就也。谓就胥渠而刑之也。

⑤【校】《御览》四十九无“处”字。梁仲子云：“‘处’字属下，与上文‘处一年’文义相似。”

⑥ 获衣甲者之首。

凡敌人之来也，以求利也。今来而得死，①且以走为利。敌皆以走为利，②则刃无与接。③故敌得生于我，则我得死于敌；④敌得死于我，则我得生于敌。⑤夫得生于敌，与敌得生于我，岂可不察哉？⑥此兵之精者也。存亡死生决于知此而已矣。⑦

① 是不得利而进。

② 且，将也。《传》曰：“见可而进，知难而退，武之善经也。”故以走为利。

③ 接，交战也。

④ 敌克，故得生也。己负，故为死也。

⑤ 敌负，故我得杀敌也。能杀敌，故己得生也。

【校】此段正文及注，宋邦乂本脱去，别本皆有。

⑥ 得胜则生，负则败，故不可不察而知。

⑦ 言能用兵，胜负死生之本，所由克败，故曰此兵之精妙矣。

第九卷　季秋纪

季　秋

一曰：

季秋之月，日在房，[①]昏虚中，旦柳中。[②]其日庚辛，其帝少皞，其神蓐收，其虫毛，其音商，律中无射，[③]其数九。其味辛，其臭腥，其祀门，祭先肝。[④]候雁来，宾爵入大水为蛤。[⑤]菊有黄华，豺则祭兽戮禽。[⑥]天子居总章右个，[⑦]乘戎路，驾白骆，载白旂，衣白衣，服白玉，食麻与犬，其器廉以深。[⑧]

① 季秋，夏之九月。房，东方宿，宋之分野。是月，曰躔此宿。

② 虚，北方宿，齐之分野。柳，南方宿，周之分野。是月昏旦时，皆中于南方。

③ 无射，阳律也。竹管音与无射和也。阴气上升，阳气下降，故万物随而藏，无射出见也。

④ 说在《孟秋》。

⑤ 是月，候时之雁从北方来，南之彭蠡，盖以为八月来者其父母也。其子羽翼稚弱，未能及之，故于是月来过周雒也。宾爵者，老爵也，栖宿于人堂宇之间，有似宾客，故谓之宾爵。大水，海也。《传》曰"爵入于海为蛤"，此之谓也。

【校】《月令》郑注以"鸿雁来宾"为句，与此异。

⑥ 豺，兽也，似狗而长毛，其色黄，于是月杀兽，四围陈之，世所谓祭兽。

戮者，杀也。

⑦ 右个，北头室也。

⑧ 说在《孟秋》。

是月也，申严号令，命百官贵贱无不务入，[①]以会天地之藏，[②]无有宣出。命冢宰，农事备收，举五种之要。[③]藏帝籍之收于神仓，祗敬必伤。[④]

① 季秋毕内，故务入也。

② 会，合也。

③ 冢宰，于《周礼》为天官。冢，大；宰，治也。主治万事，故命之也。举书五种之要，具文簿也。

④ 天子籍田千亩，其所收谷也，故谓之帝籍之收。于仓受檠，以供上帝神祇之祀，故谓之神仓。饬，正也。祗敬必正，不倾邪也。

【校】案："檠"为"穀"之异文，《尚书大传》、《山海经》、《论衡》、《齐民要术》皆有此字。或从"木"，误，今从《篇海》从"禾"。

是月也，霜始降，[①]则百工休。[②]乃命有司曰："寒气总至，民力不堪，其皆入室。"[③]上丁，入学习吹。[④]

① 秋分后十五日寒露，寒露后十五日霜降，故曰"始"也。

② 霜降天寒，朱漆不坚，故百工休，不复作器。

③ 有司，于《周礼》为司徒。司徒主众，故命之使民入室也。《诗》云："穹窒熏鼠，塞向墐户。嗟我妇子，曰为改岁，入此室处。"此之谓也。

④ 是月上旬丁日，入学吹笙习礼乐。《周礼》"籥师掌教国子舞羽吹籥"，《诗》云"吹笙鼓簧，承筐是将"，此之谓也。

【校】《月令》作"命乐正入学习吹"，此脱三字。注"吹籥"，旧作"吹笙竽籥”，今据《周礼》删正。

是月也，大飨帝，尝牺牲，告备于天子。① 合诸侯，制百县，② 为来岁受朔日，与诸侯所税于民，轻重之法，贡职之数，以远近土地所宜为度，③ 以给郊庙之事．无有所私。④

① 大飨上帝，尝牺牲一日，先杀毛以告全，故告备于天子也。

【校】此注似有讹脱。案：《周礼・大宰职》论祭天礼云：“及纳亨，赞王牲事。”郑注“纳牲将告杀，谓乡祭之晨”，则非先一日杀也。《诗・信南山》篇云：“执其鸾刀，以启其毛，取其血膋。”笺云：“毛以告纯，血以告杀。”此注“告全”即“告纯”也。旧本误作“告令”，今改正。

② 合，会。诸侯之制度，车服之级，各如其命数。百县，畿内之县也。五家为邻，五邻为里，四里为攒，五攒为鄙，五鄙为县，然则谓县者二千五百家也。

【校】案：《周礼・遂人》“攒”作“酂”。旧本“五鄙”讹作“四鄙”，今改正。

③ 来岁，明年也。秦以十月为正，故于是月受明年历日也。由此言之，《月令》为秦制也。诸侯所税轻重，职贡多少之数，远者贡轻，近者贡重，各有所宜。

【校】卢云：“案若以十月为来岁，而于九月始受朔日，则仅就百县言为可。若远方诸侯，则有不能逮者矣。注据此即为秦制，吾未之信。”

④ 郊祀天，庙祀祖，取共事而已。无有所私，多少不如法制也。

是月也，天子乃教于田猎，以习五戎狴马。① 命仆及七驺咸驾，载旍旐，② 舆受车以级，整设于屏外，③ 司徒搢扑，北向以誓之。④ 天子乃厉服厉饬，执弓操矢以射，⑤ 命主祠，祭禽于四方。⑥

① 五戎，五兵，谓刀、剑、矛、戟、矢也。獀，择也。为将田，故习肄五兵。选择田马，取堪乘也。

【校】“獀马”，《月令》作“班马政”。旧本“獀”下有“一作搜”三字，乃校者之辞。此无“政”字，避始皇讳，而《月令》不讳，则《月令》之非秦制益明矣。

② 仆，于《周礼》为田仆，掌御田辂。七驺，于《周礼》当为趣马，掌良马驾税之任，无七驺之官也。田仆掌佐马之政，令获者植旍，故载旍也。

【校】“旍”与“旌”同。“令获者植旍”，旧本作“令猎者扬旍”，误，今改正。

③ 舆，众也。众当受田车者，各以等级陈于屏外也。天子外屏。屏，树垣也。《尔雅》云“屏谓之树”，《论语》曰“树塞门”者也。

【校】《月令》无“舆”字，又“受”作“授”。

④ 搢，插也。扑，所以教也。插置带间，誓告其众。

⑤ 是月天子尚武，乃服猛，厉其所佩之饬以射禽也。《周礼·司服》章：“凡田，冠弁服。”戎服，垂衣也。

【校】案：《月令》作“天子乃厉饰，执弓挟矢以猎”，古“饰”、“饬”亦或通用。注“戎服垂衣也”亦似有讹，《月令正义》引熊氏云：“春夏田，冠弁服，秋冬韦弁服，韦弁服即所谓戎服也。”郑云：“以靺韦为弁，又以为衣裳。”然则“垂衣”乃“韦衣”之误也。

⑥ 主祠，掌祀之官也。祭始设禽兽者于四方，报其功也。不知其神所在，故博求于四方。

是月也，草木黄落，乃伐薪为炭，[1]蛰虫咸俯在穴，皆墐其户。[2]乃趣狱刑，无留有罪，[3]收禄秩之不当者，共养之不宜者。[4]

① 草本节解，斧入山林，故伐木作炭。

【校】注“伐木”，旧作“伐林”，讹。

② 咸，皆。俯，伏。藏于穴，墐塞其户也。墐，读如斤斧之斤也。

【校】“穴”，《月令》作“内”，古书往往互用。

③ 阴气杀僇，故刑狱当者决之，故曰“无留有罪”也。

④ 不当者，谓无功德而受禄秩也。不宜者，谓若屈到嗜芰，曾皙嗜羊枣，非礼之养，故收去之也。一说：言所养无勋于国，其先人无贤，所不宜养，故收敛之也。

【校】注末旧作“所宜养故收敛者也”，脱“不”字，“者”当作“之”，今补正。

是月也，天子乃以犬尝稻，先荐寝庙。①

① 稻始升，故尝之。先进于庙，孝敬亲也。

季秋行夏令，则其国大水，冬藏殃败，民多鼽窒；①行冬令，则国多盗贼，边境不宁，土地分裂；②行春令，则暖风来至，民气解堕，师旅必兴。③

① 秋，金气，水之母也。夏阳布施，多淋雨。二气相并，故大水也。火气热，故冬藏殃败也。火金相干，故民鼽窒，鼻不通也。鼽，读曰仇怨之仇。

【校】“鼽窒”，《月令》作“鼽嚏”。

② 冬令纯阴，奸谋所生之象，故多盗贼，使边境之人不宁也，则土地见侵削，为邻国所分裂。

③ 春阳仁，故暖风至，民解堕也。木干金，故师旅并兴。二千五百人为师，五百人为旅。

【校】“师旅必兴”，《月令》作“师兴不居”。

顺　民

二曰：

先王先顺民心，故功名成。①夫以德得民心以立大功名者，上世多有之矣。②失民心而立功名者，未之曾有也。③得民必有道，万乘之国，百户之邑，民无有不说。④取民之所说而民取矣，民之所说岂众哉？此取民之要也。⑤

① 治天下之功，圣人之名也。

【校】注"名"字，旧本作"功"，讹，今改正。

② 神农、黄帝、尧、舜、禹、汤、文、武皆是也，故上世多有之。

③ 蚩尤、夷昕、桀、纣下至周厉、幽王、晋厉、宋康、卫懿、楚灵之属，皆有灭亡，故曰"未之曾有"也。

【校】注"夷昕"盖夷羿也，未知高氏有所本，抑字误？

④ 说其仁与义也。

⑤ 要，约置也。

昔者汤克夏而正天下。①天大旱，五年不收，②汤乃以身祷于桑林，③曰："余一人有罪，无及万夫。万夫有罪，在余一人。无以一人之不敏，④使上帝鬼神伤民之命。"⑤于是翦其发，鄌其手，⑥以身为牺牲，⑦用祈福于上帝。民乃甚说，雨乃大至。则汤达乎鬼神之化、人事之传也。⑧

① 正，治也。

② 谷不熟，无所收。

【校】梁仲子云："《论衡·感虚》篇'书传言汤遭七年旱，或言五年'，知此言五年亦非误。李善注《文选》应休琏《与广川长书》亦作'五年'。"

③ 祷，求也。桑林，桑山之林，能兴云作雨也。

④ 不敏，不材。

⑤ 上帝，天也。天神曰神，人神曰鬼。谷者，民命也，旱不收，故曰"伤民之命。"

⑥【校】李善注引此亦作"鄏"，音郦。后《精通》篇"刃若新鄏研"，注"鄏，砥也"，窃意鄏若作历音，则似当从磿得声。善又注刘孝标《辩命论》引此竟作"磨"字，恐是"磿"字之误，从邑本无义。《战国·燕策》"故鼎反乎磿室"，磿室犹《楚辞·招魂》之所谓"砥室"，王逸注"砥，石名也"，引《诗》"其平如砥"，诱之注非取此义乎？而音又同，故余以"磿"字为是。孙侍御主《辩命论》注作"磨"，与"刃若新磨"较合，但不读郦耳。《蜀志·郤正传》注引作"攦其手"，《论衡》又作"丽其手"。

⑦【校】《蜀志》注引作"自以为牺牲"，《文选》注及《御览》二百七十三皆同。

⑧ 达，通。化，变。传，至。

文王处岐事纣，冤侮雅逊，朝夕必时，[①]上贡必适，祭祀必敬。[②]纣喜，命文王称西伯，赐之千里之地。文王载拜稽首而辞曰："愿为民请炮烙之刑。"[③]文王非恶千里之地，以为民请炮烙之刑，必欲得民心也。得民心则贤于千里之地，[④]故曰文王智矣。

① 雅，正；逊，顺也。纣虽冤枉文王而侮慢之，文王正顺诸侯之礼，不失其时。

② 贡，职贡也。

③ 纣常熨烂人手，因作铜烙，布火其下，令人走其上，人堕火而死，观之

以为娱乐，故名为“炮烙之刑。”

【校】案：“炮烙”当作“炮格”。江邻幾《杂志》引陈和叔云“《汉书》作‘炮格’”，乃今本亦尽改作“炮烙”矣。此注云“作铜烙”，乃显是“铜格”之误。格是庋格，亦作“庋阁”，小司马《索隐》于《史记·殷本纪》引邹诞生云“一音阁”，又杨倞注《荀子·议兵》篇音古责反，此二音皆是格，非烙。烙乃烧灼，安得言“铜烙”，且使罪人行其上乎？郑康成注《周礼·牛人》云：“互，若今屠家悬肉格。”据《列女传》云“膏铜柱”，则与康成所言，要亦不大相远耳。

④ 贤犹多也。

越王苦会稽之耻，① 欲深得民心，以致必死于吴，② 身不安枕席，口不甘厚味，③ 目不视靡曼，④ 耳不听钟鼓，⑤ 三年苦身劳力，焦唇乾肺，内亲群臣，下养百姓，以来其心。⑥ 有甘脆不足分，弗敢食；⑦ 有酒流之江，与民同之。⑧ 身亲耕而食，妻亲织而衣。味禁珍，⑨ 衣禁袭，⑩ 色禁二。⑪ 时出行路，从车载食，以视孤寡老弱之渍病困穷颜色愁悴不赡者，⑫ 必身自食之。⑬ 于是属诸大夫而告之曰⑭：“愿一与吴徼天下之衷。⑮ 今吴、越之国相与俱残，士大夫履肝肺，同日而死，孤与吴王接颈交臂而偾，⑯ 此孤之大愿也。若此而不可得也，内量吾国不足以伤吴，⑰ 外事之诸侯不能害之，⑱ 则孤将弃国家，释群臣，服剑臂刃，变容貌，易姓名，执箕帚而臣事之，⑲ 以与吴王争一旦之死。⑳ 孤虽知要领不属，㉑ 首足异处，四枝布裂，为天下戮，孤之志必将出焉！”㉒ 于是，异日果与吴战于五湖，吴师大败。遂大围王宫，城门不守，禽夫差，戮吴相，㉓ 残吴二年而霸。此先顺民心也。㉔

① 耻,辱也。

② 必死战以报吴,欲以灭会稽耻也。

③【校】旧本“甘厚”二字倒,今据李善注《文选》东方曼倩《非有先生论》乙正。

④ 靡曼,好色。

⑤ 不欲闻音乐。

⑥ 欲得其欢心。

⑦ 不敢独食。

⑧ 投醪同味。

⑨ 珍异。

⑩ 袭,重。

⑪ 二,青、黄也。

⑫ 渍亦病也。《公羊传》曰:“大渍者,大病也。”

【校】案:《公羊庄二十年经》“齐大灾”,《传》曰:“大灾者何?大瘠也。大渍者何?痢也。”“瘠”亦作“渍”。郑注《曲礼》引之,此似所见本异。高注《贵公》篇亦引《公羊》“大眚者何?大渍也”,又不同。或“眚”字后人所妄改。

⑬ 赡犹足也。

⑭ 属,会。

⑮ 徼,求。衷,善。

【校】“下”字疑衍。

⑯ 偾,僵也。

⑰ 伤,败。

⑱ 不能以之害吴。

⑲ 服,带。臂,手。

⑳ 争,决。旦,朝。

㉑ 属,连。

㉒ 将出,必死以伐吴也。

㉓ 夫差，吴王阖庐之子。相，吴臣也。

㉔ 越王先顺说民心，二年故能灭吴立霸功也。

齐庄子请攻越，问于和子。和子曰："先君有遗令曰：'无攻越。越，猛虎也。'"① 庄子曰："虽猛虎也，而今已死矣。"② 和子曰[1]以告鸮子。③ 鸮子曰："已死矣，以为生。"④ 故凡举事，必先审民心，然后可举。⑤

① 齐庄子，齐臣也。和子，齐田常之孙田和也，后为齐侯，因曰和子也。猛虎，言越王武勇多力，不可伐也。

② 言越王衰老，不能复致力战也，故曰"而今已死矣"。

③ 鸮子，齐相。

④ 以为生，为民所说。

⑤ 审，定也。定民心所系，而举大事以攻伐也。

知 士

三曰：

今有千里之马于此，非得良工，犹若弗取。① 良工之与马也，相得则然后成，② 譬之若枹之与鼓。③ 夫士亦有千里，高节死义，此士之千里也。能使士待千里者，其惟贤者也。④

---

[1] 陶鸿庆曰："和子"下不当有"曰"字，盖"因"字之误。

① 良工，相马工也。

② 成良马。

③ 枹待鼓，鼓待枹，乃发声也。良马亦然。

④ 犹贤者能之也。

【校】《御览》八百九十六“待”作“行”，“也”作“乎”。

静郭君善剂貌辨。[①]剂貌辨之为人也多訾，[②]门人弗说。[③]士尉以証静郭君，[④]静郭君弗听，士尉辞而去。孟尝君窃以谏静郭君，[⑤]静郭君大怒曰："划而类！[⑥]揆吾家，苟可以慊剂貌辨者，吾无辞为也！"[⑦]于是舍之上舍，令长子御，朝暮进食。[⑧]数年，威王薨，宣王立。[⑨]静郭君之交，大不善于宣王，[⑩]辞而之薛，与剂貌辨俱。[⑪]留无几何，[⑫]剂貌辨辞而行，请见宣王。静郭君曰："王之不说婴也甚，[⑬]公往，必得死焉。"剂貌辨曰："固非求生也。"请必行，静郭君不能止。[⑭]

① 静郭君，田婴也，孟尝君田文之父也，为薛君，号曰静郭君。

【校】案：《国策》作“靖郭君”。“齐貌辩”，《古今人表》作“昆辨”。“昆”或是“皃”之讹，然据《元和姓纂》有“昆姓，夏诸侯昆吾之后，齐有昆弁，见《战国策》”。今当各依本文可也。

②【校】《国策》作“疵”，高诱注“疵，阙病也”；鲍彪注“疵，病也，谓过失”。

③ 静郭君门人不说也。

④ 証，谏。

【校】“証”，旧作“證”，注同。案《说文》証训谏，證训告，不同。此当作“証”，今改正。

⑤ 窃，私。私谏静郭君，使听士尉之言，而止其去。

⑥ 划，灭；而，汝也。

⑦ 慊，足也。揆度吾家，诚可以足剂貌辨者，吾不辞也。

【校】“揆”，《国策》作“破”，又“慊”作“慊”。

⑧ 上舍，甲第也。御，侍也。以馆貌辨也。旦暮也。

⑨ 威王之子。

⑩ 交，接也。大不为王所善也。

⑪ 俱，偕。

⑫ 留于薛。

⑬ 甚犹深。

⑭ 止，禁止也。

剂貌辨行，至于齐。宣王闻之，藏怒以待之。[①]剂貌辨见，[②]宣王曰：“子静郭君之所听爱也？”剂貌辨答曰：“爱则有之，听则无有。[③]王方为太子之时，辨谓静郭君曰：‘太子之不仁，过頤涿视，若是者倍反。[④]不若革太子，更立卫姬婴儿校师。’[⑤]静郭君泫而曰[⑥]：‘不可，吾弗忍为也。’且静郭君听辨而为之也，必无今日之患也。此为一也。[⑦]至于薛，昭阳请以数倍之地易薛，辨又曰：‘必听之。’[⑧]静郭君曰：‘受薛于先王，虽恶于后王，吾独谓先王何乎？[⑨]且先王之庙在薛，吾岂可以先王之庙予楚乎？’”又不肯听辨。此为二也。[⑩]宣王太息，动于颜色，曰：“静郭君之于寡人，一至此乎！寡人少，殊不知此。[⑪]客肯为寡人少来静郭君乎？”[⑫]剂貌辨答曰：“敬诺。”[⑬]静郭君来，衣威王之服，冠其冠，带其剑。宣王自迎静郭君于郊，望之而泣。静郭君至，因请相之。[⑭]静郭君辞，不得已而受。[⑮]十日，谢病强辞，三日而听。[⑯]

① 藏，怀。

② 句。

③ 徒见爱耳，言则不见从也。

④ 顜涿，不仁之人也。过犹甚也。太子不仁，甚于顜涿，视如此者倍反，不循道理也。

【校】字书无“顜”字。注训顜涿为不仁之人，不知何据。《国策》作“过颐豕视”，刘辰翁曰：“过颐，即俗所谓耳后见腮；豕视，即相法所谓下邪偷视。”

⑤ 婴儿，幼少之称，卫姬所生，校师其名也，威王之庶子也。劝静郭君令废太子，更立校师为太子也。

【校】“校师”，《国策》作“郊师”。

⑥【校】旧校云：“‘泫’一作‘泣’。”案：《国策》作“泣”。

⑦ 言静郭君听辨之言，则无今日见逐之患也。此一不见听也。

⑧ 昭阳，楚相也。求以倍地易薛之少，辨劝之可也。

⑨ 先王，威王也。见恶于后王，先王其谓我何？

⑩ 二不见听。

⑪ 动，变也。一犹乃也。少，小，故不知此也。

⑫ 言犹可也。

⑬ 诺，顺。

⑭ 请以为相也。

⑮ 受为相。

⑯ 听，许。

当是时也，静郭君可谓能自知人矣。[①]能自知人，故非之弗为阻。[②]此剂貌辨之所以外生乐、趋患难故也。[③]

① 知人，知剂貌辨也。

② 阻，止。

③ 外弃其生命，乐解人之患，往见宣王，不辟难之故也。

【校】《国策》作"外生乐患趣难者也"。孙云："观注，似此亦本与《国策》同。"

审 己

四曰：

凡物之然也，必有故。[①]而不知其故，虽当与不知同，其卒必困。[②]先王、名士、达师之所以过俗者，以其知也。水出于山而走于海，[③]水非恶山而欲海也，高下使之然也。稼生于野而藏于仓，稼非有欲也，人皆以之也。[④]故子路掩雉而复释之。[⑤]

① 故，事。

② 当，合；同，等也。困于不知其故也。

③ 走，归。

④ 以，用也。

⑤ 所得者小，不欲夭物，故释之也。

子列子常射中矣，请之于关尹子。[①]关尹子曰："知子之所以中乎？"答曰："弗知也。"关尹子曰："未可。"[②]退而习之三年，又请。[③]关尹子曰："子知子之所以中乎？"子列子曰：

“知之矣。”[4]关尹子曰：“可矣，守而勿失。”[5]非独射也，国之存也，国之亡也，身之贤也，身之不肖也，亦皆有以。[6]圣人不察存亡、贤不肖，而察其所以也。

① 子列子，贤人，体道者，请问其射所以中于关尹喜。关尹喜师老子也。

② 弗知射所以中者未可语。

③ 习，学也。又复请问于关尹子。

④ 知射心平体正然后能中，自求诸己，不求诸人，故曰“知之”。

⑤ 守求诸己，不求诸人，勿失也。

⑥ 求诸己则存，求诸人则亡。

齐攻鲁，求岑鼎。鲁君载他鼎以往。齐侯弗信而反之，为非，[1]使人告鲁侯曰：“柳下季以为是，请因受之。”[2]鲁君请于柳下季。[3]柳下季答曰：“君之赂以欲岑鼎也，[4]以免国也。臣亦有国于此，[5]破臣之国以免君之国，此臣之所难也。”于是鲁君乃以真岑鼎往也。[6]且柳下季可谓此能说矣，[7]非独存己之国也，又能存鲁君之国。[8]

① 反，还也。以为非岑鼎，故还也。

② 齐侯使人告鲁君，言柳下季以为是岑鼎，请因受之也。疑鲁君欺之，而信柳下季。

③ 欲令柳下季证之为岑鼎。

④【校】犹言赂以其所欲之岑鼎。《新序·节士》篇作“君之欲以为岑鼎也。”

⑤ 亦有国于此，言己有此信以为国也。

⑥【校】《韩非·说林下》“岑鼎”作“谗鼎”，又属之乐正子春。若是两

事，则各是一鼎，名各不同，否则传者互异，岑与谗声通转耳。

⑦【校】《新序》作“可谓守信矣”。

⑧《论语》云：“非信不立。”柳下季有信，故能存鲁君之国。

齐湣王亡居于卫，[①]昼日步足，谓公玉丹曰：“我已亡矣，而不知其故。吾所以亡者，果何故哉？我当已。”[②]公玉丹答曰：“臣以王为已知之矣，王故尚未之知邪？王之所以亡也者，以贤也。天下之王皆不肖，而恶王之贤也，因相与合兵而攻王，此王之所以亡也。”湣王慨焉太息曰：“贤固若是其苦邪？”此亦不知其所以也，[③]此公玉丹之所以过也。[④]

① 亡，出奔。

② 不自知为何故而亡。果亦竟也。竟为何等故亡哉？

【校】案：《史记·孝武本纪》索隐云：“《风俗通》齐湣王臣有公玉冉，音语录反。”又引《三辅决录》云：“杜陵有玉氏，音肃。”“今读公玉与《决录》音同”。卢云：“案‘丹’与‘冉’字形相近，实一人。”《贾谊书》所载虢君事略与此同。注“亦竟也”，李本作“一竟也”。

③ 湣王不自知其所为亡之故，愚惑之甚也，故曰“亦不知其所以也”。

④ 过，谓不忠也。湣王愚惑，阿顺而说之也。

越王授有子四人。越王之弟曰豫，欲尽杀之，而为之后。[①]恶其三人而杀之矣，国人不说，大非上。[②]又恶其一人而欲杀之，越王未之听。其子恐必死，因国人之欲逐豫，围王宫。越王太息曰：“余不听豫之言，以罹此难也。”亦不知所以亡也。[③]

① 越王授，勾践五世之孙。其弟欲杀王之四子，而以己代为之后也。

【校】案："勾践五世孙则王翳也，为太子诸咎所弑，见《纪年》，与此略相合。"前《贵生》篇有王子搜，疑一人。注"其弟"二字旧缺，案文义增。

② 非犹咎也。

③ 愚既愚也，其惑固亦甚也，故曰"亦不知所以亡"。

【校】正文"亦不知"下，李本有"其"字。注首疑有脱误。

精 通

五曰：

人或谓兔丝无根。兔丝非无根也，其根不属也，伏苓是。[①]慈石召铁，或引之也。[②]树相近而靡，或軵之也。[③]圣人南面而立，以爱利民为心，[④]号令未出，而天下皆延颈举踵矣，则精通乎民也。[⑤]夫贼害于人，人亦然。[⑥]今夫攻者，砥厉五兵，侈衣美食，发且有日矣。所被攻者不乐，非或闻之也，神者先告也。[⑦]身在乎秦，所亲爱在于齐，死而志气不安，精或往来也。[⑧]

① 属，连也。《淮南记》曰："下有茯苓，上有兔丝。"一名女罗，《诗》曰："葛与女罗，施于松上。"

【校】案：注所引与今《诗》异。

② 石，铁之母也。以有慈石，故能引其子。石之不慈者，亦不能引也。

③【校】案：《淮南·氾论训》"相戏以刃者，太祖軵其肘"，音读茸，注

“挤”也。

④ 心在利民。

⑤ 天下皆延颈企踵，立而望之，不遑坐也，其精诚能通洞于民使之然也。

⑥ 为贼害人，故人亦延颈举踵，襁负而去之，不遑安坐也，故曰“人亦然”。

⑦ 非闻将见攻也，神先告之，令其志意愁戚不乐。

⑧《淮南记》曰：“慈母在于燕，适子念于荆。”言精相往来者也。

德也者，万民之宰也。①月也者，群阴之本也。月望则蚌蛤实，群阴盈；②月晦则蚌蛤虚，群阴亏。③夫月形乎天，而群阴化乎渊；④圣人行德乎己，而四荒咸饬乎仁。⑤

① 宰，主也。

② 月十五日盈满，在西方与日相望也。蚌蛤，阴物，随月而盛，其中皆实满也。

③ 虚，蚌蛤肉随月亏而不盈满也。

④ 形，见也。群阴，蚌蛤也。随月盛衰虚实也。

⑤ 四表荒裔之民，法圣人之德，皆饬正其仁义，化使之然。

养由基射兕，中石，矢乃饮羽，诚乎兕也。①伯乐学相马，所见无非马者，诚乎马也。②宋之庖丁好解牛，所见无非死牛者，三年而不见生牛。用刀十九年，刃若新鄘研，③顺其理，诚乎牛也。钟子期夜闻击磬者而悲，④使人召而问之曰：“子何击磬之悲也？”答曰：“臣之父不幸而杀人，不得生；臣之母得生，而为公家为酒；臣之身得生，而为公家击磬。臣不睹臣之母三年矣。昔为舍氏睹臣之母，量所以赎之则无有，⑤而身固公家之财也，是故悲也。”⑥钟子期叹嗟曰：“悲夫，悲夫！心非臂也，臂非椎非石也，悲存乎心而木石应之。”故君子诚乎此而谕乎彼，感乎己而发乎人，岂必强说乎哉？

① 饮羽，饮矢至羽。诚以为真兕也。

【校】“兕”乃“兕”之或体。旧误作“先”，校者欲改为“虎”，非也。日本山井鼎《毛诗考文》云：“‘兕觥’古本作‘兕’。”

② 伯乐善相马，秦穆公之臣也。所见无非马者，亲之也。

③ 鄜，砥也。

④ 钟，姓也。子，通称。期，名也。楚人钟仪之族。

⑤ 量，度。

⑥【校】《新序》四载此微不同，云“昨日为舍市而睹之，意欲赎之无财，身又公家之有也。”孙云：“《新序》义较长。”

周有申喜者，亡其母，闻乞人歌于门下而悲之，动于颜色。谓门者内乞人之歌者，自觉而问焉，[1]曰：“何故而乞？”与之语，盖其母也。故父母之于子也，子之于父母也，一体而两分，[2]同气而异息。若草莽之有华实也，若树木之有根心也，虽异处而相通，隐志相及，痛疾相救，忧思相感，[3]生则相欢，死则相哀，此之谓骨肉之亲。神出于忠[4]而应乎心，两精相得，岂待言哉！

①【校】《御览》五百七十一“自觉”作“自见”。

②【校】李善注《文选》曹子建《求自试表》、谢希逸《宣贵妃诔》皆作“一体而分形”。

③ 感，动。

④ 神，性。

第十卷　孟冬纪

孟　冬

一曰：

孟冬之月，日在尾，[1]昏危中，旦七星中。[2]其日壬癸，[3]其帝颛顼，其神玄冥。[4]其虫介，其音羽，[5]律中应钟，其数六。[6]其味咸，其臭朽，[7]其祀行，祭先肾。[8]水始冰，地始冻，[9]雉入大水为蜃，虹藏不见。[10]天子居玄堂左个，[11]乘玄辂，驾铁骊，[12]载玄旂，衣黑衣，服玄玉，[13]食黍与彘，[14]其器宏以弇。[15]

① 孟冬，夏之十月。尾，东方宿燕之分野。是月，日躔此宿。

② 危，北方宿，齐之分野。七星，南方宿，周之分野，是月昏旦时，皆中于南方。

③ 壬癸，水日。

④ 颛顼，黄帝之孙，昌意之子，以水德王天下，号高阳氏，死祀为北方水德之帝。玄冥，官也。少皞氏之子曰循，为玄冥师，死祀为水神。

【校】注"高阳氏"，旧本作"汤氏"讹，今改正。又"循"，《左转》作"脩"。

⑤ 介，甲也，象冬闭固，皮漫胡也。羽，水也，位在北方。

【校】注"漫"与"曼"、"鬗"音义同。皮漫胡，谓皮长而下垂，亦似闭固之象。

⑥ 应钟，阴律也。竹管音与应钟和也。阴应于阳，转成其功，万物聚藏，故曰"律中应钟"。其数六，五行数五，水第一，故曰"六"也。

⑦ 水之臭味也，凡咸朽者皆属焉。气之若有若无者为朽也。

⑧ 行，门内地也，冬守在内，故祀之。“行”或作“井”，水给人，冬水王，故祀之也。祭祀之内先进肾，属水，自用其藏也。

【校】案：《淮南·时则训》作“祀井”。

⑨ 秋分后三十日霜降，后十五日立冬，水冰地冻也，故曰“始”也。

⑩ 蜃，蛤也。大水，淮也。《传》曰：“雉入于淮为蜃。”虹，阴阳交气也，是月阴壮，故藏不见。

⑪ 玄堂，北向堂也。左个，西头室也。

⑫ 玄辂，黑辂；铁骊亦黑。象北方也。

⑬ 玄，黑，顺水色。

⑭ 彘，水属也。

⑮ 宏，大。弇，深。象冬闭藏也。

是月也，以立冬。先立冬三日，太史谒之天子曰[①]：“某日立冬，盛德在水。”天子乃斋。[②]立冬之日，天子亲率三公、九卿、大夫以迎冬于北郊。[③]还，乃赏死事，恤孤寡。[④]

① 秋分四十六日而立冬，故多在是月也。谒，告也。

② 盛德在水，王北方也。

③ 六里之郊。

④ 先人有死王事以安社稷者，赏其子孙；有孤寡者，矜恤之。

是月也，命太卜，祷祠龟策，占兆审卦吉凶。[①]于是察阿上乱法者则罪之，无有掩蔽。[②]

①《周礼》“太卜掌三兆之法，一曰玉兆，二曰瓦兆，三曰原兆”，又“掌三《易》之法，一曰《连山》，二曰《归藏》，三曰《周易》”。龟曰兆，筮曰卦，故命太

卜祷祠龟策，占兆审卦以知吉凶。

【校】《月令》作“命太史衅龟筴”。

② 阿意曲从，取容于上，以乱法度，必察知之，则行其罪罚，无敢强匿者。

【校】《月令》作“是察阿党，则罪无有掩蔽”。古本《月令》“是”下有“月也”二字，宋本《正义》标题亦有“是月”字。

是月也，天子始裘。[1]命有司曰：“天气上腾，地气下降，天地不通，闭而成冬。”[2]命百官，谨盖藏。命司徒，循行积聚，无有不敛；附城郭，[3]戒门闾，修楗闭，慎关籥，固封玺，[4]备边境，完要塞，谨关梁，塞蹊径；[5]饬丧纪，辨衣裳，审棺椁之厚薄，[6]营丘垄之小大、高卑、薄厚之度，贵贱之等级。[7]

① 始犹先也。裘，温服。优尊者，故先服之。

② 天地闭，冰霜凛烈成冬也。

【校】《月令》“闭”下有“塞”字。

③ 附，益也，令高固也。

【校】“附”，《月令》作“坏”。

④ 玺，读曰移徙之徙。门闾，里门。关，籥。固，坚。玺，印封也。

【校】《月令》“楗”作“键”，“关”作“管”，“玺”作“疆”。郑注云：“今《月令》‘疆’或作‘玺’。”

⑤ 要塞，所以固国也。关梁，所以通涂也。塞绝蹊径，为其败田。

⑥ 纪，数也。正二十五月之服数，遣送衣裳棺椁，尊者厚，卑者薄，各有等差，故别之。审，慎也。

【校】注“正二十五月之服数”，举重者则其余皆正可知也。“之服数”，旧作“服之数”，今案文义乙正。

⑦ 营，度也。丘，垅；垄，冢也。度其制度，贵者高大，贱者卑小，故曰

“等级”也。

是月也，工师效功，陈祭器，按度程，[①]无或作为淫巧，以荡上心，[②]必功致为上。物勒工名，以考其诚。[③]工有不当，必行其罪，以穷其情。[④]

① 程，法也。

【校】《月令》“工师”上有“命”字。

② 荡，动也。

③ 物，器也。勒铭工姓名著于器，使不得诈巧，故曰“以考其诚”。

④ 不当，不功致也，故行其罪，以穷断其诈巧之情。

【校】《月令》“工”作“功”。

是月也，大饮蒸，天子乃祈来年于天宗。[①]大割，祠于公社及门闾，飨先祖五祀，劳农夫以休息之。[②]天子乃命将率讲武，肄射御、角力。[③]

① 是月农功毕矣，天子诸侯与其群臣大饮酒，班齿列也。蒸，俎实体解节折谓肴蒸也。祈，求也。求明年于天宗之神。宗，尊也。凡天地四时，皆为天宗。万物非天不生，非地不载，非春不动，非夏不长，非秋不成，非冬不藏，《书》曰“禋于六宗”，此之谓也。

【校】注“班齿列”即《周礼》之“正齿位”也，旧本倒作“列齿”，误；又“体解”亦缺“体”字，又“求明年于天宗之神”倒作“之神于天宗”，今皆改正。

② 大割，杀牲也。祠于公社、国社、后土也。生为上公，死祀为贵神也。先祠公社，乃及门闾先祖，先公后私之义也。五祀：木正句芒其祀户，火正祝融其祀灶，土正后土其祀中霤，后土为社，金正蓐收其祀门，水正玄冥其

祀井，故曰“五祀”。社为土官，稷为木官，俱在五祀中，以其功大，故别言社稷耳。是月农夫空闲，故劳犒休息之，不役使也。

【校】旧本“大割”下有“牲”字，《月令》无，案注亦与《月令》同，今删。“飨”，《月令》作“腊”。旧本“先祖”作“祷祖”，亦据《月令》及本注改正。

③ 肄，习也。角犹试。

是月也，乃命水虞渔师，收水泉池泽之赋，① 无或敢侵削众庶兆民，② 以为天子取怨于下，③ 其有若此者，行罪无赦。④

① 虞，官也。师，长也。赋，税也。

② 削，刻也。天子曰兆民。兆，大数也。

③ 税敛重则民怨，故取怨于下。

④ 此为天子取怨于下者，故行其罪罚无赦贷也。

孟冬行春令，则冻闭不密，地气发泄，民多流亡。① 行夏令，则国多暴风，方冬不寒，蛰虫复出。② 行秋令，则雪霜不时，小兵时起，土地侵削。③

① 春阳散越，故冻不密，地气发泄，使民流亡，象阳布散。

【校】“发泄”，《月令》作“上泄”。

② 冬法当闭藏，反行夏盛阳之令，故多暴疾之风。阳气炎温，故盛冬不寒，蛰伏之虫复出也，于《洪范》五行“豫，恒燠若”之征也。

③ 秋，金气，干水，不当霜而霜，不当雪而雪，故曰“不时”。小兵数起，邻国来伐，侵削土地，于《洪范》五行“急，恒寒若”之征也。

节　丧

二曰：

审知生，圣人之要也；审知死，圣人之极也。知生也者，不以害生，养生之谓也；知死也者，不以害死，安死之谓也。[①]此二者，圣人之所独决也。[②]凡生于天地之间，其必有死，所不免也。[③]孝子之重其亲也，[④]慈亲之爱其子也，[⑤]痛于肌骨，性也。所重所爱，死而弃之沟壑，人之情不忍为也，故有葬死之义。[⑥]葬也者，藏也，慈亲孝子之所慎也。[⑦]慎之者，以生人之心虑。[⑧]以生人之心为死者虑也，莫如无动，莫如无发。无发无动，莫如无有可利，则此之谓重闭。[⑨]

①【校】《续汉书·礼仪志下》注引此“不以物害生”、“不以物害死”两句，皆有“物”字。

② 决，知。

③《庄子》曰：“生，寄也；死，归也。”故曰“所不免”。

④ 重，尊。

⑤ 爱，心不能忘也。

【校】《续志》注“慈”作“若”，以下文观之，“慈”字是。

⑥ 言情不忍弃之沟壑，故有葬送之义。

⑦ 慎，重也。

⑧ 虑，计也。

⑨ 无有可利，若杨王孙倮葬，人不发掘，不见动摇，谓之重闭也。

古之人，有藏于广野深山而安者矣，非珠玉国宝之谓也，葬不可不藏也。葬浅则狐狸扫之,[①]深则及于水泉。故凡葬必于高陵之上,以避狐狸之患、水泉之湿。此则善矣,而忘奸邪、盗贼、寇乱之难,岂不惑哉?[②]譬之若瞽师之避柱也,避柱而疾触杙也。狐狸、水泉、奸邪、盗贼、寇乱之患,此杙之大者也。慈亲孝子避之者,得葬之情矣。[③]善棺椁,所以避蝼蚁蛇虫也。今世俗大乱之主愈侈其葬,则心非为乎死者虑也,生者以相矜尚也。[④]侈靡者以为荣,[⑤]俭节者以为陋,不以便死为故,[⑥]而徒以生者之诽誉为务。此非慈亲孝子之心也。父虽死,孝子之重之不怠;[⑦]子虽死,慈亲之爱之不懈。夫葬所爱所重,而以生者之所甚欲,其以安之也,若之何哉?[⑧]

① 扫,读曰掘。

② 厚葬,人利之,必有此难。故谓之惑也。

③ 得薄葬之情也。

【校】旧校云:"'避'一作'备'。"下同。

④ 虑,计也。以厚葬奢侈相高大、不为葬者避发掘之计也,故曰"生者以相矜尚也"。

⑤ 荣,誉也。

⑥ 故,事。

⑦ 重,尊。怠,懈。

⑧ 甚欲,欲厚葬也。厚葬必见发掘,故曰"其以安之也,若之何哉"?言不安也。

民之于利也,犯流矢、蹈白刃,涉血盩肝以求之。[①]野人之无闻者,忍亲戚、兄弟、知交以求利。[②]今无此之危,无此之丑,[③]其为利甚厚,乘车食肉,泽及子孙。虽圣人犹不能禁,而况于乱？[4]国弥大，[5]家弥富，葬弥厚。含珠鳞施，[6]夫玩好货宝，钟鼎壶滥，[7]舆马衣被戈剑，不可胜其数，[8]诸养生之具，无不从者。[9]题凑之室，[10]棺椁数袭，[11]积石积炭，以环其外。[12]奸人闻之，传以相告。[13]上虽以严威重罪禁之，犹不可止。[14]且死者弥久，生者弥疏；生者弥疏，则守者弥怠；守者弥怠，而葬器如故，[15]其势固不安矣。世俗之行丧，载之以大辎，[16]羽旄旌旗如云，偻翣以督之，珠玉以备之，黼黻文章以饬之，[17]引绋者左右万人以行之，[18]以军制立之然后可。[19]以此观世，[20]则美矣，侈矣，以此为死，则不可也。[21]苟便于死，则虽贫国劳民，[22]若慈亲孝子者之所不辞为也。

① “埶”，古“抽”字。

② 无闻礼义。

③ 丑，耻。

④【校】卢云：“疑此下当有‘世’字。盖言圣人在上，治平之世，犹有贪利而冒禁者，况于四海鼎沸之日，其又谁为禁之哉？”

⑤ 弥犹益也。

⑥ 含珠，口实也。鳞施，施玉于死者之体如鱼鳞也。

⑦ 以冰置水浆于其中为滥，取其冷也。

【校】梁仲子云：“‘壶滥’，刘本作‘壶鑑’，注同。案《集韵》‘鑑，胡暂切’。《周礼》‘春始治鑑’，或从‘水’，亦作‘𧮪’、‘甓’，故《左传襄九年正义》引《周礼》作‘𧮪’。”卢云：“案《墨子·节葬》篇云：‘又必多为屋幕，鼎鼓几梃，壶滥戈剑，羽毛齿革，寝而埋之。’凡两见，盖亦器名，注似臆说。《慎势》篇作‘壶鑑’，云‘功名著乎盘盂，铭篆著乎壶鑑’。”

⑧【校】“其”字衍。

⑨ 诸养生之具无不从。从，送也。以送死人。

⑩ 室，椁藏也。题凑，複絫。

【校】案：《汉书·霍光传》“便房黄肠题凑”，注引苏林曰：“以柏木黄心致絫棺外，故曰‘黄肠’。木头皆内向，故曰‘题凑’。”

⑪ 袭，重。

⑫ 石以其坚，炭以御湿。环，绕也。

【校】案：积炭非但御湿，亦使树木之根不穿入也。

⑬ 告，语也。

【校】“传”，《续志》注作“转”。

⑭ 不能止其发掘。

⑮ 言宝赂不渝变。

⑯ 大輴，车也。

⑰ 丧车有羽旄旌旗之饬，有云气之画。偻，盖也。翣，棺饬也。画黼黻之状如扇翣于偻边，天子八，诸侯六，大夫四也。

【校】案：《礼记·檀弓下》云：“制绞衾，设蒌翣，为使人勿恶也。”注云：“蒌翣，棺之墙饰也。”此作“偻”，或音同可借用。此“饬”字义皆是“饰”。

⑱ 绋，引棺索也。礼，送葬皆执绋。

⑲ 制，法。

⑳ 观世犹示人也。

㉑ 于死人不可也。

㉒【校】旧校云：“一作‘身’。”

安　死

三曰：

世之为丘垄也，其高大若山，其树之若林，[①]其设阙庭、为宫室、造宾阼也若都邑。[②]以此观世示富则可矣，以此为死则不可也。夫死，其视万岁犹一瞚也。[③]人之寿，久之不过百，[④]中寿不过六十。以百与六十为无穷者之虑，[⑤]其情必不相当矣。以无穷为死者之虑，则得之矣。

① 木藂生曰林也。

【校】《续志》注“山”下有“陵”字，“林”下有“薮”字。

② 宾阶，阼阶也。若为都邑之制。

③ 瞚者，颍川人相视曰瞚也。一曰瞚者，谓人卧始觉也。

【校】“瞚”与“瞬”同。李善注《文选》陆士衡《文赋》引作“万世犹一瞬”。

④【校】“久之”，《续志》注作“久者”。

⑤ 虑，谋也。

今有人于此，为石铭置之垄上，曰：“此其中之物，具珠玉、玩好、财物、宝器甚多，不可不抇，[①]抇之必大富，世世乘车食肉。”[②]人必相与笑之，以为大惑。[③]世之厚葬也，有似于此。[④]自古及今，未有不亡之国也；无不亡之国者，是无不抇之墓也。以耳目所闻见，齐、荆、燕尝亡矣，宋、中山已亡矣，赵、魏、韩皆亡矣，其皆故国矣。[⑤]自此以上者，亡国不可胜数，[⑥]是故大墓无不抇也。而世皆争为之，岂不悲哉？[⑦]

① 抇，发也。

② 谓抇墓富而得爵禄，故乘车食肉，世世相传也。

③ 惑，悖也。

④【校】《续志》注作“而为之阙庭以自表，此何异彼哉”。

⑤【校】《续志》注作“赵、韩、魏皆失其故国矣”。

⑥ 上犹前也。不可胜数，亡国多也。

【校】“者”字《续志》无。

⑦【校】《续志》注“世”作“犹”。

君之不令民，[①]父之不孝子，兄之不悌弟，皆乡里之所釜鬲者而逐之。[②]惮耕稼采薪之劳，不肯官人事，[③]而祈美衣侈食之乐，[④]智巧穷屈，无以为之。[⑤]于是乎聚群多之徒，以深山广泽林薮，扑击遏夺，又视名丘大墓葬之厚者，求舍便居，以微抇之，[⑥]日夜不休，必得所利，相与分之。夫有所爱所重，而令奸邪、盗贼、寇乱之人卒必辱之，此孝子、忠臣、亲父、交友之大事。[⑦]

① 令，善。

【校】《续志》注句上有“今夫”二字。

② 以釜鬲食之人，皆欲讨逐之。

【校】“鬲”，旧“鬲”旁作“几”，字书无考。顾亭林引作“鬲”，注云“鬲同”，今从之。《史记・蔡泽传》“遇夺釜鬲于涂”。

③ 既惮耕稼，又不肯居官循治人事也。

【校】注“循治”，疑当作“修治”。

④ 祈，求。

⑤ 穷，极。屈，尽。

⑥【校】有人自关中来者，为言奸人掘墓，率于古贵人冢旁相距数百步外为屋以居，人即于屋中穿地道以达于葬所，故从其外观之，未见有发掘之形也，而藏已空矣。噫！孰知今人之巧，古已先有为之者。小人之求利，无所不至，初无古今之异也。

⑦《传》曰：“宋文公卒，始厚葬，用蜃炭，益车马，始用殉，重器备，椁有

四阿，棺有翰桧，君子谓华元、乐吕于是不臣。臣治烦去惑者也，是以伏死而争。今二子者，君生则纵其惑，死也又益其侈，是弃君于恶也，何臣之为？”此之谓也。

尧葬于穀林，通树之；[①]舜葬于纪市，不变其肆；[②]禹葬于会稽，不变人徒。[③]是故先王以俭节葬死也，非爱其费也，[④]非恶其劳也，[⑤]以为死者虑也。先王之所恶，惟死者之辱也。发则必辱，俭则不发。故先王之葬，必俭，必合，必同。何谓合？何谓同？葬于山林则合乎山林，葬于阪隰[⑥]则同乎阪隰。此之谓爱人。夫爱人者众，知爱人者寡。[⑦]故宋未亡而东冢扫，[⑧]齐未亡而庄公冢扫。[⑨]国安宁而犹若此，又况百世之后而国已亡乎？故孝子、忠臣、亲父、交友不可不察于此也。夫爱之而反危之，其此之谓乎！[⑩]《诗》曰：“不敢暴虎，不敢冯河。人知其一，莫知其他。”此言不知邻类也。[⑪]故反以相非，反以相是。其所非方其所是也，其所是方其所非也。[⑫]是非未定，而喜怒斗争反为用矣。吾不非斗，不非争，[⑬]而非所以斗，非所以争。故凡斗争者，是非已定之用也。今多不先定其是非，而先疾斗争，此惑之大者也。[⑭]

① 通林以为树也，《传》曰“尧葬成阳”，此云穀林，成阳山下有穀林。

【校】尧葬成阳，《水经注》言之甚晰。又案：刘向云“葬济阴丘陇山”，《续征记》“在小成阳南九里”，《通典》“曹州界有尧冢，尧所居”，其说皆非。罗苹《路史注》以《墨子》云“尧葬蛩山之阴”，王充云“葬冀州”，《山海经》云“葬狄山，或云葬崇山”，皆妄之甚。

② 市肆如故，言不烦民也。《传》曰“舜葬苍梧九疑之山”，此云于纪市，九疑山下亦有纪邑。

【校】《墨子》云“舜葬南己之市”，《御览》五百五十五作“南纪”，引《尸子》作“南己”。案：《路史注》云：“纪即冀，故纪后为冀后。今河东皮氏东北有冀亭。冀，子国也。鸣条在安邑西北，其地相近。《记》谓舜葬苍梧，《皇览》谓在零陵营浦县，尤失之。”梁伯子云：“《困学纪闻》五引薛氏言苍梧在海州界，近莒之纪城，亦非。阎伯诗云：‘海州苍梧山，即《山海经》之郁州，无舜葬于此之说。’”

③ 变，动也。言无所兴造，不扰民也。会稽山在会稽山阴县南。

④ 费，财也。

⑤ 恶犹患也。

⑥【校】旧校云：“一作‘阪阬’。”

⑦ 谓凡爱死人者之众，多厚葬之。知所以爱之者寡，言能俭葬者少也。

⑧ 东冢，文公冢也。文公厚葬，故冢被发也。冢在城东，因谓之东冢。

⑨ 庄公名购，僖公之父。以葬厚，冢见发。

⑩ 使见发掘之谓。

【校】《续志》注作“欲爱而反害之，欲安而反危之，忠臣孝子亦不可以厚葬矣”。

⑪《诗·小雅·小旻》之卒章也。无兵搏虎曰暴。无舟渡河曰冯。喻小人而为政，不可以不敬，不敬之则危，犹暴虎冯河之必死也。人知其一，莫知其他。一，非也，人皆知小人之为非，不知不敬小人之危殆，故曰“不知邻类也”。

⑫ 方，比。

⑬ 非犹罪也。

⑭【校】“故反以相非”以下，似《不二》篇之文误脱于此。

鲁季孙有丧，孔子往吊之。入门而左，从客也。主人以玙璠收，①孔子径庭而趋，历级而上，②曰：“以宝玉收，譬之犹暴骸中原也。”[3]径庭历级，非礼也；虽然，以救过也。[4]

① 丧，季平子意如之丧也。桓子斯在丧位，孔子吊之，入门而左行，故曰从客位也。主人以玙璠收，收，敛者也。

② 上堂。

③ 玙璠，君佩玉也。昭公在外，平子行君事，入宗庙佩玙璠，故用之。孔子以平子逐昭公出之，其行恶，不当以敛，而反用之，肆行非度，人又利之，必见发掘，故犹暴骸中原也。

④ 孔子“拜下，礼也。今拜乎上，泰也。虽违众，吾从下”，言不欲违礼，亦不欲人之失礼，故历级也。

异 宝

四曰：

古之人非无宝也，其所宝者异也。孙叔敖疾，将死，戒其子曰：“王数封我矣，吾不受也。[1]为我死，王则封汝，必无受利地。[2]楚、越之间有寝之丘者，此其地不利，[3]而名甚恶。[4]荆人畏鬼，而越人信禨。[5]可长有者，其唯此也。”[6]孙叔敖死，王果以美地封其子，而子辞，[7]请寝之丘，故至今不失。孙叔敖之知，知不以利为利矣。知以人之所恶为己之所喜，此有道者之所以异乎俗也。[8]

① 孙叔敖，楚大夫艻贾之子，庄王之令尹也。

② 人所贪利之地。

【校】"为"字衍，《后汉书·郭丹传》注引此无。

③ 人不利之。

【校】《列子·说符》篇、《淮南·人间训》皆作"寝邱"，无"之"字，《史记·滑稽传》正义引此同。

④ 恶，谓丘名也。

【校】《史记正义》引作"而前有垢谷，后有戾邱，其名恶，可长有也"。此见《淮南》注。此注自谓寝邱名恶，非有缺文。

⑤ 言荆人畏鬼神，越人信吉凶之机祥，此地名丘畏恶之名，终不利也。

⑥ 唯，独也。

⑦【校】《后汉书》作"其子辞"。

⑧ 众人利利，孙叔敖病利，故曰"所以异于俗"也。

五员亡，荆急求之，登太行而望郑曰："盖是国也，地险而民多知，①其主俗主也，不足与举。"②去郑而之许，见许公而问所之。许公不应，东南向而唾。③五员载拜受赐曰："知所之矣。"因如吴。过于荆，至江上，欲涉，④见一丈人，⑤刺小船，方将渔，从而请焉。丈人度之，绝江。⑥问其名族，⑦则不肯告。⑧解其剑以予丈人，⑨曰："此千金之剑也，愿献之丈人。"⑩丈人不肯受，曰："荆国之法，得五员者，爵执圭，禄万檐，⑪金千镒。昔者子胥过，吾犹不取，⑫今我何以子之千金剑为乎？"⑬五员过于吴，⑭使人求之江上，则不能得也。每食必祭之，祝曰："江上之丈人！天地至大矣，至众矣，将奚不有为也？而无以为。为矣⑮而无以为之，名不可得而闻，⑯身不可得而见，⑰其惟江上之丈人乎！"

① 登,升也。太行,山名,处则未闻。多知,将问所以自窜也。

【校】案:高氏注《淮南·地形训》云:"太行,在今上党太行关,直河内野王县是也。"此何以云"处则未闻"? 此山今在河南辉县西北,与山西泽州相邻也。

② 举犹谋也。俗主,不肖凡君。

③ 欲令之吴也。

④ 涉,渡。

⑤ 丈人,长老称也。

⑥ 绝,过。

⑦ 族,姓。

⑧ 丈人不肯告。

⑨【校】旧校云:"'予'一作'献'。"

⑩ 献,上也。

⑪【校】"檐"与"儋"古通用,今作"担"。

⑫ 执圭,《周礼》"侯执信圭",言爵之为侯也。万檐,万石也。金千镒,二十两为一镒。不取子胥以受赏也,故曰"我何以欲子之千金剑为"。

【校】旧校云:"'犹'一作'尚'。"

⑬【校】旧校云:"'何'一作'曷'。"梁伯子云:"此江上丈人伪言也。因揣知必五员,故作此言以拒之耳。"

⑭ 过犹至也。

⑮ 何不有为,言无不为也。江上丈人无以为矣,无以为,乃大有于五员也,故曰"而无以为"也。

【校】案:注当云"乃大有为于五员也,故曰而无以为为也",脱两"为"字。

⑯ 闻,知也。

⑰ 求之江上,不能得也。

宋之野人耕而得玉,献之司城子罕。子罕不受。[①]野人请曰："此野人之宝也，愿相国为之赐而受之也。"子罕曰："子以玉为宝，我以不受为宝。"故宋国之长者曰："子罕非无宝也，所宝者异也。"

① 司城，官名。

今以百金与抟黍以示儿子，[1]儿子必取抟黍矣；以和氏之璧与百金以示鄙人，鄙人必取百金矣；以和氏之璧、道德之至言以示贤者，贤者必取至言矣。其知弥精，其所取弥精；其知弥觕，其所取弥觕。[2]

① 儿子，小儿。
② 精，微妙也。觕，粗疏也。

异　用

五曰：

万物不同，而用之于人异也，此治乱、存亡、死生之原。[1]故国广巨，兵强富，[2]未必安也；尊贵高大，未必显也；在于用之。桀、纣用其材而以成其亡，汤、武用其材而以成其王。

① 原，本。

②【校】旧校云:“一作‘充富’。”

汤见祝网者,置四面,① 其祝曰:“从天坠者,② 从地出者,从四方来者,皆离吾网。”汤曰:“嘻! 尽之矣。非桀,其孰为此也?”③ 汤收其三面,④ 置其一面,更教祝曰:“昔蛛蝥作网罟,今之人学纾。⑤ 欲左者左,欲右者右,欲高者高,欲下者下,吾取其犯命者。”汉南之国闻之曰:“汤之德及禽兽矣!”⑥ 四十国归之。⑦ 人置四面,未必得鸟;汤去其三面,置其一面,以网其四十国,非徒网鸟也。⑧

① 置,设。

② 坠,陨也。

③ 孰,谁也。

④【校】旧校云:“‘收’一作‘放’。”孙云:“李善注《文选》张平子《东京赋》、扬子云《羽猎赋》引此‘收’并作‘拔’,旧校当是‘一作拔’。”

⑤ 纾,缓。

【校】《贾谊书·谕诚》篇“蛛蝥作网,今之人循绪”。旧本“蝥”作“鳌”,误。“纾”疑与“杼”通,注训为缓,非是。

⑥ 汉南,汉水之南。

⑦【校】梁仲子云:“李善注《东京赋》作‘三十国’。”

⑧ 徒犹但也。

周文王使人扫池,得死人之骸。吏以闻于文王,文王曰:“更葬之。”吏曰:“此无主矣。”文王曰:“有天下者,天下之主也;有一国者,一国之主也。今我非其主也?”① 遂令吏以衣棺更葬之。天下闻之曰:“文王贤矣! 泽及髊骨,② 又况于人乎?”或得宝以危其国,文王得朽骨以喻其意,[3]故圣人于物也无不材。[4]

①【校】“也”与“邪”古通用。《御览》八十四作“邪”。

② 骨有肉曰髊,无曰枯。

③ 喻,说。说民意也。

④ 材,用也。

孔子之弟子从远方来者,孔子荷杖而问之曰:“子之公不有恙乎?”搏杖而揖之,问曰:“子之父母不有恙乎?”置杖而问曰:“子之兄弟不有恙乎?”杙步而倍之,问曰:“子之妻子不有恙乎?”[1]故孔子以六尺之杖,谕贵贱之等,辨疏亲之义,又况于以尊位厚禄乎?

①【校】孙云:“《御览》七百十‘公’作‘父’,下无‘父’字,‘搏杖’作‘持杖’,‘杙步而倍之’作‘杖步而倚之’。《广韵》‘杖’字下引云‘孔子见弟子,抱杖而问其父母,柱杖而问其兄弟,曳杖而问其妻子,尊卑之差也’,盖约此文。”

古之人贵能射也,以长幼养老也。[1]今之人贵能射也,以攻战侵夺也。其细者以劫弱暴寡也,以遏夺为务也。仁人之得饴,[2]以养疾侍老也。[3]跖与企足得饴,以开闭取楗也。[4]

① 礼,射中饮不中,故所以长幼养老也。

② 饴,饧。

③ 侍亦养也。

④ 跖，盗跖；企足，庄跻也；皆大盗人名也。以饴取人楗牡，开人府藏，窃人财物者也。

【校】案：《淮南·说林训》："柳下惠见饴曰'可以养老'，盗跖见饴曰'可以黏牡'，见物同而用之异。"注："牡，门户籥牡。"此云楗即牡也。黏牡使之无声，又开之滑易也。

第十一卷　仲冬纪

仲　冬

一曰：

仲冬之月，日在斗，① 昏东壁中，旦轸中。② 其日壬癸，其帝颛顼，其神玄冥。其虫介，其音羽，③ 律中黄钟，④ 其数六。其味咸，其臭朽，其祀行，祭先肾。冰益壮，地始坼，⑤ 鹖鴠不鸣，虎始交。⑥ 天子居玄堂太庙，⑦ 乘玄辂，驾铁骊，载玄旂，衣黑衣，服玄玉，食黍与彘，其器宏以弇。⑧ 命有司曰："土事无作，无发盖藏，无起大众，以固而闭。"⑨ 发盖藏，起大众，地气且泄，是谓发天地之房。⑩ 诸蛰则死，民多疾疫，又随以丧，⑪ 命之曰畅月。⑫

① 仲冬，夏之十一月。斗，北方宿，吴之分野。是月，日躔此宿。

【校】案《淮南・天文训》，斗属越。

② 东壁，北方宿，卫之分野。轸，南方宿，楚之分野。是月昏旦时，皆中于南方。

③ 说在《孟冬》。

④ 黄钟，阳律也。竹管音与黄钟和也。阳气聚于下，阴气盛于上，万物萌聚于黄泉之下，故曰"黄钟"也。

⑤ 立冬后三十日大雪节，故冰益壮。地始坼，冻裂也。

⑥ 鹖鴠，山鸟，阳物也。是月阴盛，故不鸣也。虎乃阳中之阴也，阴气盛，以类发也。

【校】"鹖鴠",《月令》古本作"曷旦",今本作"鹖旦",《淮南》作"鳱鴠"。

⑦ 太庙,中央室也。

⑧ 说在《孟冬》。

⑨ 有司,于《周礼》为司徒,掌建邦之土地,主地图与民人之教,故命之也。

⑩ 房,所以闭藏也。

【校】"且泄",古本《月令》同,今本作"沮泄",《释文》不为"沮"作音,注、疏亦无解,然则"沮"字非也。《音律》篇亦作"阳气且泄"。

⑪ 发泄阴气,故蛰伏者死,民疾以丧亡也。

⑫ 阴气在上,民人空闲,无所事作,故命之曰畅月也。

是月也,命阉尹,申宫令,审门闾,谨房室,必重闭。①省妇事,毋得淫,虽有贵戚近习,无有不禁。②乃命大酋,秫稻必齐,曲蘖必时,③湛饎必洁,水泉必香,④陶器必良,火齐必得,兼用六物,大酋监之,无有差忒。⑤天子乃命有司祈祀四海、大川、名原、渊泽、井泉。⑥

① 阉,宫官。尹,正也。于《周礼》为宫人,掌王之六寝,故命之。申宫令,审门闾,谨房室,必重闭,皆所以助阴气也。

【校】"门闾",蔡邕《月令说》作"门闱",云:"阉尹者,内官也,主宫室出入宫门。宫中之门曰闱,阉尹之职也。闾,里门,非阉尹所主,知当作'闱'。"见《月令问答》。

② 淫则禁之,尊卑一者也。

③ 大酋,主酒官也。酋酝米曲,使之化熟,故谓之酋。于《周礼》为酒正,"掌酒之政令,以式法度授酒材,辨五齐之名"。秫与稻必得其齐,曲与蘖必得其时,则酒善也。

【校】注"酋酝米曲"及"故谓之酋",两"酋"字旧本皆作"酒",讹。又"曲与糵必得其时”，旧无“与”字。案上云“秫与稻”，则此亦当相配，且与下注数六物相合也。又旧本叠“得其时”三字，案亦衍文，今去之。

④ 湛，渍也。饎，炊也。香，美也。炊必清洁，水泉善则酒美也。湛，读瀋釜之瀋。饎，读炽火之炽也。

【校】瀋釜未详，陆德明音子廉反，异于高读。

⑤ 陶器，瓦器也。六物：秫、稻、曲、糵、水、火也。大酋监之，皆得其齐，故无有差忒也。

⑥ 皆有功于人，故祈祀之也。

是月也，农有不收藏积聚者，牛马畜兽有放佚者，取之不诘。①山林薮泽，②有能取疏食田猎禽兽者，野虞教导之。③其有侵夺者，罪之不赦。④

① 诘，诛也。

② 无水曰薮，有水曰泽。

③ 草实曰疏食。野虞，掌山泽之官也，故教导之也。

④ 必罚之也。

是月也，日短至，①阴阳争，诸生荡。②君子斋戒，处必弇，③身欲宁，去声色，禁嗜欲，安形性，④事欲静，以待阴阳之所定。⑤芸始生，荔挺出，蚯蚓结，麋角解，水泉动。⑥日短至，则伐林木，取竹箭。⑦

① 冬至之日，昼漏水上刻四十五，夜水上刻五十五，故曰“日短至”。在牵牛一度也。

② 阴气在上，微阳动升，故曰“争”也。诸蛰伏当生者皆动摇也。

【校】案：郑注《月令》云："荡谓物动将萌牙也。"

③ 句。

④ 弇，深邃也。宁，静也。声，五声也。色，五色也。屏去之，崇寂静也。阴阳方争，嗜欲咸禁绝之，所以安形性也。

【校】处必弇，以其所居言之。今《月令》作"处必掩身"，盖与仲夏文相涉而更误矣。

⑤ 定犹成也。

⑥ 芸，蒿菜名也。荔，马荔。挺，生出也。蚯蚓，虫也。结，纡也。麋角解堕，水泉涌动，皆应微阳气也。

【校】郑注《月令》云"荔挺，马韰也"，与此异。

⑦ 是月也，竹木调韧，又斧斤入山林之时也，故伐取之也。

【校】案：《周礼·地官》"山虞，仲冬斩阳木，仲夏斩阴木"，郑注云"坚濡调"，此注"调"，意正同。又"韧"与"韧"、"刃"、"忍"古皆通用，有取柔韧者，此则取其坚韧也。汪本乃改作"调均"，非是。

是月也，可以罢官之无事者，去器之无用者，涂阙庭门闾，[1]筑囹圄，此所以助天地之闭藏也。

① 阙，门阙也，于《周礼》为象魏。门闾皆涂塞，使坚牢也。

仲冬行夏令，则其国乃旱，气雾冥冥，雷乃发声。[1]行秋令，则天时雨汁，瓜瓠不成，国有大兵。[2]行春令，则虫螟为败，水泉减竭，民多疾疠。[3]

① 夏火炎上，故其国旱也。清浊相干，气雾冥冥也。夏气发泄，故雷动声也。

【校】"气雾"，《月令》作"氛雾"，此疑讹。

② 秋，金，水之母也。冬节白露，故雨汁也。金用事以干水，故瓜瓠不

成,有大兵来伐之也。

③ 春,木气。木生虫,故虫螟为败。食谷心曰螟。阳气炕燥,故水泉减竭也。水木相干,气不和,故民多疾疠也。

【校】《月令》"减"作"咸",古通用。《左传》"咸黜不端",《正义》云"诸本或作'减'"。又"不为末减",王肃注《家语》云"《左传》作'咸'"。梁仲子云:"《群经音辨》咸有胡斩切,一音消也。《史记索隐》《司马相如传》'上减五,下登三',韦昭说作'咸'。"又"疾疠",《月令》作"疥疠"。

至　忠

二曰:

至忠逆于耳,倒于心,①非贤主其孰能听之?②故贤主之所说,不肖主之所诛也。③人主无不恶暴劫者,而日致之,恶之何益?④今有树于此,而欲其美也,⑤人时灌之,则恶之,⑥而日伐其根,则必无活树矣。夫恶闻忠言,乃自伐之精者也。⑦

① 倒亦逆也。

② 听,受也。

③ 贤主说忠言也,不肖主反之。《春秋传》曰:"忠为令德,非其人则不可,况不令之尤者乎?"故被不肖主之所诛也。

④ 日致为暴劫之政也。《孟子》曰"恶湿而居下",故曰"恶之何益"也。

⑤ 美,成也。

⑥ 恶其灌之。

⑦ 精犹甚。甚于自伐其根者也。

荆庄哀王猎于云梦，[①]射随兕，中之。申公子培劫王而夺之。[②]王曰："何其暴而不敬也？"命吏诛之。[③]左右大夫皆进谏曰："子培，贤者也，又为王百倍之臣，此必有故，愿察之也。"[④]不出三月，子培疾而死。[⑤]荆兴师，战于两棠，大胜晋，[⑥]归而赏有功者。申公子培之弟进请赏于吏曰："人之有功也于军旅，臣兄之有功也于车下。"[⑦]王曰："何谓也？"对曰："臣之兄犯暴不敬之名，触死亡之罪于王之侧，其愚心将以忠于君王之身，而持千岁之寿也。[⑧]臣之兄尝读故记，曰：'杀随兕者，不出三月。'[⑨]是以臣之兄惊惧而争之，[⑩]故伏其罪而死。"[⑪]王令人发平府而视之，于故记果有，乃厚赏之。[⑫]申公子培，其忠也可谓穆行矣。[⑬]穆行之意，人知之不为劝，人不知不为沮，[⑭]行无高乎此矣。

① 荆庄哀王，考烈王之子，在春秋后。云梦，楚泽也，在南郡华容也。

【校】此楚庄王也，不当有"哀"字。《说苑·立节》篇、《渚宫旧事》、《御览》八百九十皆作"楚庄王"，是穆王子也。或有作"庄襄王"者，亦误。

② 随兕，恶兽名也。子培，申邑宰也。楚僭称王，邑宰称公也。以杀随兕者之凶，故劫夺王，代王受殃也。

【校】"随兕"，《说苑》作"科雉"。

③ 下陵其上谓之暴。诛之，诛子培也。

④ 子培之贤，百倍于人，必有所为故也，故曰愿王察之也。

⑤ 为代王杀随兕，故死也。

⑥ 两棠，地名也。荆克晋负，故曰"大胜"。

⑦ 于王车下，夺王随兕，所以代王死之，兄有是功。

【校】旧本“请赏于”下脱“吏曰人之有功也于”八字，又“军旅”下衍“曰”字，今据《御览》删补。

⑧ 忠犹爱也。持犹得也。忠爱君上，犯夺随兕，是代君王受死亡之殃，使君王得千岁之寿也。

⑨ 故记，古书也。比三月必死，故曰“不出”也。

⑩ 惊惧王寿之不长，故与王争随兕而夺王也。

⑪ 罪，殃也。

⑫ 平府，府名也。赏之，赏子培之弟也。

⑬ 穆，美也。

⑭ 劝，进。沮，止也。

齐王疾痏，① 使人之宋迎文挚。文挚至，视王之疾，谓太子曰：“王之疾必可已也。② 虽然，王之疾已，则必杀挚也。”太子曰：“何故？”文挚对曰：“非怒王，③ 则疾不可治，④ 怒王则挚必死。”太子顿首强请曰：“苟已王之疾，臣与臣之母以死争之于王。王必幸臣与臣之母，⑤ 愿先生之勿患也。”文挚曰：“诺。请以死为王。”⑥ 与太子期而将往不当者三，⑦ 齐王固已怒矣。文挚至，不解屦登床，履王衣，问王之疾，王怒而不与言。⑧ 文挚因出辞以重怒王，王叱而起，疾乃遂已。⑨ 王大怒不说，将生烹文挚。太子与王后急争之而不能得，果以鼎生烹文挚。爨之三日三夜，颜色不变。⑩ 文挚曰：“诚欲杀我，则胡不覆之，以绝阴阳之气？”王使覆之，文挚乃死。夫忠于治世易，忠于浊世难。⑪ 文挚非不知活王之疾而身获死也，⑫ 为太子行难以成其义也。⑬

① 齐王，湣王也，宣王之子。痏，病痏也。

【校】梁仲子云：“《论衡·道虚》篇作‘齐王病痏’。痏盖即《周礼·天官·疾医》之所谓‘痟首’也。”卢云:“案痟首常有之疾,未必难治,此或与消渴之消同。李善注《文选》张景阳《七命》又引作‘病痟’。”

② 已犹愈也。

③ 怒,读如强弩之弩。

【校】《日抄》引作“弩激之弩”。

④【校】孙云:“《御览》六百四十五‘治’作‘活’,与下‘文挚非不知活王之疾’合。”

⑤ 幸,哀也。

⑥ 为,治也。

⑦ 三不如期也。

⑧ 故不解屦以履王衣,欲令王怒也。王果甚怒,不与文挚言也。

⑨ 已,除愈也。

⑩ 变,毁也。

⑪ 贤君赏忠臣,故曰“易”也。乱主杀之,故曰“难”也。

⑫ 获,得也。

⑬ 为太子故,行其所难也。死之以成太子孝敬之义也。

【校】此事姑妄听之而已。

忠　廉

三曰:

士议之不可辱者大之也,[①]大之则尊于富贵也,利不足以虞其意矣。[②]虽名为诸侯,实有万乘,不足以挺其心矣。[③]诚辱则无为乐生。[④]若此人也,有势则必不自私矣,处官则必不为污矣，将众则必不挠北矣。[⑤]忠臣亦然。苟便于主，利于国，无敢辞违，杀身出生以徇之。[⑥]国有士若此，则可谓有人矣。若此人者固难得，[⑦]其患虽得之有不智。[⑧]

① 议，平也。平之不可得污辱者，士之大者也。

② 虞犹回也。

③ 挺犹动也。

④ 言诚可欲得辱，则无用生为，故曰“无为乐生”也。

【校】注“欲”字疑衍。

⑤ 北，走也。

⑥ 出犹去。去生必死也。徇犹卫也。

【校】注“卫也”疑“从也”之讹，见下注。

⑦ 言得之难。

⑧ 其患者，当其难也，虽得践其难，践其难必死，故曰“有不智”也。

【校】若此士者，得之固难，幸而得之矣，又患在于人主不能知之，所谓以众人遇之也。注殊失本意。“有”与“又”同，智读曰知，《墨子》书皆如是。

吴王欲杀王子庆忌而莫之能杀，[①]吴王患之。要离曰：“臣能之。”吴王曰：“汝恶能乎？[②]吾尝以六马逐之江上矣，而不能及；射之矢，左右满把，而不能中。今汝拔剑则不能举臂，上车则不能登轼，汝恶能？”要离曰：“士患不勇耳，奚患于不能？王诚能助，臣请必能。”吴王曰：“诺。”明旦，加要离罪焉，挚执妻子，焚之而扬其灰。[③]要离走，往见王子庆忌于卫。[④]王子庆忌喜曰：“吴王之无道也，子之所见也，诸侯之所知也。今子得免而去之，亦善矣。”要离与王子庆忌居有间，谓王子庆忌曰：“吴之无道也愈甚，请与王子往夺之国。”王子庆忌曰："善。"乃与要离俱涉于江。[5]中江，拔剑以刺王子庆忌。王子庆忌捽之，投之于江，浮则又取而投之。[6]如此者三，其卒曰："汝，天下之国士也，幸汝以成而名。"[7]要离得不死，归于吴。吴王大说，请与分国。要离曰："不可。臣请必死！"吴王止之。要离曰："夫杀妻子焚之而扬其灰，以便事也，臣以为不仁。[8]夫为故主杀新主，臣以为不义。[9]夫捽而浮乎江，三入三出，特王子庆忌为之赐而不杀耳，[10]臣已为辱矣。夫不仁不义，又且已辱，不可以生。"吴王不能止，果伏剑而死。[11]要离可谓不为赏动矣。故临大利而不易其义，可谓廉矣。廉，故不以贵富而忘其辱。[12]

① 吴王，阖庐光，篡庶父僚而即其位。庆忌者，僚之子也，故欲杀之。庆忌有力捷疾，而人皆畏之，无能杀之者。

② 恶，安也。

③ 吴王伪加要离罪，烧其妻子，扬其灰。

【校】孙云："李善注《文选·邹阳狱中上书》作'执其妻子，燔而扬其灰'。"

④【校】《左氏哀廿年传》云"庆忌适楚"，此与《吴越春秋》皆云在卫。

⑤ 涉，渡也。

⑥【校】孙云："李善注《文选》郭景纯《江赋》'捽之'作'捽而'，'浮则'作'浮出'。"

⑦ 幸，活。而，汝。

⑧ 便犹成也。

⑨【校】此文讹，案《吴越春秋》"为新君而杀故君之子，非义也"。

⑩ 特犹直也。

⑪ 果，终也。

⑫ 不忘其妻子烧死之辱，以取吴国之贵富也。

卫懿公有臣曰弘演，有所于使。[①]翟人攻卫，其民曰：“君之所予位禄者，鹤也；所贵富者，宫人也。君使宫人与鹤战，余焉能战？”[②]遂溃而去。翟人至，及懿公于荣泽，[③]杀之，尽食其肉，独舍其肝。弘演至，报使于肝，毕，呼天而啼，尽哀而止，曰：“臣请为襮。”因自杀先出其腹实，内懿公之肝。[④]桓公闻之曰：“卫之亡也，以为无道也。今有臣若此，不可不存。”于是复立卫于楚丘。弘演可谓忠矣，杀身出生以徇其君；[⑤]非徒徇其君也，又令卫之宗庙复立，祭祀不绝，可谓有功矣。

① 懿公，卫惠公之子赤也。演，读如胤子之胤。

②《鲁闵二年传》曰：“狄人伐卫。卫懿公好鹤，鹤有乘轩者。将战，国人受甲者皆曰：‘使鹤，鹤有禄位，余焉能战？’”此之谓也。

③【校】《左传》、《韩诗外传》七并作“荥泽”，当从之。

④ 襮，表也。纳公之肝于其腹中，故曰“臣请为襮”者也。

⑤ 出，去也。去生就死，以徇从其君。

当务

四曰：

辨而不当论，信而不当理，勇而不当义，法而不当务，惑而乘骥也，狂而操吴干将也，大乱天下者，必此四者也。[①]所贵辨者，为其由所论也；所贵信者，为其遵所理也；所贵勇者，为其行义也；所贵法者，为其当务也。

① 四者，辨、信、勇、法也。惑而乘骥，必失其道。吴干将，利剑也，狂而操之，必杀害人。故曰“乱天下者，必此四者也”。

跖之徒问于跖曰：“盗有道乎？”[①]跖曰：“奚啻其有道也？夫妄意关[②]内中藏，圣也；[③]入先，勇也；出后，义也；知时，智也；分均，仁也。不通此五者而能成大盗者，天下无有。”[④]备说非六王、五伯，[⑤]以为尧有不慈之名，[⑥]舜有不孝之行，[⑦]禹有淫湎之意，[⑧]汤、武有放杀之事，[⑨]五伯有暴乱之谋，[⑩]世皆誉之，人皆讳之，惑也。[⑪]故死而操金椎以葬，曰：“下见六王、五伯，将敲其头矣！”辨若此，不如无辨。[⑫]

① 跖，大盗之人。徒，其弟子。

② 关，闭也。

③ 以外知内，此几于圣也。

【校】案：“妄意关内”，于文已足，不当复有“中藏”字，《淮南·道应训》作“意而中藏者圣也”，疑后人以《淮南》之文旁注“关内”下后遂误入正文。

④ 无有成大盗者。

⑤ 备，具也。说，道也。非者，讥呵其阙也。六王，谓尧、舜、禹、汤、文、武也。五伯，齐桓、晋文、宋襄、楚庄、秦缪也。

⑥ 不以天下与胤子丹朱，而反禅舜，故曰有“不慈之名”也。

⑦《诗》云：“娶妻如之何？必告父母。”尧妻舜，舜遂不告而娶，故曰“有不孝之行”也。

⑧ 禹甘旨酒而饮之，故曰“有淫湎之意”。

⑨ 成汤放桀于南巢，周武杀殷纣于宣室，故曰“有放杀之事”。

⑩ 五伯争国，骨肉相杀，以大兼小，故曰“有暴乱之谋”。

⑪ 世称六王之圣，五伯之贤，而人讳其放杀暴乱之谋。《论语》曰：“爱之欲其生，恶之欲其死。既欲其生，又欲其死，惑也。”此之谓也。

【校】注引《论语》殊不切。

⑫ 敲音散，击也。辨说六王、五伯之阙，而欲见敲其头。辨如此，不若无辨也。

【校】“敲”，旧本作“毃”，注“音散”作“音㱿”，又一本作“音縠”，并讹。段云：“《说文》‘敲，击头也’，口卓切。”钱詹事云：“‘㱿’不成字，当为‘散’之讹，《说文》‘散，从上击下也’。”孙氏说同。卢案：“《广韵》散、敲并苦角切，是其音正同也。”今俱改正。

楚有直躬者，其父窃羊而谒之上。① 上执而将诛之，直躬者请代之。将诛矣，告吏曰：“父窃羊而谒之，不亦信乎？父诛而代之，不亦孝乎？信且孝而诛之，国将有不诛者乎？”② 荆王闻之，乃不诛也。孔子闻之曰：“异哉！直躬之为信也，一父而载取名焉。”故直躬之信，不若无信。③

① 谒，告也。上，君也。《语》曰：“叶公告孔子曰：‘吾党有直躬者，其父攘羊而子证之。’”此之谓也。

② 言淫刑以逞，谁能免之，故曰“国将有不诛者乎”。

③ 父为子隐，子为父隐，直在其中矣。信而证父，故曰“不若无信”也。

齐之好勇者，其一人居东郭，其一人居西郭，卒然相遇于涂，曰：“姑相饮乎？”觞数行，① 曰：“姑求肉乎？”一人曰：“子肉也，我肉也，尚胡革求肉而为？② 于是具染而已。”③ 因抽刀而相啖，至死而止。勇若此，不若无勇。④

① 觞，爵也。

② 革，更也。

③ 染，豉酱也。

④《传》曰："酒以成礼，弗继以淫。"勇而相噬，无礼之甚，故曰"不若无勇"。

【校】注迂甚。

纣之同母三人，其长曰微子启，其次曰中衍，其次曰受德。受德乃纣也，甚少矣。[①]纣母之生微子启与中衍也，尚为妾，已而为妻而生纣。纣之父、纣之母欲置微子启以为太子，太史据法而争之曰："有妻之子，而不可置妾之子。"纣故为后。[②]用法若此，不若无法。[③]

① 少，小也。

② 置，立也。

③ 太子所以继世树德化下也，法当以法，纣为淫虐以乱天下，故曰"不若无法"也。

【校】注"法当以法"句有脱误，其意盖谓立长建善，不当徒法也。

长　见

五曰：

智所以相过，以其长见与短见也。[①]今之于古也，犹古之于后世也；今之于后世，亦犹今之于古也。故审知今则可知古，知古则可知后，[②]古今前后一也。故圣人上知千岁，下知千岁也。

① 长，远也。短，近也。

② 古，昔也。后，来也。

荆文王曰："苋譆数犯我以义，违我以礼，[①]与处则不安，旷之而不穀得焉。[②]不以吾身爵之，后世有圣人，将以非不穀。"[③]于是爵之五大夫。[④]"申侯伯善持养吾意，吾所欲则先我为之，[⑤]与处则安，旷之而不穀丧焉。[⑥]不以吾身远之，后世有圣人，将以非不穀。"于是送而行之。[⑦]申侯伯如郑，阿郑君之心，先为其所欲，[⑧]三年而知郑国之政也，[⑨]五月而郑人杀之。是后世之圣人使文王为善于上世也。[⑩]

① 文王，武王之子也。犯我，使从义也。违我，使入礼也。

【校】"苋譆"，《说苑·君道》篇作"筦饶"，《新序》一作"筦苏"。

② 与之居，不安之也。旷察之，使我从义入礼，则不穀得不危亡焉。

【校】案：旷犹久也。

③ 非犹罪也。

④ 爵苋譆为五大夫也。

⑤ 意，志也。先意承志，《传》所谓"从而不违"也。

⑥ 与处则安者，臧武仲曰"季孙之爱我，疾疹也；孟孙之恶我，药石也。美疹不如恶石也"，故曰"而不穀丧焉"也。

【校】注"疾疹"，《左传》作"疾疢"。

⑦《鲁僖七年传》曰："初，申侯之出也，有宠于楚文王。文王将死，与之璧使行，曰：'惟我知汝，汝专利而不厌，予取予求，不汝玼瑕也。后之人将

求多于汝，汝必不免。我死，汝速行，毋适小国，将不汝容焉。'"此之谓也。

⑧ 阿，从也。

⑨ 知犹为也。

⑩ 上犹前也。

晋平公铸为大钟，使工听之，皆以为调矣。[1]师旷曰："不调，请更铸之。"平公曰："工皆以为调矣。"师旷曰："后世有知音者，将知钟之不调也，臣窃为君耻之。"至于师涓而果知钟之不调也。是师旷欲善调钟，以为后世之知音者也。

① 平公，悼公之子。调，和也。

吕太公望封于齐，[1]周公旦封于鲁。[2]二君者甚相善也，相谓曰："何以治国？"太公望曰："尊贤上功。"周公旦曰："亲亲上恩。"太公望曰："鲁自此削矣。"[3]周公旦曰："鲁虽削，有齐者亦必非吕氏也。"其后，齐日以大，至于霸，二十四世而田成子有齐国。[4]鲁公以削，至于觐存，[5]三十四世而亡。[6]

① 太公望，炎帝之后。四岳佐禹治水有功，锡姓为姜，氏曰有吕，故曰吕望。遭纣之乱，闻西伯善养老者，遂奔于周，钓于渭滨。文王出田而见之，曰："吾望公之久矣。"乃载与俱归，号为太公望，使为太师。文王薨，佐武王伐纣。成王封之于齐，故《传》曰"齐，大岳之胤"。

【校】注"吾望公之久矣"，《史记·齐世家》作"吾太公望子久矣"。《宋书·符瑞志》"太公望本名吕尚。文王至磻溪之水，尚钓于涯，王下趋拜曰：'望公七年，乃今见光景于斯。'尚立变名，答曰'望钓得玉璜'"云云，盖本《尚书纬·帝命验》之文。梁仲子云："注盖引《左氏庄廿二年传》'姜，太岳之后也’，而偶涉隐十一年之文。”

② 周公旦，文王之子，武王之弟也。武王崩，成王幼少，代摄政七年，致太平，成王封之于鲁也。

③ 亲亲上恩，恩多则威武不行，威武不行，故削弱也。

④ 尊贤敬德，故能霸也。上功则臣权重，故能夺君国也。田成子恒杀简公，适二十四世也。

⑤ 觐，裁也。

⑥ 自鲁公伯禽至顷公雠为楚考烈王所灭，适三十四世也。

吴起治西河之外，王错谮之于魏武侯，①武侯使人召之。吴起至于岸门，②止车而望西河，③泣数行而下。其仆谓吴起曰："窃观公之意，视释天下若释蹝。④今去西河而泣，何也？"吴起抿泣而应之曰："子不识。⑤君知我而使我毕能，西河可以王。⑥今君听谗人之议而不知我，⑦西河之为秦取不久矣，魏从此削矣。"⑧吴起果去魏入楚。有间，西河毕入秦，秦日益大。⑨此吴起之所先见而泣也。

① 吴起，卫人，为魏将，善用兵，故能治西河之外，谓北边也。武侯，文侯之子。

② 岸门，邑名。

【校】案：《史记·魏世家》正义引《括地志》云："岸门在许州长社县西北十八里。"

③【校】后《观表》篇"止车而"下有"休"字。

④ 释，弃。

⑤ 识，知也。

【校】"抿"与"拉"同。《观表》篇作"雪"，注"拭也"。

⑥ 能，力也。尽力为之，可以致君于王也。

⑦ 谗人，王错也。

⑧ 秦将取之，不复久也。魏失西河，故从此削弱也。

⑨ 毕由尽也。

魏公叔座疾，惠王往问之，[①]曰："公叔之病甚矣！[②]将奈社稷何？"公叔对曰："臣之御庶子鞅，愿王以国听之也。[③]为不能听，[④]勿使出境。"[⑤]王不应，出而谓左右曰："岂不悲哉？[⑥]以公叔之贤，而今谓寡人必以国听鞅，悖也夫！"公叔死，公孙鞅西游秦，秦孝公听之，秦果用强，魏果用弱。非公叔座之悖也，魏王则悖也。夫悖者之患，固以不悖为悖。[⑦]

① 惠王，武侯之子。

【校】"座"，旧作"痤"，与《魏策》同。据《御览》四百四十四、又六百三十二两引皆作"座"，与《史记·商君传》合，今从之。

②【校】旧本作"公叔之疾嗟疾甚矣"，案《御览》两引皆作"公叔之病甚矣"，今据改正。

③ 御庶子，爵也。鞅，卫之公孙也，故曰公孙鞅，或曰卫鞅。言其智计足以相社稷，能使用而从也。

④【校】"为"，《御览》作"若"。

⑤ 言不能用鞅者必杀之，无令他国得用之也，故曰"勿使出境"。

⑥ 出，王视公叔疾而出也。

⑦ 悖者不自知为悖，故谓不悖者为悖。

第十二卷　季冬纪

季　冬

一曰：

季冬之月，日在婺女，[①]昏娄中，旦氐中。[②]其日壬癸，其帝颛顼，其神玄冥。其虫介，其音羽，律中大吕，[③]其数六。其味咸，其臭朽，其祀行，祭先肾。雁北乡，鹊始巢，[④]雉雊鸡乳。[⑤]天子居玄堂右个，[⑥]乘玄辂，驾铁骊，载玄旂，衣黑衣，服玄玉，食黍与彘，其器宏以弇。命有司大傩，旁磔，出土牛，以送寒气。[⑦]征鸟厉疾。乃毕行山川之祀，及帝之大臣、天地之神祇。[⑧]

① 季冬，夏之十二月。婺女，北方宿，越之分野。是月，日躔此宿也。

【校】此书“婺”，旧并从“務”，案《说文》从“敄”，今并改正。

② 娄，西方宿，鲁之分野。氐，东方宿，韩之分野。是月昏旦时，皆中于南方。

【校】案：《淮南·天文训》氐属宋。

③ 大吕，阴律也。竹管音与大吕和也。万物萌生动于黄泉，未能达见。吕，旅也。所以旅阴即阳，助其成功，故曰“大吕”也。

【校】注“所以旅阴即阳”，旧本“旅”下有“去”字，衍，今删去。

④ 雁在彭蠡之泽，是月皆北乡，将来至北漠也。鹊，阳鸟，顺阳而动，是月始为巢也。

⑤《诗》云：“雉之朝雊，尚求其雌。”乳，卵也。

【校】旧本作“乳雉雊”，误，今案注当与《月令》文同，今改正。

⑥ 玄堂，北向堂。右个，东头室也。

⑦ 大傩，逐尽阴气为阳导也。今人腊岁前一日，击鼓驱疫，谓之逐除是也。《周礼》“方相氏掌蒙熊皮，黄金四目，玄衣朱裳，执戈扬楯，率百隶而时傩，以索室驱疫鬼”，此之谓也。旁磔犬羊于四方以攘，其毕冬之气也。出土牛，令之乡县，得立春节，出劝耕土牛于东门外是也。

【校】注“其毕冬之气也”，“其”字衍。又“令之乡县”，疑是“今之郡县”。案《续汉·礼仪志》亦于季冬出土牛，此云立春节，说又异也。

⑧ 征犹飞也。厉，高也。言是月群鸟飞行高且疾也。帝之大臣，功施于民，若禹、稷之属也。天曰神，地曰祇。是月岁终报功，载祀典诸神毕祀之也。

【校】《月令》无“行”字、“地”字。

是月也，命渔师始渔，天子亲往，① 乃尝鱼，先荐寝庙。冰方盛，水泽复，② 命取冰，冰已入。③ 令告民，出五种。④ 命司农，计耦耕事，⑤ 修耒耜，具田器。命乐师大合吹而罢。⑥ 乃命四监收秩薪柴，以供寝庙及百祀之薪燎。⑦

① 渔，读如《论语》之语。是月也将捕鱼，故命其长也。天子自行观之。

② 复亦盛也。“复”或作“複”，冻重絫也。

【校】《月令》作“水泽腹坚”。旧本于此下又有一“坚”字，乃后人以《月令》之文益之，今删去。

③ 入凌室也。《诗》云：“二之日凿冰冲冲，三之日纳于凌阴。”此之谓也。

④ 出之于窌，简择之也。

⑤ 计，会也。耦，合也。

【校】《月令》作“命农”，无“司”字。

⑥《周礼·籥章》:“仲春,昼击土鼓,吹《豳诗》以逆暑;仲秋,夜逆寒,亦如之。”举春、秋,省文也,则冬、夏可知。

⑦ 四监者,周制,天子畿方千里之内分为百县,县有四郡,郡有一大夫监之,故命四监使收掌薪柴也。燎者,积聚柴薪,置璧与牲于上而燎之,升其烟气,故曰“以供寝庙及百祀之薪燎”也。

【校】“寝庙”,《月令》作“郊庙”。案注所云燔柴之礼,是郊也。下文“寝庙”始注云“祖庙”,则此处正文亦必本与《月令》同。

是月也,日穷于次,月穷于纪,星回于天,①数将几终,岁将更始。②专于农民,无有所使。③天子乃与卿大夫饬国典,论时令,以待来岁之宜。④乃命太史,次诸侯之列,赋之牺牲,⑤以供皇天上帝社稷之享。⑥乃命同姓之国,供寝庙之刍豢。⑦令宰历卿大夫至于庶民土田之数,而赋之牺牲,以供山林名川之祀。⑧凡在天下九州之民者,无不咸献其力,⑨以供皇天上帝、社稷寝庙、山林名川之祀。

① 次,宿也。是月,日周于牵牛,故曰“日穷于次”也。月遇日相合为纪。月终纪,光尽而复生曰朔,故曰“月穷于纪”。日有常行,行于中道,五星随之,故曰“星回于天”也。一说:十二次穷于牵牛,故曰“穷于次”也。纪,道也。月穷于故宿,故曰“穷于纪”。星回于天,谓二十八宿更见于南方,是月回于牵牛,故曰“星回于天”也。

② 夏以十三月为正。夏数得天,言天时者皆从夏正也,故于是月十二月之数近终,岁将更始于正月也。

③ 农事将起,独于农民无所役使也。

④ 饬,读曰敕。敕正国法,论时令所宜者而行之。

【校】《月令》“与公卿大夫共饬国典”,多“公”字、“共”字。

⑤ 次,列也。诸侯异姓者,太史乃次其列位、国之大小,赋敛其牺牲也。

⑥ 皇天上帝，五帝也。社，后土之神，谓句龙也。稷，田官之神，谓列山氏子柱与周弃也。享，祀也。

⑦ 寝庙，祖庙也。亲同姓，故使供之也。牛羊曰刍，犬豕曰豢。

⑧ 宰历，于《周礼》为太宰，掌建邦之六典八法，以御其众，故命之也。

【校】“令”，《月令》作“命”。《正义》云：“宰，小宰。”郑注云：“历犹次也。”此注以“宰历”连文，似误，或“历”字衍。“掌”字旧本脱，今补。

⑨ 咸，皆也。献，致也。

行之是令，此谓一终，三旬二日。[①]季冬行秋令，则白露早降，介虫为妖，四邻入保。[②]行春令，则胎夭多伤，国多固疾，命之曰逆。[③]行夏令，则水潦败国，时雪不降，冰冻消释。[④]

① 行之是令，行是之令也。终，一岁十二月终也。三旬二日者，十日一旬也，二十日为二旬，后一旬在新月，故曰“三旬二日”。

② 金气白，故白露早降，介甲之虫为妖灾也。金为兵革，故四境之民入城郭以自保守也。

【校】“四邻”，《月令》作“四鄙”。

③ 季冬大寒，而行春温仁之令，气不和调，故胎养夭伤。国多逆气之由，故命曰逆。

④ 火气炎阳，又多淋雨，故水潦败国也。时雪当降而不降，冰冻不当消释而消释，火气温，干时之征也。

士　节

二曰：

士之为人，当理不避其难，[①]临患忘利，[②]遗生行义，[③]视死如归。[④]有如此者，国君不得而友，天子不得而臣。[⑤]大者定天下，其次定一国，必由如此人者也。[⑥]故人主之欲大立功名者，不可不务求此人也。[⑦]贤主劳于求人，而佚于治事。[⑧]

① 理，义也。杀身成义，何难之避也？

② 道而用之。

③ 惟义所在，不必生也，故曰“遗生”也。

④ 易也。

⑤ 以其义高任大，一国之君不能得友，天子不能得臣也。尧不能屈许由，周不能移伯夷，汉高不能致四皓，此之类也。

⑥ 定天下，舜、禹、周弃是也。定一国，蘧伯玉、段干木是也。

⑦ 务，勉也。

⑧ 得贤而仕之，故佚于治事也。

齐有北郭骚者，结罘网，捆蒲苇，织萉屦，[①]以养其母。犹不足，[②]踵门见晏子曰：“愿乞所以养母。”晏子之仆谓晏子曰：“此齐国之贤者也。其义不臣乎天子，不友乎诸侯，于利不苟取，于害不苟免。[③]今乞所以养母，是说夫子之义也，必与之。”晏子使人分仓粟、分府金而遗之，[④]辞金而受粟。有间，晏子见疑于齐君，[⑤]出奔，过北郭骚之门而辞。[⑥]北郭骚沐浴而出见晏子曰：“夫子将焉适？”[⑦]晏子曰：“见疑于齐君，将出奔。”[8]北郭子曰：“夫子勉之矣。”晏子上车，太息而叹曰：“婴之亡岂不宜哉？亦不知士甚矣。”晏子行。[9]北郭子召其友而告之曰：“说晏子之义，而尝乞所以养母焉。[10]吾闻之曰：‘养及亲者，身伉其难。’[11]今晏子见疑，吾将以身死白之。”[12]著衣冠，令其友操剑奉笥而从，造于君庭，求复者曰：“晏子，天下之贤者也，去则齐国必侵矣。必见国之侵也，不若先死。请以头托白晏子也。”因谓其友曰：“盛吾头于笥中，奉以托。”退而自刎也。其友因奉以托。其友谓观者曰：“北郭子为国故死，吾将为北郭子死也。”又退而自刎。齐君闻之，大骇，乘驲而自追晏子，及之国郊，[13]请而反之。晏子不得已而反，闻北郭骚之以死白己也，曰：“婴之亡岂不宜哉？亦愈不知士甚矣。”[14]

①【校】旧本作“屦履”，校云：“一作‘葩履’。”今据《尊师》篇定作“葩屦”。

② 犹，尚也。

③ 于不义之利，不苟且而取也。当义能死，故不苟免。

④【校】次“分”字衍，《说苑·复恩》篇无。

⑤ 有间，无几间也。

⑥ 辞者，别也。

⑦ 适，之也。

⑧ 奔，走也。

⑨ 行，去也。

⑩【校】“尝”，旧本作“当”，讹，今从《说苑》改正；“焉”，彼作“者”。

⑪ 伉，当。

⑫ 白，明也。

⑬ 驲，传车也。郊，境也。

【校】“驲”，各本多作“驿”，李本作“驲”。案文十六年《左氏传》“楚子乘驲”，杜注“驲，传车也”，与此合，今从之。

⑭ 晏子自谓施北郭骚不得其人为不知士也，又不知北郭骚能为其杀身以明己，故曰“婴之亡岂不宜哉？亦愈不知士甚矣”，自责深也。

【校】旧本正文“婴之亡”上有“晏”字，衍，今据注删去。

介　立①

①【校】一作“立意”。

三曰：

以贵富有人易，以贫贱有人难。今晋文公出亡，①周流天下，穷矣，贱矣，②而介子推不去，有以有之也；反国有万乘，而介子推去之，无以有之也。能其难，③不能其易，④此文公之所以不王也。⑤晋文公反国，⑥介子推不肯受赏，自为赋诗曰：“有龙于飞，周遍天下。五蛇从之，为之丞辅。⑦龙反其乡，得其处所。四蛇从之，得其露雨。⑧一蛇羞之，桥死于中野。”悬书公门，而伏于山下。⑨文公闻之，曰：“嘻！此必介子推也。”避舍变服，令士庶人曰：“有能得介子推者，爵上卿，田百万。”⑩或遇之山中，负釜盖簦，⑪问焉曰：“请问介子推安在？”应之曰：“夫介子推苟不欲见而欲隐，吾独焉知之？”遂背而行，终身不见。人心之不同，岂不甚哉？今世之逐利者，早朝晏退，焦唇干嗌，日夜思之，犹未之能得；今得之而务疾逃之，介子推之离俗远矣。

① 文公名重耳，晋献公之太子申生异母弟也。遭丽姬之乱，太子申生见杀，重耳避难奔翟十二年，自翟经于诸国也。

②【校】旧校云："'穷'一作'贫'。"

③ 能以贫贱有人也。

④ 不能以富贵有人也。

⑤ 力能霸，德不能王也。

⑥【校】旧校云："一作'反人'。"

⑦ 丞，佐也。辅，相也。龙，君也，以喻文公。五蛇，以喻赵衰、狐偃、贾他、魏犨、介子推也。

⑧ 露雨，膏泽。

⑨【校】案：《传》载介子推之言曰"身将隐，焉用文"，安有自为诗而悬于公门之事？《说苑·复恩》篇以为从者怜之，乃悬书宫门，说尚可通。歌辞与此及《史记·晋世家》、《新序·节士》篇所载各不同。梁仲子云："桥死疑是槁死。《御览》九百二十九无'桥'字。"

⑩ 百万亩也。

⑪【校】旧本"簦"误从"艸"，又注"音登"二字，亦与高注不似。

东方有士焉曰爰旌目，[①]将有适也，而饿于道。狐父之盗曰丘，见而下壶餐以餔之。爰旌目三餔之而后能视，曰："子何为者也？"曰："我狐父之人丘也。"爰旌目曰："嘻！汝非盗邪？胡为而食我？吾义不食子之食也。"两手据地而吐之，不出，喀喀然遂伏地而死。[②]郑人之下𬯎也，[③]庄蹻之暴郢也，[④]秦人之围长平也，[⑤]韩、荆、赵此三国者之将帅贵人皆多骄矣，其士卒众庶皆多壮矣，[6]因相暴以相杀，脆弱者拜请以避死，[7]其卒递而相食，不辨其义，冀幸以得活。如爰旌目已食而不死矣，恶其义而不肯不死。今此相为谋，岂不远哉？

①【校】梁仲子云："《列子·说符》篇亦作'爰旌目'。《后汉书·张衡传》作'旌瞀'，注云'一作爰精目'，并引《列子》亦作'精目'。又《新序·节士》篇作'族目'，讹。"

② 昔者齐饥，黔敖为食于路。有人戢其履，瞢瞢而来。黔敖呼之曰："嗟！来食。"扬其目而应之曰："吾惟不食嗟来之食，以至于此。"黔敖随而谢之。遂去，不食而死。君子以为其嗟也可去，其谢也可食。一介相似，旌目其类也。

【校】"瞢瞢而来"，《礼记·檀弓下》作"贸贸然来"。

③ 𩏩，邑名也，义则未闻。

【校】吴志伊《字汇补》云："𩏩音未闻，一本作'䩵'。"梁仲子云："《说文》'婚'，籀文作'㜛'，略相似。《古音附录》以革旁作者，云'古昏字'，未详。"卢云："韩哀侯灭郑而徙都之，改号曰郑。此昏疑即《汉志》陈留郡之东昏县，正郑地。郑人下昏，或即说韩灭郑一事。观下云'韩、荆、赵'，更可见郑人之即韩矣。"

④ 庄蹻，楚成王之大盗。郢，楚都。

【校】梁伯子云："《商子·弱民》篇、《荀子·议兵》篇、《韩诗外传》四、《补史记礼书》并有'庄蹻起而楚分'之语，皆不言在楚何时。《韩非·喻老》篇载楚庄王欲伐越，杜子说曰'庄蹻为盗于境内'，以为在庄王时。而高氏以为楚成王时，则又在前，未知何据。若《史》、《汉》则以蹻为庄王苗裔，在楚威王之世，而杜氏《通典·边防三》、马氏《通考·南蛮二》辨其误，以范史谓在顷襄王时为定。独《困学纪闻·考史》据《韩非》、《汉书》以将军庄蹻与盗名氏相同，是二人，此未敢信。"卢云："案《后汉书·西南夷传》'楚顷襄王时，遣将军庄豪伐夜郎，因留王滇池’，杜氏言即庄蹻。《华阳国志·南中志》云‘楚威王遣将军庄蹻伐夜郎，克之，会秦夺楚黔中地，无路得反，遂留王滇池’，此本非楚之境内地。今此言‘暴郢’，《韩非》言‘为盗于境内’，《荀子》言‘庄蹻起，楚分为三四’，皆与言将军事不合。《荀子》以唐蔑之死与蹻并言，案秦杀唐昧，‘昧’即‘蔑’，在楚怀王二十八年，则蹻当威、怀时。亦可见此注或本作‘威’，因形近而误‘成’，未可知也。”

⑤ 秦使白起围赵括军于长平，坑其四十万众。

⑥【校】卢云：“壮，伤也。”

⑦ 避犹免也。

诚 廉

四曰：

石可破也，而不可夺坚；[①]丹可磨也，而不可夺赤。[②]坚与赤，性之有也。[③]性也者，所受于天也，非择取而为之也。豪士之自好者，其不可漫以污也，亦犹此也。[④]

① 性坚。

②【校】旧校云：“‘磨’一作‘靡’，注亦同。”今案：不见所为注，岂脱漏欤？

③【校】各本多脱“也”字，唯朱本有。

④ 倍百人为豪。

【校】旧校云：“‘豪士’一作‘人豪’。”

昔周之将兴也，有士二人，处于孤竹，曰伯夷、叔齐。①二人相谓曰："吾闻西方有偏伯焉，似将有道者，今吾奚为处乎此哉?"二子西行如周，至于岐阳，则文王已殁矣。武王即位，观周德，则王使叔旦就胶鬲于次四内，②而与之盟曰："加富三等，就官一列。"为三书同辞，血之以牲，埋一于四内，皆以一归。又使保召公就微子开于共头之下，③而与之盟曰："世为长侯，守殷常祀，相奉桑林，宜私孟诸。"④为三书同辞，血之以牲，埋一于共头之下，皆以一归。伯夷、叔齐闻之，相视而笑曰："嘻，异乎哉！此非吾所谓道也。昔者神农氏之有天下也，时祀尽敬而不祈福也。⑤其于人也，忠信尽治而无求焉。⑥乐正与为正，乐治与为治，不以人之坏自成也，⑦不以人之庳自高也。今周见殷之僻乱也，而遽为之正与治，⑧上谋而行货，阻丘而保威也。⑨割牲而盟以为信，因四内与共头以明行，扬梦以说众，⑩杀伐以要利，以此绍殷，是以乱易暴也。⑪吾闻古之士，遭乎治世，不避其任；⑫遭乎乱世，不为苟在。今天下暗，周德衰矣。与其并乎周以漫吾身也，⑬不若避之以洁吾行。"二子北行，至首阳之下而饿焉。

① 孤竹国在辽西，殷诸侯国也。

② 四内，地名。

③ 共头，水名。

【校】案：共头即共首，山名，在汉之河内共县。

④ 相犹使也。使奉桑林之乐。孟诸，泽名也，为私邑也。

⑤ 时，四时。祈，求也。

⑥ 无所求于民也。

⑦【校】"坏",宋邦乂本作"壤"。壤亦伤也。

⑧ 遽,疾也。

⑨ 行货,谓与胶鬲盟加富三等也。阻,依。保,持。

【校】"阻丘"疑是"阻兵"。杜注《左传》:"阻,恃也。"保亦当训恃。

⑩ 宣扬武王灭殷之梦,以喜众民。

【校】案:事见《周书·程寤》篇,今已亡。《御览》五百三十三载其略云:"文王去商在程。正月既生魄,太姒梦见商之庭产棘,小子发取周庭之梓,树于阙间,化为松柏棫柞。寤,惊以告文王。文王曰:'召发于明堂拜吉梦,受商之大命于皇天上帝。'"此其事也。

⑪ 绍,续。

⑫ 任,职也。力所能。

⑬ 漫,污。

人之情,莫不有重,莫不有轻。[①]有所重则欲全之,有所轻则以养所重。[②]伯夷、叔齐此二士者,皆出身弃生以立其意,轻重先定也。[③]

① 莫不有重,于天下也。莫不有轻,义重身也。

② 养所重,不污于武王,为以全其忠也。

【校】注"忠"疑当作"重"。

③ 伯夷、叔齐让国而去,轻身重名,故曰"轻重先定"。

不 侵

五曰：

天下轻于身，而士以身为人。①以身为人者，如此其重也，②而人不知以奚道相得。③贤主必自知士，故士尽力竭智，直言交争，而不辞其患。④豫让、公孙宏⑤是矣。当是时也，智伯、孟尝君知之矣。⑥世之人主，得地百里则喜，四境皆贺，⑦得士则不喜，不知相贺，不通乎轻重也。⑧汤、武，千乘也，而士皆归之。⑨桀、纣，天子也，而士皆去之。⑩孔、墨，布衣之士也，⑪万乘之主、千乘之君不能与之争士也。⑫自此观之，尊贵富大不足以来士矣，⑬必自知之然后可。⑭

① 轻于身，重于义也。以身为人者，为人杀身。

②《淮南记》曰："左手据天下之图，右手刎其喉，愚夫不为也。"今以义为人杀身，故曰"如此其重也"。

③ 奚，何也。不知以何道得人，乃令之为己死也。

④ 士为知己者死，故尽力竭智，何患之辞也？

⑤【校】避改。

⑥ 智伯知豫让，故为之报仇，言士为知己者死也。孟尝君知公孙宏，故为之不受折于秦也。

⑦ 举国皆贺，国中喜可知也。

⑧ 不但不知相贺也，乃不知贤也，故曰"不通乎轻重也"。

⑨ 汤，殷受命之王，名天乙，商主癸之子也。武王，周文王之子，名发。

⑩ 桀，夏失天下之王，帝皋之孙，帝发之子。纣，殷失天下之王，文丁之孙，帝乙之子也。

【校】注“文丁”,旧本作“太丁”,讹,今据《竹书纪年》改正。

⑪ 孔子、墨翟。

⑫ 万乘,天子也。千乘,诸侯也。士不归之而归孔、墨,故曰“不能与之争士也”。

⑬ 来犹致也。

⑭ 可者,可致也。

豫让之友谓豫让曰:“子之行何其惑也?子尝事范氏、中行氏,诸侯尽灭之,而子不为报,至于智氏,而子必为之报,何故?”豫让曰:“我将告子其故。[①]范氏、中行氏,我寒而不我衣,我饥而不我食,而时使我与千人共其养,是众人畜我也。夫众人畜我者,我亦众人事之。至于智氏则不然,出则乘我以车,入则足我以养,众人广朝,而必加礼于吾所,[②]是国士畜我也。[③]夫国士畜我者,我亦国士事之。”豫让,国士也,而犹以人之于己也为念,[④]又况于中人乎?

① 告,语也。故,事也。

② 句。

③【校】“是”,旧本多作“谓”,则当以“所谓”连读。今从李本作“是”,义长。

④ 于犹厚也。

孟尝君为从,[①]公孙宏谓孟尝君曰:“君不若使人西观秦王。意者秦王帝王之主也,君恐不得为臣,何暇从以难之?[②]意者秦王不肖主也,君从以难之未晚也。”[③]孟尝君曰:“善。愿因请公往矣。”[④]公孙宏敬诺,以车十乘之秦。秦昭王闻之，而欲丑之以辞，以观公孙宏。⑤公孙宏见昭王，昭王曰："薛之地小大几何？"公孙宏对曰："百里。"昭王笑曰："寡人之国，地数千里，犹未敢以有难也。今孟尝君之地方百里，而因欲以难寡人犹可乎？"公孙宏对曰："孟尝君好士，大王不好士。"昭王曰："孟尝君之好士何如？"公孙宏对曰："义不臣乎天子，不友乎诸侯，得意则不惭为人君，不得意则不屑为人臣，⑥如此者三人。⑦能治可为管、商之师，⑧说义听行，其能致主霸王，⑨如此者五人。⑩万乘之严主辱其使者，退而自刎也，必以其血污其衣，有如臣者七人。"⑪昭王笑而谢焉，曰："客胡为若此？寡人善孟尝君，欲客之必谨谕寡人之意也。"⑫公孙宏敬诺。公孙宏可谓不侵矣。昭王，大王也；⑬孟尝君，千乘也。立千乘之义而不可凌，⑭可谓士矣。⑮

① 关东曰从。

② 言不能成从以难秦也。

③ 晚，后。

④ 往，行。

⑤ 昭王，秦惠王之子，武王之弟也。"丑"或作"耻"。耻，辱也。观公孙宏云何也。

⑥【校】旧本"惭"上脱"不"字，又"屑"讹作"肖"。案《战国·齐策》云："得志不惭为人主，不得志不肯为人臣。"今据补正。

⑦ 有此者三人也。

⑧ 管仲、商鞅。

⑨【校】《策》作"能致其主霸王"，句顺。

⑩ 有此者五人也。

⑪ 臣，公孙宏自谓也，故言"有如臣者七人"也。

【校】"七人",《策》作"十人"。注殊赘。

⑫ 谕,明。

⑬【校】《策》作"大国也"。

⑭ 凌,侮。

⑮ 孔子曰:"使于四方,不辱君命,可谓士矣。"此之谓也。

【校】《策》作"可谓足使矣"。

序　意[1]

①【校】旧云:"一作'廉孝'。"案"廉孝"二字与此无涉,必尚有脱文。

维秦八年,岁在涒滩,[1]秋,甲子朔,朔之日,良人请问十二纪。[2]文信侯曰:[3]"尝得学黄帝之所以诲颛顼矣,爰有大圜在上,大矩在下,[4]汝能法之,为民父母。盖闻古之清世,[5]是法天地。凡十二纪者,所以纪治乱存亡也,所以知寿夭吉凶也。上揆之天,下验之地,中审之人,若此则是非、可不可无所遁矣。天曰顺,顺维生;地曰固,固维宁;人曰信,信维听。三者咸当,无为而行。行也者,行其理也。行数,循其理,平其私。夫私视使目盲,私听使耳聋,私虑使心狂,三者皆私设精则智无由公。[6]智不公,则福日衰,灾日隆,[7]以日倪而西望知之。"[8]

① 八年，秦始皇即位八年也。岁在申名涒滩。涒，大也。滩，循也。万物皆大循其情性也。涒滩，夸人短舌不能言为涒滩也。

【校】案：今谓始皇即位之年岁在乙卯，钱氏塘以超辰之法推之，知在癸丑，再加七年是庚申，是年又当超辰，则为辛酉。而此犹云涒滩者，失数超辰之岁耳。超辰亦谓之跳辰，《周礼》、《冯相》、《保章》注、疏中详言之。自东汉以后，不明此理，故武帝太初元年，班固谓之丙子者，后人却谓之丁丑矣。

② 良人，君子也。

③ 吕不韦封洛阳，号文信侯。

④ 圜，天也。矩，方，地也。

⑤ 清，平。

⑥ 公，正也。

⑦ 隆，盛。

⑧ 日中而盛，跌而衰，人之盛衰于此。西望，日暮也，故曰倪而西望之也。

【校】“倪”与“睨”同，李本作“兒”。注“跌”与“昳”同，《周礼・大司徒》“日东则景夕多风”，郑司农云：“景夕，谓日跌景乃中。”《史记・天官书》“日昳”，《汉书・天文志》作“日跌”。谢云：“此句文与上不属，又下一段亦不当在此篇。”

赵襄子游于囿中，至于梁，马却不肯进。青荓为参乘，[①]襄子曰：“进视梁下，类有人。”[②]青荓进视梁下。豫让却寝，佯为死人，叱青荓曰：“去！长者吾且有事。”[③]青荓曰：“少而与子友，子且为大事，[④]而我言之，是失相与友之道；子将贼吾君，而我不言之，是失为人臣之道。如我者惟死为可。”[⑤]乃退而自杀。青荓非乐死也，重失人臣之节，恶废交友之道也。青荓、豫让可谓之友也。

①【校】旧校云："一作'青荓'。"案李善注《文选》陈琳《答东阿王笺》引作"青荓"。梁仲子云："《汉书人表》作'青荓子',《水经·汾水注》作'清洴',今新刻亦改作'青荓'矣。"

② 类,象也。

③ 言将杀襄子。

【校】《选》注无"吾"字,是。长者,让自谓也。

④【校】《选》注作"子今日为大事"。

⑤ 适可得死也。

第十三卷　有始览

有　始

一曰：

天地有始，天微以成，地塞以形。① 天地合和，生之大经也。② 以寒暑日月昼夜知之，③ 以殊形殊能异宜说之。④ 夫物合而成，离而生。知合知成，知离知生，则天地平矣。⑤ 平也者，皆当察其情，处其形。⑥

① 始，初也。天，阳也。虚而能施，故微以生万物。地，阴也，实而能受，故塞以成形兆也。

② 经犹道也。

③ 知犹别也。

【校】旧本“以寒”下衍“以”字，今去之。

④ 形能各有所施，故说译之也。

⑤ 合，和也。平，成也。

⑥【校】旧校云：“一作‘平也者，皆反其情，变其形也’。”

天有九野，地有九州，上[1]有九山，山有九塞，泽有九薮，① 风有八等，水有六川。②

---

[1] 上：他本均作“土”。

① 险阻曰塞。有水曰泽。无水曰薮。

②【校】《淮南·地形训》作"水有六品",后"六川"作"六水"。

何谓九野?中央曰钧天,其星角、亢、氐。[①]东方曰苍天,其星房、心、尾。[②]东北曰变天,其星箕、斗、牵牛。[③]北方曰玄天,其星婺女、虚、危、营室。[④]西北曰幽天,其星东壁、奎、娄。[⑤]西方曰颢天,其星胃、昴、毕。[⑥]西南曰朱天,其星觜嶲、参、东井。[⑦]南方曰炎天,其星舆鬼、柳、七星。[⑧]东南曰阳天,其星张、翼、轸。[⑨]

① 钧,平也。为四方主,故曰"钧天"。角、亢、氐,东方宿,韩、郑分野。

② 东方二月建卯,木之中也。木色青,故曰"苍天"。房、心、尾,东方宿。房、心,宋分野。尾、箕,燕分野。

③ 东北,水之季,阴气所尽,阳气所始,万物向生,故曰"变天"。斗、牛,北方宿。尾、箕,一名析木之津,燕之分野。斗、牛,吴、越分野。

④ 北方十一月建子,水之中也。水色黑,故曰"玄天"也。婺女,亦越之分野。虚、危,齐分野。营室,卫分野。

⑤ 西北,金之季也,将即太阴,故曰"幽天"。东壁,北方宿,一名豕韦,卫之分野。奎、娄,西方宿,一名降、娄,鲁之分野。

⑥ 西方八月建酉,金之中也。金色白,故曰"颢天"。昴、毕,西方宿,一名大梁,赵之分野。

【校】注"昴毕"上当有"胃,鲁之分野"五字。

⑦ 西南,火之季也,为少阳,故曰"朱天"。嶲、参,西方宿,一名实沈,晋之分野。东井,南方宿,一名鹑首,秦之分野。

⑧ 南方五月建午,火之中也。火曰炎上,故曰"炎天"。舆鬼,南方宿,秦之分野。柳、七星,南方宿,一名鹑火,周之分野。

⑨ 东南,木之季也,将即太阳,纯乾用事,故曰"阳天"。张、翼、轸,南方

宿。张,周之分野。翼、轸,一名鹑尾,楚之分野。

【校】注"张、翼、轸,南方宿",旧脱"轸"字,又"南"讹作"北",今改正。

何谓九州?河、汉之间为豫州,周也。① 两河之间为冀州,晋也。② 河、济之间为兖州,卫也。③ 东方为青州,齐也。泗上为徐州,鲁也。④ 东南为扬州,越也。南方为荆州,楚也。西方为雍州,秦也。北方为幽州,燕也。

① 河在北,汉在南,故曰"之间"。

② 东至清河,西至西河。

③ 河出其北,济经其南。

④ 泗,水名也。

何谓九山?会稽,太山,① 王屋,首山,太华,② 岐山,太行,羊肠,孟门。③

① 会稽山在今会稽郡。太山在今太山郡,是为东岳也。

② 王屋在河东垣县东北,济水所出也。首山在蒲阪之南,河曲之中,伯夷所隐。太华在弘农华阴县,是为西岳也。

③ 岐山在右扶风美阳县西北,周家所邑。太行在河内野王县北。羊肠,其山盘纡譬如羊肠,在太原晋阳县北。

【校】注末七字旧本缺,据李善注《文选》魏武帝《苦寒行》所引补。又诱注《淮南·地形训》云:"孟门,太行之限也。"此不注,疑文脱。

何谓九塞?大汾,冥阨,荆阮,方城,① 殽,井陉,令疵,句注,居庸。②

① 大汾，处未闻。冥阨、荆阮、方城皆在楚。鲁定四年，吴伐楚，楚左司马请塞直辕、冥阨以击吴人者也。

【校】“大汾”，《淮南》作“太汾”，注云“在晋”，此何以云未闻？“冥阨”，《淮南》作“渑阨”，彼注云：“今宏农渑池是也。”皆与此不同。岂彼乃许慎注欤？又“塞”字旧本脱，今案《传》文增。

② 殽在弘农渑池县西。井陉在常山井陉县，通太原关。令疵，处则未闻。句注在雁门。居庸在上谷沮阳之东，通军都关也。

【校】《淮南》“殽”下有“阪”字。“令疵”，旧本讹作“疵处”，据注是“令疵”。《淮南注》云“令疵在辽西”，则即是令支，乃齐桓所制者。又“军都关”，旧讹作“居都关”，《淮南注》作“运都关”。钱云：“运乃军之讹，军都亦上谷县，在居庸之东。”今皆改正。

何谓九薮？[①] 吴之具区，[②] 楚之云梦，[③] 秦之阳华，[④] 晋之大陆，[⑤] 梁之圃田，[⑥] 宋之孟诸，[⑦] 齐之海隅，[⑧] 赵之巨鹿，[⑨] 燕之大昭。[⑩]

① 薮，泽也。有水曰泽，无水曰薮。

② 具区在吴、越之间。

【校】《淮南》“吴”作“越”。

③ 云梦在南郡华容。

④ 阳华在凤翔，或曰在华阴西。

【校】《尔雅》作“阳陓”，《淮南》作“阳纡”，注云：“阳纡在冯翊池阳，一名具圃。”

⑤ 魏献子所畋，犹楚之华容也。

【校】注“畋”，旧讹作“居”，据《左氏定元年传》改正。

⑥ 圃田在今河南中牟。

【校】“梁”，《淮南》作“郑”。

⑦ 孟诸在梁国睢阳之东南。

【校】《淮南注》作"东北",郭注《尔雅》亦同。此讹。

⑧ 隅犹崖也。

⑨ 广阿泽也。

【校】郭璞注《尔雅》"晋有大陆"云:"今巨鹿北广阿泽是也。"《尔雅》本无"赵之巨鹿",而有"鲁之大野,周之焦护"为十薮。

⑩ 大昭,今太原郡是也。

【校】"大昭",《淮南》作"昭余",《尔雅》作"昭余祁"。

何谓八风?东北曰炎风,① 东方曰滔风,② 东南曰熏风,③ 南方曰巨风,④ 西南曰凄风,⑤ 西方曰飂风,⑥ 西北曰厉风,⑦ 北方曰寒风。⑧

① 炎风,艮气所生。一曰融风。

② 震气所生。一曰明庶风。

【校】《淮南》作"条风"。

③ 巽气所生。一曰清明风。

【校】旧校云:"'熏风'或作'景风'。"案《淮南》作"景风"。

④ 离气所生。一曰凯风。《诗》曰"凯风自南"。

【校】孙云:"李善注《文选》木玄虚《海赋》、王子渊《洞箫赋》、潘安仁《河阳县作诗》引俱作'凯风'。"

⑤ 坤气所生。一曰凉风。

【校】《淮南》作"凉风"。

⑥ 兑气所生。一曰阊阖风。

⑦ 干气所生。一曰不周风。

【校】《淮南》作"丽风"。

⑧ 坎气所生。一曰广莫风。

何谓六川？河水，赤水，辽水，黑水，江水，淮水。[1]

① 河出昆仑东北陬。赤水出其东南陬。辽水出砥石山，自塞北东流，直至辽东之西南入海。黑水出昆仑西北陬。江水出岷山，在蜀西徼外。淮水出桐柏山，在南阳平氏县也。

【校】注“自塞北东流”，《水经注》“北”作“外”，又下作“直辽东”，无“至”字。

凡四海之内，东西二万八千里，南北二万六千里，[1]水道八千里，受水者亦八千里，通谷六，名川六百，陆注三千，[2]小水万数。[3]

① 子午为经，卯酉为纬。四海之内，纬长经短。

②【校】《淮南》“注”作“径”。

③ 陆无水，水盛内乃注之也。

凡四极之内，东西五亿有九万七千里，南北亦五亿有九万七千里。[1]极星与天俱游，而天极不移。[2]冬至日行远道，周行四极，命曰玄明。[3]夏至日行近道，乃参于上。当枢之下无昼夜。[4]白民之南，建木之下，日中无影，呼而无响，盖天地之中也。[5]天地万物，一人之身也，此之谓大同。[6]众耳目鼻口也，众五谷寒暑也，此之谓众异，则万物备也。天斟万物，[7]圣人览焉，以观其类。[8]解在乎天地之所以形，[9]雷电之所以生，[10]阴阳材物之精，[11]人民禽兽之所安平。[12]

① 海东西长，南北短。极内等。

② 极星，辰星也。《语》曰“譬如北辰，居其所而众星拱之”，故曰“不移”。

③ 远道，外道也，故曰“周行四极”。玄明，大明也。

④ 近道，内道也。乃参倍于上下曰高也。当极之下分明不置曜统一也，故曰“无昼夜”。

【校】注“下曰”疑是“夏日”，“不置”疑是“不冥”。

⑤ 白民之国，在海外极内。建木在广都南方，众帝所从上下也，复在白民之南。建木状如牛，引之有皮，黄叶若罗也。日正中将下，日直人下，皆无影；大相叫呼，又无音响人声；故谓盖天地中也。

【校】注“引”，旧作“豕”字，讹。案《海内南经》云：“有木，其状如牛，引之有皮，若缨黄蛇，其叶如罗，其实如栾，其木若苉，其名曰建木。在窫窳西。”

⑥ 以一人身喻天地万物。《易》曰“近取诸身，远取诸物”，故曰“大同”也。

⑦【校】旧校云：“‘斟’一作‘堪’。”注亦同。案“堪”或是“斟”字，会集也，盛也。

⑧ 天斟输万物，圣人总览以知人也。

⑨ 天地之初始成形也。

⑩ 震气为雷，激气为电，始生时也。

⑪ 阴阳皆由天地。阴阳例万物也。

⑫ 人民禽兽，动作万物，皆由天地阴阳以生，各得其所乐，故曰“之所安平”也。

应　同[①]

①【校】旧作“名类”，乃“召类”之讹，然与卷二十篇目复。旧校云“一名‘应同’”，今即以“应同”题篇。

二曰：

凡帝王者之将兴也，天必先见祥乎下民。[①]黄帝之时，天先见大螾大蝼。[②]黄帝曰土气胜。土气胜，故其色尚黄，其事则土。[③]及禹之时，天先见草木秋冬不杀。禹曰木气胜。木气胜，故其色尚青，其事则木。[④]及汤之时，天先见金刃生于水。汤曰金气胜。金气胜，故其色尚白，其事则金。[⑤]及文王之时，天先见火赤乌衔丹书集于周社。文王曰火气胜。火气胜，故其色尚赤，其事则火。[⑥]代火者必将水，天且先见水气胜。水气胜，故其色尚黑，其事则水。[⑦]水气至而不知，数备，将徙于土。[⑧]天为者时，而不助农于下。[⑨]类固相召，气同则合，声比则应。[⑩]鼓宫而宫动，鼓角而角动。[⑪]平地注水，水流湿；均薪施火，火就燥。[⑫]山云草莽，水云鱼鳞，[⑬]旱云烟火，雨云水波，无不皆类其所生以示人。[⑭]故以龙致雨，以形逐影。师之所处，必生棘楚。[⑮]祸福之所自来，众人以为命，安知其所。[⑯]

① 祥，征应也。

② 蝼，蝼蛄。螾，蚯蚓。皆土物。

【校】注“蝼，蝼蛄”，旧本作“蛄蝼”，今补正。

③ 则,法也。法土色尚黄。

④ 法木色青。

⑤ 法金色白。

⑥ 法火色赤。

⑦ 法水色黑。

⑧【校】旧校云:"'徙'一作'见'。"

⑨ 助犹成也。

⑩ 应,和。

⑪ 鼓,击也。击大宫而小宫应,击大角而小角和,言类相感也。

⑫ 水流湿者先濡,火就燥者先然。

⑬【校】旧本误作"角觩",吴志伊《字汇补》载之,徐仲山谓"鱼鳞"之讹。今案唐、宋人类部所引皆作"鱼鳞",《淮南·览冥训》亦同,今改正。

⑭【校】《御览》八"皆"作"比"。

⑮ 军师训罚,以杀伐为首,棘楚以戮人,喜生战地,故生其处也。【校】案:《老子》曰:"师之所处,荆棘生焉。"此偏不为孝文王讳,何也?注亦不明。"训罚"疑"讨罚"。"戮人"旧作"战人",讹,今改正。

⑯ 自,从也。凡人以为天命,不知其所由也。

夫覆巢毁卵,则凤凰不至;①刳兽食胎,则麒麟不来;干泽涸渔,则龟龙不往。②物之从同,不可为记。子不遮乎亲,臣不遮乎君。③君同则来,异则去。故君虽尊,以白为黑,臣不能听;④父虽亲,以黑为白,子不能从。黄帝曰:"芒芒昧昧,⑤因天之威,⑥与元同气。"⑦故曰同气贤于同义,同义贤于同力,同力贤于同居,同居贤于同名。帝者同气,⑧王者同义,⑨霸者同力,⑩勤者同居则薄矣,⑪亡者同名则觕矣。⑫其智弥觕者,其所同弥粗;其智弥精者,其所同弥精。⑬故凡用意不可不精。夫精,五帝三王之所以成也。成齐类同皆有合，故尧为善而众善至，桀为非而众非来。[14]《商箴》云："天降灾布祥，并有其职。"以言祸福人或召之也。[15]故国乱非独乱也，又必召寇。独乱未必亡也，召寇则无以存矣。[16]

①【校】案："覆巢"旧误倒，今乙正。

②【校】疑当作"不住"，此有韵。

③ 遮，后遏也。

④ 听，从。

⑤【校】旧本皆不重。案：《文子·符言》、《上仁》篇，《淮南·缪称》、《泰族训》，及《御览》七十七引皆重，此注亦然，今据改正。

⑥【校】旧校云："一作'道'。"

⑦ 芒芒昧昧，广大之貌。天之威无不敬也，非同气不协。

⑧ 同元气也。

⑨ 同仁义也。

⑩ 同武力也。

【校】《文子》、《淮南》并作"同功"。

⑪ 同居于世。

⑫ 同名，不仁不义。粗，恶也。

⑬ 精，微妙也。

⑭【校】旧校云："一本作'桀为恶而众恶来'。"

⑮ 职，主也。召，致也。

⑯ 存，在也。

凡兵之用也，用于利，用于义。攻乱则脆，脆则攻者利；攻乱则义，义则攻者荣。荣且利，中主犹且为之，况于贤主乎？故割地宝器，卑辞屈服，不足以止攻，惟治为足。[1]治则为利者不攻矣，为名者不伐矣。凡人之攻伐也，非为利则因为名也。名实不得，国虽强大者，曷为攻矣？解在乎史墨来而辍不袭卫，赵简子可谓知动静矣！[②]

① 足止人攻。

②【校】事见《召类》篇，“史墨”作“史默”。

去 尤

三曰：

世之听者，多有所尤。多有所尤，则听必悖矣。所以尤者多故，[①]其要必因人所喜，与因人所恶。东面望者不见西墙，南乡视者不睹北方，意有所在也。

① 句。

人有亡铁者，意其邻之子。视其行步，窃铁也；颜色，窃铁也；言语，窃铁也；动作态度，无为而不窃铁也。扫其谷而得其铁，[①]他日，复见其邻之子，动作态度，无似窃铁者。其邻之子非变也，己则变矣。变也者无他，有所尤也。

①【校】“扫”，旧讹作“相”，今从《列子·说符》篇改正。

邾之故法，为甲裳以帛。[①]公息忌[②]谓邾君曰："不若以组。凡甲之所以为固者，以满窍也。今窍满矣，而任力者半耳。且组则不然，窍满则尽任力矣。"邾君以为然，曰："将何所以得组也？"公息忌对曰："上用之则民为之矣。"邾君曰："善。"下令，令官为甲必以组。公息忌知说之行也，因令其家皆为组。人有伤之者曰："公息忌之所以欲用组者，其家多为组也。"邾君不说，于是复下令，令官为甲无以组。[③]此邾君之有所尤也。为甲以组而便，公息忌虽多为组，何伤也？以组不便，公息忌虽无组，[④]亦何益也？为组与不为组，不足以累公息忌之说，用组之心，不可不察也。

① 以帛缀甲。

②【校】旧校云："一作'忘'。"

③ 以，用。

④【校】孙云："《御览》三百五十六作'虽无为组'。"

鲁有恶者，[①]其父出而见商咄，反而告其邻曰："商咄不若吾子矣。"且其子至恶也，商咄至美也。彼以至美不如至恶，尤乎爱也。故知美之恶，知恶之美，然后能知美恶矣。《庄子》曰："以瓦投者翔，以钩投者战，以黄金投者殆。[②]其祥一也，而有所殆者，必外有所重者也。外有所重者泄，盖内掘。"[③]鲁人可谓外有重矣。解在乎齐人之欲得金也，及秦墨者之相妒也，[④]皆有所乎尤也。老聃则得之矣，若植木而立乎独，必不合于俗，则何可扩矣。

① 恶，丑。

②【校】《庄子·达生》篇："以瓦注者巧，以钩注者惮，以黄金注者殙。"《列子·黄帝》篇"注"并作"抠"，"殙"作"涽"，文义各小异。此"投"字无考。《淮南·说林训》又作"钍"。

③【校】《淮南》作"是故所重者在外，则内为之掘"，注云："掘，律气不安详。"《列子》作"凡重外者拙内"，语更简而明。

④【校】两事皆见《去宥篇》。

听　言

四曰：

听言不可不察，不察则善不善不分。善不善不分，乱莫大焉。三代分善不善，故王。今天下弥衰，圣王之道废绝，[①] 世主多盛其欢乐，[②] 大其钟鼓，侈其台榭苑囿，以夺人财；轻用民死，以行其忿；老弱冻馁，夭瘠壮狡，汔尽穷屈，[③] 加以死虏；攻无罪之国以索地，诛不辜之民以求利；而欲宗庙之安也，社稷之不危也，不亦难乎？今人曰："某氏多货，其室培湿，守狗死，其势可穴也。"则必非之矣。曰："某国饥，其城郭庳，其守具寡，可袭而篡之。"则不非之。乃不知类矣。[④]《周书》曰："往者不可及，来者不可待，贤明其世，谓之天子。"故当今之世，有能分善不善者，其王不难矣。

①【校】旧校云:"'圣王'一作'圣人'。"

②【校】旧校云:"'欢'一作'观'。"

③【校】狡与佼同,说见《仲夏纪》。

④【校】与《墨子·非攻》篇意同。

善不善本于义,不于爱。爱利之为道大矣。夫流于海者,行之旬月,见似人者而喜矣。及其期年也,见其所尝见物于中国者而喜矣。夫去人滋久,而思人滋深欤?乱世之民,其去圣王亦久矣。其愿见之,日夜无间。故贤王秀士之欲忧黔首者,不可不务也。[①]

① 务,勉也。

功先名,事先功,言先事。不知事,恶能听言?不知情,恶能当言?[①]其与人谷言也,其有辩乎,其无辩乎?[②]造父始习于大豆,蜂门始习于甘蝇,[③]御大豆,射甘蝇,而不徙人以为性者也。[④]不徙之,所以致远追急也,所以除害禁暴也。[⑤]凡人亦必有所习其心,然后能听说。不习其心,习之于学问。不学而能听说者,古今无有也。解在乎白圭之非惠子也,[⑥]公孙龙之说燕昭王以偃兵及应空洛之遇也,[⑦]孔穿之议公孙龙,翟翦之难惠子之法。此四士者之议,皆多故矣,不可不独论。[⑧]

① 安能使其言当合于事乎?

② 谷言,善言。辩,别也。

③ 习，学也。大豆、甘蝇，盖御射人姓名。

【校】梁仲子云："《列子·汤问》篇'造父之师曰泰豆氏'，此大豆当读泰。"案：蜂门即逢蒙，《荀子·王霸》篇、《史记·龟策传》皆同。《汉书人表》作"逢门子"，《庄子》作"蓬蒙"，《法言·学行》篇作"逢蒙"，音薄红切，《盐铁论·能言》篇作"逢须"，唯今本《孟子》乃作"逄蒙"。

④ 专学不徙，以得深术。

⑤ 专学大豆、甘蝇之法而不徙之，故御射得。御可以致远追急，射而发中可以除害禁暴也。

⑥ 白圭，周人也。惠子，惠施，仕魏。

【校】见《不屈》篇。

⑦【校】说偃兵见《应言》篇。梁仲子云："空洛之遇事，见后《淫辞》篇，作'空雄'，地名，岂亦'空雒'之误欤？"

⑧ 公孙龙、孔穿、翟翦皆辩人。

【校】二事亦见《淫辞》篇。

谨　听

五曰：

昔者禹一沐而三捉发，一食而三起，①以礼有道之士，通乎己之不足也。②通乎己之不足，则不与物争矣。③愉易平静以待之，使夫自得之；④因然而然之，使夫自言之。⑤亡国之主反此，乃自贤而少人。少人则说者持容而不极，⑥听者自多而不得，⑦虽有天下，何益焉？是乃冥之昭，乱之定，毁之成，危之宁。[8]故殷、周以亡，比干以死，悖而不足以举。[9]故人主之性，[10]莫过乎所疑，而过于其所不疑；[11]不过乎所不知，而过于其所以知。[12]故虽不疑，虽已知，必察之以法，揆之以量，验之以数。[13]若此则是非无所失，而举措无所过矣。[14]

①【校】梁仲子云："《淮南·氾论训》作'一馈而十起'。"

② 欲以问知所不知也，故曰"通乎己之不足"。

③ 情欲之物不争。

④【校】旧校云："'得'一作'以'。"

⑤【校】旧校云："'言'一作'宁'。"

⑥ 极，至。

⑦ 自多，自贤也。

⑧ 以冥为明，以乱为定，以毁为成，以危为宁也。

⑨ 殷、周以乱而亡，比干以忠而死。不当乱而乱，不可为忠而忠，故悖不可胜举。

⑩【校】旧校云："一作'任'。"

⑪ 所疑者，不敢行，故不过也。其所不疑者，不可而行之，故以为过。

⑫ 所不知者，不敢施，故不为。所以知者，不可施而必为，故曰"过于其所以知"。

⑬ 其所不疑，其所已知，俗主所专用。而贤主能以法制行之，以度量揆之，以数术验之。

⑭ 其慎所不疑，审所已知，故不失过也。

夫尧恶得贤天下而试舜？舜恶得贤天下而试禹？[1]断之于耳而已矣。耳之可以断也，反性命之情也。[2]今夫惑者，非知反性命之情，[3]其次非知观于五帝三王之所以成也，[4]则奚自知其世之不可也？奚自知其身之不逮也？[5]太上知之，其次知其不知。⑥不知则问，不能则学。《周箴》曰：“夫自念斯，学德未暮。”⑦学贤问，三代之所以昌也。⑧不知而自以为知，百祸之宗也。⑨

① 恶，安；试，用也。何以得贤于天下能用舜、禹？

② 反，本。

③ 惑，眩惑也。

④ 成，成其治。

⑤ 奚，何也。逮，及也。

⑥ 生自知其上也，其次知其不知也。

⑦ 暮，晚。

⑧ 学贤知，昌盛。

⑨ 宗，本也。《论语》曰：“不知为不知。”夫不知者而自以为知，则反于道，百祸归之，故曰“百祸之宗也”。

名不徒立，功不自成，国不虚存，必有贤者。①贤者之道，牟而难知，妙而难见。②故见贤者而不耸，则不惕于心。不惕于心，则知之不深。③不深知贤者之所言，不祥莫大焉。④主贤世治，则贤者在上；⑤主不肖世乱[1]，则贤者在下。今周室既灭，而天子已绝。⑥乱莫大于无天子，⑦无天子则强者胜弱，众者暴寡，以兵相残，不得休息，⑧今之世当之矣。⑨故当今之世，求有道之士，则于四海之内，山谷之中，僻远幽闲之所，⑩若此则幸于得之矣。得之，则何欲而不得？何为而不成？⑪太公钓于滋泉，遭纣之世也，故文王得之而王。⑫文王，

[1] 乱：原本作“辞”，据乾隆本改。

千乘也；纣，天子也。天子失之，而千乘得之，知之与不知也。⑬诸众齐民，不待知而使，不待礼而令。⑭若夫有道之士，必礼必知，然后其智能可尽。⑮解在乎胜书之说周公，可谓能听矣；齐桓公之见小臣稷，魏文侯之见田子方也，皆可谓能礼士矣。⑯

① 惟贤者然后立名成功而存其国也。《传》曰："不有君子，其能国乎？"此之谓也。

② 牟犹大也。贤者之道，磲落不凡，惟义所在，非不肖所及，故难知也。其仁爱物，本于中心，精妙幽微，亦非不肖所及，故难见也。

③ 不深知贤者师法之也。

④ 祥，善也。

⑤ 位在上。

【校】自"主贤世治"已下，又见后《观世》篇。

⑥ 周厉王无道，流于彘而灭，无天子十一年，故曰"已绝"。

【校】秦昭王五十二年西周亡，十年而始皇帝继为王，又二十六年始为皇帝。所云"天子已绝"者，在始皇未为皇帝之时。注非是。

⑦【校】"乱"字旧本脱在上注内，今据《观世》篇改正。

⑧【校】旧校云："'休'一作'暂'。"

⑨ 当其时也。

⑩ 所，处也。

⑪ 得贤则欲而得，为而成也。

⑫【校】梁仲子云："《水经·渭水上注》引作'太公钓兹泉'。"孙云："《御览》七十、又八百三十四并作'兹泉'。"旧本句末"王"字脱，亦从《御览》补。

⑬ 文王知太公贤，是以得之；纣不知贤，是以失之；故曰知与不知也。

⑭ 齐民，凡民。非一，故言诸众。

【校】旧校云："'令'一作'合'。"案《观世》篇亦作"令"，注"令犹使也"。

⑮ 可尽得而用也。

⑯ 能礼士，故曰得士。商纣不能礼士，故失太公以灭亡也。

【校】案：胜书说周公见《精谕》篇，齐桓、魏文二事皆见《下贤》篇。此田子方乃段干木之讹。

务　本

六曰：

尝试观上古记，三王之佐，其名无不荣者，其实无不安者，功大也。[①]《诗》云："有晻凄凄，兴云祁祁。雨我公田，遂及我私。"[②]三王之佐，皆能以公及其私矣。俗主之佐，其欲名实也，与三王之佐同，而其名无不辱者，其实无不危者，无公故也。[③]皆患其身不贵于国也，而不患其主之不贵于天下也；皆患其家之不富也，而不患其国之不大也。此所以欲荣而愈辱，欲安而益危。[④]安危荣辱之本在于主，主之本在于宗庙，宗庙之本在于民，民之治乱在于有司。[⑤]《易》曰："复自道，何其咎，吉。"[⑥]以言本无异，则动卒有喜。[⑦]今处官则荒乱，临财则贪得，[⑧]列近则持谏，[⑨]将众则罢怯，[⑩]以此厚望于主，岂不难哉！[⑪]

① 上古记，上世古书也。名者，爵位名也。实者，功实也。

②《诗·小雅·大田》之三章也。晻，阴雨也。阴阳和，时雨祁祁然不

暴疾也。古者井田，十一而税，公田在中，私田在外。民有礼让之心，故愿先公田而及私也。

【校】案：《颜氏家训·书证》篇辨“兴云”当作“兴雨”，以班孟坚《灵台》诗“祁祁甘雨”为证。钱詹事晓征作《汉书考异》据《韩奕》篇“祁祁如云”，谓经师传授有异，非转写有讹。又段明府若膺云：“古人言雨，止言‘降雨’‘下雨’，无有言‘兴雨’者。‘兴云祁祁，雨我公田’，犹《白华》诗之‘英英白云，露彼菅茅’，语意正相似。”案钱、段二说极是，然观注意亦似本作“兴雨”。

③【校】“无公”，后《务大》篇作“无功”，公亦功也，古通用。

④【校】旧校云：“‘益’一作‘愈’。”

⑤ 有司，于《周礼》为太宰，掌建国之六典，以佐王治邦国，以治官府，以纪万民，此之谓也。

⑥ 乾下巽上，小畜，“初九，复自道，何其咎，吉”。乾为天，天道转运，为乾初得其位。既天行周匝复始，故曰“复自道”也。复自进退，又何咎乎？动而无咎，故吉也。

⑦ 乾动，反其本，终复始，无有异，故“卒有喜”也。

⑧ 欲多。

【校】“临财”，各本作“临射”，今从刘本。

⑨ 列，位也。持谏，不公正。

⑩ 罢，劳也。怯，无勇。

⑪ 厚，多。

今有人于此，修身会计则可耻，[①] 临财物资尽则为己，[②] 若此而富者，非盗则无所取。[③] 故荣富非自至也，缘功伐也。今功伐甚薄而所望厚，诬也；[④] 无功伐而求荣富，诈也。[⑤] 诈诬之道，君子不由。[⑥] 人之议多曰：“上用我，则国必无患。”用己者未必是也，而莫若其身自贤。[⑦] 而己犹有患，用己于国，恶得无患乎？[⑧] 己，所制也；释其所制而夺乎其所不制，悖，[⑨]

未得治国，治官可也。[10]若夫内事亲，外交友，必可得也。苟事亲未孝，交友未笃，是所未得，恶能善之矣？故论人无以其所未得，而用其所已得，可以知其所未得矣。[11]

①【校】旧校云："'可'一作'不'。"

② 尽犹略也。无不充仞以为己有。

③《诗》云："不稼不穑，胡取禾三百亿兮？不狩不猎，胡瞻尔庭有县特兮。"故曰"非盗则无所取"。

④ 以薄获厚为诬也。

⑤ 以虚取之为诈。

⑥ 由，用也。

⑦ 有人于此，言用我者则国无患，而使用之，未必然也。使无患，莫若自修其身之贤也。

⑧ 犹，尚。恶，安。

⑨ 言身者己所自制也，释己而不修，故曰夺乎所不制，乃悖谬之道也。

⑩ 官，小政也。推此言之，若此人者，未任为大臣，但可小政也。

⑪ 以其孝得于亲，则知必忠于君也；以其所行能高仁义，知必轻身；故可以知其未得也。

古之事君者，必先服能，然后任；[1]必反情，然后受。[2]主虽过与，臣不徒取。[3]《大雅》曰："上帝临汝，无贰尔心。"以言忠臣之行也。[4]解在郑君之问被瞻之义也，[5]薄疑应卫嗣君以无重税。此二士者，皆近知本矣。[6]

① 服其能堪任也。

② 反情，常内省也。受，受禄也。

③ 过，多。

④《大雅·大明》之七章也。言天临命武王，伐纣必克之，不敢有疑心。喻君命臣齐一专心输力，不敢惑忠臣之行也。

⑤ 见《务大论》。被瞻知齐国衰乱，桓公之薨，虫流出户，盖不听管仲临终之言，因讽郑君。

【校】案：《务大论》郑君问被瞻义不死君、不亡君，殊不如注所言。

⑥ 嗣君，平侯之子也，秦贬称君。薄疑劝嗣君以王者富民，故曰“无重税”也。

【校】薄疑事见《审应览》。

谕　大

七曰：

昔舜欲旗古今而不成，[①]既足以成帝矣；禹欲帝而不成，既足以正殊俗矣；[②]汤欲继禹而不成，既足以服四荒矣；[③]武王欲及汤而不成，既足以王道矣；五伯欲继三王而不成，既足以为诸侯长矣；孔丘、墨翟欲行大道于世而不成，既足以成显名矣。[④]夫大义之不成，既有成矣已。[⑤]《夏书》曰：“天子之德广运，乃神，乃武乃文。”[⑥]故务在事，事在大。[⑦]地大则有常祥、不庭、歧母、群抵、天翟、[⑧]不周，山大则有虎豹熊螈蛆，[⑨]水大则有蛟龙鼋鼍鳣鲔。[⑩]《商书》曰：“五世之庙，可以观怪。[⑪]万夫之长，可以生谋。”[⑫]空中之无泽陂也，井中之无大鱼也，[⑬]新林之无长木也。[⑭]凡谋物之成也，必由广大众多长久，信也。

① 旗，覆也。

【校】“旗”当与“綦”同，乃极尽之义。旧校云：“‘旗’一作‘裙’，一作‘揭’。”梁伯子云：“观注训覆，则作‘裙’为是。‘裙’即‘冒’也。”

② 殊俗，异方之俗也。

③ 四表之荒服也。

④ 名，圣贤之名。

⑤【校】二字当衍其一。

⑥ 逸《书》也。

⑦ 事，为。

⑧ 常祥、不庭、群抵、歧母、天翟，皆兽名也。

【校】此虽山名，然不应独举，当亦与上文为一类。

⑨ 皆兽名。不周山在翟。

【校】螇蛆未详所出，或是猿狙，亦可作“虫”旁。

⑩ 鱼二千斤为蛟。鼋可作羹，《传》曰：“楚人献鼋于郑灵公，不与公子宋鼋羹。公子怒，染指于鼎，尝之而出。”鼍鱼皮可作鼓，《诗》云“鼍鼓逢逢”。鳣鲔皆大鱼，长丈余，《诗》云“鳣鲔发发”。

⑪ 逸《书》。喻山大水大生大物。庙者鬼神之所在，五世久远，故于其所观魅物之怪异也。

⑫ 长，大也。大故可以成奇谋也。

⑬《淮南记》曰“蜂房不能容鹤卵”，此之谓也。

⑭ 言未久也。

季子曰[①]：“燕雀争善处于一室之下，子母相哺也，姁姁焉相乐也，[②]自以为安矣。灶突决，则火上焚栋，燕雀颜色不变，是何也？乃不知祸之将及己也。为人臣免于燕雀之智者，寡矣。夫为人臣者，进其爵禄富贵，父子兄弟相与比周于一国，妪妪焉相乐也，以危其社稷，③其为灶突近也，而终不知也，其与燕雀之智不异矣。故曰：'天下大乱，无有安国；一国尽乱，无有安家；一家皆乱，无有安身。'此之谓也。故小之定也必恃大，大之安也必恃小。小大贵贱，交相为恃，④然后皆得其乐。"定贱小在于贵大，⑤解在乎薄疑说卫嗣君以王术，⑥杜赫说周昭文君以安天下，⑦及匡章之难惠子以王齐王也。⑧

①【校】后《务大》篇作"孔子曰"。梁仲子云："案《孔丛子·论势》篇子顺引'先人有言'云云，则作'孔子'为是。"

②【校】"妪妪"后作"区区"，《孔丛》作"煦煦"。

③【校】后句上有"而"字，此脱。

④【校】后作"赞"。

⑤《淮南记》曰"牛马之气烝生虮虱，虮虱气蒸不能生牛马"，小不能生大，故曰"定贱小在于贵大"。

⑥ 见《务大论》。

⑦ 杜赫，周人，杜伯之后。昭文君，周末世分东西之后君号也。说见《务大论》。

⑧ 匡章乃孟轲所谓通国称不孝者，能王齐王亦大也。

【校】此见《爱类》篇。

第十四卷　孝行览

孝　行

一曰：

凡为天下，治国家，必务本而后末。[①]所谓本者，非耕耘种殖之谓，务其人也。[②]务其人，非贫而富之，寡而众之，[③]务其本也。务本莫贵于孝。[④]人主孝，则名章荣，下服听，天下誉；[⑤]人臣孝，则事君忠，处官廉，临难死；[⑥]士民孝，则耕芸疾，守战固，不罢北。[⑦]夫孝，三皇五帝之本务，而万事之纪也。[⑧]

① 詹何曰："身治而国不治者，未之有也。"故曰"必务本"。

② 务犹求也。

③ 众，多也。

④ 孝为行之本也。行于孝者，故圣人贵之。

⑤ 誉，乐也。孔子曰："昔者明王之以孝治天下也，不敢遗小国之臣，而况于公侯伯子男乎？故得万国之欢心。"

⑥ 孝于亲，故能忠于君，《孝经》曰"以孝事君则忠"，此之谓也。处官廉，《孝经》曰"修身慎行，恐辱先也"，此之谓也。临难死，君父之难，视死如归，义重身轻也。

⑦ 耕芸疾，用天之道，分地之利。衣食足，知荣辱，故守则坚，战必克，无退走者。

【校】孙云："《御览》七十七'罢'作'败'。"

⑧ 三皇：伏羲、神农、女娲也。五帝：轩辕、帝颛顼、帝喾高辛、帝尧陶唐、帝舜有虞也。纪犹贯因也。

【校】案：《初学记》十七引“纪”上有“纲”字。注“女娲”当在“神农”前。所纪五帝，文有讹脱，当云“黄帝轩辕、帝颛顼高阳”，方与下相配。“贯因”，刘本无“因”字。

夫执一术而百善至，百邪去，天下从者，其惟孝也！① 故论人必先以所亲，而后及所疏；② 必先以所重，而后及所轻。③ 今有人于此，行于亲重，而不简慢于轻疏，则是笃谨孝道，④ 先王之所以治天下也。⑤ 故爱其亲，不敢恶人；敬其亲，不敢慢人。爱敬尽于事亲，光耀加于百姓，⑥ 究于四海，⑦ 此天子之孝也。

① 一术，孝术。

② 先本后末，先近后远。

③ 所重，谓其亲。所轻，谓他人。

④ 有人行孝敬于其亲，以及人之亲，故不敢简慢于轻疏者，是厚慎孝道之谓也。

⑤ 先王以孝治天下。

⑥ 加，施也。

⑦ 究，极也。

曾子曰：“身者，父母之遗体也。行父母之遗体，敢不敬乎？① 居处不庄，非孝也；② 事君不忠，非孝也；③ 莅官不敬，非孝也；④ 朋友不笃，非孝也；⑤ 战陈无勇，非孝也。⑥ 五行不遂，灾及乎亲，敢不敬乎？”⑦

① 敬，畏慎。
② 庄，敬。
③ 忠，正也。
④ 莅，临也。
⑤ 笃，信也。
⑥ 扬子曰："孟轲勇于义。"勇而立义，扬名于后世，孝之终也。
⑦ 遂，成。

《商书》曰："刑三百，罪莫重于不孝。"①

① 商汤所制法也。

曾子曰："先王之所以治天下者五：贵德、贵贵、贵老、敬长、慈幼。此五者，先王之所以定天下也。①所谓贵德，为其近于圣也；②所谓贵贵，为其近于君也；所谓贵老，为其近于亲也；所谓敬长，为其近于兄也；所谓慈幼，为其近于弟也。"

① 定，安也。
② 【校】案：《礼记·祭义》"圣"作"道"。

曾子曰："父母生之，子弗敢杀；父母置之，①子弗敢废；父母全之，子弗敢阙。②故舟而不游，道而不径，能全支体，以守宗庙，可谓孝矣。"③

① 置，立。

② 阙犹毁。

③ 济水载舟不游涉，行道不从邪径，为免没溺畏险之害，故曰“能全支体，以守宗庙”。

【校】注“免”字，旧本作“逸”，讹，今改正。

养有五道：修宫室，安床笫，节饮食，养体之道也；[①]树五色，施五采，列文章，养目之道也；[②]正六律，[③]和五声，[④]杂八音，养耳之道也；[⑤]熟五谷，烹六畜，和煎调，养口之道也；[⑥]和颜色，说言语，敬进退，养志之道也。[⑦]此五者，代进而厚用之，可谓善养矣。[⑧]

① 节饮食，肉虽多，不使胜食气；修宫室，不上漏下湿；故曰“养体之道”也。

② 列，别也。青与赤谓之文。赤与白谓之章。以极目观，故曰“养目之道”也。

③ 六律：黄钟、太蔟、姑洗、蕤宾、夷则、无射。

④ 五声：宫、商、角、徵、羽。

⑤ 八音，八卦之音。杂会之以听耳，故曰“养耳之道”。

⑥ 熟五谷，烹刍豢，和快口腹，故曰“养口之道”。

⑦ 和颜色，以说父母之志意，故曰“养志之道”。

⑧ 代，更。更次用之，以便亲性，可谓为善养亲也。

乐正子春下堂而伤足，瘳而数月[①]不出，犹有忧色。门人问之曰：“夫子下堂而伤足，瘳而数月不出，犹有忧色，敢问其故？”[②]乐正子春曰：“善乎而问之！[③]吾闻之曾子，曾子闻之仲尼：父母全而生之，子全而归之，不亏其身，不损其形，可谓孝矣。君子无行咫步而忘之。余忘孝道，是以忧。”故曰，身者非其私有也，[4]严亲之遗躬也。[5]

①【校】旧校云：“一作‘三月’，下同。”案：《祭义》亦作“数月”。

② 故，事也。

③ 而，汝也。

④ 私犹独。

⑤ 躬，体。

民之本教曰孝，[1]其行孝曰养。养可能也，敬为难；[2]敬可能也，安为难；[3]安可能也，卒为难。[4]父母既没，敬行其身，无遗父母恶名，可谓能终矣。仁者，仁此者也；[5]礼者，履此者也；[6]义者，宜此者也；信者，信此者也；强者，强此者也。乐自顺此生也，[7]刑自逆此作也。[8]

① 本，始。

② 行敬之难。

③ 安宁其亲难。

④ 卒，终。

⑤【校】此皆《祭义》之文，旧本独少此一句，脱耳，今补之。

⑥ 履，行。

⑦【校】旧校云：“‘顺’一作‘慎’。”

⑧ 能顺行，无遗父母恶名，故乐生也。逆之则刑辟作也。

本 味

二曰：

求之其本，经旬必得；求之其末，劳而无功。[①]功名之立，由事之本也，得贤之化也。[②]非贤，其孰知乎事化？[③]故曰其本在得贤。

① 虽久无所得。

② 得贤人与之共治，以立其功名，故曰"得贤之化也"。

③【校】"事化"承上文之言。旧校云"'化'一作'民'"，本又作"名"，皆讹。

有侁氏女子采桑，得婴儿于空桑之中，[①]献之其君。其君令烰人养之。[②]察其所以然，[③]曰"其母居伊水之上，孕，[④]梦有神告之曰：'臼出水而东走，毋顾！'明日，视臼出水，告其邻，东走十里而顾，其邑尽为水，身因化为空桑"，[⑤]故命之曰伊尹，[⑥]此伊尹生空桑之故也。[⑦]长而贤。汤闻伊尹，使人请之有侁氏，有侁氏不可。伊尹亦欲归汤，汤于是请取妇为婚。有侁氏喜，以伊尹媵女。[⑧]故贤主之求有道之士，无不以也；[⑨]有道之士求贤主，无不行也；[⑩]相得然后乐。[⑪]不谋而亲，不约而信，相为殚智竭力，犯危行苦，[⑫]志欢乐之，此功名所以大成也。固不独，[⑬]士有孤而自恃，人主有奋而好独者，则名号必废熄，[⑭]社稷必危殆。故黄帝立四面，尧、舜得伯阳、续耳然后成。[⑮]凡贤人之德，有以知之也。[⑯]

① 侁，读曰莘。

② 烰犹庖也。

③ 察，省。

④ 任身为孕。

⑤ 伊尹母化作空桑。

⑥【校】以其生于伊水，故名之伊尹，非有讹也。而黄氏东发所见本作“故命之曰空桑”，以为地名，且为之辨曰：“此书第五纪云‘颛顼生自若水，实处空桑’，则前乎伊尹之未生已有空桑之地矣。”卢云：“案黄氏所据本非也。同一因地命名，不若伊尹之确。张湛注《列子·天瑞[1]》篇‘伊尹生于空桑’引传记与今本同，尤为明证。”

⑦【校】旧校云：“‘生’一作‘出’。”

⑧【校】旧本作“以伊尹为媵送女”。段云：“《说文》‘倂’字下引吕不韦曰‘有侁氏以伊尹倂女’。倂，送也。则‘为’、‘送’二字明是后人所增入。”媵已是送，无烦重絫言之，今删正。

⑨ 以，用也。

【校】“以也”旧作“在以”。孙云：“《御览》四百二作‘无不以也’。”又此下旧本有一“为”字，衍。并依《御览》删正。

⑩ 为媵言必行。

⑪ 贤主得贤臣，贤臣得贤主，故曰“相得然后乐”也。

⑫ 殚、竭，皆尽也。危，难也。苦，勤也。

⑬ 固，必也。

⑭ 熄，灭也。

⑮ 黄帝使人四面出求贤人，得之立以为佐，故曰“立四面”也。伯阳、续耳皆贤人，尧用之以成功也。

【校】“续耳”，《尸子》、《韩非子》作“续牙”，《汉书人表》作“续身”，皆隶转失之。

---

[1] 天瑞：原本作“黄帝”，误，据《列子》改。

⑯ 知其贤乃得而用之。

【校】旧校云："'之德'一作'道德'。"

伯牙鼓琴，钟子期听之。方鼓琴而志在太山，钟子期曰："善哉乎鼓琴！巍巍乎若太山。"少选之间，而志在流水，[①]钟子期又曰："善哉乎鼓琴！汤汤乎若流水。"钟子期死，伯牙破琴绝弦，终身不复鼓琴，以为世无足复为鼓琴者。[②]非独琴若此也，贤者亦然。[③]虽有贤者，而无礼以接之，贤奚由尽忠？犹御之不善，骥不自千里也。[④]

① 少选，须臾之间也。志在流水，进而不解也。

② 伯，姓；牙，名，或作"雅"。钟，氏；期，名；子，皆通称。悉楚人也。少善听音，故曰为世无足为鼓琴也。

③ 世无贤者，亦无所从受礼义法则与共治国也。

④ 言不肖者无礼以接贤者，贤者何用尽其忠乎？若不知御者御骥，骥亦不为之从千里也。

汤得伊尹，祓之于庙，[①]爝以爟火，衅以牺猳。[②]明日，设朝而见之，说汤以至味。[③]汤曰："可对而为乎？"[④]对曰："君之国小，不足以具之，为天子然后可具。夫三群之虫，[⑤]水居者腥，肉玃者臊，草食者膻。[⑥]臭恶犹美，皆有所以。[⑦]凡味之本，水最为始。五味三材，[⑧]九沸九变，火为之纪。[⑨]时疾时徐，灭腥去臊除膻，必以其胜，无失其理。[⑩]调和之事，必以甘酸苦辛咸，先后多少，其齐甚微，皆有自起。[⑪]鼎中之变，精妙微纤，口弗能言，志不能喻，[⑫]若射御之微，阴阳之化，四时之数。⑬故久而不弊，熟而不烂，⑭甘而不哝，⑮酸而不酷，⑯咸而不减，辛而不烈，澹而不薄，肥而不脓。⑰肉之美者：猩猩之唇。獾獾之炙。⑱隽觾之翠。⑲述荡之掔。⑳旄象之约。㉑流沙之西，丹山之南，有凤之丸，㉒沃民所食。㉓鱼之美者：洞庭之鳟。东海之鲕。㉔醴水之鱼，名曰朱鳖，六足，有珠百碧。㉕藿水之鱼，名曰鳐，其状若鲤而有翼，㉖常从西海夜飞，游于东海。㉗菜之美者：昆仑之蘋。㉘寿木之华。㉙指姑之东，㉚中容之国，有赤木、玄木之叶焉。㉛余瞀之南，㉜南极之崖，㉝有菜，其名曰嘉树，其色若碧。㉞阳华之芸。㉟云梦之芹。㊱具区之菁。㊲浸渊之草，名曰土英。㊳和之美者：阳檏之姜。招摇之桂。㊴越骆之菌。鳣鲔之醢。㊵大夏之盐。宰揭之露。其色如玉，㊶长泽之卵。㊷饭之美者：玄山之禾。不周之粟。㊸阳山之穄。南海之秬。㊹水之美者：三危之露。㊺昆仑之井。㊻沮江之丘，名曰摇水。㊼曰山之水。高泉之山，其上有涌泉焉，冀州之原。㊽果之美者：沙棠之实。㊾常山之北，投渊之上，有百果焉，群帝所食。㊿箕山之东，青鸟之所，有甘栌焉。[51]江浦之橘。云梦之柚。[52]汉上石耳。所以致之，[53]马之美者，青龙之匹，遗风之乘。[54]非先为天子，不可得而具。天子不可强为，必先知道。[55]道者止彼在己，[56]己成而天子成，[57]天子成则至味具。[58]故审近所以知远也，成己所以成人也。圣王之道要矣，岂越越多业哉！”[59]

①【校】《风俗通·祀典》引此句下有“薰以萑苇”四字，《续汉书·礼仪志》中注亦同，今本脱去耳。

②《周礼》“司爟掌行火之政令”。火者所以祓除其不祥，置火于桔皋，

烛以照之。衅,以牲血涂之曰衅。爟,读曰权衡之权。

③ 为汤说美味。

④【校】“对”字讹,当作“得”。《御览》八百四十九作“可得为之乎”。

⑤ 三群,谓水居、肉玃、草食者也。

⑥ 水居者,川禽鱼鳖之属,故其臭腥也。肉玃者,玃拿肉而食之,谓鹰雕之属,故其臭臊也。草食者,食草木,谓獐鹿之属,故其臭膻也。

⑦ 臭恶犹美,若蜀人之作羊腊,以臭为美,各有所用也。

⑧ 五行之数,水第一,故曰水最为始。五味:咸、苦、酸、辛、甘。三才:水、木、火。

⑨ 纪犹节也。品味待火然后成,故曰火为之节。

【校】旧本正文作“火之为纪”,今从《御览》乙正,与注合。

⑩ 用火熟食,或炽或微,治除臊腥,胜去其臭,故曰“必以其胜”也。齐和之节,得其中适,故曰“无失其理”也。

⑪ 齐,和分也。自,从也。

⑫ 鼎中品味,分齐纤微,故曰不能言也。志意揆度,不能谕说。

⑬ 射者望毫毛之近,而中艺于远也;御者执辔于手,调马口之和,而致万里;故曰“若射御之微”也。阴阳之化而成万物也。四时之数,春生夏长,秋收冬藏,物有异功也。

【校】注“马口”似当作“马足”。

⑭ 弊,败也。烂,失饪也。《论语》云:“失饪不食。”

⑮【校】“咊”乃“喂”字之讹,后《审时》篇“得时之黍,食之不喂而香”,《玉篇》“于县切”,又《酉阳杂俎》亦云“酒食甘而不喂”。

⑯【校】案:《玉篇》引伊尹曰“酸而不嚛”,《酉阳杂俎》亦是“嚛”字。

⑰ 言皆得其中适。

【校】“膑”,字书无考。案今人言味过厚而难入口者,有虚侯、虚交二音,岂本此欤?

⑱ 猩猩,兽名也,人面狗躯而长尾。獾獾,鸟名,其形未闻。

【校】旧校云:“‘獾’一作‘获’。”今案:《南山经》云“青邱之山有鸟焉,其状如鸠，其音若呵，名曰灌灌”，注“或作‘濩濩’”，则此“獾”当作“灌”，“获”亦当作“濩”。若“貛”从“豸”，则是兽名。今注云“鸟名”，则当如《山海经》所说也。

⑲ 鸟名也。翠，厥也，形则未闻也。

【校】“鷰”乃“燕”字之讹，《初学记》与《文选·七命》注皆作“燕”。《选》注“隽”作“巂”，则子规也。《礼记·内则》有“舒雁翠”、“舒凫翠”，注“尾肉也”，皆不可食者，今闽、广人以此为美。“翠”亦作“臎”。《广雅》“臎，髁臀也”，《说文》作“髍，臀骨也”，训皆相合。《玉篇》“臎，鸟尾上肉也”。

⑳ 兽名。檕，读如棬椀之椀。檕者，踏也，形则未闻。

【校】《初学记》引作“迷荡”。

㉑ 旄，旄牛也，在西方。象，象兽也，在南方。约，饰也。以旄牛之尾，象兽之齿，以饰物也。一曰：约，美也。旄象之肉美，贵异味也。

【校】案：此论味之美者，何忽及于饰乎？《楚辞·招魂》“土伯九约”，王逸注：“约，屈也。”九屈难解，“屈”必是“屈”之讹，《玉篇》云“短尾也”。今时牛尾、鹿尾皆为珍品，但象尾不可知耳。《说文》无“屈”，有“屈”，云“无尾也”，疑“无”字亦误衍。

㉒ “丸”，古“卵”字也。流沙，沙自流行，故曰流沙，在燉煌西八百里。丹山在南方，丹泽之山也。二处之表，有凤皇之卵。

㉓ 食凤卵也。沃之国在西方。

【校】见《大荒西经》。

㉔ 洞庭，江水所经之泽名也。鱄、鲕，鱼名也。一云鱼子也。

㉕ 醴水在苍梧，环九疑之山，其鱼六足，有珠如蛟皮也。

【校】《东山经》注引“澧水之鱼，名曰朱鳖，六足，有珠”。梁仲子云：“此注不解‘百碧’，疑当从下文作‘若碧’，盖青色珠也。”

㉖ 雚水在西极。若，如也。翼，羽翼也。

【校】《西山经》“泰品之山，观水出焉，是多文鳐鱼”，形状与此同。

㉗ 鳐从西海至东海，乘云气而飞。

㉘ 昆仑，山名，在西北，其高九万八千里。蘋，大蘋，水藻也。

【校】郭璞以蘋即《西山经》之蒉草，其状如葵，其味如葱，食之可以已劳。

㉙ 寿木，昆仑山上木也。华，实也。食其实者不死，故曰“寿木”。

㉚【校】旧校云：“‘指’一作‘枯’。”案《齐民要术》十引作“括姑”，则“枯”亦“括”之讹。

㉛ 指姑乃姑余，山名也，在东南方，《淮南记》曰“铁鹞鸡于姑余”是也。赤木、玄木，其叶皆可食，食之而仙也。

【校】注“鹞鸡”，旧讹作“题难”，今据《淮南·览冥训》改正。

㉜【校】旧校云：“‘暂’一作‘督’。”

㉝【校】旧校云：“一作‘旁’。”

㉞ 余暂，南方山名也。有嘉美之菜，故曰嘉树，食之而灵。若碧，青色。

【校】注“灵”字，旧作“虚”，今据《齐民要术》十改正。

㉟ 阳华乃华阳，山名也。芸，芳菜也。在吴、越之间。

㊱ 云梦，楚泽。芹生水涯。

【校】孙云：“《说文》艸部‘荁’字云‘菜之美者，云梦之荁’，徐锴云：‘此《吕氏春秋》伊尹对汤之辞，其为状未闻。’”卢云：“案《说文》有‘菦’字，云‘菜类蒿，《周礼》有菦菹’；又有‘芹’字，云‘楚葵也’；俱巨巾切。又出‘荁’字，驱喜切。今案：‘荁’亦是‘芹’。凡真、文韵中字俱与支、微、齐相通，不胜枚举。但以从‘斤’者言之，如沂、圻、旂、祈、颀、蕲等字皆可见。《祭法》‘相近于坎坛’读为‘禳祈’；《左氏传》‘公子欣时’，《公羊传》作‘喜时’；《谥法》‘治典不杀曰祈’，‘祈’亦作‘震’；则可知‘荁’之即为‘芹’无疑矣。”

㊲ 具区，泽名，吴、越之间。菁，菜名。

㊳ 浸渊，深渊也，处则未闻。英，言其美善。土英，华也。

㊴ 阳楪，地名，在蜀郡。招摇，山名，在桂阳。《礼记》曰：“草木之滋，姜桂之谓也。”故曰“和之美”。

㊵ 越骆，国名。菌，竹笋也。鳣鲔，大鱼也，以为醢酱。无骨曰醢，有骨曰臡。

㊶ 大夏，泽名，或曰山名，在西北。盐，形盐。宰揭，山名，处则未闻。

【校】梁仲子云:“《初学记》引作‘揭雩之露,其色紫’,《御览》十二同。”

㊷ 长泽,大泽,在西方。大鸟之卵,卵大如瓮也。

㊸ 饭,食也。玄山,处则未闻。不周,山名,在西北方,昆仑之西北。

㊹ 山南曰阳,昆仑之南,故曰“阳山”。南海,南方之海。穄,关西谓之糜,冀州谓之緊。秬,黑黍也。

【校】孙云:“案《说文》禾部‘秏’字注‘伊尹曰:饭之美者,玄山之禾,南海之秏’。”注“穈”,旧讹“糜”,又“緊”,旧讹“坚”,今皆改正。

㊺ 三危,西极山名。

㊻ 井,泉。

㊼ 沮漸如江旁之泉水。

㊽ 皆西方之山泉也。冀州在中央,水泉东流,经于冀州,故曰“之原”。原,本也。

【校】“曰山”当是“白山”。“高泉”,《中山经》作“高前”。

㊾ 沙棠,木名也,昆仑山有之。

【校】见《西山经》。

㊿ 有核曰果,无核曰蓏。群帝,众帝,先升遐者。

(51) 箕山,许由所隐也,在颍川阳城之西。青鸟,昆仑山之东。二处皆有甘栌之果。

【校】《史记·司马相如传》索隐引应劭曰:“《伊尹书》云‘箕山之东,青鸟之所,有卢橘,夏熟’。”此或误记。《说文》“栌”字下引作“青凫”,师古《汉书注》讹作“青马”,《海外北经》注引作“‘有甘柤焉’,柤音柤梨之柤”,又不同。

(52) 浦,滨也,橘所生也。生江北则为枳。云梦,楚泽,出柚。

(53) 汉,水名,出于嶓冢,东注于江。石耳,菜名也。所以致之,致备味也。

(54) 匹、乘,皆马名。《周礼》“七尺以上为龙”。行迅谓之遗风。

(55) 言当顺天命而受之,不可以强取也。道,谓仁义天下之道。

(56) 彼谓他人。

㊼ 己成仁义之道而成为天子。《孟子》曰："得乎丘民为天子。"

㊽ 天下贡珍，故至味具。

㊾ 要，约也。越越，轻易之貌。业，事也。圣王得仁义约要之道以化天下，天下化之，岂必越越然轻易多为民之事也。

首　时[①]

①【校】一作"胥时"。

三曰：

圣人之于事，似缓而急、[①]似迟而速以待时。[②]王季历困而死，文王苦之，[③]有不忘羑里之丑。时未可也。[④]武王事之，夙夜不懈，亦不忘王门之辱，[⑤]立十二年，而成甲子之事，[⑥]时固不易得。[⑦]太公望，东夷之士也，[⑧]欲定一世而无其主。[⑨]闻文王贤，[⑩]故钓于渭以观之。[⑪]

① 似缓，谓无为也。急，谓成功也。

② 谓若武王会于孟津，八百诸侯皆曰："纣可伐矣。"武王曰："汝未知天命也。"还归二年，似迟也。甲子之日克纣于牧野，故曰"待时"。

③ 王季历，文王之父也。勤劳国事，以至薨没，故文王哀思苦痛也。

④ 纣为无道，拘文王于羑里。不忘其丑耻也，所以不伐纣者，天时之未可也。

⑤ 武王继位，虽臣事纣，不忘文王为纣所拘于羑里之辱。文王得归，乃

筑灵台，作王门，相女童，击钟鼓，示不与纣异同也。武王以此为耻而不忘也。

【校】“王门”即“玉门”，古以中画近上为“王”字，“王”三画正均即“玉”字。《淮南·道应训》注云：“以玉饰门也。”注“击”字旧本缺，据《淮南注》补。又下脱“异”字亦案文义补。

⑥ 立为天子也。甲子之日克纣牧野，故曰“成甲子之事”。

⑦ 固，常也。

⑧ 太公望，河内人也。于周丰、镐为东，故曰“东夷之士”。

【校】《史记》“太公望，东海上人也”，此云河内，不知何本。

⑨ 主，谓贤君。

⑩ 文，谥也。经天纬地曰文。

⑪ 渭，水名，近丰、镐，文王所邑也。观视文王之德，能有天下也。

伍子胥欲见吴王而不得，①客有言之于王子光者，见之而恶其貌，不听其说而辞之。②客请之王子光，王子光曰：“其貌适吾所甚恶也。”③客以闻伍子胥，伍子胥曰：“此易故也。④愿令王子居于堂上，重帷而见其衣若手，请因说之。”王子许。⑤伍子胥说之半，王子光举帷，搏其手而与之坐；⑥说毕，王子光大说。⑦伍子胥以为有吴国者，必王子光也，退而耕于野七年。王子光代吴王僚为王，任子胥。子胥乃修法制，下贤良，选练士，习战斗，六年，然后大胜楚于柏举，⑧九战九胜，追北千里，⑨昭王出奔随，遂有郢，⑩亲射王宫，鞭荆平之坟三百。⑪乡之耕，非忘其父之仇也，待时也。⑫

① 吴王，王僚也，王子光之庶长子。

【校】此注讹舛显然。刘本、汪本改“子光”二字为“夷昧”，似顺而实非也。梁伯子云：“《史记》以吴王僚为夷昧之子，光为诸樊之子，《汉书人表》亦以僚为夷昧子，而《公羊襄廿九年传》谓僚者长庶，《左传昭廿七年正义》据《世本》以僚为寿梦庶子，夷昧庶兄，而光为夷昧子。先儒皆从《史记》，不从《世本》。乃高氏于《当染》、《简选》、《察微》三篇注云‘夷昧子光’，于《忠廉》篇云‘光庶父僚’，皆依《世本》为说。此处若依刘、汪改本，是又依《史记》为说，且误解《公羊》‘长庶’一语，以为夷昧之庶子，而不自知其矛盾矣。”卢云：“案此注但当改‘庶长子’为‘庶父’，便与前后注合，且下文王子光即于此注内带见亦是，今去‘子光’而改‘夷昧’，尚剩一‘王’字未去，所改未为得也。”

② 光恶子胥之颜貌，不受其言，辞谢之也。

③ 请，问也。恶，憎也。

④ 故，事。

⑤ 言于重帷中见衣若手者，为说霸国之说也。许，诺。

⑥ 搏执子胥之手，与之俱坐，听其说。

⑦ 子胥说霸术毕，子光大说，其将必用之也。

⑧ 柏举，楚南鄙邑。

⑨ 北，走也。

⑩ 郢，楚都。《传》云“五战及郢”。

⑪ 平王，恭王之子弃疾也，后改名熊居，听费无忌之谗，杀伍子胥父兄，故子胥射其宫、鞭其坟也。

⑫ 乡，曩者。始之吴时，耕于吴境，待天时，须楚之罪熟也。

墨者有田鸠，欲见秦惠王，①留秦三年而弗得见。客有言之于楚王者，往见楚王。楚王说之，与将军之节以如秦。②至，因见惠王。告人曰：“之秦之道，乃之楚乎！”固有近之而远，远之而近者。③时亦然。有汤、武之贤，而无桀、纣之时，不成；[4]有桀、纣之时，而无汤、武之贤，亦不成。圣人之见时，若步之与影不可离。[5]

① 田鸠，齐人，学墨子术。惠王，孝公之子驷也。

② 如，之也。

③ 留秦三年，不得见惠王，近之而远也。从楚来，至而得见，远之而近也。

④ 不成其王。

⑤ 步行日中，影乃逐之，不可得远之也。人从得时，如影之随人，亦不可离之也。

故有道之士未遇时，隐匿分窜，勤以待时。[1]时至，有从布衣而为天子者，[2]有从千乘而得天下者，[3]有从卑贱而佐三王者，[4]有从匹夫而报万乘者。[5]故圣人之所贵，唯时也。水冻方固，[6]后稷不种，后稷之种必待春。故人虽智而不遇时，无功。[7]方叶之茂美，终日采之而不知；[8]秋霜既下，众林皆羸。[9]事之难易，不在小大，务在知时。[10]

① 分，大。窜，藏。勤，劳。

【校】注"大"字疑"兆"之讹，即"别"字。

② 舜是也。

③ 汤、武是也。

④ 太公望、伊尹、傅说是也。

⑤ 豫让是也。赵襄子兼土拓境，有兵车万乘。豫让为智伯报之，襄子高其义而不杀。豫让卒不止，终得斩襄子衬身之衣然后就死也。

⑥ 固，坚也。

⑦ 五稼非春不生。智者之功,非时不成。

⑧ 不知其叶之尽也。

⑨ 羸,叶尽也。

⑩ 圣人时行则行,时止则止,与万物终始也。

郑子阳之难,猘狗溃之;①齐高国之难,失牛溃之。众因之以杀子阳、高国。②当其时,狗牛犹可以为人唱,而况乎以人为唱乎?饥马盈厩,嗼然,③未见刍也。饥狗盈窖,④嗼然,未见骨也。见骨与刍,动不可禁。⑤乱世之民,嗼然,未见贤者也。见贤人,则往不可止。往者非其形心之谓乎?齐以东帝困于天下,而鲁取徐州;⑥邯郸以寿陵困于万民,而卫取茧氏。⑦以鲁卫之细,而皆得志于大国,遇其时也。⑧故贤主秀士之欲忧黔首者,乱世当之矣。⑨天不再与,时不久留,能不两工,事在当之。⑩

① 溃,乱也。子阳,郑相,或曰郑君。好行严猛,人家有猘狗者诛之,人畏诛,国人皆逐猘狗也。

② 众因之以杀二子。逐失牛之乱,如逐猘狗之乱也,故祸同。

③ 嗼然,无声。

④【校】《御览》八百九十六作"宫"字。

⑤ 动犹争也。

⑥ 齐湣王僭号于东,民不顺之,故困于天下,是以鲁国略取徐州也。

⑦ 寿陵,魏邑,赵兼有之,万民不附,是以卫人取其茧氏之邑也。

⑧ 细,小也。遇大国之民皆欲之,则取之也。

⑨ 当乱世忧而济之者。

⑩ 天不再与,一姓不再兴。时不久留,日中则昃者也。

义 赏

四曰：

春气至则草木产，秋气至则草木落，产与落或使之，非自然也。故使之者至，物无不为；使之者不至，物无可为。[①]古之人审其所以使，故物莫不为用。[②]赏罚之柄，此上之所以使也。其所以加者义，则忠信亲爱之道彰。[③]久彰而愈长，民之安之若性，此之谓教成。教成，则虽有厚赏严威弗能禁。[④]故善教者不以赏罚而教成，教成而赏罚弗能禁。用赏罚不当亦然。[⑤]奸伪贼乱贪戾之道兴，[⑥]久兴而不息，民之雠之若性，[⑦]戎、夷、胡、貉、巴、越之民是以，虽有厚赏严罚弗能禁。[⑧]郢人之以两版垣也，吴起变之而见恶，[⑨]赏罚易而民安乐。[⑩]氐羌之民，其虏也，[⑪]不忧其系累，而忧其死不焚也。[⑫]皆成乎邪也。[⑬]故赏罚之所加，不可不慎，且成而贼民。[⑭]

① 未春无可为生，未秋无可为落。

② 使之者以其时生则生，时落则落，故曰“莫不为用”。

③ 彰，明也。

④ 言德教一成，虽复赏罚之使为不忠不信，人人自为忠信，若性自然，不可禁止也。

⑤ 言民为不忠不信，亦不能禁。

⑥ 兴，作也。

⑦ 雠，用也。

⑧ 禁，止也。

⑨ 郢，楚都也。楚人以两版筑垣。吴起，卫人也，楚以为将。变其两

版，教之用四，楚俗习久见怨也，《公羊传》曰："文公逆祀，去者三人；定公顺祀，叛者五人。"此之谓久习也。

⑩ 易其邪而施其正，民去邪从正，故安乐也。

⑪ 氐与羌二种夷民。言氐羌之民为寇贼，为人执虏也。

⑫ 焚，烧也。

⑬ 不得天之正气。

⑭ 赏罚正而民正，赏罚不正而民邪，故曰"且成而贼民"，是以君人慎之也。

昔晋文公将与楚人战于城濮，①召咎犯而问曰："楚众我寡，奈何而可？"②咎犯对曰："臣闻繁礼之君，不足于文；繁战之君，不足于诈。③君亦诈之而已。"文公以咎犯言告雍季，雍季曰："竭泽而渔，岂不获得？而明年无鱼。焚薮而田，岂不获得？而明年无兽。④诈伪之道，虽今偷可，后将无复，⑤非长术也。"文公用咎犯之言，⑥而败楚人于城濮。⑦反而为赏，雍季在上。⑧左右谏曰："城濮之功，咎犯之谋也。君用其言而赏后其身，或者不可乎！"文公曰："雍季之言，百世之利也。咎犯之言，一时之务也。⑨焉有以一时之务先百世之利者乎？"孔子闻之，曰："临难用诈，足以却敌；反而尊贤，足以报德。文公虽不终，始足以霸矣。"赏重则民移之，民移之则成焉。⑩成乎诈，其成毁，⑪其胜败。⑫天下胜者众矣，而霸者乃五。⑬文公处其一，知胜之所成也。⑭胜而不知胜之所成，与无胜同。⑮秦胜于戎，而败乎殽；⑯楚胜于诸夏，而败乎柏举。⑰武王得之矣，⑱故一胜而王天下。⑲众诈盈国，不可以为安，患非独外也。⑳

① 城濮，楚北境之地名。

② 咎犯，狐偃也，字子犯，文公之舅也，因曰“咎犯”。

【校】古“咎”与“舅”同。

③ 足犹厌也。诈者，谓诡变而用奇也。

【校】旧校云：“一本作‘以力战之君，不足于力；以诈战之君，不足于诈’。”

④ 言尽其类。

⑤ 不可复行。

⑥ 言，谋也。

⑦ 败，破也。

⑧ 上，首也。

⑨ 务犹事。

⑩ 移犹归。

⑪ 虽成必毁。

⑫ 虽胜后必毁败。

⑬ 乃犹裁也。

⑭ 居五霸之一。

⑮ 同，等也。

⑯ 秦缪公破西戎而霸，使孟明、白乙丙、西乞术将师东袭郑。郑人知之，还，晋襄公御之殽，大破之，获其三帅。

⑰ 庄王服郑胜晋于邲，故曰胜乎诸夏也。及昭王南与吴人战，吴破之柏举。此皆不知胜之所成也，故曰“与无胜同”。

⑱ 得犹知。

⑲ 一胜，克纣。

⑳ 亦从内发之也。

赵襄子出围，赏有功者五人，高赦为首。①张孟谈曰：“晋阳之中，赦无大功，赏而为首，何也？”襄子曰：“寡人之国危，社稷殆，身在忧约之中，与寡人交而不失君臣之礼者，惟赦。[②]吾是以先之。”仲尼闻之曰：“襄子可谓善赏矣！赏一人，而天下之为人臣莫敢失礼。”[③]为六军则不可易，[④]北取代，东迫齐，令张孟谈逾城潜行，与魏桓、韩康期而击智伯，断其头以为觞，[⑤]遂定三家，[⑥]岂非用赏罚当邪？[⑦]

① 智伯求地于襄子，襄子不与，智伯率韩、魏之君围赵襄子于晋阳三月。张孟谈私与韩、魏构谋，韩、魏反智伯军，使赵襄子杀之，故曰“出围”。

【校】《韩非・难一》，《淮南・氾论》、《人间训》，《说苑・复恩》篇，《古今人表》，“高赦”并作“高赫”，《史记・赵世家》作“高共”，徐广曰：“一作‘赫’。”

② 惟，独。

③ 一人，谓高赦。

【校】王伯厚云：“赵襄子事在孔子后，孔鲋已辩其妄。”

④ 易，轻。

⑤ 觞，酒器也。

【校】孙云：“案此可证饮器之为酒器。”

⑥ 韩、魏、赵也。

⑦ 当，正也。

长 攻

五曰：

凡治乱存亡，安危强弱，必有其遇，然后可成，各一则不设。[①]故桀、纣虽不肖，其亡遇汤、武也，遇汤、武，天也，非桀、纣之不肖也。汤、武虽贤，其王遇桀、纣也，遇桀、纣，天也，非汤、武之贤也。若桀、纣不遇汤、武，未必亡也；桀、纣不亡，虽不肖，辱未至于此。[②]若使汤、武不遇桀、纣，未必王也；汤、武不王，虽贤，显未至于此。[③]故人主有大功不闻不肖，[④]亡国之主不闻贤。[⑤]譬之若良农，辩土地之宜，谨耕耨之事，未必收也；然而收者，必此人也。[⑥]始在于遇时雨，遇时雨，天地也，非良农所能为也。

① 遇犹遭也。各有一乱，不能相治。《传》曰："以乱平乱，何治之有？"故不设攻战相攻伐也。

② 至于此，灭亡也。

③ 显，荣。此，天下。

④ 功名掩也。

⑤ 乱以掩也。

⑥ 收由耕耨始也，故曰"必此人也"。

越国大饥，[①]王恐，召范蠡而谋。范蠡曰："王何患焉？[②]今之饥，此越之福，而吴之祸也。夫吴国甚富而财有余，其王年少，智寡才轻，好须臾之名，不思后患。[③]王若重币卑辞以请籴于吴，则食可得也。[④]食得，其卒越必有吴，而王何患焉？"[⑤]越王曰："善！"乃使人请食于吴。吴王将与之，伍子胥进谏曰："不可与也！夫吴之与越，接土邻境，道易人通，[⑥]仇雠敌战之国也，非吴丧越，越必丧吴。若燕、秦、齐、晋，山处陆居，岂能逾五湖九江，越十七阨以有吴哉?[7]故曰非吴丧越,越必丧吴。今将输之粟,与之食,是长吾雠而养吾仇也。[8]财匮而民恐,[9]悔无及也。不若勿与而攻之,固其数也,[10]此昔吾先王之所以霸。且夫饥,代事也,[11]犹渊之与阪,谁国无有?”吴王曰:“不然。[12]吾闻之,义兵不攻服,仁者食饥饿。今服而攻之,非义兵也;饥而不食,非仁体也。不仁不义,虽得十越,吾不为也。”遂与之食。不出三年,而吴亦饥,使人请食于越。越王弗与,乃攻之,夫差为禽。[13]

① 谷不熟。

②【校】《说苑·权谋》篇四水进谏语与下文略同。

③ 其王,吴王夫差也。

【校】正文“其王”,旧本脱“其”字,今据注增。

④ 王,越王句践也。

⑤ 得其众,终必得其国,王何忧焉?

⑥【校】《说苑》无“人”字。

⑦ 逾,度也。越,历也。谓彼险难也。

【校】“九江”,《说苑》作“三江”。

⑧【校】《御览》八百四十“养”作“豢”。

⑨【校】《说苑》作“怨”。

⑩ 数,术。

⑪ 先王,谓阖闾也。代,更也。

⑫ 吴王,夫差。

⑬ 夫差,吴王也。禽,为越所获。

楚王欲取息与蔡,[1]乃先佯善蔡侯,而与之谋曰:“吾欲得息，奈何？”蔡侯曰：“息夫人，吾妻之姨也。[2]吾请为飨息侯与其妻者，而与王俱，因而袭之。”[3]楚王曰：“诺。”于是与蔡侯以飨礼入于息，因与俱，遂取息。旋舍于蔡，又取蔡。[4]

① 楚王，文王也。息、蔡，二国名。

② 蔡侯，昭侯也。妻之女弟为姨，《传》曰“吾姨也”，此之谓也。

【校】案：此乃蔡哀侯也，注误。又“女弟”当作“女兄弟”。

③【校】旧校云：“‘而’一作‘以’。”

④ 不劳师徒而得之曰取，《传》曰“易也”。

赵简子病，召太子而告之曰：“我死，已葬，服衰而上夏屋之山以望。”[1]太子敬诺。简子死，已葬，服衰，召大臣而告之曰：“愿登夏屋以望。”大臣皆谏曰：“登夏屋以望，是游也。服衰以游，不可。”襄子曰：“此先君之命也，寡人弗敢废。”群臣敬诺。襄子上于夏屋，以望代俗，[2]其乐甚美。于是襄子曰：“先君必以此教之也。”及归，[3]虑所以取代，乃先善之。代君好色，请以其弟姊妻之，[4]代君许诺。弟姊已往，所以善代者乃万故。[5]马郡宜马，代君以善马奉襄子。[6]襄子谒于代君而请觞之，马郡尽，[7]先令舞者置兵其羽中数百人，[8]先具大金斗。代君至，酒酣，[9]反斗而击之，一成，脑涂地。[10]舞者操兵以斗，尽杀其从者。因以代君之车迎其妻，其妻遥闻之状，[11]磨笄以自刺。故赵氏至今有刺笄之证[12]与“反斗”之号。

① 赵简子，晋大夫赵景子成之子鞅也。太子，赵无恤襄子也。服衰，谓期年，勿复三年也。夏屋山，代之南山也。观望，欲令取代也。

② 俗，土也。

③【校】旧校云："一作'反归'。"

④【校】案："弟姊"二字不当连文。据《赵世家》，襄子之姊前为代王夫人，是"弟"字衍。

⑤ 善，好也。襄子所好于代者非一事，故言"万故"也。

⑥《传》曰"冀州之北土，马之所生也"，故谓代为马郡也。言代君以马奉襄子也。

【校】《传》无"州"字。

⑦ 谒，告也。觞，飨也。襄子告代君而请饮之酒，醉而杀之，尽取其国也，故曰"马郡尽"也。

【校】"马郡尽"似当在上节之下，言善马俱尽也。注欠顺。

⑧ 羽，舞者所执持也。置兵其中，不欲代君觉之也。

⑨ 金斗，酒斗也。金重，大，作之可以杀人。酣，饮酒合乐之时。

⑩ 一成，一下也。首碎，故脑涂地也。

⑪【校】疑"之"字衍。

⑫【校】旧校云："一作'山'。"

此三君者，其有所自而得之，不备遵理，[①]然而后世称之，有功故也。有功于此，而无其失，虽王可也。[②]

① 三君，越王句践、楚文王、赵襄子也。自，从也。遵，循也。理，道也。

② 此三君有功名，假令无其阙失，虽为王可也。

慎 人①

①【校】一作“顺人”。

六曰：

功名大立，天也。为是故，因不慎其人，不可。①夫舜遇尧，天也。舜耕于历山，陶于河滨，钓于雷泽，②天下说之，秀士从之，人也。夫禹遇舜，天也。禹周于天下，以求贤者，事利黔首，③水潦川泽之湛滞壅塞可通者，禹尽为之，人也。夫汤遇桀，武遇纣，天也。汤、武修身积善为义，以忧苦于民，人也。④

① 推之于天，不复慎其为人、修仁义，故曰“不可”也。

② 陶，作瓦器。

③ 事，治也。黔首，民也。

④ 苦，劳也。

舜之耕渔，其贤不肖与为天子同。①其未遇时也，以其徒属堀地财，取水利，②编蒲苇，结罘网，手足胼胝不居，③然后免于冻馁之患。④其遇时也，登为天子，贤士归之，万民誉之，丈夫女子，振振殷殷，无不戴说。⑤舜自为诗曰：“普天之下，莫非王土；率土之滨，莫非王臣。”所以见尽有之也。⑥尽有之，贤非加也；⑦尽无之，贤非损也。⑧时使然也。

① 同,辞也。

【校】注"辞"疑"等"之误。

② 地财,五谷。水利,濯灌。

【校】"以"、"与"同。"堀"当作"掘"。

③ 居,止。

④ 患,难也。

⑤ 振振殷殷,众友之盛。

【校】孙云:"'振振',王元长《曲水诗序》'殷殷均乎姚泽',李善注先引此作'陈陈殷殷,无不戴说。高诱曰:殷,盛也',后又引此作'辄辄齤齤,莫不戴说。高诱曰:齤齤,动而喜貌也。殷殷或为齤齤,故两引之。辄,知叶切。齤,仕勤切'。案此所引盖《吕览》别本。又《广韵》一先有'軥'字在田字纽下,引'天子軥軥齤齤,莫不载悦',注'喜悦之貌';又十九臻有'齤'字,引《吕氏春秋注》云'㱡㱡,动而喜貌'。'辄'、'軥'、'齤'、'㱡'皆与《吕氏》今本不同,而又互异。《说文》欠部'欣'云'指而笑也',然则从'支'从'殳'皆非。"

⑥【校】王伯厚云:"疑与咸邱蒙同一说而托之于舜。"

⑦ 加,益也。

⑧ 损,减。

百里奚之未遇时也,亡虢而虏晋,[①]饭牛于秦,传鬻以五羊之皮。公孙枝得而说之,[②]献诸缪公,三日,请属事焉。[③]缪公曰:"买之五羊之皮而属事焉,无乃天下笑乎?"公孙枝对曰:"信贤而任之,君之明也;让贤而下之,臣之忠也。[④]君为明君,臣为忠臣。彼信贤,境内将服,敌国且畏,夫谁暇笑哉?"缪公遂用之。谋无不当,举必有功,[⑤]非加贤也。使百里奚虽贤,无得缪公,必无此名矣。今焉知世之无百里奚哉?故人主之欲求士者,不可不务博也。

① “虢”当为“虞”。百里奚，虞臣也。《传》曰：“伐虞，获其大夫井伯以媵秦缪姬。”《孟子》曰：“百里奚，虞人也。晋人以垂棘之璧假道于虞以伐虢，宫之奇谏之，百里奚知虞公之不可谏也而去之秦。”此云亡虢，误矣。扬子云恨不及其时，车载其金。

② 公孙枝，秦大夫子桑。

③ 献，进也。请以大夫职事属付百里奚也。

④ 下，避也。

⑤【校】《御览》四百二此下有“号曰五羖大夫”六字。

孔子穷于陈、蔡之间，七日不尝食，藜羹不糁。宰予备矣。[①]孔子弦歌于室，颜回择菜于外，子路与子贡相与而言曰：“夫子逐于鲁，削迹于卫，伐树于宋，[②]穷于陈、蔡。杀夫子者无罪，藉夫子者不禁。[③]夫子弦歌鼓舞未尝绝音，盖君子之无所丑也若此乎?”[④]颜回无以对，入以告孔子。孔子慨然推琴，喟然而叹曰：“由与赐，小人也！召，吾语之。”子路与子贡入，子贡曰[⑤]：“如此者，可谓穷矣！”孔子曰：“是何言也?君子达于道之谓达，穷于道之谓穷。[⑥]今丘也拘仁义之道，[⑦]以遭乱世之患，其所也，何穷之谓?[⑧]故内省而不疚于道，临难而不失其德。大寒既至，霜雪既降，吾是以知松柏之茂也。[⑨]昔桓公得之莒，文公得之曹，越王得之会稽。[⑩]陈、蔡之厄，于丘其幸乎！”孔子烈然返瑟而弦，[⑪]子路抗然执干而舞。[⑫]子贡曰：“吾不知天之高也，不知地之下也。”[⑬]古之得道者，穷亦乐，[⑭]达亦乐，[⑮]所乐非穷达也，[⑯]道得于此，则穷达一也，[⑰]为寒暑风雨之序矣。[⑱]故许由虞乎颍阳，[⑲]而共伯得乎共首。[⑳]

①“备”当作“惫”。惫，极也。《论语》曰：“卫灵公问陈于孔子，对曰：‘俎豆之事，则尝闻之矣。军旅之事，未之学也。’明日遂行。在陈绝粮，从者病，莫能兴。”此之谓也，故曰“宰予惫矣”。

②【校】旧校云：“‘伐’一作‘拔’。”案：《风俗通·穷通》篇作“拔”。

③藉犹辱也。

【校】案：藉，陵藉也。

④丑犹耻也。

⑤【校】《庄子·让王》篇及《风俗通》俱作“子路曰”。

⑥《论语》曰：“君子亦有穷乎？子曰：‘君子固穷，小人穷斯滥矣。’”

⑦【校】“拘”，《庄子》、《风俗通》并作“抱”。

⑧言不穷于道也。

⑨众木遇霜雪皆凋，喻小人遭乱世无以自免。松柏喻君子而能茂盛也。《论语》曰：“岁寒然后知松柏之后凋。”此之谓也。

⑩齐桓公遭无知之乱出奔莒，晋文公遇丽姬之谗出过曹，越王句践与吴战而败，栖于会稽之山，卒皆享国，克复其耻，为霸君，故曰“得之”。

⑪返，更也。更取瑟而弦歌。

【校】“烈然返瑟”，《庄子》作“削然反琴”。

⑫干，楯也。

【校】“抗然”，《庄子》作“扢然”。

⑬高下喻广大也。言不能知孔子圣德之如天地。

⑭乐其道也。

⑮乐兼善天下也。

⑯言乐道也。

⑰此，近，喻身也。言得道之人，不为穷极，不为达显，故一之也。

⑱寒暑，阴阳也。阴阳和，风雨序也。圣人法天地，顺阴阳，故能不为穷达变其节也。

⑲虞，乐也。颍水之北曰阳。轻天下而不屈于尧，养志于箕山，山在颍水之北，故曰乐乎颍阳也。

⑳ 共,国;伯,爵也。弃其国,隐于共首山而得其志也。不知出何书也。【校】梁伯子云:“共伯值厉王之难,摄政十四年,乃率诸侯会二相而立宣王,共伯归共国,得乎共首,所谓‘逍遥得志乎共山之首’云尔,安得有弃国隐山之事?《开春论》注又以共伯为夏时诸侯,大误。”卢云:“案诱时《竹书纪年》犹未出,故云不知出何书,而所言皆误也。”

遇合

七曰:

凡遇,合也。时[①]不合,必待合而后行。故比翼之鸟死乎木,比目之鱼死乎海。孔子周流海内,再干世主,如齐至卫,所见八十余君,委质为弟子者三千人,达徒七十人。七十人者,万乘之主得一人用可为师,不为无人。以此游仅至于鲁司寇,[②]此天子之所以时绝也,诸侯之所以大乱也。[③]乱则愚者之多幸也,幸则必不胜其任矣。[④]任久不胜,则幸反为祸。其幸大者,其祸亦大,非祸独及己也。故君子不处幸,不为苟,[⑤]必审诸己然后任,任然后动。[⑥]

① 【校】句下当叠一“时”字。

② 仅犹裁也。孔子有圣德,不见大用,裁至于司寇也。

③ 言不知圣人,不能用之,所以绝、所以乱也。

④ 多幸爱不肖之人而宠用之,故不胜其任。

⑤ 处,居也。不为苟易邀于俗、取容说也。

⑥ 任则处德，动则量力。

凡能听说者，必达乎论议者也。世主之能识论议者寡，所遇恶得不苟？[①]凡能听音者，必达于五声。[②]人之能知五声者寡，所善恶得不苟？[③]客有以吹籁见越王者，羽、角、宫、徵、商不缪，[④]越王不善；为野音，而反善之。[⑤]说之道亦有如此者也。[⑥]人有为人妻者，人告其父母曰："嫁不必生也。[⑦]衣器之物，可外藏之，以备不生。"其父母以为然，于是令其女常外藏。[⑧]姑妐知之曰："为我妇而有外心，[⑨]不可畜。"因出之。[⑩]妇之父母以谓为己说者以为忠，终身善之，亦不知所以然矣。[⑪]宗庙之灭，天下之失，亦由此矣。[⑫]故曰遇合也无常。说，适然也。若人之于色也，无不知说美者，而美者未必遇也。故嫫母执乎黄帝，[⑬]黄帝曰："厉女德而弗忘，与女正而弗衰，虽恶奚伤？"[⑭]若人之于滋味，无不说甘脆，而甘脆未必受也。文王嗜昌蒲菹，[⑮]孔子闻而服之，缩頞而食之，三年然后胜之。[⑯]人有大臭者，其亲戚、兄弟、妻妾、知识无能与居者，自苦而居海上。[⑰]海上人有说其臭者，昼夜随之而弗能去。[⑱]说亦有若此者。

① 恶，安也。

② 达，通也。

③【校】旧校云："'善'一作'喜'。"

④ 籁，二孔籥也。不缪，五声无失。

⑤ 野，鄙也。

⑥ 说贤人而不用，言不肖而归之，故曰"亦有如此者"也。

⑦ 不必生，谓终死。

⑧ 藏私财于外也。

⑨【校】《释名》：“俗或谓舅曰章，又曰妐。”旧校云：“‘外心’一作‘异心’。”

⑩ 以为盗窃，犯七出，故出之也。

⑪ 不知其女之所以见出由此也。

⑫ 亦由此不理者，故宗庙灭没，以失其天下也。

⑬ 黄帝说之。

⑭ 恶，丑也。奚，何也。言敕厉女以妇德而不忘失，付与女以内正而不衰疏，故曰虽丑何伤，明说恶也。

【校】“厉”旧作“属”，案“属”与下“付与”意复，观注以敕为训，则当作“厉”字，因形近而讹，今并注俱改正。

⑮ 昌本之菹。

⑯ 胜，服。

⑰ 苦，伤也。

⑱ 去，离也。

陈有恶人焉，曰敦洽雠糜，椎颡广颜，色如漆赭，①垂眼临鼻，②长肘而盭。③陈侯见而甚说之，④外使治其国，内使制其身。⑤楚合诸侯，陈侯病，不能往，使敦洽雠糜往谢焉。楚王怪其名而先见之，⑥客有进状有恶其名言有恶状。楚王怒，合大夫而告之，⑦曰：“陈侯不知其不可使，是不知也；⑧知而使之，是侮也。⑨侮且不智，不可不攻也。”兴师伐陈，三月然后丧。⑩恶足以骇人，言足以丧国，⑪而友之足于陈侯而无上也，至于亡而友不衰。⑫夫不宜遇而遇者，则必废。⑬宜遇而不遇者，此国之所以乱，世之所以衰也。⑭天下之民，其苦愁劳务从此生。⑮凡举人之本，太上以志，其次以事，其次以功。⑯三者弗能，国必残亡，群孽大至，身必死殃，年得至七十、九十犹尚幸。⑰贤圣之后，反而孽民，是以贼其身，⑱岂能独哉？⑲

①【校】“麋”旧作“麋”。案李善注左太冲《魏都赋》、刘孝标《辩命论》并作“麋”，《御览》三百八十二同，《初学记》作“眉”，与“麋”同，今定作“麋”。“椎”旧本作“雄”，校云“一作‘推’”。案《魏都赋》注作“椎”，今从之。《广韵》作“狭颡广额，颜色如漆”，今“漆赭”旧本作“浃赪”，校云“一作‘沫赭’”。“沫”或“柒”字之误，“柒”即“漆”字，《辩命论》注作“漆赭”，今从之。《初学记》作“色如漆”，无“赭”字。

②【校】旧校云：“‘眼’一作‘发’。”

③ 盭，胝也。

【校】“盭”即“戾”字，不当训胝。案《选》注引正文作“盭股”，今脱“股”字，误为“胝”入注中，而又误增二字也。

④【校】《选》注引高诱曰“丑而有德也”，今本缺。下注“丑恶无德”，正相反。

⑤ 制陈侯身。

⑥【校】旧校云：“‘怪’一作‘知’。”

⑦ 合，会。

⑧ 不知，无所知也。

⑨ 侮，慢。

⑩ 丧，灭之也。

⑪ 雠麋貌恶足以惊人，其言足以亡国也。

⑫ 友爱敦洽雠麋无有出上者也。楚怒而伐之，以至于灭，而爱之不衰废也。

⑬ 若敦洽雠麋，丑恶无德，不宜见遇而反见遇，如此者不必久，故曰“必废”也。

⑭ 贤者至道，宜一遇明世，佐时理物，不遇之，故国不治，所以乱也。世不知贤不肖，所以衰也。

⑮ 从此宜遇而不遇也。

⑯ 举,用也。志,德也。

⑰ 所遇不当,而无此三者,身必死殃也。得至七十、九十者,乃大幸耳。

⑱【校】旧校云:"'贼'一作'残'。"

⑲ 陈,舜之苗胤也,故曰"贤圣之后"也。孽,病也。所遇不当,为楚所灭,以残其身也,并病其民,故曰"岂能独哉"。

必 己[①]

①【校】一作"本知",一作"不遇"。

八曰:

外物不可必,故龙逄诛,比干戮,[①]箕子狂,恶来死,[②]桀、纣亡。[③]人主莫不欲其臣之忠,而忠未必信,故伍员流乎江,[④]苌弘死,藏其血三年而为碧。[⑤]亲莫不欲其子之孝,而孝未必爱,故孝己疑,曾子悲。[⑥]

① 龙逄谏桀而桀杀之。比干,纣之诸父也。谏纣,纣剖其心视之,故曰"戮"。

【校】此处"龙逄",各本皆不作"逢",仍之。

② 箕子,纣之庶父也,见纣之乱而佯狂也。恶来,飞廉之子,纣谀臣也,武王杀之。

③ 杀忠臣,故灭亡。

④ 伍子胥谏吴王夫差，不欲与越粂，夫差未信之，不从其言，以鸱夷置子胥而投之江也。

⑤ 苌弘，周敬王大夫，号知天道，欲城成周，支天之所坏，故卫奚知其不得没也。及范吉射、荀寅叛其君，苌弘与知之。周刘氏、范氏世为婚姻，苌弘事刘文公，故周人与范氏。晋人让周，周为之杀苌弘。不当其罪，故血三年而为碧也。

【校】“卫奚”，《左传》作“卫傒”。

⑥ 孝己，殷王高宗子也。曾参，以其至孝，见疑于其父，故为之伤悲也。

【校】注“以”字旧脱，今补。

庄子行于山中，[①] 见木甚美，长大，枝叶盛茂，[②] 伐木者止其旁而弗取。问其故，曰：“无所可用。”庄子曰：“此以不材得终其天年矣。”出于山，及邑，舍故人之家。[③] 故人喜，具酒肉，令竖子为杀雁飨之。竖子请曰：“其一雁能鸣，一雁不能鸣，请奚杀？”主人之公曰：“杀其不能鸣者。”明日，弟子问于庄子曰：“昔者山中之木以不材得终天年，主人之雁以不材死，[④] 先生将何以处？”庄子笑曰：“周将处于材不材之间。材不材之间，似之而非也，故未免乎累。若夫道德则不然，无讶无訾，[⑤] 一龙一蛇，与时俱化，而无肯专为；[⑥] 一上一下，以禾为量，[⑦] 而浮游乎万物之祖，[⑧] 物物而不物于物，则胡可得而累？[⑨] 此神农、黄帝之所法。[⑩] 若夫万物之情，人伦之传则不然，[⑪] 成则毁，大则衰，廉则锉，[⑫] 尊则亏，直则骫，[⑬] 合则离，爱则隳，[⑭] 多智则谋，不肖则欺，[⑮] 胡可得而必？”

①【校】旧校云：“‘行’一作‘过’。”

② 庄子名周，宋之蒙人也，轻天下，细万物，其术尚虚无，著书五十二

篇，名之曰《庄子》。

【校】五十二篇本《汉志》，今本十卷三十三篇。

③ 舍，止也。故人，知旧也。

④【校】旧校云："一作'以不能鸣死'。"

⑤【校】《庄子·山木》篇作"无誉无疵"。

⑥ 专，一。

⑦ 禾三变，故以为法也。一曰：禾，中和。

【校】注"禾三变"，谓始于粟，生于苗，成于穗也。见《淮南子·缪称训》高诱注。旧本"三"上有"两"字，衍，今删去。

⑧ 祖，始。

⑨ 物物而不物，言制作。喻天地不在万物中，故曰"不物"。若制礼者不制于礼也，不以物自累之也。

⑩ 法，则也。神农，少典之子赤帝也，居三皇之中，农殖嘉谷而化之，号曰神农。黄帝，轩辕氏也，得道而仙。言二帝以此为法则者也。

⑪ 传犹转。

⑫ 廉，利也。锉，缺伤。

⑬ 尊，高也。《传》曰"高位疾颠"，故曰"则亏"。骫，曲也。直不可久，故曰"直则骫"。《诗》云"草木死无不萎"，此之谓也。

【校】此约《小雅·谷风》之诗"无草不死，无木不萎"二语而失之。

⑭ 隳，废也。

⑮ 多智则人谋料之，不肖则人欺诈之。

牛缺居上地，大儒也，下之邯郸，遇盗于耦沙之中。[①]盗求其橐中之载则与之，求其车马则与之，求其衣被则与之。牛缺出而去，[②]盗相谓曰："此天下之显人也，今辱之如此，此必愬我于万乘之主，[③]万乘之主必以国诛我，我必不生，不若相与追而杀之，以灭其迹。"[④]于是相与趋之，[⑤]行三十里，及而杀之。此以知故也。[6]孟贲过于河，先其五。[7]船人怒，而以楫虓其头，[8]顾不知其孟贲也。中河，孟贲瞋目而视船人，发植，目裂，鬓指，[9]舟中之人尽扬播入于河。[10]使船人知其孟贲，弗敢直视，[11]涉无先者，[12]又况于辱之乎？此以不知故也。[13]知与不知，皆不足恃，其惟和调近之。犹未可必，[14]盖有不辨和调者，则和调有不免也。[15]宋桓司马有宝珠，抵罪出亡。[16]王使人问珠之所在，曰："投之池中。"[17]于是竭池而求之，无得，鱼死焉。此言祸福之相及也。纣为不善于商，而祸充天地，[18]和调何益？[19]

① 牛，姓也。缺，其名。秦人也。秦在西方，故称"下之邯郸"。淤沙为耦，盖地名也。

②【校】《列子・说符》作"步而去"。

③ 劫夺其财。不以礼为辱。愬，告也。

④ 迹，踪也。

⑤ 趋，逐。

⑥ 盗知牛缺为贤人故。

【校】卢云："知与不知，注皆不得本意。当云'牛缺使盗知其为贤人故也'，下注当云'孟贲不使船人知其为勇士故也'，此则与上文一意相承，所谓如此如彼，皆不可必也。"

⑦【校】章怀注《后汉书・郑太传》引"孟贲过河，先于其伍"，古"伍"字作"五"。

⑧ 先其伍，超越次弟也。虓，暴辱。

⑨ 植，竖。指，直。

【校】《御览》三百六十六"鬓"作"须"。

⑩ 扬，动也。播，散也。入犹投也。

⑪ 直，正。

⑫ 无敢先孟贲也。

⑬ 船人不知孟贲为勇士故也。

⑭ 近之，近无愁难，犹未可必也。

⑮【校】卢云：“此二句颇似注中语误入正文，若直接上注‘犹未可必’之下，正相吻合。注末一‘也’字，当为衍文。”

⑯ 桓司马，桓魋。抵，当也。

⑰《春秋鲁哀十四年传》曰：“宋桓魋之有宠，欲害公。公知之，攻桓魋。魋出奔卫。”公则宋景公也。春秋时宋未僭称王也，此云“王使人问珠”，复妄言者也。

⑱ 充犹大。

⑲ 和调，善之者也。纣不能行之，故曰“何益”也。

【校】卢云：“此注又错说。本意谓当纣之时，善人亦不得免焉，如鱼之安处于池，而适遭求珠之害，故曰‘和调何益’。终篇皆言处世之难必耳。高氏意常歆羡秦市之金，岂亦知己之亦多误乎？”

张毅好恭，门闾帷①薄聚居众无不趋，②舆隶姻媾小童无不敬，以定其身；③不终其寿，内热而死。④单豹好术，离俗弃尘，⑤不食谷实，不衣芮温，⑥身处山林岩堀，以全其生；不尽其年，而虎食之。⑦孔子行道而息，⑧马逸，食人之稼，野人取其马。子贡请往说之，毕辞，野人不听。有鄙人始事孔子者，曰请往说之，因谓野人曰：“子不耕于东海，吾不耕于西海也，吾马何得不食子之禾？”⑨其野人大说，相谓曰：“说亦皆如此其辩也！独如向之人？”⑩解马而与之。说如此其无方也而犹行，⑪外物岂可必哉？

①【校】旧校云："'帷'一作'帐'。"

② 过之必趋。

③ 定，安也。

④《幽通记》曰："张毅修襮而内逼。"此之谓也。

⑤【校】旧校云："一作'弃世谓不群也'。"

⑥ 不食谷实，行气道引也。芮，絮也。

⑦《幽通记》曰："单豹治里而外凋。"此之谓也。

【校】旧本作"治衷不外调"，讹，今据班孟坚赋改正。

⑧【校】李善注《文选》、陆士衡《演连珠》"东野有不释之辩"引此作"孔子行于东野"。

⑨【校】《选》注引作"子耕东海至于西海"，与《淮南·人间训》同。

⑩ 独犹孰也。向之人，谓子贡也。

⑪ 方，术。

君子之自行也，敬人而不必见敬，爱人而不必见爱。敬爱人者，己也；见敬爱者，人也。君子必在己者，不必在人者也。必在己，无不遇矣。

第十五卷　慎大览

慎　大

一曰：

贤主愈大愈惧，愈强愈恐。[①]凡大者，小邻国也；强者，胜其敌也。[②]胜其敌则多怨，小邻国则多患。多患多怨，国虽强大，恶得不惧？恶得不恐？[③]故贤主于安思危，[④]于达思穷，[⑤]于得思丧。[⑥]《周书》曰："若临深渊，若履薄冰。"以言慎事也。[⑦]

① 愈，益。

② 夫大者，侵削邻国使小也；强者，强以克弱，故能胜其敌也。

③ 恶，安也。

④ 安不忘危。

⑤ 显不忘约。

⑥ 丧，亡也。有得有失，故思之。

⑦《周书》，周文公所作也。若临深渊，恐陨坠也；如履薄冰，恐陷没也；故曰"以言慎事"。

桀为无道，暴戾顽贪，[①]天下颤恐而患之，[②]言者不同，纷纷分分，其情难得。[③]干辛任威，凌轹诸侯，以及兆民，[④]贤良郁怨。杀彼龙逄，以服群凶。众庶泯泯，皆有远志，[⑤]莫敢直言，其生若惊。[⑥]大臣同患，弗周而畔。[⑦]桀愈自贤，矜过善非，[⑧]主道重塞，国人大崩。[⑨]汤乃惕惧，忧天下之不宁，欲令伊尹往视旷夏，恐其不信，汤由亲自射伊尹。[⑩]伊尹奔夏三年，反报于亳，[⑪]曰："桀迷惑于末嬉，好彼琬、琰，[⑫]不恤其众。众志不堪，上下相疾，民心积怨，皆曰：'上天弗恤，夏命其卒。'"[⑬]汤谓伊尹曰："若告我旷夏尽如诗。"[⑭]汤与伊尹盟，以示必灭夏。伊尹又复往视旷夏，听于末嬉。末嬉言曰："今昔天子梦西方有日，东方有日，两日相与斗，西方日胜，东方日不胜。"伊尹以告汤。商涸旱，[⑮]汤犹发师，以信伊尹之盟，故令师从东方出于国，西以进。未接刃而桀走，逐之至大沙，身体离散，为天下戮。不可正谏，虽后悔之，将可奈何！汤立为天子，夏民大说，如得慈亲，朝不易位，农不去畴，[⑯]商不变肆，[⑰]亲郼如夏。[⑱]此之谓至公，此之谓至安，此之谓至信。尽行伊尹之盟，不避旱殃，祖伊尹世世享商。[⑲]

① 心不则德义之经为顽，求无厌足为贪。

② 颤，惊也。患，忧也。

③ 纷纷，殽乱也。分分，恐恨也。其情难得知也。

④ 干辛，桀之谀臣也，专桀无道之威以致灭亡。

⑤ 龙逢忠而桀杀之，故众庶泯泯然乱。有远志，离散也。

⑥ 惊，乱貌。民不敢保其生也。

【校】旧校云："'惊'或作'梦'。"

⑦ 患，忧也。心惧尽见诛，故同忧也。不周于义，而将背畔也。

⑧ 其所行者非，而反善也。

【校】旧校云："'矜'一作'给'。"

⑨ 崩，坏散。

⑩ 恐夏不信伊尹，故由扬言而亲自射伊尹，示伊尹有罪而亡，令夏信之也。

【校】梁伯子云："旷，空也。或云是'犷'之讹，言其猛不可附也，古猛切。"卢云："旷夏似言间夏。汤令伊尹为间于夏，而恐其不信，故亲射之。诸子书有言尹与末喜比而亡夏者，此出战国荒唐之言。观此下云'若告我旷夏尽如志'，又云'往视旷夏，听于末嬉'云云，亦即此意，是明明以伊尹为间谍也。"

⑪ 亳，汤都。

⑫ "琬"当作"婉"。婉顺阿意之人。或作"琬琰"，美玉也。

【校】观注意，则高所见本或有脱"琰"字者。案《竹书纪年》注云："后桀十四年，命扁伐岷山，岷山女于桀二人，曰琬曰琰。后爱之，无子，斫其名于苕华之玉，苕是琬，华是琰，而弃其元妃于洛。曰妹喜以与伊尹交，遂以亡夏。"今本《纪年》末有讹字，此参用马骕所引文。据此则琬、琰不但为二玉名也。

⑬ 卒，卒尽也。

⑭ 诗，志也。

⑮ 涸，枯也。

⑯ 畴，亩也。

⑰ 安其所也。

⑱ 郼读如衣，今兖州人谓殷氏皆曰衣。言桀民亲殷如夏氏也。

【校】《书·武成》"殪戎殷"，《礼记·中庸》作"壹戎衣"，二字声本相近。

⑲ 祖用伊尹之贤。世世享商，享之尽商世也。

武王胜殷，入殷，未下舆，命封黄帝之后于铸，[①]封帝尧之后于黎，[②]封帝舜之后于陈。下舆，命封夏后之后于杞，立成汤之后于宋，以奉桑林。[③]武王乃恐惧，太息流涕，命周公旦进殷之遗老，而问殷之亡故，又问众之所说，民之所欲。

殷之遗老对曰："欲复盘庚之政。"④武王于是复盘庚之政，⑤发巨桥之粟，⑥赋鹿台之钱，以示民无私。⑦出拘救罪，分财弃责，以振穷困。⑧封比干之墓，⑨靖箕子之宫，⑩表商容之间，⑪士过者趋，车过者下。⑫三日之内，与谋之士封为诸侯，⑬诸大夫赏以书社，⑭庶士施政去赋。⑮然后济于河，⑯西归报于庙。⑰乃税马于华山，税牛于桃林，⑱马弗复乘，牛弗复服，⑲衅鼓旗甲兵，⑳藏之府库，终身不复用。此武王之德也。故周明堂外户不闭，示天下不藏也。唯不藏也可以守至藏。㉑武王胜殷，得二虏而问焉，曰："若国有妖乎？"㉒一虏对曰："吾国有妖。昼见星而天雨血，此吾国之妖也。"一虏对曰："此则妖也。虽然，非其大者也。吾国之妖，甚大者，㉓子不听父，弟不听兄，君令不行，此妖之大者也。"武王避席再拜之。此非贵虏也，贵其言也。故《易》曰："愬愬履虎尾，终吉。"㉔

① 铸，国名。

【校】《乐记》云"封帝尧之后于祝"，铸与祝声相近，此云封黄帝之后，殆误也。梁仲子云："《淮南·俶真训》'冶工之铸器'，注云'铸读如唾祝之祝'；祝不读如字，《周礼·疡医》注云'祝读如注病之注'；则知铸、祝同一音也。"

②【校】《御览》二百一作"犁"。案《乐记》云"封黄帝之后于蓟"，黎与蓟声亦相近，此皆互易。

③ 桑山之林，汤所祷也，故使奉之。

④ 盘庚，太甲后十七世祖丁之子，殷之中兴王也，故欲复行其政也。

【校】注"十七世"当作"十五世"。

⑤ 不违民欲。

⑥ 巨桥，纣仓名。

⑦ 鹿台，纣钱府。赋，布也。私，爱也。

⑧ 分财，分有与无也。弃责，责己不责彼也。振，救也。矜寡孤独曰穷，无衣食曰困。

【校】"救罪"疑是"赦罪"。谢云："弃责即《左传》所云'已责'，'责'古'债'字，注非也。"

⑨ 以其忠谏而见杀，故封崇其墓，以章贤也。

⑩ 以箕子避乱，佯狂而奔，故清净其宫，以异之也。

【校】"靖"似当作"清"，七性切。

⑪ 商容，殷之贤人，老子师也，故表异其闾里。

⑫ 过商容之里者趋，车载者下也。

⑬ 与谋委质于武王之士，封以为诸侯也。

⑭ 大夫与谋为国，以书社赏之。二十五家为社也。

⑮ 施之于政事，去其徭赋也。

⑯【校】旧书"济于"倒，从《绎史》乙转。究疑"于"字乃衍文。

⑰ 还济孟津河，西归于丰、镐，报功于文王庙。《传》曰"振旅凯入，饮至策勋"，此之谓也。

⑱ 税，释也。华山在华阴南，西岳也。桃林，秦、晋之塞也，盖在华阴西长城是也。

⑲【校】旧本作"牛弗服"，今亦从《绎史》增"复"字。

⑳ 杀牲祭以血涂之曰衅。鼓以进众。旗，军械也。熊虎为旗。甲，铠。兵，戈戟箭矢也。

㉑ 至德之藏。

㉒ 若，汝。妖，怪。

㉓【校】《新序·杂事二》"甚"作"其"。

㉔ 愬愬，惧也。居之以礼，行之以恭，恐惧戒慎，如履虎尾，终必吉也。喻二虏见于武王，有履虎尾之危，以言所知，武王拜之，是终吉也。

【校】旧校云："'愬'一作'遡'字，读如虢。"谢云："引《易》以戒人君，岂为二虏哉？注非是。"

赵襄子攻翟，胜老人、中人，使使者来谒之。[1]襄子方食抟饭，有忧色。左右曰：“一朝而两城下，此人之所以喜也，[2]今君有忧色何？”襄子曰：“江河之大也，[3]不过三日。[4]飘风暴雨，日中不须臾。[5]今赵氏之德行无所于积，[6]一朝而两城下，亡其及我乎！”[7]孔子闻之曰：“赵氏其昌乎？”[8]夫忧所以为昌也，而喜所以为亡也。胜非其难者也，持之其难者也。[9]贤主以此持胜，故其福及后世。齐、荆、吴、越，皆尝胜矣，而卒取亡，[10]不达乎持胜也。唯有道之主能持胜。孔子之劲，举国门之关，而不肯以力闻。[11]墨子为守攻，公输般服，而不肯以兵加。[12]善持胜者，以术强弱。[13]

① 襄子，赵简子之子无恤也。使辛穆子伐翟，胜之，下老人、中人城，使使者来谒襄子。谒，告也。今卢奴西山中有老人、中人城也。

【校】案：《晋语》九、《列子·说符》及《御览》三百二十一皆作“左人中人”，《淮南·道应训》作“尤人终人”。

②【校】《列子》无“以”字。

③ 大，长。

④ 三日则消也。

⑤《易》曰“日中则仄”，故曰“日中不须臾”。

【校】旧校云：“‘飘风’一作‘猋风’。”案：日中不须臾，谓一日之中不过顷刻即过耳，即指风雨言，注非是。然如《列子·说符》篇“飘风暴雨”下有“不终朝”三字，则“日中”句当如注所云耳。

⑥ 言无积德积行。

⑦《传》曰：“知惧如此，斯不亡矣。”

⑧ 昌，盛也。

【校】案：孔子卒时，简子尚在，此与《义赏》篇同误。

⑨ 持犹守。

⑩ 卒,终也。

【校】旧校云:"'取'一作'败'。"

⑪ 劲,强也。孔子以一手捉城门关显而举之,不肯以有力闻于天下。

【校】此殆即孔子之父事也。《左氏襄十年传》"偪阳人启门,诸侯之士门焉,县门发,郰人纥抉之以出门者",非孔子也。注"显"疑本是"翘"字。

⑫ 公输般在楚,楚王使设云梯为攻宋之具,墨子闻而往说之。楚王曰:"公输般,天下之巧工也。寡人使攻宋之城,何为不得?"墨子曰:"使公输般攻宋之城,臣请为宋守之备。"公输般九攻之,墨子九却之。又令公输般守备,墨子九下之。不肯以善用兵见知于天下也。墨子,名翟,鲁人也,著书七十篇,以墨道闻也。

【校】案:《墨子》书本七十一篇,今缺者十六篇。注末"闻也",旧作"闻之",误。

⑬ 言能以术强其弱也。

【校】旧校云:"一本作'善持胜者,不以强弱'。"案:《列子》作"以强为弱"。

权 勋

二曰:

利不可两,忠不可兼。① 不去小利,则大利不得;不去小忠,则大忠不至。② 故小利,大利之残也;③ 小忠,大忠之贼也。圣人去小取大。

① 兼，并也。

② 至犹成也。

③ 残，害也。

昔荆龚王与晋厉公战于鄢陵，荆师败，龚王伤。[①]临战，司马子反渴而求饮，竖阳穀操黍酒而进之。[②]子反叱曰："訾！[③]退！酒也。"竖阳穀对曰："非酒也。"子反曰："亟退却也！"[④]竖阳穀又曰："非酒也。"子反受而饮之。子反之为人也嗜酒，甘而不能绝于口，以醉。[⑤]战既罢，龚王欲复战而谋，[⑥]使召司马子反，子反辞以心疾。龚王驾而往视之，入幄中，[⑦]闻酒臭而还，曰："今日之战，不穀亲伤，所恃者司马也。而司马又若此，是忘荆国之社稷，而不恤吾众也。不穀无与复战矣。"于是罢师去之，斩司马子反以为戮。故竖阳穀之进酒也，非以醉子反也，[⑧]其心以忠也，[⑨]而适足以杀之。故曰：小忠，大忠之贼也。

① 晋大夫吕锜射龚王，中其目，故曰"伤"。

② 酒器受三升曰黍。

【校】梁伯子云："《内》、《外传》，《韩子》《十过》、《饰邪》二篇，《汉书人表》，并是'穀阳'，而《史记·晋楚世家》、《淮南·人间训》、《说苑·敬慎》篇与此并倒作'阳穀'。"案：黍酒是酿黍所成者，《说文》"酏，黍酒也"，注非。《十过》篇作"觞酒"，《饰邪》篇作"卮酒"。

③【校】《韩非》作"嘻"。

④【校】《说苑》作"酒也"，是。

⑤ 绝，止也。

⑥【校】《饰邪》篇作"而谋事"。

⑦ 幄，帐也。

⑧【校】《十过》篇作"不以仇子反也"，《饰邪》篇作"非以端恶子反也"，《说苑》作"非以妒子反也"，皆较"醉"字胜。

⑨ 忠，爱也。

昔者晋献公使荀息假道于虞以伐虢。荀息曰："请以垂棘之璧与屈产之乘，以赂虞公，而求假道焉，必可得也。"[①]献公曰："夫垂棘之璧，吾先君之宝也；屈产之乘，寡人之骏也。若受吾币而不吾假道，将奈何？"荀息曰："不然。彼若不吾假道，必不吾受也；[②]若受我而假我道，是犹取之内府而藏之外府也，犹取之内皂而著之外皂也。[③]君奚患焉？"[④]献公许之。乃使荀息以屈产之乘为庭实，[⑤]而加以垂棘之璧，以假道于虞而伐虢。虞公滥于宝与马而欲许之。[⑥]宫之奇谏曰："不可许也。虞之与虢也，若车之有辅也。车依辅，辅亦依车，虞、虢之势是也。[⑦]先人有言曰：'唇竭而齿寒。'[⑧]夫虢之不亡也恃虞，虞之不亡也亦恃虢也。若假之道，则虢朝亡而虞夕从之矣。奈何其假之道也？"虞公弗听，而假之道。荀息伐虢，克之。还反伐虞，又克之。荀息操璧牵马而报。[⑨]献公喜曰："璧则犹是也，马齿亦薄长矣。"故曰：小利，大利之残也。[⑩]

① 垂棘，美璧所出之地，因以为名也。屈产之乘，屈邑所生，四马曰乘。今河东北屈骏马者是也。

②【校】旧校云："一作'必不敢受也'。"

③ 皂，枥也。

④ 患犹难也。

⑤ 为虞庭中之实。

⑥ 滥，贪。

⑦ 车，牙也。辅，颊也。车、辅相依凭得以近喻也。

⑧ 竭，亡也。

【校】梁伯子云："案《左传》'唇亡齿寒'之语，《战国》《齐》、《赵策》俱引之，而《韩策》作'唇揭齿寒'，注：'揭犹反也。''揭'字似胜'亡'字。《庄子·胠箧》篇作'唇竭'，此与《淮南·说林训》亦并作'竭'。疑皆因'揭'而误也。"

⑨ 报，白也。

⑩ 残，害也。

中山之国有厹繇者，智伯欲攻之而无道也，[①]为铸大钟，方车二轨以遗之。厹繇之君将斩岸堙溪以迎钟。赤章蔓枝谏曰："诗云'唯则定国'，[②]我胡以得是于智伯？[③]夫智伯之为人也，贪而无信，必欲攻我而无道也，故为大钟，方车二轨以遗君。君因斩岸堙溪以迎钟，师必随之。"弗听。有顷谏之，君曰："大国为欢，而子逆之，不祥。子释之。"[④]赤章蔓枝曰："为人臣不忠贞，罪也；忠贞不用，远身可也。"断毂而行，[⑤]至卫七日而厹繇亡。[⑥]欲钟之心胜也，欲钟之心胜则安厹繇之说塞矣。[⑦]凡听说，所胜不可不审也，故太上先胜。[⑧]

① 厹繇，国之近晋者也，或作"仇酋"。智伯，晋大夫智襄子瑶也。

【校】"厹"，旧本作"夙"。何屺瞻云："当作'厹'。"梁仲子云："《韩非·说林下》作'仇由'，《战国·西周策》作'厹由'，《史记·樗里子传》作'仇犹'，《索隐》云'高诱注《国策》以仇犹为厹由'，《说文系传》口部'厹'云'《吕氏春秋》有厹犹国，智伯欲伐者也'。"

②【校】《左氏僖四年传》公孙支对秦穆公曰“臣闻之，唯则定国”，下两引《诗》，则知此语是逸诗也。

③ 赤章蔓枝，厹繇之臣也。

【校】“我胡”下旧有“则”字，因上文而衍，今删去。

④ 释，置。

⑤ 山中道狭，故断车毂而行去。

⑥ 智伯灭之。

【校】《韩非》作“至于齐七月而仇由亡矣”。

⑦ 塞，不行也。

⑧ 先犹上也。

昌国君将五国之兵以攻齐。[1]齐使触子将，以迎天下之兵于济上。[2]齐王欲战，使人赴触子，耻而訾之曰：“不战，必刬若类，掘若垄！”[3]触子苦之，[4]欲齐军之败，于是以天下兵战，战合，击金而却之，[5]卒北。[6]天下兵乘之，[7]触子因以一乘去，莫知其所，不闻其声。[8]达子又帅其余卒，[9]以军于秦周，无以赏，使人请金于齐王。[10]齐王怒曰：“若残竖子之类，[11]恶能给若金？”[12]与燕人战，大败，达子死，齐王走莒。[13]燕人逐北入国，相与争金于美唐甚多。[14]此贪于小利以失大利者也。[15]

① 昌国君，乐毅也，为燕昭王将伐齐。五国，谓燕、秦、韩、魏、赵也。

【校】梁伯子云：“时攻齐者尚有楚，高氏因本文五国，故不数楚，然非也。”

② 济，水也。

③ 刬，灭也。若，汝也。垄，冢也。言不堪敌而战克破燕军，必刬灭汝

种类，平掘汝先人之冢也。

④ 苦，病。

⑤【校】旧校云："'却'一作'退'。"

⑥ 北，走也。

⑦ 乘犹胜也。

【校】案：乘犹陵也。

⑧【校】旧校云："一作'问'。"

⑨ 达子，齐人也。帅，将也。

⑩ 军，屯也。秦周，齐城门名也。请金，将以赏有功也。

⑪ 残，余也。竖子，谓达子也。

⑫ 恶，安也。给，与也。

⑬ 走，奔也。莒，邑也。

⑭ 美唐，金藏所在。

⑮ 小利，金也。大利，国也。言湣王贪金不给达子以失国，乃大惑者也。

下　贤

三曰：

有道之士固骄人主。人主之不肖者亦骄有道之士，日以相骄，奚时相得？若儒、墨之议与齐、荆之服矣。贤主则不然，士虽骄之，而己愈礼之，士安得不归之？士所归，天下从之帝。[①]帝也者，天下之适也；[②]王也者，天下之往也。得道之人，贵为天子而不骄倨，[3]富有天下而不骋夸，[4]卑为布衣而不瘁摄，[5]贫无衣食而不忧慑，[6]狠乎其诚自有也，[7]觉乎其不疑有以也，[8]桀乎其必不渝移也，[9]循乎其与阴阳化也，悤悤乎其心之坚固也，[10]空空乎其不为巧故也，[11]迷乎其志气之远也，[12]昏乎其深而不测也，[13]确乎其节之不庳也，就就乎其不肯自是，[14]鹄乎其羞用智虑也，[15]假乎其轻俗诽誉也，[16]以天为法，以德为行，以道为宗，[17]与物变化而无所终穷，[18]精充天地而不竭，[19]神覆宇宙而无望，[20]莫知其始，莫知其终，莫知其门，莫知其端，莫知其源，[21]其大无外，其小无内，此之谓至贵。[22]士有若此者，五帝弗得而友，三王弗得而师，去其帝王之色，则近可得之矣。[23]

① 句。

② 适，主也。

③ 倨，傲也。

④ 夸，诧而自大也。

⑤ 瘁，病也。摄犹屈也。

⑥ 慑，惧也。

⑦ 自有，有道。

【校】“狠”即“恳”字，旧本作“狠”，讹，今改正。

⑧《诗》云：“何其久也，必有以也。”

⑨ 桀，特也。渝，变也。移，易也。

⑩ 悤悤，明貌。

⑪ 空空，悫也。巧故，伪诈。

⑫ 志在江海之上。

⑬ 测，尽也。言深不可尽。

【校】正文“也”字旧脱，案当有。孙云：“李善注《文选》曹子建《杂诗》引‘风乎其高无极也’，疑此处脱文。”

⑭ 就就，读如由与之与。

【校】注“由与”即“犹豫”。案《尔雅·释兽》释文“犹，羊周、羊救二反”，《字林》“弋又反”，此就字读从之也。

⑮ 鹄，读如浩浩昊天之浩，大也。

⑯ 皆谓体道之人也。

⑰ 宗，本也。

⑱ 穷，极也。

⑲ 充，实。竭，尽。

⑳ 四方上下曰宇，以屋喻天地也。往古来今曰宙，言其神而包覆之。无望，无界畔也。

㉑ 道不可得知也。

㉒ 道在大能大，故无复有外；在小能小，故无复有内。道所贵之也。

㉓ 去犹除也。除其尊宠盈满之色，则近得师友矣。

【校】旧校云：“‘可’一作‘于’。”

尧不以帝见善绻，北面而问焉。[①]尧，天子也；善绻，布衣也。何故礼之若此其甚也？善绻，得道之士也。得道之人，不可骄也。[②]尧论其德行达智而弗若，[③]故北面而问焉。此之谓至公。非至公其孰能礼贤？[④]

① 善绻，有道之士也。尧不敢以自尊，北面而问焉。

【校】“善绻”，《庄子》作“善卷”。

② 人轻道重也。

③ 若，如也。

④ 孰，谁也。

周公旦，文王之子也，武王之弟也，成王之叔父也，所朝于穷巷之中、瓮牖之下者七十人。[1]文王造之而未遂，[2]武王遂之而未成，周公旦抱少主而成之，[3]故曰成王，不唯以身下士邪？

① 瓮牖，以破瓮蔽牖，言贫陋也。

② 造，始也。遂，成也。

③ 抱，奉。

齐桓公见小臣稷，一日三至弗得见。[1]从者曰："万乘之主见布衣之士，一日三至而弗得见，亦可以止矣。"[2]桓公曰："不然。士骜禄爵者，固轻其主；[3]其主骜霸王者，亦轻其士。纵夫子骜禄爵，吾庸敢骜霸王乎？"[4]遂见之，不可止。[5]世多举桓公之内行，内行虽不修，霸亦可矣。[6]诚行之此论，而内行修，王犹少。[7]

① 稷不见之也。

② 止，休也。

③ 骜亦轻也。

④ 庸，用也。

⑤【校】《新序・杂事五》作"五往而后得见"，《韩非・难》一作"于是五往乃得见之"。

⑥ 霸功大，亦可以灭内行之阙也。

⑦ 犹，尚也。

子产相郑，[1]往见壶丘子林，与其弟子坐必以年，是倚其相于门也。[②]夫相万乘之国而能遗之，[③]谋志论行，而以心与人相索，[④]其唯子产乎？[⑤]故相郑十八年，刑三人，杀二人，桃李之垂于行者莫之援也，[⑥]锥刀之遗于道者莫之举也。[⑦]

① 郑大夫子国之子公孙乔也。

【校】《左传》作“侨”。

② 年，齿也。子产，壶丘子弟子。坐以齿长少相亚，不以尊位而上之，倚置其相之宠于壶丘之门外，不以加于坐也，故曰“倚其相于门”也。

③ 遗犹舍也。郑国北迫晋，南近楚，爵则伯也，赋千乘耳，而云万乘，复妄言也。

【校】注“遗犹舍也”，旧作“全也”，讹，今改正。

④ 索，尽也。孔子曰：“子产有君子之道四焉：其行己也恭，其事上也敬，其养民也惠，其使民也义。”推其志行，以忠心与人相极尽，知其情实。一曰：索，法。与人为法则。

⑤ 唯，独也。

⑥ 援，攀也。

⑦ 举犹取也。

魏文侯见段干木，立倦而不敢息，[①]反见翟黄，踞于堂而与之言。[②]翟黄不说。[③]文侯曰：“段干木官之则不肯，禄之则不受。今女欲官则相位，欲禄则上卿，既受吾实，[④]又责吾礼，无乃难乎？”故贤主之畜人也，不肯受实者其礼之。[⑤]礼士莫高于节欲，欲节则令行矣，文侯可谓好礼士矣。好礼士，故南胜荆于连堤，东胜齐于长城，虏齐侯，献诸天子，天子赏文侯以上闻。[⑥]

① 倦，罢也。

② 反，从干木所还也。

③ 以文侯敬干木而慢己也。

④ 实犹爵禄也。

⑤ 礼，敬也。

⑥ 文侯，毕公高之后，与周同姓，魏桓子之孙，始立为侯。文，谥也。

【校】梁伯子云："《国策》、《史记》皆不见文侯胜荆、齐之事。""上闻"，旧本作"上卿"，讹。案《史》、《汉》《樊哙传》"上闻爵"，如淳注引此语作"上闻"，张晏曰"得径上闻也"，晋灼曰"名通于天子也"。今《史记》多讹为"上聞"，唯《索隐》本是"上闻"，又引此作"上聞"云"聞音中间"，恐讹也。

报　更

四曰：

国虽小，其食足以食天下之贤者，其车足以乘天下之贤者，其财足以礼天下之贤者。与天下之贤者为徒，①此文王之所以王也。②今虽未能王，其以为安也，不亦易乎？③此赵宣孟之所以免也，④周昭文君之所以显也，⑤孟尝君之所以却荆兵也。⑥古之大立功名与安国免身者，其道无他，其必此之由也。⑦堪士不可以骄恣屈也。⑧

① 徒，党也。

② 《诗》云"济济多士，文王以宁"，此之谓也。

③ 立王功大，保安其国差小，故曰“不亦易”。

④ 宣孟，晋卿赵盾也，履行仁义，束脯以食翳桑之饿人，以免灵公伏甲之难。

⑤ 昭文君，周后所分立东周君也，宾礼张仪，欲与分国。张仪重之于秦，秦尊奉之，故曰“所以显也”。

【校】注“重之”，旧作“胜之”，讹，今案下文改正。

⑥ 孟尝君，齐公子田婴之子田文也，下士礼贤，养客三千人，行仁义而强，故荆兵却偃，不敢攻之也。

⑦ 古立功名安国免身无咎殃者，皆以此仁义之道也。

⑧ 堪，乐也。乐士当以礼卑谦，若魏公子之虚己，故不可以骄恣屈而有之也。

【校】孙云：“‘堪士’疑是‘湛士’。”旧校云：“‘屈’一作‘有’。”

昔赵宣孟将上之绛，见骪桑之下，[①]有饿人卧不能起者。宣孟止车，为之下食，蠲而铺之，再咽而后能视。宣孟问之曰：“女何为而饿若是？”对曰：“臣宦于绛，归而粮绝，羞行乞而憎自取，故至于此。”[②]宣孟与脯二朐，[③]拜受而弗敢食也。问其故，对曰：“臣有老母，将以遗之。”[④]宣孟曰：“斯食之，吾更与女。”[⑤]乃复赐之脯二束与钱百，而遂去之。处二年，晋灵公欲杀宣孟，伏士于房中以待之，因发酒于宣孟。[⑥]宣孟知之，中饮而出。灵公令房中之士疾追而杀之。一人追疾，先及宣孟，之面曰：“嘻！君舆，[⑦]吾请为君反死。”[⑧]宣孟曰：“而名为谁？”[⑨]反走对曰：“何以名为？臣骪桑下之饿人也。”还斗而死。[⑩]宣孟遂活。此书之所谓“德几无小”者也。[⑪]宣孟德一士，犹活其身，而况德万人乎？故诗曰“赳赳武夫，公侯干城”，[⑫]“济济多士，文王以宁”。[⑬]人主胡可以不务哀士?[14]士其难知,唯博之为可,[15]博则无所遁矣。[16]

①【校】《后汉书·赵壹传》注云:"'骫',古'委'字。"《淮南·人间训》作"委桑",《左传》作"翳桑"。

② 羞于行乞,自憎至此也。

【校】注谬。憎自取,言憎恶径自取之,亦不肯也。

③【校】旧本作"一朐",案《北堂书钞》百四十五、《初学记》二十六及《赵壹传》注俱是"二朐",今据改正。

④【校】《御览》八百三十六"将"作"请持"二字,《初学记》、《后汉书》注"将"亦作"持"。

⑤ 斯犹尽也。

【校】《诗·大雅·皇矣》篇"王赫斯怒",郑笺云:"斯,尽也。"《释文》:"郑读斯为赐。"

⑥ 发犹致也。

⑦ 舆,车也。教宣孟使就车也。

⑧ 反,还也。

⑨ 而,汝也。

⑩【校】梁伯子云:"桑下饿人是灵辄,斗死者是提弥明,此误合二人为一。《史记·晋世家》亦同此误,《索隐》言之矣。《水经注》四亦误。"

⑪【校】案:《墨子·明鬼》篇"禽艾之道之曰:'得玑无小,灭宗无大。'"翟氏灏谓《逸周书·世俘解》有禽艾侯之语,当即此禽艾,但二语尚未见所出。此德几无小,犹所谓惠不期多寡,期于当阨云耳。未知禽艾之言,意相同否?"得"与"德"古字通用。

⑫ 此《周南》之风《兔罝》之首章也,言其贤可为公侯扞难其城藩也,以喻骫桑下之人扞赵盾之难也。

⑬ 此《大雅·文王》之三章也。文王以多士而造周,赵盾以桑下之人去患也。

【校】注首九字旧本多缺,依朱本补。又"造周"二字亦脱,今案文义补。

⑭ 哀，爱也。

⑮ 博，广也。

⑯ 遁，失也。

张仪，魏氏余子也。[①]将西游于秦，过东周。客有语之于昭文君者曰："魏氏人张仪，材士也，[②]将西游于秦，愿君之礼貌之也。"昭文君见而谓之曰："闻客之秦，寡人之国小，不足以留客。虽游，然岂必遇哉？客或不遇，[③]请为寡人而一归也。国虽小，请与客共之。"张仪还走，北面再拜。[④]张仪行，[⑤]昭文君送而资之。至于秦，留有间，惠王说而相之。[⑥]张仪所德于天下者，无若昭文君。[⑦]周，千乘也，重过万乘也，[⑧]令秦惠王师之。[⑨]逢泽之会，魏王尝为御，韩王为右，[⑩]名号至今不忘，此张仪之力也。

① 大夫庶子为余，受氏为张。

②【校】孙云："《文选》袁阳源诗'荆魏多壮士'，李善注引此作'壮士'，《御览》四百七十五同。"

③【校】旧校云："'或'一作'訾'。"訾犹叹也。

④ 拜昭文君之言也。

⑤ 行，去也。

⑥ 惠王，孝公之子，始称王也。说张仪而相之。

⑦ 德犹恩也。

⑧ 张仪重之。

⑨ 师昭文君。

⑩ 秦会诸侯于逢泽，魏王为昭文君御，韩王为之右也。

孟尝君前在于薛，荆人攻之。淳于髡为齐使于荆，还反，过于薛，孟尝君令人礼貌而亲郊送之，[①]谓淳于髡曰："荆人攻薛，夫子弗为忧，文无以复侍矣。"[②]淳于髡曰："敬闻命矣。"至于齐，毕报，[③]王曰："何见于荆？"对曰："荆甚固，[④]而薛亦不量其力。"王曰："何谓也？"对曰："薛不量其力，而为先王立清庙。荆固而攻薛，薛清庙必危，[⑤]故曰薛不量其力，而荆亦甚固。"齐王知颜色，[⑥]曰："嘻！先君之庙在焉。"疾举兵救之，由是薛遂全。颠蹶之请，坐拜之谒，[⑦]虽得则薄矣。[⑧]故善说者，陈其势，言其方，见人之急也，若自在危厄之中，[⑨]岂用强力哉？强力则鄙矣。说之不听也，任不独在所说，亦在说者。

①【校】《齐策》"礼貌"作"体貌"。

② 文，孟尝名也。侍，侍见也。

【校】"侍"，旧作"待"，讹，今从《齐策》改，注同。

③ 反命毕也。

④ 固，护，以侵兼人。

⑤【校】衍下"薛"字。《齐策》作"荆固而攻之，清庙必危"。

⑥ 齐王，宣王也，威王之子。知犹发也。

【校】《齐策》作"和其颜色"。

⑦【校】"坐拜"，《策》作"望拜"。

⑧ 薄，轻少也。

【校】"得"，旧讹作"薄"，今从《策》改正。

⑨【校】"危厄"，《策》作"隘窘"。

顺　说

五曰：

善说者若巧士，因人之力以自为力，因其来而与来，因其往而与往，[①]不设形象，与生与长，而言之与响，与盛与衰，以之所归；[②]力虽多，材虽劲，[③]以制其命。顺风而呼，声不加疾也；[④]际高而望，目不加明也。所因便也。

① 与犹助也。

② 归，终也。

③ 劲，强也。

④ 加，益也。

惠盎见宋康王，康王蹀足謦欬，[①]疾言曰："寡人之所说者，勇有力也，不说为仁义者。[②]客将何以教寡人？"惠盎对曰："臣有道于此，[③]使人虽勇，刺之不入；虽有力，击之弗中。大王独无意邪？"[④]王曰："善！此寡人所欲闻也。"惠盎曰："夫刺之不入，击之不中，此犹辱也。臣有道于此，使人虽有勇弗敢刺，虽有力不敢击。大王独无意邪？"王曰："善！此寡人之所欲知也。"惠盎曰："夫不敢刺，不敢击，非无其志也。臣有道于此，使人本无其志也。[⑤]大王独无意邪？"王曰："善！此寡人之所愿也。"惠盎曰："夫无其志也，未有爱利之心也。臣有道于此，使天下丈夫女子莫不欢然皆欲爱利之。此其贤于勇有力也，[⑥]居四累之上。大王独无意邪？"[⑦]王曰："此寡人之所欲得。"[8]惠盎对曰："孔、墨是也。[9]孔丘、墨翟，无地为君，[10]无官为长。[11]天下丈夫女子莫不延颈举踵，而愿安利之。[12]今大王，万乘之主也，诚有其志，[13]则四境之内皆得其利，其贤于孔、墨也远矣。"[14]宋王无以应。[15]惠盎趋而出，宋王谓左右曰："辨矣！客之以说服寡人也。"宋王，俗主也，而心犹可服，因矣。[16]因则贫贱可以胜富贵矣，小弱可以制强大矣。[17]

①【校】旧本讹作"惠盎见宋康成公而谓足声速"，今据《列子·黄帝》篇、《淮南·道应训》及李善注《文选》谢惠连《咏牛女》诗所引改正。

② 惠盎者，宋人，惠施族也。康王，宋昭公曾孙辟公之子，名侵，立十一年，僭号称王，四十五年，大为不道，故曰宋子不足仁义者也。齐湣王伐灭之。

【校】正文"也不说"三字，旧本作"而无"，今从《列子》、《淮南》改。梁伯子云："注'名侵'当是'偃'字之讹，'四十五年'与《禁塞篇》注'四十七年'又异，其实六十一年也。"

③ 有道于此，勇有力者也。

④ 不可入，不可中，如此者，大王独无意欲之邪。

⑤ 本无有击刺之志也。

⑥ 言以仁义之德，使民皆欲爱利之也，故贤于勇有力。

⑦ 四累，谓卿、大夫、士及民四等也。君处四分之上，故曰"四累之上"，喻尊高也。临下以德，则下爱利之矣。大王意独无欲之邪？

【校】四累，即指上所言层累而上凡四等，注非是，而张湛注《列子》亦与之同。

⑧ 欲得人爱利也。

【校】正文句末，《列子》、《淮南》皆有"也"字。

⑨ 言当为孔丘、墨翟之德，则得所欲也，故曰"是也"，当法则之也。

⑩ 以德见尊。

⑪ 以道见敬。

⑫ 延颈,引领也。举踵,企望之也。愿其尊高安而利也。

⑬ 有孔、墨之志。

⑭ 得贤名过于孔、墨。远犹多也。

⑮ 应,答也。

⑯ 因犹便也。

⑰ 惠盎是也。

田赞衣补衣而见荆王,[①]荆王曰:“先生之衣,何其恶也?”田赞对曰:“衣又有恶于此者也。”荆王曰:“可得而闻乎?”对曰:“甲恶于此。”[②]王曰:“何谓也?”对曰:“冬日则寒,夏日则暑,衣无恶乎甲者。赞也贫,故衣恶也。[③]今大王,万乘之主也,富贵无敌,而好衣民以甲,臣弗得也。[④]意者为其义邪?甲之事,兵之事也,刈人之颈,刳人之腹,隳人之城郭,刑人之父子也。[⑤]其名又甚不荣。[⑥]意者为其实邪?苟虑害人,人亦必虑害之;[⑦]苟虑危人,人亦必虑危之。其实人则甚不安。之[⑧]二者,臣为大王无取焉。”[⑨]荆王无以应。说虽未大行,田赞可谓能立其方矣。[⑩]若夫偃息之义,则未之识也。[⑪]

① 田赞,齐人也。补衣,弊衣也。

② 甲,铠也。此,恶衣也。

③【校】《御览》三百五十六引叠一“贫”字。

④ 得犹取也。

⑤ 隳,坏也。刑,杀也。

⑥ 兵杀人，以逆名，不得为荣。

⑦ 不得财宝也。为财利广出，苟谋害人，人亦必谋害之。《传》曰"晋侯诬人，人亦诬之"，其此之谓也。

⑧ 其为事如此，甚不得安也。

【校】旧校云："'人则'一作'久则'。"

⑨ 二者，害与危。臣为大王计，无取此二者也。

⑩ 方，道也。

⑪ 段干木偃息以安魏，田赞辩说以服荆，比之偃息，故曰未知谁贤之也。

管子得于鲁，鲁束缚而槛之，使役人载而送之齐，其讴歌而引。[①]管子恐鲁之止而杀己也，欲速至齐，因谓役人曰："我为汝唱，汝为我和。"其所唱适宜走，役人不倦，而取道甚速。管子可谓能因矣。[②]役人得其所欲，己亦得其所欲，以此术也。[③]是用万乘之国，其霸犹少，桓公则难与往也。[④]

① 役人皆讴歌而挽其车以送之也。

【校】《意林》作"皆讴歌而引车"，《御览》五百七十一同。

② 因役人用势欲走，而为唱歌欢之令走也。

【校】注"欢之"疑当作"劝之"。

③ 以，用。此术，道也。

④ 往，王也。言其难与致于王也。

不 广

六曰：

智者之举事必因时。时不可必成,[①]其人事则不广,[②]成亦可,不成亦可。以其所能托其所不能,若舟之与车。[③]北方有兽,名曰蹶,[④]鼠前而兔后,趋则跲,走则颠,常为蛩蛩距虚取甘草以与之。[⑤]蹶有患害也,蛩蛩距虚必负而走。此以其所能托其所不能。[⑥]

① 必成犹必得也。

② 广,博也。

③ 舟不能陆,车不能浮,然更相载,故曰"以其所能托其所不能"也。

④【校】《说苑·复恩》篇作"蟨",《尔雅注》同。《淮南·道应训》作"蹷"。

⑤【校】《尔雅》作"岠虚",《说苑》作"巨虚",《淮南》作"駏驉"。

⑥ 托,寄也。

鲍叔、管仲、召忽三人相善,欲相与定齐国,以公子纠为必立。召忽曰:"吾三人者于齐国也,譬之若鼎之有足,去一焉则不成。且小白则必不立矣,[①]不若三人佐公子纠也。"管仲曰:"不可。夫国人恶公子纠之母,以及公子纠;公子小白无母,而国人怜之。事未可知,不若令一人事公子小白。夫有齐国,必此二公子也。"[②]故令鲍叔傅公子小白,管子、召忽居公子纠所。公子纠外物则固难必。[③]虽然,管子之虑近之矣。[④]若是而犹不全也,其天邪!人事则尽之矣。

① 小白，齐桓公名。

② 二公子，齐僖公之子，襄公之弟也。

③ 物，事也。纠在外，不可谓必得主，故曰“固难必”。

④ 虑，谋也。

齐攻廪丘。赵使孔青将死士而救之，与齐人战，大败之。齐将死。得车二千，得尸三万，以为二京。[①]甯越谓孔青曰：“惜矣！不如归尸以内攻之。[②]越闻之，古善战者，莎随贲服。[③]却舍延尸，[④]彼得尸而财费乏，[⑤]车甲尽于战，府库尽于葬，此之谓内攻之。”[⑥]孔青曰：“敌齐不尸则如何？”[⑦]甯越曰：“战而不胜，其罪一；与人出而不与人入，其罪二；与之尸而弗取，其罪三。民以此三者怨上，[⑧]上无以使下，下无以事上，是之谓重攻之。”甯越可谓知用文武矣。用武则以力胜，用文则以德胜。文武尽胜，何敌之不服！[⑨]

① 古者军伐克败，于其所获尸，合土葬之，以为京观，故孔青欲以齐尸为二京也。

② 甯越，赵之中牟人也。言不如归尸于齐，齐人必怨，其将使葬送以尽其财，是所以内攻之也。

【校】梁仲子云：“《孔丛·论势》篇以归尸为子顺语，余亦小同大异。”

③ 莎随犹相守，不进不却。贲，置也。服，退也。

④ 军行三十里为一舍。却舍以缓其尸，使齐人得收之。

⑤【校】七字旧本讹在上句中，又“乏”作“之”，今依孙校改正。

⑥ 齐人战败，尽其车甲。府库，财所藏也，葬死者以尽之，令其贫穷且相怨，此所谓内攻之术也。

⑦ 言与齐为敌，不收其尸为京则如何？

【校】注谬甚。敌齐，指齐人为敌人也。我缓之使得收，而彼不收，将如之何？下文甚明，何以妄说？

⑧【校】旧校云："'怨'一作'罪'。"

⑨ 能尽服之。

晋文公欲合诸侯。咎犯曰："不可。天下未知君之义也。"公曰："何若？"咎犯曰："天子避叔带之难，出居于郑。君奚不纳之，以定大义，且以树誉。"[①] 文公曰："吾其能乎？"咎犯曰："事若能成，继文之业，定武之功，辟土安疆，于此乎在矣。事若不成，补周室之阙，勤天子之难，[②] 成教垂名，于此乎在矣。[③] 君其勿疑。"文公听之，遂与草中之戎、[④] 骊土之翟，定天子于成周。[⑤] 于是天子赐之南阳之地，[⑥] 遂霸诸侯。举事义且利，以立大功，文公可谓智矣，此咎犯之谋也。出亡十七年，反国四年而霸，其听皆如咎犯者邪！

① 树，立也。

② 勤，忧也。

③ 成仁义之教，勤天子之名，以示诸侯，于此在矣。

④【校】旧校云："'与'一作'兴'。"

⑤ 天子，周襄王也。避母弟叔带之难，出奔在郑，晋文纳之于成周，故曰"定"也。成周，今洛阳也。

⑥ 襄王赐之南阳之地，在河之北，晋之山南，故言南阳，今河内阳樊、温之属是也。

管子、鲍叔佐齐桓公举事，[①] 齐之东鄙人有常致苦者。管子死，竖刀、易牙用，国之人常致不苦，不知致苦，卒为齐国良工，泽及子孙。知大礼，知大礼虽不知国可也。②

① 举犹用也。

② 礼，国之本。君子务本，本立而道生，故曰“不知国可也”。

贵　因

七曰：

三代所宝莫如因，因则无敌。禹通三江五湖，决伊阙，沟回陆，注之东海，因水之力也。①舜一徙成邑，再徙成都，三徙成国，②而尧授之禅位，因人之心也。③汤、武以千乘制夏、商，因民之欲也。④如秦者立而至，有车也；⑤适越者坐而至，有舟也。⑥秦、越，远涂也，竫立安坐而至者，因其械也。⑦

① 回，通也。

②《周礼》“四井为邑”，邑方二里也；“四县为都”，都方二十二里也。邑有封，都有成，然则邑小都大。《传》曰：“都城过百雉，国之害也。”成国，成千乘之国也。

③ 授之禅位，与之天下也。人皆喜之，故曰“因人之心”也。

④《传》曰“众曹所好，鲜其不济”，汤、武是也；“众曹所恶，鲜其不败”，桀、纣是也；故曰“因民之欲”也。

【校】案：《周语》下泠州鸠对周景王曰：“民所曹好，鲜其不济也；其所曹恶，鲜其不废也。”

⑤ 立犹行也。车行陆而至也。

【校】古者车皆立乘，故云“立”，与下“坐”字对文。注非也。

⑥ 适，之也。

⑦ 竫，正也。械，器也。

武王使人候殷，①反报岐周曰：“殷其乱矣！”武王曰：“其乱焉至？”对曰：“谗慝胜良。”②武王曰：“尚未也。”又复往，反报曰：“其乱加矣！”武王曰：“焉至？”对曰：“贤者出走矣。”③武王曰：“尚未也。”又往，反报曰：“其乱甚矣！”武王曰：“焉至？”对曰：“百姓不敢诽怨矣。”④武王曰：“嘻！”遽告太公。⑤太公对曰：“谗慝胜良，命曰戮；⑥贤者出走，命曰崩；⑦百姓不敢诽怨，命曰刑胜。⑧其乱至矣，不可以驾矣。”⑨故选车三百，虎贲三千，朝要甲子之期，而纣为禽，⑩则武王固知其无与为敌也。因其所用，何敌之有矣！

① 候，视也。

② 谗，邪也，慝，恶也，而皆进用之，忠良黜远之，故曰“胜良”也。

③ 谓箕子奔朝鲜。

④ 言百姓畏纣无道刑戮之诛，皆闭口无诽怨之言。

⑤ 遽，疾。

⑥ 戮，暴也。

⑦ 崩，坏也。

⑧《传》曰“厉王虐，国人谤王，王使卫巫监谤者，得而杀之，乃不敢言而道路以目”，刑辟胜也。

⑨ 驾，加也。

⑩ 朝，早朝也。与诸侯要期甲子之日也。

武王至鲔水，殷使胶鬲候周师，武王见之。胶鬲曰："西伯将何之？无欺我也！"武王曰："不子欺，将之殷也。"胶鬲曰："朅至？"[①]武王曰："将以甲子至殷郊，子以是报矣！"[②]胶鬲行。天雨，日夜不休，[③]武王疾行不辍。[④]军师皆谏曰："卒病，请休之。"[⑤]武王曰："吾已令胶鬲以甲子之期报其主矣。今甲子不至，是令胶鬲不信也。胶鬲不信也，其主必杀之。吾疾行，以救胶鬲之死也。"武王果以甲子至殷郊，殷已先陈矣。至殷，因战，大克之。此武王之义也。人为人之所欲，己为人之所恶，先陈何益？[⑥]适令武王不耕而获。[⑦]

① 朅，何也。言以何日来至殷也。

② 报，白也。

③ 行犹还也。不休止降雨，天地和同也，武王所以克纣也。

④ 辍，止也。

⑤ 休，息也。

⑥ 人，谓武王也。人之所欲，天必从之，顺天诛也。己，谓纣也。人之所恶，天必坏之，所坏不可支，故曰"先陈何益"。

⑦ 不耕而获，不战而克也。故《孙子》曰："不战而屈人之兵，善之善者也。"此之谓也。

武王入殷，闻殷有长者，武王往见之，而问殷之所以亡。殷长者对曰："王欲知之，则请以日中为期。"武王与周公旦明日早要期，则弗得也。武王怪之，周公曰："吾已知之矣。此君子也，取不能其主，有以其恶告王，不忍为也。若夫期而不当，言而不信，此殷之所以亡也，已以此告王矣。”

夫审天者，察列星而知四时，因也；① 推历者，视月行而知晦朔，因也；禹之裸国，裸入衣出，② 因也；墨子见荆王，锦衣吹笙，因也；③ 孔子道弥子瑕见釐夫人，因也；④ 汤、武遭乱世，临苦民，扬其义，成其功，因也。故因则功，专则拙。⑤ 因者无敌，⑥ 国虽大，民虽众，何益？⑦

①【校】旧校云：“一本此句下有‘动作因日光而治万事，因也’十一字。”案此浅陋，必非本文。

②【校】旧校云：“一本作‘入衣出否’。”

③ 墨子好俭非乐，锦与笙非其所服也，而为之，因荆王之所欲也。

④ 弥子瑕，卫灵公之幸臣也，孔子因之欲见灵公夫人南子，《论语》云“子见南子，子路不悦。夫子矢之曰‘予所不者，天厌之，天厌之’”是也。此釐夫人，未之闻；或云为谥。《谥法》“小心畏忌曰釐”。若南子淫佚，与宋朝通；太子蒯聩过宋野，野人歌之曰“既定尔娄猪，盍归我艾豭”。推此言之，不得谥为釐明矣。

【校】梁仲子云：“《淮南·泰族训》云‘孔子欲行王道，东西南北七十说而无所偶，故因卫夫人、弥子瑕而欲通其道’，语义政合，此似有脱误，然此皆战国时人所为也。”注“过宋野”，旧作“于野”，讹，今依《左传》改正。

⑤ 因则成，故曰“功”。专则败，故曰“拙”。

⑥ 因民之欲，道以义，故无与之敌者，汤、武是也。

【校】注“道”旧作“遵”，上文“道弥子瑕”，旧校云“‘道’一作‘遵’”，案皆讹，今改作“道”。

⑦ 民虽众多，不能使之不亡，故曰“何益”，桀、纣是也。

察今

八曰：

上胡不法先王之法，非不贤也，为其不可得而法。[①]先王之法，经乎上世而来者也，人或益之，人或损之，胡可得而法？虽人弗损益，犹若不可得而法。东夏之命，古今之法，言异而典殊。[②]故古之命多不通乎今之言者，今之法多不合乎古之法者。[③]殊俗之民，有似于此。其所为欲同，其所为异。[④]口惛之命不愉，若舟车衣冠滋味声色之不同，人以自是，反以相诽。天下之学者多辩，言利辞倒，不求其实，务以相毁，以胜为故。[⑤]先王之法，胡可得而法？虽可得，犹若不可法。凡先王之法，有要于时也，时不与法俱至，法虽今而至，犹若不可法。故择先王之成法，而法其所以为法。[⑥]先王之所以为法者何也？先王之所以为法者人也；而己亦人也，故察己则可以知人，察今则可以知古，古今一也，人与我同耳。有道之士，贵以近知远，以今知古，以益所见知所不见。[⑦]故审堂下之阴，[⑧]而知日月之行，阴阳之变；见瓶水之冰，而知天下之寒，鱼鳖之藏也；尝一脟肉，而知一镬之味，一鼎之调。[⑨]

① 胡，何也。

② 东夏，东方也。命，令也。

【校】旧校云："'言'一作'世'。"

③【校】旧校云："'合'一作'同'。"

④【校】旧本“异”上亦有“欲”字，系误衍，李本无，今从之。

⑤ 故，事也。

⑥【校】旧校云：“‘择’一作‘释’。”

⑦【校】案《意林》无“益”字。

⑧ 阴，日夕昃也。

【校】注“夕昃”疑“晷”之误。孙云：“李善注陆士衡《演连珠》引高诱曰‘阴，晷影之候也’。”

⑨ 调，和也。

【校】“一脟”，旧本作“一脬”，讹。卢云：“‘脟’与‘脔’同。旧本讹其下，而《日抄》引作‘肘’，又脱其上。”今案：《史记·司马相如传》载《子虚赋》有“脟割轮焠”之语，《集解》引郭璞曰“脟音脔”，李善注《文选》亦同；又《汉书·相如传》师古曰“‘脟’与‘脔’同”。今定为“脟”字。《意林》及《北堂书钞》百四十五、《御览》八百六十三皆作“一脔”，他书亦皆作“一脔”，知“一脟”之即为“一脔”者少矣。

荆人欲袭宋，使人先表澭水。①澭水暴益，②荆人弗知，循表而夜涉，溺死者千有余人，军惊而坏都舍。向其先表之时可导也，③今水已变而益多矣，荆人尚犹循表而导之，此其所以败也。今世之主，法先王之法也，有似于此。④其时已与先王之法亏矣，⑤而曰“此先王之法也”，而法之以为治，岂不悲哉！故治国无法则乱，守法而弗变则悖，悖乱不可以持国。世易时移，变法宜矣。譬之若良医，病万变，药亦万变。病变而药不变，向之寿民，今为殇子矣。⑥故凡举事必循法以动，⑦变法者因时而化，若此论则无过务矣。⑧夫不敢议法者，众庶也；以死守者，有司也；⑨因时变法者，贤主也。是故有天下七十一圣，其法皆不同。非务相反也，时势异也。故曰良剑期乎断，不期乎镆铘；[10]良马期乎千里，不期乎骥骜。[11]夫成功名者，此先王之千里也。

① 【校】旧校云："'澭'一作'灌'。"

② 暴，卒。益，长。

③ 导，涉也。向其施表时水可涉也。

④ 似此表澭水而不知其长益也。

⑤ 亏，毁也。

⑥ 向，曩也。未成人夭折曰殇子也。

⑦ 动，作也。

⑧ 务犹事也。

⑨ 【校】"守"下亦当有"法"字。

⑩ 镆铘，良剑也。取其能断，无取于名也，故曰"不期乎镆铘"。

⑪ 骜，千里马名也。王者乘之游骜，因曰骥骜也。

楚人有涉江者，[1]其剑自舟中坠于水，遽契其舟曰："是吾剑之所从坠。"[2]舟止，从其所契者入水求之。舟已行矣，而剑不行，求剑若此，不亦惑乎！以此故法为其国与此同。[3]时已徙矣，而法不徙，以此为治，岂不难哉？有过于江上者，见人方引婴儿而欲投之江中，婴儿啼。人问其故，曰："此其父善游。"其父虽善游，其子岂遽善游哉？此任物亦必悖矣。[4]荆国之为政，有似于此。[5]

① 涉，渡也。

② 遽，疾也。疾刻舟识之于此下坠剑者也。

【校】旧校云："'契'一作'刻'。"

③ 为,治也。与此契舟求剑者同也。

④ 任,用也。

⑤ 似此悖也。

第十六卷　先识览

先　识

一曰：

凡国之亡也，有道者必先去，古今一也。[1]地从于城，[2]城从于民，[3]民从于贤。[4]故贤主得贤者而民得，民得而城得，城得而地得。夫地得岂必足行其地、人说其民哉？得其要而已矣。[5]

①《传》曰"君子见几而作，不俟终日"，故必先去也。孔子曰"贤者避世，其次避地，其次避人，其次避言"，故曰"古今一也"。

【校】案：《子华子·神气》篇"吾闻之，太上违世，其次违地，其次违人"，与此避人正相合。

② 城不下，地不迁。

③ 民不溃，城不坏。

④ 亶父处邠，狄人攻之，杖策而去，邑乎岐周，邠人襁负而随之，故曰民从贤也。

【校】所谓"天下之父归之，其子焉往"是也。下文终古、向挚、屠黍诸人，亦是说在下之贤人。注尚未切。

⑤《孝经》曰"非家至而日见之也"，以德化耳，故曰"得其要而已矣"。

夏太史令终古出其图法，执而泣之。夏桀迷惑，暴乱愈甚，太史令终古乃出奔如商。汤喜而告诸侯曰："夏王无道，暴虐百姓，穷其父兄，耻其功臣，轻其贤良，弃义听谗，众庶咸怨，守法之臣，自归于商。”[①]殷内史向挚见纣之愈乱迷惑也，于是载其图法，出亡之周。武王大说，以告诸侯曰：“商王大乱，沈于酒德，辟远箕子，爰近姑与息，[②]妲己为政，赏罚无方，[③]不用法式，杀三不辜，[④]民大不服，守法之臣，出奔周国。”[⑤]

① 知桀之必亡也。

② 箕子忠臣而疏远之，姑息之臣而与近之。

【校】案：《尸子》曰“弃黎老之言，用姑息之语”，注云：“姑，妇也。息，小儿也。”与此意同。

③ 方，道。

④ 剖比干之心，折材士之股，刳孕妇而观其胞。

【校】注“股”，旧本作“肝”，误，今据《古乐篇》注改正。

⑤ 周国在丰、镐也。

晋太史屠黍见晋之乱也，见晋公之骄而无德义也，以其图法归周。[①]周威公见而问焉，曰：“天下之国孰先亡？”[②]对曰：“晋先亡。”威公问其故，对曰：“臣比在晋也，不敢直言，示晋公以天妖，日月星辰之行多以不当，曰：‘是何能为？’[③]又示以人事多不义，百姓皆郁怨，曰：‘是何能伤？’又示以邻国不服，贤良不举，曰：‘是何能害？’如是，是不知所以亡也。故臣曰晋先亡也。”居三年，晋果亡。[④]威公又见屠黍而问焉，曰：“孰次之？”对曰：“中山次之。”威公问其故，对曰：“天生民而令有别。有别，人之义也，所异于禽兽麋鹿也，君臣上下之所以立也。中山之俗，以昼为夜，以夜继日，男女切倚，固无休息，⑤康乐，歌谣好悲，⑥其主弗知恶，此亡国之风也。⑦臣故曰中山次之。”居二年，中山果亡。威公又见屠黍而问焉，曰：“孰次之？”屠黍不对。威公固问焉，对曰：“君次之。”威公乃惧，求国之长者，得义莳、田邑而礼之，⑧得史驎、赵骈以为谏臣，⑨去苛令三十九物，⑩以告屠黍。对曰：“其尚终君之身乎！”⑪曰⑫：“臣闻之，国之兴也，天遗之贤人与极言之士；⑬国之亡也，天遗之乱人与善谀之士。”⑭威公薨，肂九月不得葬，周乃分为二。⑮故有道者之言也，不可不重也。

① 屠黍，晋出公之太史也。出公，顷公之孙，定公之子也。《史记》曰：“智伯攻出公，出公奔齐而道死焉。”

【校】“屠黍”，《说苑·权谋》篇作“屠余”。

② 周敬王后五世，考烈王封其弟于河南为桓公。威公，桓公之孙也。

【校】谢云：“敬王五传为考王，《人表》作‘考哲’，此误‘考烈’。西周威公为桓公之子，非孙也。”

③ 不敢直言其乱也，但语以日月星辰之行多不当其宿度也，而云是无能为也。

【校】《说苑》作“多不当，曰：是何能然”。

④ 屠黍居周三年也。

⑤ 切，磨；倚，近也。无休息，夜淫不足，续以昼日。

【校】“切倚”，《淮南·齐俗训》作“切踦”，注：“踦，足也。”《说苑》同。

⑥ 康，乐也。安淫酒之乐，乐极则继之以悲也。

【校】“康乐”上《说苑》有“淫昏”二字。

⑦ 风，化也。

⑧ 二人贤者也。

【校】"义莳",《说苑》作"锜畴"。

⑨ 二人直人。

【校】《说苑》作"史理、赵巽"。

⑩ 物,事。

⑪ 其尚,尚也。

【校】旧本"君"下衍"子"字,今从《黄氏日抄》所引去之,《说苑》亦无。

⑫【校】《说苑》无。

⑬ 极,尽。

⑭ 谀,谄也。

【校】次"遗"字,旧校云"一作'予'"。

⑮ 下棺置地中谓之肂。

周鼎著饕餮,有首无身,食人未咽,害及其身,以言报更也。[①]为不善亦然。白圭之中山,中山之王欲留之,白圭固辞,乘舆而去。又之齐,[②]齐王欲留之仕,又辞而去。人问其故,曰:"之二国者皆将亡,所学有五尽。何谓五尽?曰:莫之必,则信尽矣;[③]莫之誉,则名尽矣;莫之爱,则亲尽矣;行者无粮、居者无食,则财尽矣;不能用人,又不能自用,则功尽矣。国有此五者,无幸必亡。中山、齐皆当此。"[④]若使中山之王与齐王闻五尽而更之,则必不亡矣。[⑤]其患不闻,虽闻之又不信。然则人主之务,在乎善听而已矣。夫五割而与赵,悉起而距军乎济上,未有益也。[⑥]是弃其所以存,而造其所以亡也。[⑦]

①【校】《广雅·释言》云:"更,偿也。"

② 白圭，周人。

③【校】《说苑》作“莫之必忠，则言尽矣”，下“誉”字、“爱”字上皆有“必”字。

④ 当此五尽。

【校】“无幸”，旧本作“无辜”，误，今从《本生》篇改正。《说苑》亦作“毋幸”。

⑤ 更犹革也。

⑥ 中山五割地与赵，赵卒亡之；齐悉起军以距燕人于济上，燕卒破之；不能自存，故曰“未有益也”。

⑦ 保地养民，所以存也，弃而不修。割地与赵，弃民于燕，不能自卫，而众破亡，故曰“造其所以亡也”。

观　世

二曰：

天下虽有有道之士，国犹少。千里而有一士，比肩也；累世而有一圣人，继踵也。士与圣人之所自来，若此其难也，而治必待之，治奚由至？[①] 虽幸而有，未必知也，[②] 不知则与无贤同。[③] 此治世之所以短，而乱世之所以长也。[④] 故王者不四，霸者不六，亡国相望，囚主相及。[⑤] 得士则无此之患。[⑥] 此周之所封四百余，[⑦] 服国八百余，今无存者矣。虽存，皆尝亡矣。贤主知其若此也，故日慎一日，以终其世。[⑧] 譬之若登山，登山者，处已高矣，左右视，尚巍巍焉山在其上。贤者之所与处，有似于此。身已贤矣，行已高矣，左右视，尚尽贤于己。故周公旦曰："不如吾者，吾不与处，累我者也；⑨与我齐者，吾不与处，无益我者也。"⑩惟贤者必与贤于己者处。贤者之可得与处也，礼之也。

①《淮南记》曰："欲治之君不世出，可与治之臣不万一，以不万一待不世出，何由遇哉?"故曰"治奚由至"。

② 未必知其为贤也。

③ 不知其贤而不用之，故不治，则与无贤同。

④ 短，少；长，多也。

⑤ 言不绝也。

⑥ 无亡囚之患也。

⑦ 封，建。

【校】"此"疑"比"。

⑧ 没世为世。

【校】疑是"没身为世"。贤主时以其亡其亡为忧也。

⑨【校】"不如吾者"，旧本作"吾不如者"，误，今从《意林》改正。《大戴·曾子制言》中卢注亦作"不如我者"。

⑩ 齐，等也。等则不能胜己，故曰"无益我者也"。

主贤世治，则贤者在上；①主不肖世乱，则贤者在下。今周室既灭，天子既废，②乱莫大于无天子，无天子则强者胜弱，众者暴寡，以兵相刬，③不得休息，而佞进，④今之世当之矣。⑤故欲求有道之士，则于江海之上，山谷之中，僻远幽闲之所，若此则幸于得之矣。太公钓于滋泉，⑥遭纣之世也，故文王得之。文王，千乘也；纣，天子也。天子失之，而千乘得之，知之与不知也。⑦诸众齐民，不待知而使，不待礼而令。⑧若夫有道之士，必礼必知，然后其智能可尽也。⑨

① 上，上位也。

②【校】“天子”，旧本作“天下”，讹。此段与前《谨听》篇同，彼云“而天子已绝”。

③ 刬，灭。

④ 佞谄者进而升用也。

⑤ 今，谓衰周无天子之世，故曰“当之”。

⑥【校】说见《谨听》篇。卢云：“《说文》‘兹，黑也’，引《春秋传》曰‘何故使吾水滋’，今《左传》作‘兹’，则‘兹’乃本字，后人加以水旁，实则一字耳。”

⑦ 纣不知太公贤，故失之也。

⑧ 令亦使也。

⑨ 可尽得而用也。

晏子之晋，见反裘负刍息于涂者，以为君子也。①使人问焉，曰：“曷为而至此？”对曰：“齐人累之，名为越石父。”②晏子曰：“嘻！”遽解左骖以赎之，载而与归。至舍，弗辞而入。越石父怒，请绝。晏子使人应之曰：“婴未尝得交也，③今免子于患，吾于子犹未邪？”④越石父曰：“吾闻君子屈乎不己知者，而伸乎己知者。吾是以请绝也。”⑤晏子乃出见之，曰：“向也见客之容而已，今也见客之志。⑥婴闻察实者不留声，⑦观行者不讥辞，⑧婴可以辞而无弃乎？”⑨越石父曰：“夫子礼之，敢不敬从。”晏子遂以为客。⑩俗人有功则德，德则骄。今晏子功免人于厄矣，而反屈下之，其去俗亦远矣。此令功之道也。⑪

① 晏子，齐大夫晏平仲也。

② 累之，累然有罪。

【校】“累”，《新序·节士》篇作“纍”，即《史记》所云“在缧绁中”也。

③【校】旧校云：“‘交’一作‘友’。”

④【校】旧本下复有一“也”字。古“也”字亦与“邪”通，后人注“邪”字于旁以代音，而传写遂误入正文。今去“也”留“邪”，盖以便读者使不致惑耳。

⑤【校】案：《史记·晏子传》载石父之言云：“方吾在缧绁中，彼不知我也。夫子既已感寤而赎我，是知己。知己而无礼，固不如在缧绁之中。”如此则所以绝之意方明。

⑥【校】《晏子·杂上》篇作“意”，《新序》同。

⑦ 实，功实也。言欲察人之功实，不复留意考其名声也。

⑧ 欲观人之至行，不讥刺之以辞。

⑨ 辞，谢也。谢不敏而可以弗弃也。

⑩ 客，敬。

⑪【校】《晏子》、《新序》“令功”俱作“全功”。

子列子穷，容貌有饥色。[①]客有言之于郑子阳者，[②]曰：“列御寇，盖有道之士也，[③]居君之国而穷，君无乃为不好士乎？”郑子阳令官遗之粟数十秉。子列子出见使者，再拜而辞。使者去，子列子入，其妻望而拊心曰：“闻为有道者妻子，皆得逸乐。今妻子有饥色矣，君过而遗先生食，先生又弗受也。岂非命也哉？”子列子笑而谓之曰[④]：“君非自知我也，以人之言而遗我粟也，至已而罪我也，有罪且以人言，[⑤]此吾所以不受也。”其卒民果作难，杀子阳。[⑥]受人之养而不死其难则不义，死其难则死无道也，死无道，逆也。子列子除不义去逆也岂不远哉？且方有饥寒之患矣，而犹不苟取，先见其化也。先见其化而已动，远乎性命之情也。[⑦]

① 子列子，御寇，体道人也，著书八篇，在庄子前，庄子称之也。

② 子阳，郑相也。一曰郑君。

③【校】旧本“列御寇”上衍一“子”字。案《列子·说符》、《庄子·让王》俱无“子”字，《新序》作“子列子圄寇”。

④【校】旧校云：“‘笑’一作‘歎’。”

⑤【校】“有”下“罪”字衍。“有”与“又”同。《庄子》作“至其罪我也，又且以人之言”，《列子》同。

⑥ 子阳严猛，刑无所赦。家人有折弓者，畏诛，因国人逐猘狗之乱而杀子阳也。

⑦ 孔子曰“贫观其所取”，此之谓也。

【校】“远”疑“达”字之误。

知　接

三曰：

人之目以照见之也，以瞑则与不见同，[①]其所以为照、所以为瞑异。[②]瞑士未尝照，故未尝见，瞑者目无由接也。[③]无由接而言见，謊。[④]智亦然，其所以接智、所以接不智同，[⑤]其所能接、所不能接异。[⑥]智者其所能接远也，[⑦]愚者其所能接近也。[⑧]所能接近而告之以远化，奚由相得？无由相得，说者虽工，不能喻矣。[⑨]戎人见暴布者而问之曰：“何以为之莽莽也?”[10]指麻而示之。怒曰:“孰之壤壤也,可以为之莽莽也?”[11]故亡国非无智士也,非无贤者也,[12]其主无由接故也。无由接之患,自以为智,[13]智必不接。今不接而自以为智,悖。[14]若此则国无以存矣,主无以安矣。智无以接,[15]而自知弗智,则不闻亡国,不闻危君。[16]

① 同一目也。

【校】谓目本非有异。

② 谓见与不见,故曰“异”。

③ 接,见。

④ 詤,读诬妄之诬,亿不详审也。

【校】旧本“詤”作“謊”。段云:“当作‘詤’。《说文》‘詤,梦言也,从言亡声’,正如‘亡’‘无’、‘荒’‘怃’通用,故可读诬。”又惠氏于《左氏襄廿九年传》“只见疏也”,亦谓当为“詤”。

⑤ 一同智也。

【校】亦当作“同一智也”。

⑥ 异,谓能与不能。

⑦ 智者达于明,见未萌之前,故曰“接远”。

⑧ 愚者蔽于明,祸至而不知,故曰“接近”。

⑨ 虽子贡辩敏,无由何如,故曰弗能喻。

⑩ 为,作也。莽莽,长大貌也。

⑪ 壤壤犹养治之。莽莽,均长貌。

【校】注不明。壤壤,纷错之貌。《史记·货殖传》“天下壤壤,皆为利往”。此指麻之未治者。戎人见其纷乱难理,言孰有如此而可以成长大之幅乎?疑人之欺己也。

⑫ 谓虽有贤智之士,不能为昏主谋以在将亡之国也。

⑬【校】旧校云:“‘为智’一作‘长智’。”

⑭ 悖，惑。

⑮【校】李本作“由接”。

⑯ 言人君自知不智，则求贤而任之，故不闻亡国危君也。桀、纣所以国亡身灭，不自知不智故也。

管仲有疾，桓公往问之曰：“仲父之疾病矣，[1]将何以教寡人？”管仲曰：“齐鄙人有谚曰：‘居者无载，行者无埋。’[2]今臣将有远行，胡可以问？”[3]桓公曰：“愿仲父之无让也。”管仲对曰：“愿君之远易牙、竖刀、常之巫、卫公子启方。”[4]公曰：“易牙烹其子以慊寡人，[5]犹尚可疑邪？”管仲对曰：“人之情，非不爱其子也。其子之忍，又将何有于君？”[6]公又曰：“竖刀自宫以近寡人，[7]犹尚可疑邪？”管仲对曰：“人之情，非不爱其身也。其身之忍，又将何有于君？”公又曰：“常之巫审于死生，能去苛病，[8]犹尚可疑邪？”管仲对曰：“死生命也，苛病失也。[9]君不任其命守其本，而恃常之巫，彼将以此无不为也。”[10]公又曰：“卫公子启方事寡人十五年矣，其父死而不敢归哭，犹尚可疑邪？”管仲对曰：“人之情，非不爱其父也。其父之忍，又将何有于君？”公曰：“诺。”管仲死，尽逐之。食不甘，宫不治，苛病起，朝不肃。居三年，公曰：“仲父不亦过乎？孰谓仲父尽之乎？”[11]于是皆复召而反。明年，公有病，常之巫从中出曰：“公将以某日薨。”易牙、竖刀、常之巫相与作乱，塞宫门，筑高墙，不通人，矫以公令。[12]有一妇人逾垣入，至公所。公曰：“我欲食。”妇人曰：“吾无所得。”公又曰：“我欲饮。”妇人曰：“吾无所得。”[13]公曰：“何故？”对曰：“常之巫从中出曰：‘公将以某日薨。’[14]易牙、竖刀、常之巫相与作乱，塞宫门，筑高墙，不通人，故无所得。[15]卫公子启方以书社四十下卫。”[16]公慨焉叹，涕出曰：“嗟乎！圣人之所见岂不远哉？若死者有知，我将何面目以见仲父乎？”蒙衣袂而绝乎寿宫。[17]虫流出于户，上盖以杨门之扇，[18]三月不葬。[19]此不卒听管仲之言也。[20]桓公非轻难而恶管子也，[21]无由接见也。[22]无由接，固却其忠信，[23]而爱其所尊贵也。[24]

① 病，困也。

② 谓臣居职有谋计，皆当宣之于君，无有载藏之于心也。行谓即世也，亦当输写所知，使君行之，无有怀藏埋之地中。

③ 言不足问。

④ 远犹疏也。无令相近。

【校】“竖刀”，旧本作“竖刁”，字俗。刀亦有貂音。

⑤ 慊，快。

⑥ 子，所爱也，而忍杀之，何能有爱于君？

⑦ 宫，割阴为奄人。

⑧ 苛，鬼病，魂下人病也。

⑨ 精神失其守，魍魉鬼物乘以下人，故曰“失”。

【校】孙云：“《御览》四百四十六作‘苛病本也’。观下文‘守其本’之言，似‘本’字是。”

⑩ 为妖惑也。

⑪ 谁谓仲父言尽可用乎。

⑫ 令矫公命为不通人之命。

【校】注“矫公”二字当在“令，命”之下，盖先以命释令也。

⑬ 言无从得饮食与公。

⑭【校】此十三字疑衍文。

⑮ 无使得饮食也。

⑯ 下，降也。社，二十五家也。四十社凡千家，以降归于卫。

⑰ 蒙，冒也。袂，衣袖也。以衣覆面而绝。寿宫，寝堂也。

⑱ 杨门，门名。扇，屏也。邪臣争权，莫能举丧事，六十日而殡，虫流出户，不欲人见，故掩以杨门之扇也。

⑲【校】《史记・齐世家》正义引作"二月不殡"。

⑳【校】旧校云："'言'一作'败'。"

㉑ 轻，易。

㉒【校】疑"见"字衍。

㉓ 接，知也。却，不用。

【校】案："固"与"故"通用。刘本作"见"字，属上句，非。

㉔ 爱其所尊所贵，谓竖刀、易牙、常之巫、卫公子启方之属也。

悔　过

四曰：

穴深寻，则人之臂必不能极矣，[①]是何也？不至故也。智亦有所不至。所不至，说者虽辩，为道虽精，不能见矣。[②]故箕子穷于商，[③]范蠡流乎江。[④]

① 八尺曰寻。

【校】极，《意林》作"及"。

② 精，微妙也。

③ 为纣所困。

④ 佐越王句践灭吴，雪会稽之耻，功成而还，轻舟浮于江而去也。

【校】孙云："《离谓》篇云：'范蠡、子胥以此流。'意少伯乘扁舟出入三江五湖，不知所终，传闻异辞遂有流江之说欤？"卢云："案《贾谊书·耳痹》篇，建宁本作'范蠡负室而归五湖'，潭本作'负石而蹈五湖'。潭本与流江之说颇相似，疑当时相传有此言也。"

昔秦缪公兴师以袭郑。[①]蹇叔谏曰："不可。臣闻之，袭国邑，以车不过百里，以人不过三十里，[②]皆以其气之趐与力之盛至，是以犯敌能灭，去之能速。[③]今行数千里，又绝诸侯之地以袭国，臣不知其可也。[④]君其重图之。"[⑤]缪公不听也。蹇叔送师于门外而哭曰："师乎！见其出而不见其入也。"蹇叔有子曰申与视，[⑥]与师偕行。蹇叔谓其子曰："晋若遏师必于殽。[⑦]女死不于南方之岸，必于北方之岸，为吾尸女之易。"[⑧]缪公闻之，使人让蹇叔曰："寡人兴师，未知何如。今哭而送之，是哭吾师也。"蹇叔对曰："臣不敢哭师也。臣老矣，有子二人，皆与师行，比其反也，非彼死则臣必死矣，是故哭。"[⑨]师行过周，[⑩]王孙满要门而窥之，[⑪]曰："呜呼！是师必有疵。[⑫]若无疵，吾不复言道矣。夫秦非他，周室之建国也。[⑬]过天子之城，宜橐甲束兵，[⑭]左右皆下，以为天子礼。今袀服回建，左不轼，而右之[⑮]超乘者五百乘，[⑯]力则多矣，然而寡礼，安得无疵？"[⑰]师过周而东。郑贾人弦高、奚施[⑱]将西市于周，道遇秦师，曰："嘻！师所从来者远矣，此必袭郑。"遽使奚施归告，乃矫郑伯之命以劳之，[⑲]曰："寡君固闻大国之将至久矣。大国不至，寡君与士卒窃为大国忧，日无所与焉，惟恐士卒罢弊与糗粮匮乏。何其久也。使人臣犒劳以璧，膳以十二牛。”秦三帅对曰：“寡君之无使也，使其三臣丙也、术也、视也于东边候晤之道，[20]过是，以迷惑陷入大国之地。”[21]不敢固辞，再拜稽首受之。三帅乃惧而谋曰：“我行数千里，数绝诸侯之地以袭人，未至而人已先知之矣，此其备必已盛矣。”[22]还师去之。当是时也，晋文公适薨，未葬。先轸言于襄公曰[23]：“秦师不可不击也。臣请击之。”襄公曰：“先君薨，尸在堂，见秦师利而因击之，无乃非为人子之道欤？”先轸曰：“不吊吾丧，不忧吾哀，是死吾君而弱其孤也。若是而击，可大强。[24]臣请击之。”襄公不得已而许之。先轸遏秦师于殽而击之，大败之，获其三帅以归。缪公闻之，素服庙临，[25]以说于众曰：“天不为秦国，使寡人不用蹇叔之谏，以至于此患。”此缪公非欲败于殽也，智不至也。[26]智不至则不信，[27]言之不信，师之不反也从此生。[28]故不至之为害大矣。[29]

① 不鸣钟鼓，密声曰袭。

② 军行三十里一舍。

③ 趑，壮也。故进能灭敌，去之能疾也。

④ 绝，过也。过诸侯之土地，远行袭国，必不能以克，故曰“不知其可也”。

⑤ 重，深。

【校】戒其勿轻易也。

⑥ 申，白乙丙也。视，孟明视也。皆蹇叔子也。

【校】案：《左氏》“蹇叔之子与师”，则必非三帅明矣。《史记·秦本纪》云“百里傒子孟明视，蹇叔子西乞术、白乙丙”，孙云“均属传讹”。

⑦ 殽，渑池县西崤塞是也。

⑧ 识之易也。

⑨ 彼,谓其子。

⑩ 周,今河南城,所谓王城也。《公羊传》曰:“王城者,西周。”襄王时也。

⑪ 王孙满,周大夫。要,徼也。

⑫ 疵,病。

⑬ 周家所封立也。

⑭【校】梁仲子云:“《左传僖卅三年正义》引作‘櫜甲束兵’。”

⑮ 袀,同也。兵服上下无别,故曰“袀服”。回建者,兵车四乘也。左,君位也。君不载而车右之不轼。

【校】袀服即《左传》之“均服”,旧本作“初服”,讹。回建,注所释殊不明,此似言车上所建者。《考工记》有六建,谓五兵与人也。“君不载”以下字亦多讹,窃疑“右之超乘者五百乘”本连下为句,高氏误分之。时秦伯不自行,亦不当言“左,君位也”。盖将在左,御居中,御主车可不下,今左并不轼,右既下,复超乘以上,与《左氏传》微异。

⑯【校】《左传》作“三百乘”。

⑰ 超乘,巨踊车上也。不下车为天子礼,故曰力多而寡礼。

【校】注“巨踊”之“巨”,当从《左传》“距跃曲踊”之“距”。车中如何跳踊?《左传》所载“左右免胄而下”为是。盖既下而即跃以上车,示其有勇。

⑱【校】《淮南·人间训》作“蹇他”。

⑲ 擅称君命曰矫。

⑳ 候,视也。晤,晋国也。

【校】案:李善注《文选》谢灵运《述祖德》诗引此作“使臣”,无“人”字。旧本“晤”讹作“晋”,注亦讹。今从善注改正,而删去旧校“一作晤,注亦同”六字。

㉑【校】旧校云:“‘陷入’一作‘以及’。”

㉒ 盛,强。

㉓ 襄公,文公之子驩。

㉔ 强，霸也。

【校】旧本注又有“一作若是而弗击，不可大强”十一字，乃校者之辞。

㉕ 哭也。

㉖ 言但虑袭郑之利，不知将有殽之败也，故曰“智不至也”。

㉗ 蹇叔哭其子云“晋人遏师必于殽”，缪公不信。

【校】正文旧本作“智至”。案：语当承上文，今增正。

㉘ 蹇叔言信，不可不信也。师之不反，败殽也。《穀梁传》曰“匹马只轮无反者”，从蹇叔言信生也。

【校】首句旧多作“而言不可不信”，今从朱本改。注末句讹，当云“从不信蹇叔言生也”。

㉙ 师败帅执，故害大也。

乐成

五曰：

大智不形，大器晚成，大音希声。禹之决江水也，民聚瓦砾。事已成，功已立，为万世利。禹之所见者远也，而民莫之知。故民不可与虑化举始，①而可以乐成功。

① 始，首也。

孔子始用于鲁，鲁人鷖诵之曰：“麛裘而韠，投之无戾。韠而麛裘，投之无邮。”①用三年，男子行乎涂右，女子行乎涂左,财物之遗者,民莫之举。[②]大智之用,固难逾也。[③]子产始治郑,使田有封洫,都鄙有服。[④]民相与诵之曰:“我有田畴,而子产赋之。我有衣冠,而子产贮之。[⑤]孰杀子产,吾其与之。”[⑥]后三年,民又诵之曰:“我有田畴,而子产殖之。[⑦]我有子弟,而子产诲之。[⑧]子产若死,其使谁嗣之?”[⑨]使郑简、鲁哀当民之诽訾也而因弗遂用,则国必无功矣,[⑩]子产、孔子必无能矣。[⑪]非徒不能也,虽罪施,于民可也。[⑫]今世皆称简公、哀公为贤,称子产、孔子为能。此二君者,达乎任人也。[⑬]舟车之始见也,三世然后安之。[⑭]夫开善岂易哉?[⑮]故听无事治,事治之立也,人主贤也。[⑯]

① 孔子衣麛裘。投,弃也。“邮”字与“尤”同。言投弃孔子无罪尤也。

【校】鷖盖鲁人名,《孔丛子》作“谤”,《御览》同。“韠”字旧讹“鞞”,案当作“韠”,与“芾”、“韍”、“绂”字同,《孔丛子·陈士义》篇正作“芾”。

② 举,取也。

③ 逾,迈也。

【校】卢云:“‘逾’当本是‘喻’字。言大智之用,固不能使人易晓也。注就讹文为释,非是。”

④ 封,界;洫,沟也。服,法服也。君子小人各有制。

⑤【校】《左氏襄卅年传》“贮”作“褚”,同。卢云:“案《周礼·廛人》注‘赭,藏’,《释文》云‘本或作贮,或作褚’。”梁仲子云:“《一切经音义·四分律第四十一》引《传》亦作‘贮’。”

⑥ 与犹助也。《左传》曰“郑子产作丘赋,国人谤之”此之谓也。

⑦ 殖,长也。

⑧ 诲,教也。

⑨ 嗣,续也。

⑩ 言二国人民诽讪仲尼、子产之时，二君国不复用，则二国亦无用贤圣之功。

⑪ 若二人不见用，则必无所能为也。

⑫ 言非但不能有为也，虽施二人罪罚，于民意亦可。

【校】注“施”，旧作“此”，讹。案王肃注《家语·正论解》：“施生，施犹行也，行生者之罪也。”杜预注昭十四年《左氏传》亦云：“施，行罪也。”今改正。

⑬ 任，用也。

⑭ 安，习也。

⑮ 开，通也。

⑯ 听无事，谓民谤子产、孔子，无用之为事也，乃贤主所以为事也，谤之无治也，又贤主能听之，故曰“听无事治，事治之立也”。

魏攻中山，乐羊将，①已得中山，还反报文侯，②有贵功之色。③文侯知之，命主书曰：“群臣宾客所献书者，操以进之。”主书举两箧以进。④令将军视之，书尽难攻中山之事也。⑤将军还走，北面再拜曰：“中山之举，非臣之力，君之功也。”当此时也，论士殆之日几矣，⑥中山之不取也，奚宜二箧哉？一寸而亡矣。⑦文侯，贤主也，而犹若此，又况于中主邪？中主之患，不能勿为，而不可与莫为。⑧凡举无易之事，⑨气志视听动作无非是者，人臣且孰敢以非是邪疑为哉？皆壹于为，则无败事矣。此汤、武之所以大立功于夏、商，⑩而句践之所以能报其仇也。⑪以小弱皆壹于为而犹若此，又况于以强大乎？⑫

① 乐羊为将以伐中山。

② 报，白也。

③【校】旧校云:"'贵'一作'责'。"卢云:"疑是'负功'。"

④【校】《秦策》作"谤书一箧"。

⑤ 难,说。

⑥ 论士,议士也。殆,危。几,近。

⑦ 中山之不取,谓乐羊不敢取以为己功,一方寸之书则亡矣,何乃二箧也?

⑧ 夫唯贤主能无为耳。中庸之主不能无为,故不可与为无为也。

⑨【校】旧校云:"'易'一作'为'。"

⑩ 成汤得夏,武王得商,故曰"立功"也。

⑪ 越王句践破吴于五湖,故曰"能报其仇也"。

⑫ 汤、武以百里,越王臣事吴王夫差,为之前马,故称"小弱"。

魏襄王与群臣饮,酒酣,王为群臣祝,令群臣皆得志。[①]史起兴而对曰:"群臣或贤或不肖,贤者得志则可。不肖者得志则不可。"[②]王曰:"皆如西门豹之为人臣也。"史起对曰:"魏氏之行田也以百亩,邺独二百亩,是田恶也。漳水在其旁,而西门豹弗知用,是其愚也。知而弗言,是不忠也。愚与不忠,不可效也。"[③]魏王无以应之。明日,召史起而问焉,曰:"漳水犹可以灌邺田乎?"史起对曰:"可。"王曰:"子何不为寡人为之?"史起曰:"臣恐王之不能为也。"王曰:"子诚能为寡人为之,寡人尽听子矣。"[④]史起敬诺,言之于王曰:"臣为之,民必大怨臣,大者死,其次乃藉臣。臣虽死藉,愿王之使他人遂之也。"[⑤]王曰:"诺。"使之为邺令。史起因往为之。邺民大怨,欲藉史起。史起不敢出而避之。王乃使他人遂为之。水已行,民大得其利,相与歌之曰:"邺有圣令,时为史公。决漳水,灌邺旁。终古斥卤,生之稻粱。"[⑥]使民知可与不可，则无所用矣。[7]贤主忠臣，不能导愚教陋，则名不冠后，实不及世矣。史起非不知化也，以忠于主也。魏襄王可谓能决善矣。诚能决善，众虽喧哗，而弗为变。功之难立也，其必由哅哅邪。国之残亡，亦犹此也。[8]故哅哅之中，不可不味也。中主以之哅哅也止善，贤主以之哅哅也立功。[9]

① 魏襄王，孟子所见梁惠王之子也。祝，愿也。

② 贤者得志则忠，故曰"可"也。不肖得志则骄，骄则乱，故曰"不可"。公孙丑曰："伊尹放太甲于桐宫，太甲贤，又反之。贤者之为人臣，其君不贤则可放欤?"孟子曰："有伊尹之志则可，无伊尹之志则篡也。"

③【校】梁伯子云："《史记·河渠书》'西门豹引漳水溉邺'，《后汉书·安帝纪》'初元二年修西门豹所分漳水为支渠以溉田'，《水经·浊漳水》注亦云'豹引漳以溉邺'，《吕氏》所言不足据，《汉书·沟洫志》乃误仍之。左太冲《魏都赋》云'西门溉其前，史起灌其后'，斯得其实。"

④ 听，从也。

⑤ 遂，成也。

⑥【校】案：《汉书·沟洫志》"民歌之曰'邺有贤令兮为史公，决漳水兮灌邺旁，千古舄卤兮生稻粱'"，数字不同。

⑦【校】案："无所用"下似脱一"贤"字。

⑧【校】"犹"与"由"同。

⑨ 按《魏王世家》，文侯生武侯，武侯生惠王，惠王生襄王。西门豹，文侯用为邺令，史起亚之，不得为四世之君臣也。又孟子见梁襄王，出，语人曰："望之而不似人君，就之而不见所畏焉。"何能决善哉？此言复谬也。

【校】注"魏世家"，"王"字衍。以一见定其终身不能从善，此言亦过。梁仲子云："《左氏传襄廿五年正义》引此书云'魏文侯时，史起为邺令，引漳水以灌田'，与今本异。"

察　微

六曰：

使治乱存亡若高山之与深溪，[①]若白垩之与黑漆，则无所用智，虽愚犹可矣。且治乱存亡则不然，如可知，如可不知；如可见，如可不见。[②]故智士贤者相与积心愁虑以求之，[③]犹尚有管叔、蔡叔之事与东夷八国不听之谋。[④]故治乱存亡，其始若秋毫。[⑤]察其秋毫，则大物不过矣。[⑥]

① 有水曰涧，无水曰溪。

②【校】孙疑两“可不”文倒，据李善注《文选》东方曼倩《非有先生论》作“不可”为是。

③ 积累其仁心，思虑其善政，以求致治也。

④ 成王幼少，周公摄政，勤心国家，以致太平。管叔，周公弟也；蔡叔，周公兄也；流言作乱。东夷八国，附从二叔，不听王命。周公居摄三年，伐奄，八国之中最大，著在《尚书》，余七国小，又先服，故不载于经也。

【校】梁伯子以诸书皆言管、蔡是周公弟，唯《孟》、《荀》及《史记》以管叔为周公兄，此又言蔡叔为周公兄，益不可信。全谢山以皋鼬之会，将长蔡于卫，不闻长蔡于鲁，安得如此注所言乎？

⑤ 喻微细也。

⑥ 过，失也。

鲁国之法，鲁人为人臣妾于诸侯，有能赎之者，取其金于府。子贡赎鲁人于诸侯来而让不取其金。孔子曰：“赐失之矣。自今以往，鲁人不赎人矣。取其金则无损于行，[①]不取其金则不复赎人矣。”[2]子路拯溺者，其人拜之以牛，子路受之。孔子曰：“鲁人必拯溺者矣。”[3]孔子见之以细，观化远也。[4]

① 言无所损于德行也。

②《淮南记》曰“子贡让而止善”，此之谓也。

【校】“止善”，旧本误作“亡义”，今据《淮南・齐俗训》本文改正。

③《淮南记》曰“子路受而劝德”，此之谓也。

④ 见其始，知其终，故曰“观化远也”。

楚之边邑曰卑梁，[1]其处女与吴之边邑处女桑于境上，戏而伤卑梁之处女。卑梁人操其伤子以让吴人，吴人应之不恭，怒杀而去之。吴人往报之，尽屠其家。卑梁公怒，[2]曰：“吴人焉敢攻吾邑？”举兵反攻之，[3]老弱尽杀之矣。吴王夷昧闻之怒，使人举兵侵楚之边邑，克夷而后去之。[4]吴、楚以此大隆。[5]吴公子光又率师与楚人战于鸡父，[6]大败楚人，获其帅潘子臣、小帷子、陈夏啮，[7]又反伐郢，[8]得荆平王之夫人以归，[9]实为鸡父之战。凡持国，太上知始，其次知终，其次知中。三者不能，国必危，身必穷。[10]《孝经》曰：“高而不危，所以长守贵也；满而不溢，所以长守富也。富贵不离其身，然后能保其社稷而和其民人。”楚不能之也。[11]

①【校】梁伯子云：“卑梁是吴边邑，《史记・十二侯表》及《楚世家》、《伍子胥传》皆同。楚边邑乃钟离也。此与《吴世家》所载皆误。”

② 公，卑梁大夫也。楚僭称王，守邑大夫皆称公，若周之单襄公、成肃

公、刘文公也。

③ 反,更也。

④ 夷,平。

⑤ “隆”当作“格”。格,斗也。

⑥ 公子光,夷昧之子也。

⑦ 潘子臣、小帷子,楚二大夫也。鸡父之战,胡、沈、陈、蔡皆佐楚战,故吴获之。夏,姓;啮,名;陈大夫。

【校】案:鸡父之战,获陈夏啮,在鲁昭廿三年;吴太子终累败楚舟师,获潘子臣、小帷子,在定六年;此误合为一。《释文》云:“‘惟’,本又作‘帷’。”《群经音辨》云:“小惟子,楚人也,音帷。”

⑧ 又,复也。郢,楚国都也。

⑨【校】卢云:“案《左氏昭廿三年传》云:‘楚太子建之母在郹,召吴人而启之。冬十月甲申,吴太子诸樊入郹,取楚夫人与其宝器以归。’与鸡父之战同一年事。”

⑩ 言楚不知始与终,又不知中,故国危身穷也。

⑪【校】黄东发云:“观此所引,然则《孝经》固古书也。”

郑公子归生率师伐宋。[①]宋华元率师应之大棘,[②]羊斟御。明日将战,华元杀羊飨士,羊斟不与焉。[③]明日战,怒谓华元曰:“昨日之事,子为制;[④]今日之事,我为制。”[⑤]遂驱入于郑师。宋师败绩,华元虏。[⑥]夫弩机差以米则不发。战,大机也。飨士而忘其御也,将以此败而为虏,岂不宜哉?[⑦]故凡战必悉熟偏备,知彼知己,然后可也。[⑧]

①《鲁宣二年传》曰“郑公子归生受命于楚伐宋”,言受命于楚与晋争盟也。

② 应,击也。大棘,宋邑,今陈留襄邑南大棘是也。

③ 与,及也。

④ 昨日之事,杀羊事也。

⑤ 今日之事,御事也。

【校】陈氏树华《春秋内传考正》云"《左传》'子为政'、'我为政',此或因始皇名改",但他卷不尽然。

⑥ 为郑虏。

⑦《传》曰:"羊斟非人也,以其私憾,败国殄民,刑孰大焉。"此之谓也。

⑧ 古之良将,人遗之单醪,输之于川,与士卒从下流饮之,示不自独享其味也。华元羊肉不及羊斟而身见虏,故曰"凡战必悉熟偏备,知彼知己"。

【校】注"单醪"亦作"箪醪",李善注《文选》张景阳《七命》引《黄石公记》曰"昔良将之用兵也,人有馈一箪之醪,投河,令众迎流而饮之。夫一箪之醪,不味一河,而三军思为致死者,以滋味及之也",或以为楚庄王事。"独享",宋邦乂本作"独周",形近而讹,今改正。

鲁季氏与郈氏斗鸡,郈氏介其鸡,①季氏为之金距。②季氏之鸡不胜,季平子怒,因归郈氏之宫而益其宅。③郈昭伯怒,伤之于昭公,④曰:"禘于襄公之庙也,舞者二人而已,其余尽舞于季氏。⑤季氏之无道无上久矣,弗诛,必危社稷。"公怒,不审,⑥乃使郈昭伯将师徒以攻季氏,遂入其宫。仲孙氏、叔孙氏相与谋曰:"无季氏,则吾族也死亡无日矣。"遂起甲以往,陷西北隅以入之,三家为一,郈昭伯不胜而死。昭公惧,遂出奔齐,卒于乾侯。⑦鲁昭听伤而不辩其义,⑧惧以鲁国不胜季氏,而不知仲、叔氏之恐而与季氏同患也,是不达乎人心也。不达乎人心,位虽尊,何益于安也?以鲁国恐不胜一季氏,况于三季?同恶固相助。⑨权物若此其过也,非独仲、叔氏也，鲁国皆恐。鲁国皆恐，则是与一国为敌也，其得至乾侯而卒犹远。⑩

① 介，甲也。作小铠著鸡头也。

【校】案：《淮南·人间训》注云“介，以芥菜涂其鸡翅也”，与此互异。

② 以利铁作锻距，沓其距上。

③ 平子，名意如，悼子纥之子也。侵郈氏宫以益已宅。

【校】《淮南》“归”作“侵”，又下句作“而筑之宅”。

④ 郈氏，鲁孝公子惠伯华之后也，以字为氏，因曰郈氏。昭，谥也。伤犹谮也。

【校】梁仲子云：“惠伯华，《礼记·檀弓上》注作‘惠伯巩’，《正义》引《世本》作‘革’，字形并相近。‘以字为氏’当作‘以邑为氏’，孝公八世孙成叔为郈大夫，因以为氏。”

⑤ 禘，大祭也。襄公，昭公之父也。礼，天子八佾，诸侯六佾。六佾者，四十八人。于襄公庙二人，余在季氏，季氏僭也。

【校】“二人”，《左传》、《淮南》并同。吴斗南《两汉刊误补遗》曰：“‘人’当作‘八’。舞必以八人成列，故郑人赂晋以女乐二八。若四人尚不成乐，况二人乎？”卢云：“案秦遗戎王女乐亦是二八，齐遗鲁女乐八十人，《御览》引《家语》作‘二八’，知此‘二人’断然字误。鲁自隐公初用六羽，当有六八。季氏大夫，本有四八，今又取公之四佾以往，故公止有二八。观高氏注亦本不误，乃转写之失也。”

⑥ 审，详也。

⑦ 乾侯，晋邑。

⑧ 即辨，别。义，宜。

⑨ 同恶昭公。

⑩ 不薨国内，乃至乾侯，故以为远也。

去宥

七曰：

东方之墨者谢子，将西见秦惠王。[①]惠王问秦之墨者唐姑果。唐姑果恐王之亲谢子贤于己也，[②]对曰："谢子，东方之辩士也。其为人甚险，将奋于说，以取少主也。"[③]王因藏怒以待之。谢子至，说王，王弗听。谢子不说，遂辞而行。[④]凡听言以求善也，所言苟善，虽奋于取少主，何损？所言不善，虽不奋于取少主，何益？不以善为之悫，而徒以取少主为之悖，[⑤]惠王失所以为听矣。用志若是，见客虽劳，耳目虽弊，犹不得所谓也。此史定所以得行其邪也，[⑥]此史定所以得饰鬼以人，罪杀不辜，群臣扰乱，国几大危也。人之老也，形益衰，[⑦]而智益盛。[⑧]今惠王之老也，形与智皆衰邪？[⑨]

① 谢子，关东人也，学墨子之道。惠王，秦孝公之子驷也。

【校】《说苑·杂言》篇作"祁射子"，古"谢"、"射"通。

②【校】《说苑》"唐姑"无"果"字。旧校云："'亲'一作'视'。"

③ 奋，强也。少主，惠王也。

④ 行，去也。

⑤ 悫，诚也。

⑥ 史定，秦史。

⑦ 衰，肌肤消也。

⑧ 老者见事多，所闻广，故智益盛。

⑨ 皆，俱也。

荆威王学书于沈尹华，昭釐恶之。威王好制，[1]有中谢佐制者，为昭釐谓威王曰："国人皆曰王乃沈尹华之弟子也。"[2]王不说，因疏沈尹华。中谢，细人也，[3]一言而令威王不闻先王之术，文学之士不得进，令昭釐得行其私，故细人之言不可不察也。且数怒人主，以为奸人除路，奸路以除而恶壅却，岂不难哉？[4]夫激矢则远，激水则旱，[5]激主则悖，悖则无君子矣。夫不可激者，其唯先有度。[6]

① 威王，楚怀王之父也。制，术数也。

② 中谢，官名也。佐王制法制也。

【校】梁仲子云："楚官有中射士，见《韩非·十过》篇，此作'中谢'，亦通用。"卢云："《史记·张仪传》后陈轸举中谢对楚王云云，《索隐》云'中谢，盖谓侍御之官'，则知楚之官实有中谢，与此正同。"

③ 细，小人也。

④ 除犹开通也，故曰"而恶壅却，岂不难"也。

⑤【校】案：《淮南·兵略训》、《鹖冠子·世兵》篇俱作"水激则悍，矢激则远"，《史记·贾谊传》索隐引此正作"旱"，以言水激则去疾，不能浸润也，与两家作"悍"不同。但近所行陆佃注《鹖冠子》本亦作"旱"，小司马又云"《说文》'旱'与'悍'同音"，则亦可通用也。

⑥ 度，法也。

邻父有与人邻者，有枯梧树，其邻之父言梧树之不善也，邻人遽伐之。邻父因请而以为薪，其人不说曰："邻者若此其险也，岂可为之邻哉？"此有所宥也。[1]夫请以为薪与弗请，此不可以疑枯梧树之善与不善也。

① 宥，利也，又云为也。

【校】注颇难通。疑“宥”与“囿”同，谓有所拘碍而识不广也。以下文观之，犹言蔽耳。

齐人有欲得金者，清旦，被衣冠，往鬻金者之所，见人操金，攫而夺之。吏搏而束缚之，问曰：“人皆在焉，子攫人之金，何故？”对吏曰：“殊不见人，徒见金耳。”此真大有所宥也。

夫人有所宥者，固以昼为昏，以白为黑，以尧为桀，宥之为败亦大矣。亡国之主，其皆甚有所宥邪！故凡人必别宥然后知，[①]别宥则能全其天矣。[②]

① 句。

② 天，身也。

【校】“则能”旧本作“别能”，今案文义改。

正　名

八曰：

名正则治，名丧则乱。使名丧者，淫说也。说淫则可不可而然不然，是不是而非不非。[①]故君子之说也，足以言贤者之实、不肖者之充而已矣，[②]足以喻治之所悖、乱之所由起而已矣，[3]足以知物之情、人之所获以生而已矣。

① 不可者而可之也，不然者而然之也，不是者而是之也，不非者而非之也，故曰“淫说”也。

② 充亦实也。

③ 喻，明。悖，惑。

【校】卢云：“《左氏庄十一年传》云‘禹、汤罪己，其兴也悖焉’，杜注云‘悖，盛貌’，《释文》云‘悖一作勃’。此当以‘治之所悖’为句，不当训惑，疑是‘盛’字之讹。”

凡乱者，刑名不当也。人主虽不肖，犹若用贤，犹若听善，犹若为可者。其患在乎所谓贤从不肖也，[1]所为善而从邪辟，[2]所谓可从悖逆也，[3]是刑名异充而声实异谓也。夫贤不肖、善邪辟、可悖逆，[4]国不乱、身不危奚待也?[5]齐湣王是以知说士而不知所谓士也，[6]故尹文问其故，[7]而王无以应。此公玉丹之所以见信而卓齿之所以见任也，任卓齿而信公玉丹，岂非以自仇邪?[8]

① 从，使人从不肖自谓贤。

② 使人从邪辟自谓善，故曰“其患”也。

③ 可者，乃从悖逆之道也。

④ 不肖者贤之，邪辟者善之，悖逆者可之也。

⑤ 言乱亡立至，无所复待也。

⑥ 湣王，齐田常之孙田和立为宣王，湣王，宣王之子也。言知当敬义士，不能知其所行，徒谓之士也。

【校】梁仲子云：“前《乐成》篇‘义士’作‘议士’。”

⑦ 问所以为士之故也。

⑧ 公玉丹，齐臣。卓齿，楚人，亦为湣王臣。其毙由在此二人，非欲以自毙也，然二人卒毙之。湣王无道，齿杀之而擢其筋，悬之于东庙终日，以自毙者也。

【校】梁仲子云："'卓齿'，《齐策》作'淖齿'，颜师古注《人表》'淖，音女教反，字或作卓'。"梁伯子云："《潜夫论》作'踔齿'，《史记·田单传》徐广作'悼齿'。注'东庙'，后《行论篇》注亦同，《国策》作'庙梁'。"

尹文见齐王，[①]齐王谓尹文曰："寡人甚好士。"尹文曰："愿闻何谓士？"王未有以应。尹文曰："今有人于此，事亲则孝，事君则忠，交友则信，居乡则悌。有此四行者，可谓士乎？"齐王曰："此真所谓士已。"[②]尹文曰："王得若人，肯以为臣乎？"[③]王曰："所愿而不能得也。"尹文曰："使若人于庙朝中，[④]深见侮而不斗，王将以为臣乎？"王曰："否。大夫见侮而不斗，则是辱也，[⑤]辱则寡人弗以为臣矣。"尹文曰："虽见侮而不斗，未失其四行也。未失其四行者，是未失其所以为士一矣。未失其所以为士一，而王以为臣，失其所以为士一，而王不以为臣，则向之所谓士者，乃士乎？"王无以应。尹文曰："今有人于此，将治其国，民有非则非之，民无非则非之，民有罪则罚之，民无罪则罚之，而恶民之难治，可乎？"王曰："不可。"尹文曰："窃观下吏之治齐也，方若此也。"王曰："使寡人治信若是，则民虽不治，寡人弗怨也。[⑥]意者未至然乎？"[⑦]尹文曰："言之不敢无说，请言其说。王之令曰：'杀人者死，伤人者刑。'民有畏王之令，深见侮而不敢斗者，是全王之令也，[⑧]而王曰：'见侮而不敢斗，是辱也。'夫谓之辱者，非此之谓也，以为臣不以为臣者罪之也，此无罪而王罚之也。”齐王无以应。论皆若此，故国残身危，走而之榖[⑨]如卫。[⑩]齐湣王，周室之孟侯也，[⑪]太公之所以老也。桓公尝以此霸矣，管仲之辩名实审也。[⑫]

① 尹文，齐人，作《名书》一篇，在公孙龙前，公孙龙称之。

②【校】旧校云：“一作‘矣’。”

③【校】旧校云：“‘肯’一作‘用’。”

④【校】旧校云：“‘庙’一作‘广’。”

⑤【校】“大夫”疑衍“大”字。

⑥ 虽不可治，言不怨也。

⑦ 王言，意以为未至如是。

【校】此注各本脱，李本有。

⑧【校】李本无“之”字。

⑨ 榖，齐邑也。

⑩ 如，之也。

⑪ 孟，长也。

⑫ 桓公以继绝存亡，率义以霸，管子辅而成之，不以土地之大也。今此湣王继篡国之胄僭号，不义之人，无管子之辅，假有之，又不能用，喻以桓公，山头井底，不得方之者也。

第十七卷　审分览

审　分

一曰：

凡人主必审分，然后治可以至，[①]奸伪邪辟之涂可以息，[②]恶气苛疾无自至。[③]夫治身与治国，一理之术也。[④]今以众地者，公作则迟，有所匿其力也；[⑤]分地则速，无所匿迟也。[⑥]主亦有地，臣主同地，则臣有所匿其邪矣，[⑦]主无所避其累矣。[⑧]

① 主，谓君也。分，谓仁义礼律杀生与夺之分也。至者，至于治也。

② 息，灭也。

③ 自，从也。君德合则祥瑞应，故苛疾无从来至也。

④ 身治则国治，故曰"一理之术也"。

⑤ 作，为也。迟，徐也。迟用其力而不勤也。

⑥ 分地，独也。速，疾也。获稼穑则入己分而有之，各自欲得疾成，无藏匿，无舒迟也。

⑦ 邪，私也。不欲君知，故蔽之也。

⑧ 累犹负也。谓主不以正临之，令臣自欲容私，故君无所避其负也。

凡为善难，任善易。奚以知之？人与骥俱走，则人不胜骥矣；居于车上而任骥，则骥不胜人矣。人主好治人官之事，则是与骥俱走也，[①]必多所不及矣。[②]夫人主亦有车，居无去车，[3]则众善皆尽力竭能矣，谄谀诐贼巧佞之人无所窜其奸矣。[4]坚[5]穷廉直忠敦之士毕竞劝骋骛矣。[6]人主之车，所以乘物也。察乘物之理，则四极可有。[7]不知乘物，而自怙恃，夺其智能，多其教诏，而好自以，[8]若此则百官恫扰，[9]少长相越，万邪并起，权威分移，[10]不可以卒，不可以教，此亡国之风也。[11]

① 言君好为人臣之官事，是谓与骥俱走，无以胜之也。

【校】旧校云："'人官'一作'人臣'。"

② 言力不赡也。好自治人臣之所官事亦如之。

③ 去犹释也。去，读去就之去。

【校】案："居"字旧在"车"字上，系误倒，"居"字当属下句，今乙正。

④ 窜犹容也。

⑤ 坚，刚也。

⑥ 毕，尽。

⑦ 察，明也。有之易也。

⑧ 诏亦教。以，用也。

⑨ 恫，动。扰，乱。

【校】"恫"，《玉篇》作"挏"。

⑩ 政在家门。

⑪ 风，化。

王良之所以使马者，约审之以控其辔，而四马莫敢不尽力。[1]有道之主，其所以使群臣者亦有辔。其辔何如？正名审分，是治之辔已。故按其实而审其名，以求其情；听其言而察其类，无使放悖。[2]夫名多不当其实，而事多不当其用者，故人主不可以不审名分也。不审名分，是恶壅而愈塞也。[3]壅塞之任，不在臣下，在于人主。[4]尧、舜之臣不独义，汤、禹之臣不独忠，得其数也；[5]桀、纣之臣不独鄙，幽、厉之臣不独辟，失其理也。[6]

① 王良，晋大夫邮无正邮良也，以善御之功，死托精于星，天文“王良策驷”是也。

【校】邮无正，见《国语》，即《左传》之邮无恤。旧本“邮”作“孙”，意即孙阳。

② 放，纵也。悖，乱也。

③ 名，虚实爵号之名也。分，杀生与夺之分也。《传》曰：“唯器与名，不可以假人，君之所慎也。”故曰不可不审。愈，益也。不审之而欲治，犹恶湿而居下也，故曰“恶壅而愈塞也”。

④ 君明则臣忠，臣忠则政无壅塞，故曰“在于人主”。

⑤ 御之得其术。

⑥ 幽王，周宣王之子。厉王，周宣王之父。言先幽、厉，偶文耳。杀戮不辜曰厉，壅过不达曰幽，皆恶谥也。

【校】“壅过”，《逸周书》、《独断》、苏明允并作“壅遏”。

今有人于此，求牛则名马，求马则名牛，所求必不得矣；[1]而因用威怒，有司必诽怨矣，牛马必扰乱矣。百官，众有司也；万物，[2]群牛马也。不正其名，不分其职，而数用刑罚，乱莫大焉。夫说以智通，而实以过悗；[3]誉以高贤，而充以卑下；[4]赞以洁白，而随以污德；[5]任以公法，而处以贪枉；[6]用以勇敢，而堙以罢怯。[7]此五者，皆以牛为马，以马为牛，名不正也。故名不正，则人主忧劳勤苦，而官职烦乱悖逆矣。国之亡也，名之伤也，从此生矣。白之顾益黑，[8]求之愈不得者，其此义邪！[9]

① 失其名，故不得也。

②【校】旧校云："一作'邦'。"

③ 以，用。

【校】旧校云："'过'一作'谒'。"又本"悗"作"悦"。今案："遇"、"悦"皆非也。悗音瞒，又音懑，《玉篇》"惑也"，《庄子·大宗师》释文"废忘也"。

④ 充，实。

⑤ 以污秽之德，随洁白之踪，里谚所谓"牛头而卖马脯"，此理之谓也。

⑥ 与上"卖马脯"义同。

⑦ 将行罢怯，以充勇敢之用，故芎穷之似藁本，蛇床之类薇芜，碧卢之乱美玉，非猗顿不能别也。暗主之于名实，亦不能知也，是以赵高壅蔽二世，以鹿为马，此之类也。

【校】"薇芜"，《博物志》作"蘼芜"。

⑧ 顾，反。

⑨ 此牛名马之类也。

故至治之务，在于正名，名正则人主不忧劳矣，不忧劳则不伤其耳目之主。[1]问而不诏，[2]知而不为，[3]和而不矜，[4]成而不处，[5]止者不行，行者不止，因刑而任之，不制于物，无肯为使，[6]清静以公，[7]神通乎六合，德耀乎海外，[8]意观乎无穷，誉流乎无止，[9]此之谓定性于大湫，[10]命之曰无有。[11]故得道忘人，乃大得人也，夫其非道也。[12]知德忘知，乃大得知也，夫其非德也。[13]至知不幾，静乃明幾也，夫其不明也。[14]大明不小事，假乃理事也，夫其不假也。[15]莫人不能，全乃备能也，夫其不全也。[16]是故于全乎去能，于假乎去事，于知乎去幾，所知者妙矣。[17]若此则能顺其天，意气得游乎寂寞之宇矣，形性得安乎自然之所矣。全乎万物而不宰，[18]泽被天下而莫知其所自始，[19]虽不备五者，其好之者是也。[20]

① 主犹性也。

【校】案注，似“主”本是“生”字。

② 诏，教也。好问而行之，不自专独为教诏。

③ 虽知之，不与为名其功也。

④ 和则成矣，不自矜伐。

⑤ 处，居也。《老子》曰“功成而弗居”，此之谓也。

⑥ 止者不行，谓土也。行者不止，谓水也。因形而任之，不令土行，不令水止也。不制于物者，不为物所制，物不能制之也。若此人者，王公不能屈，何肯为人之使令者乎？

⑦ 公，正。

⑧ 六合，四方上下也。海外，四海之外。

⑨ 流，行。

⑩ 性，命也。大湫犹大窦。

⑪ 无有，无形也。道无形。无形，言得道也。

⑫ 得道，澹然无所思虑，故忘人也。而人慕之，此乃所以大得人也。夫其非道也，亦在其人也。不能使人人得之也，故曰“夫其非道也”。

【校】旧本作“夫非其道也”，注同。今案下数句皆“其”字在“非”字上，今亦依例乙转。

⑬ 自知有德，忘人知之，而人仰之，此乃所以大得知也。夫其非德也，亦在其人也。不能使人人知之也，故曰“夫其非德也”。

⑭ 幾，近也。至有德，虽万里人犹知之，故曰“不幾”也。静，安也。安处其德，乃所以使人明之也。望远若近，故曰“静乃明幾也”。夫其不明也，

亦在其人也。明不能使人人见之,故曰"夫其不明也"。

【校】卢云:"此所言幾,即今人所谓机警也。此与圣人言不逆诈、不亿不信、先觉乃贤意相似,注似非也。"

⑮ 大明者,垂拱无为而化流行,不治小事也。假,摄。若周公、鲁隐勤理成致之也。夫其不假也,亦在其人也。久假不归,恶乃知非,故曰"夫其不假也"。

【校】旧本正文"夫其不能"下缺"也"字,今依注补。

⑯ 假摄者,务济国事,事济归之,故曰"莫人不能,全乃备能也"。夫其不全也,亦在其人也。周公有流言之谤,鲁隐有钟巫之难,故曰"夫其不全也"。推其本情,但管、蔡倾邪,不达圣人之旨也,其大乎子翚有欲太宰之志,于是生之也。

【校】注"其大乎"三字衍,仍当有一"公"字。又"生之"疑是"生心"。

⑰ 妙,微也。

⑱ 宰,主。

⑲ 自,从。始,首。

⑳ 人于此五者,虽不能备有,但能好慕则幾矣。

君 守

二曰:

得道者必静。静者无知,知乃无知,可以言君道也。故曰中欲不出谓之扃,外欲不入谓之闭。①既扃而又闭,天之用密,有准不以平,有绳不以正。②天之大静,既静而又宁,可以为天下正。[3]

①【校】二语见《文子・上仁》篇、《淮南・主术训》。

② 准,法。正,直。

【校】"准",《说文》本作"準",从水,隼声,而诸子书多省作"准",《五经文字》云"《字林》作'准'"。今姑仍旧本。

③ 宁,安。正,主。

身以盛心,心以盛智,智乎深藏而实莫得窥乎![1]《鸿范》曰:"惟天阴骘下民。"阴之者,所以发之也。[2]故曰不出于户而知天下,不窥于牖而知天道。[3]其出弥远者,其知弥少,[4]故博闻之人、强识之士阙矣,[5]事耳目、深思虑之务败矣,[6]坚白之察、无厚之辩外矣。[7]不出者,所以出之也;不为者,所以为之也。[8]此之谓以阳召阳,以阴召阴。[9]东海之极,水至而反;[10]夏热之下,化而为寒。[11]故曰天无形,而万物以成;[12]至精无象,而万物以化;[13]大圣无事,而千官尽能。[14]此乃谓不教之教,无言之诏。故有以知君之狂也,以其言之当也;[15]有以知君之惑也,以其言之得也。[16]君也者,以无当为当,以无得为得者也。当与得不在于君,而在于臣。[17]故善为君者无识,其次无事。有识则有不备矣,[18]有事则有不恢矣。[19]不备不恢,此官之所以疑,而邪之所从来也。今之为车者,数官然后成。[20]夫国岂特为车哉?[21]众智众能之所持也,不可以一物一方安车也。[22]夫一能应万,无方而出之务者,[23]唯有道者能之。

① 窥，见。

② 阴阳升陟也，言天覆生下民，王者助天举发，明之以仁义也。

③ 因人之知以知之。

【校】“故曰”者，本《老子·德经》之言，下二语亦是。

④ 不知人而恃己明，不能察偏远，故弥少也。

⑤ 阙，短。

⑥ 败，伤。

⑦ 外，弃所以为也。

⑧ 不出户庭而知天下，与出无异，故曰“所以出之”。不为而有所成，与为无异，故曰“所以为之”。

⑨ 召，致也。

⑩ 反，还。

⑪ 寒暑更也。

⑫ 天无所制，而物自成。

⑬ 说与“昊天”同。

⑭ 官得其人，人任其职，故尽能也。

⑮ 君狂言，臣不敢谏之，而自以其言为当也，是以知其言之狂。

⑯ 狂言而自得，所以知其惑也。

⑰ 待臣匡正。

⑱ 物不可悉识，备识其物则为不备也。

【校】注“则为”，朱本作“则反有”。

⑲ 恢亦备也。

⑳ 轮舆辕轴，各自有材，故曰“数官然后成”。

㉑ 特，但。

㉒ 方，道也。

㉓ 一者，道也。

鲁鄙人遗宋元王闭，[1]元王号令于国，有巧者皆来解闭。

人莫之能解。兒说之弟子请往解之,②乃能解其一,不能解其一,且曰:“非可解而我不能解也,固不可解也。”问之鲁鄙人,鄙人曰:“然,固不可解也,我为之而知其不可解也。今不为而知其不可解也,是巧于我。”故如兒说之弟子者,以“不解”解之也。③郑大师文终日鼓瑟而兴,再拜其瑟前曰:“我效于子,效于不穷也。”故若大师文者,以其兽者先之,所以中之也。④

① 鄙人,小人也。闭,结不解者也。

②【校】《韩非·外储说左上》云:“兒说,宋人,善辩者也。”《淮南·人间训》注云:“宋大夫。”

③ 言此不可以解也乃能解。

④ 儌射其兽,走与矢会,故中之也。

故思虑自心伤也,①智差自亡也,②奋能自殃,③其有处自狂也。故至神逍遥倏忽,而不见其容;至圣变习移俗,而莫知其所从;离世别群,而无不同;④君民孤寡,而不可障壅。⑤此则奸邪之情得,⑥而险陂谗慝谄谀巧佞之人无由入。⑦凡奸邪险陂之人,必有因也。何因哉?因主之为。⑧人主好以己为,⑨则守职者舍职而阿主之为矣。⑩阿主之为,有过则主无以责之,则人主日侵,而人臣日得。⑪是宜动者静,宜静者动也。尊之为卑,卑之为尊,从此生矣。此国之所以衰,而敌之所以攻之者也。

① 思虑劳精神而乱于心,故自伤也。

② 差,过也。用智过差,极其情欲,以自消亡也。

③ 奋,强也。夏桀强其能以肆无道,自取破灭之殃。

④ 同,和。

⑤ 孤寡,人君之谦称也。能自卑谦名誉者,不可防障。

⑥ 得犹知也。

⑦ 无从自入而见用也。

⑧ 因犹顺也。

⑨ 己所好、情所欲则为也。

⑩ 阿,从。

⑪ 得其阿主之志也。

奚仲作车,[①]苍颉作书,[②]后稷作稼,[③]皋陶作刑,[④]昆吾作陶,[⑤]夏鲧作城。[⑥]此六人者所作当矣,[⑦]然而非主道者。[⑧]故曰作者忧,因者平。惟彼君道,得命之情,故任天下而不强,此之谓全人。[⑨]

① 奚仲,黄帝之后,任姓也,《传》曰:"为夏车正,封于薛。"

② 苍颉生而知书,写仿鸟迹以造文章。

③ 后,君;稷,官也。烈山氏子曰柱,能植百谷蔬菜以为稷。

【校】案:柱在舜臣之稷之前。又下云"非至道者",故不数弃,而以柱当之。

④《虞书》曰:"皋陶!蛮夷猾夏,寇贼奸宄,女作士师,五刑有服。"

⑤ 昆吾,颛顼之后,吴回之孙,陆终之子,己姓也,为夏伯制作陶冶埏埴为器。

【校】旧本注"吴回"下衍"黎"字,今删。

⑥ 鲧,禹父也。筑作城郭。

⑦ 当,合也,合其宜。

⑧【校】旧校云:"'主'一作'至'。"

⑨ 全人,全德之人,无亏阙也。

任　数

三曰:

凡官者,以治为任,以乱为罪。今乱而无责,则乱愈长矣。①人主以好暴示能,②以好唱自奋,③人臣以不争持位,④以听从取容,⑤是君代有司为有司也,⑥是臣得后随以进其业。⑦君臣不定,⑧耳虽闻不可以听,⑨目虽见不可以视,⑩心虽知不可以举,⑪势使之也。⑫凡耳之闻也藉于静,⑬目之见也藉于昭,⑭心之知也藉于理。⑮君臣易操,则上之三官者废矣。⑯亡国之主,其耳非不可以闻也,其目非不可以见也,其心非不可以知也,君臣扰乱[1],上下不分别,虽闻曷闻,虽见曷见,虽知曷知,⑰驰骋而因耳矣,此愚者之所不至也。⑱不至则不知,不知则不信。⑲无骨者不可令知冰。⑳有土之君能察此言也,则灾无由至矣。

① 长,大。

② 以能暴示众。

[1] 扰乱:原本作"乱扰",据乾隆本改。

【校】旧校云:"'暴'一作'为'。"今案:"为"字是也。注"暴示"乃表暴之意。若作能为威严解,正文与注并窒碍。

③ 奋,强。

④《孝经》云:"臣不可以不争于君。"此不争持位,非忠臣也。

⑤ 阿意曲从以自容。

⑥ 有司,大臣也。大臣匡君,进思尽忠,退思补过。此听从取容,无有正君者,君当自正耳,是为代有司为有司。

⑦ 后随,随后也。其业,不争取容定业也。

⑧ 君不君,臣不臣,故不定也。

⑨ 不可以听五音。

⑩ 不可以视五色。

⑪ 不可举取。

⑫ 言其人不忠不正,苟取容说,志意倾邪,故曰"势使之也"。

⑬ 藉,假也。静无声,乃有所闻,故藉于静。

⑭ 昭,明也。非明目无所见,故藉明以见物。

⑮ 去物断义,非理不决,故藉于理以决物。

⑯ 三官,耳、目、心。不得其正,故曰"废"。

⑰ 虽知就利避害,不知仁义与就利避害之本也。去其本而求之于末,故曰"虽知曷知"。其闻、见之义亦然。

⑱ 驰骋,田猎也。田猎禽兽,亡国之主所乐及,修其本者弗为也,故曰"愚者之所不至也"。

⑲ 言不知其君,不信修仁义,无欲为可以致治安国之本。

⑳ 亡国之主,不知去贪暴、施仁惠,若无骨之虫,春生秋死,不知冬寒之有冰雪。

且夫耳目知巧固不足恃,惟修其数、行其理为可。①韩昭釐侯视所以祠庙之牲,其豕小,②昭釐侯令官更之。③官以是豕来也，昭釐侯曰："是非向者之豕邪？"官无以对。命吏罪之。从者曰："君王何以知之？"君曰："吾以其耳也。"④申不害闻之，⑤曰："何以知其聋？以其耳之聪也。⑥何以知其盲？以其目之明也。何以知其狂？以其言之当也。故曰去听无以闻则聪，去视无以见则明，去智无以知则公。去三者不任则治，三者任则乱。"⑦以此言耳目心智之不足恃也。耳目心智，其所以知识甚阙，⑧其所以闻见甚浅。以浅阙博居天下，安殊俗，治万民，其说固不行。⑨十里之间，而耳不能闻；帷墙之外，而目不能见；三亩之宫，而心不能知。其以东至开梧，⑩南抚多顯，⑪西服寿靡，⑫北怀儋耳，⑬若之何哉？⑭故君人者，不可不察此言也。治乱安危存亡，其道固无二也。故至智弃智，至仁忘仁，至德不德。无言无思，静以待时，时至而应，心暇者胜。凡应之理，清净公素，而正始卒。焉此治纪，无唱有和，无先有随。古之王者，其所为少，其所因多。因者，君术也；为者，臣道也。为则扰矣，因则静矣。因冬为寒，因夏为暑，君奚事哉？故曰君道无知无为，而贤于有知有为，则得之矣。⑮

① 理，道。

② 昭釐，谥也。晋宣子起之后也。起生贞子，居平阳。生康子，与赵襄子共灭智伯而分其地。生武子，都宜阳。生景侯处，徙阳翟。釐侯，景侯子也。

【校】梁伯子云："《史记·韩世家》贞子生简子，简子生庄子，庄子生康子。徐广谓《史记》多无简子、庄子。《人表》亦同。然韩简子见《左传》及《史·晋赵世家》，惟庄子无考。今《史记》据《世本》，诱似未见此也。昭釐侯,《史》作'昭侯',乃懿侯子,非景侯子也。"

③ 以豕小,使官更易大者。

④ 言识其耳。

⑤ 申不害,郑之京人,昭釐侯之相。

⑥【校】"聪",旧本"听",讹,今案下文改。聪与聋韵协。

⑦ 任,用也。

⑧ 阙,短。

⑨ 博,旷。固,必。

⑩ 东极之国。

【校】"其以",《意林》作"而欲"。

⑪ 南极之国。

【校】"颛",《意林》作"鹍"。

⑫ 西极之国。"靡"亦作"麻"。

【校】《大荒西经》作"南服寿麻","南"字讹,注引亦作"麻"。

⑬ 北极之国。

【校】《大荒西经》作"阖耳"。

⑭【校】《意林》作"何以得哉"。

⑮ 贤,愈。得,知。

有司请事于齐桓公,桓公曰:"以告仲父。"有司又请,公曰:"告仲父。"若是三。习者曰:"一则仲父,二则仲父,易哉为君?"[①]桓公曰:"吾未得仲父则难,已得仲父之后,曷为其不易也?"桓公得管子,事犹大易,又况于得道术乎?

① 习,近习,所亲臣也。

孔子穷乎陈、蔡之间,藜羹不斟,七日不尝粒。[①]昼寝。

颜回索米，得而爨之，几熟，孔子望见颜回攫其甑中而食之。选间食熟，[2]谒孔子而进食。孔子佯为不见之。孔子起曰："今者梦见先君，食洁而后馈。"[3]颜回对曰："不可。向者煤炱入甑中，弃食不祥，回攫而饮之。"[4]孔子叹曰："所信者目也，而目犹不可信；所恃者心也，而心犹不足恃。[5]弟子记之，知人固不易矣。"[6]故知非难也，孔子之所以知人难也。

① 无藜羹可斟，无粒可食，故曰"不斟"、"不尝"。

【校】"斟"乃"糂"之讹。《说文》"糂，以米和羹也。"前《慎人》篇作"不糁"。

② 选间，须臾。

③【校】孙云："《御览》八百三十八'后'作'欲'，李善注《文选》陆士衡《君子行》作'食洁故馈'。"

④ 煤炱，烟尘也。入犹堕也。

【校】"煤炱"，旧本讹作"煤室"。孙云："《选》注作'炱煤'。"梁仲子云："卢玉川诗'当天一搭如煤炱'，政用此。""室"与"炱"形近致讹，今定作"煤炱"。旧本注"烟尘"下多"之煤"二字，乃衍文，又"堕"作"坠"，今皆依《选》注删正。

⑤ 目见妄，不可信。心忆妄，不足恃。

⑥ 记，识。

勿躬

四曰：

人之意苟善，虽不知，可以为长。[1]故李子曰："非狗不得兔，兔化而狗，则不为兔。”人君而好为人官，有似于此。[②]其臣蔽之，人时禁之；[③]君自蔽，则莫之敢禁。夫自为人官，自蔽之精者也。[④]祓篲日用而不藏于箧，[⑤]故用则衰，动则暗，作则倦。[⑥]衰、暗、倦三者，非君道也。

① 长，上。

② 作君而好治人官职，似兔化而为狗也。

③ 人时有止之者。

④ 精，甚。

⑤ 祓篲，贱物也。日用扫除，故不藏于箧。喻人君好治人臣之职，与祓篲何异。

⑥ 君用思臣识则志衰也。举动作臣安社稷利民之事，未必能独当，是自见蒙暗也。代臣作趋走力役之事则心倦。

大桡作甲子，黔如作虏首，[①]容成作历，羲和作占日，尚仪作占月，[②]后益作占岁，胡曹作衣，夷羿作弓，祝融作市，仪狄作酒，高元作室，虞姁作舟，伯益作井，赤冀作臼，乘雅作驾，[③]寒哀作御，[④]王冰作服牛，史皇作图，巫彭作医，巫咸作筮。[⑤]此二十官者，圣人之所以治天下也。圣王不能二十官之事，然而使二十官尽其巧，毕其能，圣王在上故也。[⑥]圣王之所不能也，所以能之也；[⑦]所不知也，所以知之也。[⑧]养其神、修其德而化矣，[⑨]岂必劳形愁弊耳目哉？是故圣王之德，融乎若日之始出，极烛六合而无所穷屈；[⑩]昭乎若日之光，变化万物而无所不行。神合乎太一，生无所屈而意不可障；[⑪]精通乎鬼神，深微玄妙而莫见其形。今日南面，百邪自正，而天下皆反其情，[12]黔首毕乐其志、安育其性，而莫为不成。[13]故善为君者，矜服性命之情，而百官已治矣，黔首已亲矣，名号已章矣。[14]

①【校】旧校云："'虏'一作'虑'。"案：虏与虑皆不可解。《世本》云"隶首作数"，或是此误。亦疑"虏首"当是"蔀首"。

②【校】尚仪即常仪。古读仪为何，后世遂有嫦娥之鄙言。

③【校】旧校云："'雅'一作'持'。"案：《荀子·解蔽》篇云"乘杜作乘马"，杨倞注云："《吕氏春秋》作'一驾'。""一"字或衍文。疑旧校"持"字乃"杜"字之误，杜即相土也。

④【校】寒哀即《世本》之韩哀，古"寒"、"韩"通。"哀"，旧本作"衰"，误。孙云："《蜀志·郤正传》注引作'韩哀'。"

⑤ 著筮。

⑥ 圣王在上，官使人人任其事也，故尽毕其巧能也。

⑦ 用其人，得其任，故所以能。

⑧《老子》曰"不知乃知之"，此之谓。

⑨ 无所思虑劳神，是养神也。无状而能化，化育万物谓也。

【校】"谓"疑衍，否或上当有"之"字。

⑩ 极，北极，天太阴也，日能烛之。

【校】"日"旧讹"月"，注同。赵云："极烛犹言遍烛，注非。"

⑪ 大通也。神与通合生道，乃无诎厌；志意通达，不可障塞。

⑫ 南面，当阳而治，谓之天子也。反，本。

【校】朱本注末有"也"字。

⑬ 莫，无。

⑭ 章，明也。

管子复于桓公曰[1]："垦田大邑，[2]辟土艺粟，尽地力之利，臣不若甯遬，请置以为大田。[3]登降辞让，进退闲习，臣不若隰朋，请置以为大行。[4]蚤入晏出，犯君颜色，进谏必忠，不辟死亡，不重贵富，臣不若东郭牙，请置以为大谏臣。[5]平原广城，[6]车不结轨，士不旋踵，[7]鼓之，三军之士视死如归，臣不若王子城父，[8]请置以为大司马。[9]决狱折中，不杀不辜，不诬无罪，臣不若弦章，[10]请置以为大理。[11]君若欲治国强兵，则五子者足矣；君欲霸王，则夷吾在此。"桓公曰："善。"令五子皆任其事，以受令于管子。[12]十年，九合诸侯，一匡天下，皆夷吾与五子之能也。管子，人臣也，不任己之不能，[13]而以尽五子之能，况于人主乎？人主知能不能之可以君民也，则幽诡愚险之言无不职矣，百官有司之事毕力竭智矣。五帝三王之君民也，下固不过毕力竭智也。

① 复，白。

②【校】《新序》"大"作"创"，《韩诗外传》作"垦田仞邑"。

③ 甯遬，甯戚。

【校】古戚、速同音，"遬"即"速"。

④ 大行，官名也。《周礼》："大行人掌大宾客之礼，以亲诸侯。"

⑤ 楚有箴尹之官，亦谏臣。

【校】《外传》、《新序》皆无"大"字。《御览》二百七十三无"臣"字。梁仲子云："《管子·小匡》篇作'鲍叔牙为大谏'。"

⑥【校】"城"疑"域"，《新序》作"囿"。

⑦ 结，交也。车两轮间曰轨。

⑧【校】《新序》作"成甫"，《外传》亦作"成"。

⑨ 司马，主武之官也。《周礼》"大司马之职，掌建国之九法，以佐王平邦国"也。

⑩【校】《管子》作“宾须无”。王厚斋云：“案《说苑》，弦章在景公时，当以《管子》为正。”梁仲子云：“《小匡》篇作‘子旗为大理’，子旗盖弦章之字。”孙云：“《韩非·外储说左下》作‘弦商’，《新序》四作‘弦宁’。”

⑪ 大理，治狱官。

⑫ 受管子之令。

⑬【校】《黄氏日抄》引作“不任己之能”。

夫君人而知无恃其能、勇、力、诚、信，则近之矣。凡君也者，处平静，任德化，以听其要，若此则形性弥羸而耳目愈精，百官慎职而莫敢愉綎，①人事其事，以充其名。②名实相保，之谓知道。

① 愉，解。綎，缓。

【校】旧校云：“‘慎’一作‘顺’。”

② 上“事”，治也。

知　度

五曰：

明君者，非遍见万物也，明于人主之所执也。有术之主者，非一自行之也，知百官之要也。知百官之要，故事省而国治也。明于人主之所执，故权专而奸止。奸止则说者不来而情谕矣，情者不饰而事实见矣。①此谓之至治。至治之世，其民不好空言虚辞，不好淫学流说，[2]贤不肖各反其质，[3]行其情不雕其素；[4]蒙厚纯朴，以事其上。若此则工拙、愚智、勇惧可得以故易官，易官则各当其任矣。故有职者安其职，不听其议；[5]无职者责其实，以验其辞。[6]此二者审，则无用之言不入于朝矣。君服性命之情，去爱恶之心，[7]用虚无为本，[8]以听有用之言，谓之朝。[9]凡朝也者，相与召理义也，[10]相与植法则也。[11]上服性命之情，则理义之士至矣，法则之用植矣，枉辟邪挠之人退矣，[12]贪得伪诈之曹远矣。[13]故治天下之要存乎除奸，除奸之要存乎治官，治官之要存乎治道，治道之要存乎知性命。[14]故子华子曰："厚而不博，敬守一事，[15]正性是喜。群众不周，而务成一能。[16]尽能既成，四夷乃平。[17]唯彼天符，不周而周。[18]此神农之所以长，而尧舜之所以章也。"[19]

① 饰，虚。

② 不学正道为淫学。邪说谓之流说。

③ 反，本。质，正。

④ 素，朴也。本性纯朴，不雕饰之以为华藻也。

【校】"行其情"，旧作"其行情"，孙云"李善注《文选·齐竟陵王行状》引作'行其情'"，今依乙正。

⑤ 有乱众干度之议者不听之。

⑥ 验，功。

【校】案："功"字必误，疑当为"效"，又疑是"効"。

⑦ 爱恶，好憎。

⑧ 虚无，无所爱恶也。无所爱恶则公正，治之本也。

⑨ 有用之言，谓忠正有益于国者。

⑩ 召，致。

⑪ 植，立。

⑫ 挠，曲。

⑬ 曹，众。

⑭ 知性命则不珍难得之物，不为无益之事，唯道是从，利民而已。

⑮ 子华子，体道人也。一事，正事。

⑯ 一能，专一之能，言公正。

⑰ 平，和。

⑱ 忠信为周。

⑲ 长犹盛也。章，著明也。以，用也。

人主自智而愚人，自巧而拙人，①若此则愚拙者请矣，②巧智者诏矣。③诏多则请者愈多矣，④请者愈多，且无不请也。主虽巧智，未无不知也。⑤以未无不知，应无不请，其道固穷。⑥为人主而数穷于其下，将何以君人乎？穷而不知其穷，其患又将反以自多，⑦是之谓重塞之主，无存国矣。故有道之主，因而不为，⑧责而不诏，⑨去想去意，静虚以待，不伐之言，不夺之事，督名审实，官复自司，以不知为道，以奈何为实。⑩尧曰："若何而为及日月之所烛？"⑪舜曰："若何而服四荒之外？"⑫禹曰："若何而治青北，化九阳、奇怪之所际？"⑬

① 自智谓人愚，自巧谓人拙。《诗》云："惟彼不顺，自独俾臧。自有肺肠，俾民卒狂。"愚拙者此之谓也。

【校】注"此"字疑衍。

② 君自谓智而巧，故愚拙者从之请也。

③ 诏，教。

④ 听益乱。

⑤ 未能尽无所不知也。

⑥ 固，必。

⑦ 反，更。多，大。

⑧ 因循旧法，不改为。

⑨ 责臣成功，不妄以偏见教诏。

⑩ 道尚不知，不知乃知也。以不知为贵，因循长养，不戾自然之性，故以不可奈何为实也。

【校】自“有道之主”以下，亦见《淮南·主术训》，一二文异，不复别出。此为“实”，旧校云“一作‘宝’”，则正与《淮南》合。观此注意，似亦当作“宝”为是。

⑪ 烛，照。

⑫ 荒，裔远也。

⑬ 皆四夷之远国。际，至也。

赵襄子之时，以任登为中牟令。①上计，言于襄子曰：“中牟有士曰胆、胥己，请见之。”②襄子见而以为中大夫。③相国曰：“意者君耳而未之目邪？为中大夫若此其易也？④非晋国之故。”⑤襄子曰：“吾举登也，已耳而目之矣。登所举，吾又耳而目之，⑥是耳目人终无已也。”遂不复问，而以为中大夫。襄子何为任人，则贤者毕力。⑦人主之患，必在任人而不能用之，用之而与不知者议之也。绝江者托于船，致远者托于骥，霸王者托于贤。伊尹、吕尚、管夷吾、百里奚，此霸王者之船骥也。释父兄与子弟，非疏之也；⑧任庖人钓者与仇人仆虏，非阿之也。持社稷立功名之道，不得不然也。⑨犹大匠之为宫室也，量小大而知材木矣，訾功丈而知人数矣。⑩故小臣、吕尚听，而天下知殷、周之王也；[11]管夷吾、百里奚听，[12]而天下知齐、秦之霸也。岂特骥远哉？[13]

①【校】《韩非·外储说左上》"任登"作"王登"。

②【校】《韩非》作"中章、胥己"，是二人。下云"一日而见二中大夫"。

③ 以，用也。

④【校】"易"旧作"见"，讹，今案文义改正。

⑤ 故，法。

⑥ 谓耳任登之名，目任登之实，登之所举，岂复假耳目哉？

【校】旧本"吾又耳而目之"下亦有"矣"字，今从《韩非》去之。

⑦ 毕，尽也。

⑧ 言其父兄子弟不肖，不能为霸王之船骥，故释之，非苟远也。

⑨ 庖人即伊尹，钓者即吕尚，仇人即管夷吾，仆虏即百里奚之辈。非阿之，取其可以为社稷功名之道。

⑩ 訾，相也。相功力丈尺，而知用人数多少也。

【校】《说苑·尊贤》篇作"比功校而知人数矣"。

⑪ 殷之尽，周之兴。

【校】此注误。小臣，汤之师也，谓伊尹，见《尊师》篇。

⑫【校】旧校云："一作'任'。"案：《说苑》作"任"。

⑬【校】当作"岂特船骥哉"。《说苑》作"岂特船乘哉"。

夫成王霸者固有人，亡国者亦有人。桀用羊辛，[1]纣用恶来，宋用唐鞅，[2]齐用苏秦，而天下知其亡。[3]非其人而欲有功，譬之若夏至之日而欲夜之长也，[4]射鱼指天而欲发之当也。[5]舜、禹犹若困，而况俗主乎？[6]

①【校】说见《当染》篇。

②【校】从《说苑》作“唐鞅”，亦见《当染》篇，旧本作“驶唐”，误。

③【校】旧本无“知”字，又“其”字讹作“甚”，今亦从《说苑》改正。

④【校】“若”，《说苑》作“苦”。

⑤ 当，中。

⑥【校】“若”，《说苑》作“亦”。

慎　势

六曰：

失之乎数，求之乎信，疑。[1]失之乎势，求之乎国，危。[2]吞舟之鱼，陆处则不胜蝼蚁。[3]权钧则不能相使，势等则不能相并，治乱齐则不能相正。故小大、轻重、少多、治乱，不可不察，[4]此祸福之门也。

① 失诚信之数，欲人信之，故疑。

② 失居上之势，以恃有国，故危也。

③ 蝼蚁食也。

④ 察，知也。

凡冠带之国，舟车之所通，[1]不用象译狄鞮，方三千里。[2]古之王者，择天下之中而立国，[3]择国之中而立宫，择宫之中而立庙。天下之地，方千里以为国，所以极治任也。非不能大也，其大不若小，其多不若少。[4]众封建，非以私贤也，所以便势全威，[5]所以博义。义博利则无敌，[6]无敌者安。故观于上世，其封建众者，其福长，其名彰。神农十七世有天下，与天下同之也。[7]

① 通，达。

②《周礼》："象胥掌蛮、夷、闽、越、戎、狄之国使，传通其言也。"东方曰羁，南方曰象，西方曰狄鞮，北方曰译。《国语》所谓曰羁南三千里内，被服五常，华夏之盛明，胡不用象译狄鞮也。

【校】注"象胥"下旧本衍"古"字，今删。"闽越"，《周礼》作"闽貊"。《王制》"东方曰寄"，此作"羁"，未详何出。"《国语》所谓曰羁南"七字疑衍文。"胡"字亦疑衍。

③ 国，千里之畿。

④ 在德不在人，《传》曰"楚子观兵于周疆，问鼎之大小轻重焉。王孙满对曰'在德不在鼎。德之休明，虽小，重；其奸回昏乱，虽大，轻'"是也。故曰"其大不若小，其多不若少"。

【校】注旧本作"在德之休明，虽大，轻"，文有脱漏，今依《传》补十二字。

⑤ 众，多。

⑥【校】孙云："李善注《文选》陆士衡《五等论》引作'所以博利博义也，利博义博则无敌也'。"

⑦ 神农，炎帝也。农植嘉谷，化养兆民，天下号之曰"神农"。

王者之封建也，弥近弥大，弥远弥小。[1]海上有十里之诸侯。[2]以大使小，以重使轻，以众使寡，此王者之所以家以完也。[3]故曰，以滕、费则劳，以邹、鲁则逸，[4]以宋、郑则犹倍日而驰也，[5]以齐、楚则举而加纲旃而已矣。[6]所用弥大，所欲弥易。[7]汤其无郼，武其无岐，贤虽十全，不能成功。[8]汤、武之贤，而犹藉知乎势，又况不及汤、武者乎？故以大畜小吉，以小畜大灭，[9]以重使轻从，[10]以轻使重凶。[11]自此观之，夫欲定一世，安黔首之命，功名著乎槃盂，铭篆著乎壶鉴，其势不厌尊，其实不厌多。多实尊势，贤士制之，以遇乱世，王犹尚少。[12]

① 近国大，远国小，强干弱枝。

② 海上，四海之上，言远也。十里，小国。

③ 家，室也。王者以天下为家，故所以天下为国。

④ 滕、费小，故劳也。邹、鲁大，故逸也。

⑤ 倍日而驰，以行其威易也。

⑥ 齐、楚最大，举纲纪加之于小国，无大劳，故曰“而已矣”。

⑦ 用大使小，欲尽济，故曰“弥易”。

⑧ 郼、岐，汤、武之本国。假令无之，贤虽十倍，不能以成功业。

【校】郼，说见《慎大》篇。

⑨ 灭，亡也。

⑩ 从，顺。

⑪ 凶，逆也。

⑫ 以尊势贤士之佐，遇乱世，而王尚为少。

天下之民穷矣苦矣。民之穷苦弥甚，王者之弥易。[1]凡王也者，穷苦之救也。水用舟，陆用车，涂用輴，沙用鸠，山用樏，[2]因其势也者令行。[3]位尊者其教受，[4]威立者其奸止，此畜人之道也。故以万乘令乎千乘易，以千乘令乎一家易，以一家令乎一人易。尝识及此，虽尧、舜不能。[5]诸侯不欲臣于人而不得已，其势不便，则奚以易臣？[6]权轻重，审大小，多建封，所以便其势也。王也者，势也。王也者，势无敌也。势有敌则王者废矣。有知小之愈于大、少之贤于多者，则知无敌矣。知无敌，则似类嫌疑之道远矣。故先王之法，立天子不使诸侯疑焉，立诸侯不使大夫疑焉，立適子不使庶孽疑焉。⑦疑生争，争生乱。是故诸侯失位则天下乱，大夫无等则朝廷乱，妻妾不分则家室乱，適孽无别则宗族乱。慎子曰："今一兔走，百人逐之，⑧非一兔足为百人分也，由未定。⑨由未定，尧且屈力，而况众人乎？⑩积兔满市，行者不顾，⑪非不欲兔也，分已定矣。分已定，人虽鄙不争。"故治天下及国，在乎定分而已矣。⑫

① 苦纣之民纣之乱，与武王陈其牧野，倒矢而射，横戈而战，武王由是弥易。

②【校】案：《文子·自然》篇"水用舟，沙用鴂，泥用輴，山用樏"，《释音》云"鴂，乃鸟切，推版具"。又《淮南·齐俗训》"譬若舟车輴鴂穷庐"，叶林宗本作"鴂"，俗本作"鸠"，至《修务训》叶本亦作"鸠"矣。

③【校】案："因其势也"下，似当云"因其势者其令行"，补四字语气方完。

④ 受，因。

⑤ 不能以行其化。

【校】"尝识及此"，疑是"尝试反此"。

⑥ 奚，何也。

⑦ 尊卑皆有别。

⑧ 慎子名到，作《法书》四十二篇，在申不害、韩非前，申、韩称之也。

【校】注旧本作"四十一篇"，今据《汉书·艺文志》改。

⑨ 未定者，人欲望之也。

⑩ 屈，竭也。

⑪ 顾，视。

⑫ 分土画界，各守其封，故定分也。

【校】注“定分”似当作“分定”。

庄王围宋九月，[①] 康王围宋五月，[②] 声王围宋十月。[③] 楚三围宋矣，而不能亡。非不可亡也，以宋攻楚，奚时止矣？[④] 凡功之立也，贤不肖强弱治乱异也。

① 庄王，楚穆王子，共王父也。围宋在鲁宣十五年。

【校】《春秋》围宋在宣十四年之秋，逾年而始与平，故高注每云十五年。

② 康王，楚共王审之子，庄王之孙也。宋君病，不以告，故不书于《经》。

③ 声王，楚惠王熊章之孙，简王之子，在春秋后。

④ 宋无德，楚亦无德，故曰“以宋攻楚”也。

齐简公有臣曰诸御鞅，谏于简公曰：“陈成常与宰予，之二臣者，甚相憎也。[①] 臣恐其相攻也，相攻唯固则危上矣。愿君之去一人也。”[②] 简公曰：“非而细人所能识也。”[③] 居无几何，陈成常果攻宰予于庭，即简公于庙。[④] 简公喟焉太息曰：“余不能用鞅之言，以至此患也。”失其数，无其势，虽悔无听鞅也与无悔同，[⑤] 是不知恃可恃而恃不恃也。周鼎著象，为其理之通也。理通，君道也。[⑥]

① 简公，悼公阳生之子壬也。陈成常，陈乞之子恒也。宰予字子我。

【校】注“壬”，旧本作“王子”，讹，今改正。阚止字子我，诸子遂误以为宰予。

② 相憎不可并也，故愿去一人。

③【校】旧校云:"'而'一作'汝','识'一作'议'。"

④【校】《说苑·正谏》篇作"贼简公于朝"。

⑤ 悔,恨。

⑥【校】周鼎著象,详见《先识览》。

不 二

七曰:

听群众人议以治国,国危无日矣。①何以知其然也?老耽贵柔,孔子贵仁,墨翟贵廉,关尹贵清,②子列子贵虚,③陈骈贵齐,④阳生贵己,⑤孙膑贵势,⑥王廖贵先,兒良贵后。⑦此十人者,皆天下之豪士也。⑧有金鼓,所以一耳;⑨必同法令,所以一心也;智者不得巧,愚者不得拙,所以一众也;勇者不得先,惧者不得后,所以一力也。故一则治,异则乱;一则安,异则危。夫能齐万不同,愚智工拙皆尽力竭能,如出乎一穴者,⑩其唯圣人矣乎!无术之智,不教之能,而恃强速贯习,不足以成也。

① 听,从也。听从众人之议,人心不同,如其面焉,故国不能安宁也。《诗》曰"如彼筑室于道谋,是用不溃于成",此之谓也。

② 关尹,关正也,名喜,作《道书》九篇。能相风角,知将有神人,而老子到,喜说之,请著《上至经》五千言,而从之游也。

【校】“老耽”,《困学纪闻》十引仍作“老聃”。

③ 体道人也,壶子弟子。

④ 陈骈,齐人也,作《道书》二十五篇。贵齐,齐死生,等古今也。

【校】注旧本作“一十五篇”,今据《汉书·艺文志》改。

⑤ 轻天下而贵己。《孟子》曰:“阳子拔体一毛以利天下弗为也。”

【校】李善注《文选》谢灵运《述祖德》诗引作杨朱。“阳”、“杨”古多通用。

⑥ 孙膑,楚人,为齐臣,作《谋》八十九篇,权之势也。

【校】梁伯子云:“《史》、《汉》皆以孙膑为齐人,此独以为楚人,当别有据。”

⑦ 王廖谋兵事贵先建策也。兒良作兵谋贵后。

⑧【校】旧本无此十一字,孙云:“李善注《文选》贾谊《过秦论》、陆士衡《豪士赋》序皆有。”今据补。卢云:“此下疑所脱尚多,引此十人,必不如是而止,应有断制语,前《安死》篇‘故反以相非’一段颇似此处文,又此下段亦必别有发端语,而今无从考补矣。”

⑨ 金,钟也。击金则退,击鼓则进。

⑩【校】旧校云:“‘穴’一作‘空’。”案:“空”与“孔”同。

执一

八曰:

天地阴阳不革,而成万物不同。①目不失其明,而见白黑之殊。耳不失其听,而闻清浊之声。②王者执一,而为万物正。③军必有将,所以一之也;④国必有君,所以一之也;天下必有天子，所以一之也；天子必执一，所以抟之也。⑤一则治，两则乱。今御骊马者，使四人人操一策，则不可以出于门闾者，不一也。⑥

① 革，改也。不同，区以别也。

② 清，商。浊，宫。

③ 一者平。正者主。

④ 将，主。

⑤【校】"抟"与"专"同。说见前。旧作"搏"，讹。

⑥ 骊马，骈马也。在中曰服，在边曰骓。策，辔策也。御四马者六辔，乃四人持，故曰"不一"。

楚王问为国于詹子，①詹子对曰："何闻为身，不闻为国。"②詹子岂以国可无为哉？以为为国之本，在于为身。身为而家为，家为而国为，国为而天下为。故曰以身为家，以家为国，以国为天下。③此四者，异位同本。故圣人之事，广之则极宇宙，穷日月，④约之则无出乎身者也。慈亲不能传于子，忠臣不能入于君，唯有其材者为近之。⑤

① 詹何，隐者。

② 身治国乱，未之有也，故曰"为身"。

【校】为训治也。《意林》两"为"字即改作"治"。

③ 为，治。

④ 穷亦极也。

⑤ 近犹知也。

田骈以道术说齐，齐王应之曰："寡人所有者，齐国也，愿闻齐国之政。"田骈对曰："臣之言，无政而可以得政。譬之若林木，无材而可以得材。[1]愿王之自取齐国之政也。"骈犹浅言之也，博言之，岂独齐国之政哉？变化应求而皆有章，因性任物而莫不宜当，[2]彭祖以寿，三代以昌，[3]五帝以昭，神农以鸿。[4]

① 材从林生。

② 当，合。

③ 彭祖，殷贤大夫，治性，寿益七百。《论语》曰"窃比于我老彭"，此之谓也。三代，夏、殷、周，以治性而昌盛。

④ 五帝：黄帝轩辕、颛顼高阳、帝喾高辛、帝尧陶唐、帝舜有虞。神农炎帝，三皇之一也。皆以治世体道。昭，明；鸿，盛也。

吴起谓商文曰："事君果有命矣夫！"[1]商文曰："何谓也？"吴起曰："治四境之内，成训教，变习俗，使君臣有义，父子有序，子与我孰贤？"商文曰："吾不若子。"[2]曰："今日置质为臣，其主安重；[3]今日释玺辞官，其主安轻。子与我孰贤？"商文曰："吾不若子。"[4]曰："士马成列，马与人敌，人在马前，援桴一鼓，使三军之士乐死若生，子与我孰贤？"商文曰："吾不若子。"吴起曰："三者子言不吾若也，位则在吾上，命也夫事君！"[5]商文曰："善。子问我，我亦问子。世变主少，群臣相疑，黔首不定，[6]属之子乎？属之我乎？"吴起默然不对，少选曰："与子。"[7]商文曰："是吾所以加于子之上已！"吴起见其所以长，而不见其所以短；知其所以贤，而不知其所以不肖。故胜于西河，而困于王错，[8]倾造大难，身不得死焉。[9]夫吴胜于齐，[10]而不胜于越。[11]齐胜于宋，[12]而不胜于燕。[13]故凡能全国完身者，其唯知长短赢绌之化邪！

① 吴起，卫人，为楚将，又相魏，为西河太守。商文，盖魏臣也。

【校】梁仲子云："商文，《史记·吴起传》作'田文'，与孟尝君同姓名。"

② 若，如也。

③ 置犹委也。

④ 子谓吴起。

【校】此可不注，又不应在次见下，得无后人所为乎？

⑤ 言事君由天命。

⑥【校】孙云："《御览》四百四十六字此下有'当此之时'四字。"

⑦ 少选，须臾也。与犹归。

⑧ 王错谮之于武侯，故曰"困于王错"。

⑨ 大难，车裂之难。

【校】卢云："起后在楚，事悼王。王死，贵人相与射起，起伏王尸而死。见《史记》本传。此书后《贵卒》篇亦同。至《战国·秦策》，《韩非》《难言》、《问田》两篇，《史记·蔡泽传》，皆言起支解，此亦可信。既攒射矣，何必不臠割？唯此注言车裂则非是。"

⑩ 吴王夫差破齐于艾陵。

⑪ 越王句践破吴王夫差于五湖。

⑫ 齐宣王伐宋而胜。

【校】案《史表》，灭宋者，齐湣王也。

⑬ 燕昭使乐毅伐齐，下其城七十二也。

第十八卷　审应览

审　应

一曰：

人主出声应容，不可不审。凡主有识，言不欲先。[①]人唱我和，人先我随，以其出为之入，以其言为之名，取其实以责其名，[②]则说者不敢妄言，[③]而人主之所执其要矣。[④]

①《淮南记》曰："先唱者穷之路，后动者达之原也。"故言动欲后。

② 实，德行之实也；名，德行之名也。盖虚名可以伪致，显实难以诈成，故以其实考责其名也。

【校】注"盖虚名可以伪致"，旧本多作"虚称不可以为致"，今从刘本改正。

③ 其为名实不相当也。

④ 要，约也。

孔思请行，鲁君曰："天下主亦犹寡人也，将焉之？"[①]孔思对曰："盖闻君子犹鸟也，骇则举。"鲁君曰："主不肖而皆以然也，违不肖，过不肖，而自以为能论天下之主乎？凡鸟之举也，去骇从不骇。[②]去骇从不骇，未可知也。去骇从骇，则鸟曷为举矣？"孔思之对鲁君也，亦过矣。

① 孔思，子思，伯鱼之子也。行，去。之，他也。

② 骇，扰也。

魏惠王使人谓韩昭侯曰："夫郑乃韩氏亡之也，愿君之封其后也。[1]此所谓存亡继绝之义。君若封之，则大名。"昭侯患之。公子食我曰："臣请往对之。"公子食我至于魏，见魏王曰："大国命弊邑封郑之后，弊邑不敢当也。弊邑为大国所患，昔出公之后声氏为晋公，拘于铜鞮，大国弗怜也，而使弊邑存亡继绝，弊邑不敢当也。"[2]魏王惭曰："固非寡人之志也，客请勿复言。"[3]是举不义以行不义也。魏王虽无以应，韩之为不义愈益厚也。[4]公子食我之辩，适足以饰非遂过。[5]

① 惠王，魏武侯子也，孟子所见梁惠王也。韩哀侯灭郑，初兼其国。昭侯，哀侯之孙也，故适使封郑之后。

② 大国，谓魏国也。言韩当为大国所忧。出公、声氏，韩之先君也。曾为晋公所执于铜鞮，魏国不救，故曰大国不怜也。欲使韩封郑之后，故曰"弊邑不敢当也"。

③ 言封郑非寡人意也，故令客勿复言也。

④ 厚，多也。

⑤ 饰好其非，遂成其过。

魏昭王问于田诎曰："寡人之在东宫之时，[1]闻先生之议曰'为圣易'，有诸乎？"[2]田诎对曰："臣之所举也。"[3]昭王曰："然则先生圣于？"[4]田诎对曰："未有功而知其圣也，是尧之知舜也；待其功而后知其舜也，是市人之知圣也。今诎未有功，而王问诎曰'若圣乎'，敢问王亦其尧邪？"昭王无以应。田诎之对，昭王固非曰"我知圣也"耳，问曰"先生其圣乎”，已因以知圣对昭王，[5]昭王有非其有，田诎不察。[6]

① 昭王，哀王之子也。东宫，世子也。《诗》云：“东宫之妹，邢侯之姨。”

【校】注旧本作“昭王，襄王之子”，讹，据《魏世家》改正。

② 有是言不？

【校】注末旧衍“可”字，今删。

③ 言有是言。

④ 于，乎也。

【校】卢云：“古‘于’、‘乎’通。《列子·黄帝》篇‘今汝之鄙至此乎’，殷敬顺《释文》云‘本又作于’。”

⑤ 已，谓田诎。

⑥ 察，知也。

赵惠王谓公孙龙曰：“寡人事偃兵十余年矣而不成，兵不可偃乎？”[1]公孙龙对曰：“偃兵之意，兼爱天下之心也。兼爱天下，不可以虚名为也，必有其实。[2]今蔺、离石入秦，[3]而王缟素布总；[4]东攻齐得城，而王加膳置酒。[5]秦得地而王布总，[6]齐亡地而王加膳，[7]所非兼爱之心也。[8]此偃兵之所以不成也。”今有人于此，无礼慢易而求敬，阿党不公而求令，烦号数变而求静，暴戾贪得而求定，虽黄帝犹若困。[9]

① 惠王，赵襄子后七世武灵王之子，吴娃所生。事，治。偃，止也。

【校】注“吴娃”，旧本作“吴姬”，讹，今改正。

② 虚，空。实，诚。

③ 二县叛赵自入于秦也，今属西河。

④ 缟素布总，丧国之服。

【校】旧本“布”作“出”,校云“一作‘布’”。今案“出”明是讹字,故竟定作“布”。

⑤ 得国之乐也。言王不兼爱也。

⑥ 秦得蔺、离石也。

⑦ 置酒而为欢。

⑧【校】“所非”疑是“此非”。

⑨ 困,不能谐。

卫嗣君欲重税以聚粟,民弗安,以告薄疑曰:“民甚愚矣。[①]夫聚粟也,将以为民也。其自藏之与在于上,奚择?”[②]薄疑曰:“不然。其在于民而君弗知,[③]其不如在上也;[④]其在于上而民弗知,其不如在民也。”[⑤]凡听必反诸己,审则令无不听矣。[⑥]国久则固,固则难亡。今虞、夏、殷、周无存者,皆不知反诸己也。

① 嗣君,蒯聩后八世平侯之子也,秦贬其号为君。薄疑其臣也,故以重税告之,谓民为愚。

【校】注旧本“后”下衍一“也”字,今删。以蒯聩后为君者谓之则八世,以序次言之实六世也。

② 言民自藏粟于家与藏之于官何择。择,失也。

【校】注“失也”似当作“异也”,见下注。

③ 知犹得也。

④ 为官言,不如其在上。上谓官。

⑤ 为民言,不如在于民。

⑥ 听,从。

公子沓相周,申向说之而战。[①]公子沓訾之曰:“申子说我而战，为吾相也夫?”② 申向曰:“向则不肖，虽然，公子年二十而相，见老者而使之战，请问孰病哉?③”公子沓无以应。④战者，不习也；⑤使人战者，严驵也。⑥意者恭节而人犹战，任不在贵者矣。故人虽时有自失者，犹无以易恭节。自失不足以难，以严驵则可。⑦

① 申向，周人，申不害之族也。为公子沓相，说，见公子而战。战，惧也。

② 呰，毁也。说我，我说之也，而战惧。毁之，言不任为吾相也夫。不满之辞。

【校】此两节注皆非是。公子沓为周之相，非申向相公子沓也。毁其说我而战惧，将以我为相尊严之故而然欤？如是与下文皆吻合。今注乃言公子沓以申向不任为吾相，大谬。

③ 孰，谁也。

④ 应，答也。

⑤ 不惯习见尊者，故惧而战。

⑥ 严，尊。驵，骄。

【校】案:“驵”与“怚”、“姐”同。

⑦ 言以严驵者，失则可也。

重　言

二曰:

人主之言，不可不慎。高宗，天子也，即位谅暗，三年不言。[1]卿大夫恐惧，患之。[2]高宗乃言曰："以余一人正四方，余唯恐言之不类也，兹故不言。"[3]古之天子，其重言如此，故言无遗者。[4]

① 高宗，殷王盘庚之弟小乙之子也，德义高美，殷人尊之，故曰"高宗"。谅暗，三年不言，在小乙之丧也。《论语》曰："高宗谅暗，三年不言，何谓也。孔子曰：'古之人皆然。君薨，百官总己，听于冢宰三年。'"此之谓也。

② 患，忧。

③ 类，善。兹，此。

④ 遗，失也。

成王与唐叔虞燕居，援梧叶以为珪，而授唐叔虞曰："余以此封女。"[1]叔虞喜，以告周公。周公以请曰："天子其封虞邪?"成王曰："余一人与虞戏也。"[2]周公对曰："臣闻之，天子无戏言。天子言，则史书之，工诵之，士称之。"于是遂封叔虞于晋。[3]周公旦可谓善说矣，一称而令成王益重言，明爱弟之义，有辅王室之固。[4]

① 削桐叶以为珪，冒以授叔虞。《周礼》"侯执信圭，七寸"，故曰"余以此封女"。

② 戏，不诚也。

【校】《说苑·君道》篇无"人"字，是。

③ 叔虞，成王之母弟也。《传》曰："当武王邑姜方娠太叔，梦天帝谓己曰：'余命而子曰虞，将与之唐。'及生，有文在其手曰'虞'，遂以命之。及成王灭唐，而封太叔为晋侯。"此之谓也。

④ 辅，正。

荆庄王立三年，不听而好讔。[1]成公贾入谏，[2]王曰："不穀禁谏者，今子谏，何故？"[3]对曰："臣非敢谏也，愿与君王讔也。"王曰："胡不设不穀矣？"[4]对曰："有鸟止于南方之阜，三年不动不飞不鸣，是何鸟也？"王射之[5]曰："有鸟止于南方之阜，其三年不动，将以定志意也；其不飞，将以长羽翼也；其不鸣，将以览民则也。[6]是鸟虽无飞，飞将冲天，虽无鸣，鸣将骇人。[7]贾出矣，不穀知之矣。"明日朝，所进者五人，所退者十人。群臣大说，荆国之众相贺也。故《诗》曰："何其久也，必有以也。何其处也，必有与也。"其庄王之谓邪！成公贾之讔也，贤于太宰嚭之说也。太宰嚭之说，听乎夫差，而吴国为墟；[8]成公贾之讔，喻乎荆王，而荆国以霸。[9]

① 庄王，楚缪王商臣之子旅也。讔，谬言。

【校】案：讔，廋辞也。《史记・滑稽传》作"喜隐"。

②【校】孙云："《史记・楚世家》作'五举'，《新序・杂事二》作'士庆'，《滑稽传》又以为淳于髡说齐威王。"

③ 禁，止也。

④ 设，施也。何不施讔言于不穀也。

⑤ 使王射不动不鸣何意也。

⑥ 览，观。

⑦ 冲，至也。骇，惊也。

⑧ 嚭，晋柏州犁之子。州犁奔楚，嚭自楚之吴，以为太宰。

⑨ 庄王霸。

齐桓公与管仲谋伐莒，谋未发而闻于国。[1]桓公怪之曰："与仲父谋伐莒，谋未发而闻于国，其故何也？"管仲曰："国必有圣人也。”桓公曰：“嘻！日之役者，有执蹠㾻而上视者，[②]意者其是邪？”乃令复役，无得相代。少顷，东郭牙至。[③]管仲曰：“此必是已。”乃令宾者延之而上，分级而立。[④]管子曰：“子邪言伐莒者？”对曰：“然。”[⑤]管仲曰：“我不言伐莒，子何故言伐莒？”对曰：“臣闻君子善谋，小人善意。臣窃意之也。”管仲曰：“我不言伐莒，子何以意之？”对曰：“臣闻君子有三色：显然喜乐者，钟鼓之色也；湫然清静者，衰绖之色也；艴然充盈，手足矜者，兵革之色也。[⑥]日者臣望君之在台上也，艴然充盈，手足矜者，此兵革之色也。君呿而不唫，[⑦]所言者莒也；君举臂而指，所当者莒也。臣窃以虑诸侯之不服者，其惟莒乎！臣故言之。”凡耳之闻以声也。今不闻其声，而以其容与臂，是东郭牙不以耳听而闻也。桓公、管仲虽善匿，弗能隐矣。[⑧]故圣人听于无声，视于无形，詹何、田子方、老耽是也。[⑨]

① 发，行。闻，知。

② 蹠，逾。

【校】㾻字无考。注以逾训蹠，亦难晓。《说苑·权谋》篇作“执柘杵”。梁仲子云：“《墨子·备穴》篇云‘用㧛若松为穴户’，㧛不知何物，字与㾻相似。”

③【校】《说苑》作“东郭垂”。

④ 延，引。级，阶陛。

⑤ 子，谓东郭牙。牙曰“然”也。

【校】“管子”亦当作“管仲”。“子邪言伐莒者”，文似倒而实顺。注“牙”字旧本不重，今案文义补之。

⑥ 矜，严也。

【校】“显然喜乐”,《意林》作“欢然喜乐”,旧本《吕氏》作“善乐”。又“清静”,《意林》作“清净”,本亦多同,唯李本作“静”。又“艴”作“沸”。《说苑》字句亦间不同,今不悉记。

⑦ 呿,开。唫,闭。

【校】“唫”,本或作“唑”,《说苑》作“吁而不吟”。

⑧ 匿,藏。隐,蔽。

⑨ 詹何,体道人也。田子方学于子贡,尚贤仁而贵礼义,魏文侯友之。老耽学丁无为而贵道德,周史伯阳也,三川竭,知周将亡,孔子师之也。

精　谕

三曰:

圣人相谕不待言,有先言言者也。海上之人有好蜻者,①每居海上,②从蜻游,蜻之至者百数而不止,前后左右尽蜻也,③终日玩之而不去。④其父告之曰:“闻蜻皆从女居,⑤取而来,吾将玩之。”明日之海上,而蜻无至者矣。⑥

①【校】《列子·黄帝》篇作“有好沤鸟者”,下并同。

②【校】孙云:“李善注《文选》江文通《拟阮步兵》诗作‘每朝居海上’,《御览》九百五十同。”

③ 蜻,蜻蜓,小虫,细腰四翅,一名白宿。

④ 玩,弄。

⑤ 居,所。

【校】注颇僻，似不若训处。或本作古“処”字，而传写讹“所”。

⑥【校】孙云：“《选》注沈休文《咏湖中雁》诗作‘群蜻翔而不下’。”

胜书说周公旦曰[1]：“廷小人众，徐言则不闻，疾言则人知之。徐言乎？疾言乎？”周公旦曰：“徐言。”胜书曰：“有事于此，而精言之而不明，勿言之而不成。精言乎？勿言乎？”[2]周公旦曰：“勿言。”故胜书能以不言说，而周公旦能以不言听。此之谓不言之听。不言之谋，不闻之事，殷虽恶周，不能疵矣。[3]口唶不言，以精相告，纣虽多心，弗能知矣。[4]目视于无形，耳听于无声，商闻虽众，弗能窥矣。[5]同恶同好，志皆有欲，虽为天子，弗能离矣。

①【校】《韩诗外传》四但作“客”。《说苑·指武》篇作“王满生”。

② 精，微。勿，无。

③ 疵，病。

【校】《外传》、《说苑》皆作诛管、蔡事。

④ 纣多恶周之心，不能知周必病。

【校】注“必病”下似当有一“已”字。

⑤ 窥犹见。

孔子见温伯雪子，不言而出。[1]子贡曰：“夫子之欲见温伯雪子好矣，[2]今也见之而不言，其故何也？”孔子曰：“若夫人者，目击而道存矣，不可以容声矣。”[3]故未见其人而知其志，见其人而心与志皆见，天符同也。[4]圣人之相知，岂待言哉？

① 伯雪子，得道人。

②【校】孙云："《庄子·田子方》篇'子贡'作'子路'，'好矣'作'久矣'。"

③【校】旧校云："'击'一作'解'。"

④ 符，道也。同，合也。

白公问于孔子曰："人可与微言乎？"孔子不应。①白公曰："若以石投水，奚若？"②孔子曰："没人能取之。"③白公曰："若以水投水，奚若？"孔子曰："淄、渑之合者，易牙尝而知之。"④白公曰："然则人不可与微言乎？"孔子曰："胡为不可？唯知言之谓者为可耳。"⑤白公弗得也。⑥知谓则不以言矣。⑦言者，谓之属也。⑧求鱼者儒，争兽者趋，⑨非乐之也。故至言去言，⑩至为无为。⑪浅智者之所争则末矣，此白公之所以死于法室。⑫

① 白公，楚平王之孙，太子建之子胜也。白，楚县也。楚僭称王，守县大夫皆称公。太子建为费无极所谮，出奔郑，与晋通谋，欲反郑于晋，郑人杀之。胜与庶父令尹子西、司马子期伐郑，报父之仇，许而未行。晋人伐郑，子西、子期率师救郑。胜怒曰："郑人在此，仇不远矣。"欲杀子西、子期，故问微言。微言，阴谋密事也。孔子知之，故不应之。

【校】注"胜与庶父"，当作"胜请庶父"。

② 喻微言若石沉没水中，人不知。

③ 没行水中之人能取之。

④ 淄、渑，齐之两水名也。易牙，齐桓公识味臣也，能别淄、渑之味也。

⑤ 知言，言仁言义。言忠信仁义大行于民，民欣而戴之，则可用也。

⑥ 弗得，不得知言之言。

⑦ 不欲白公以微言言。

⑧ 谓不仁不义之言。

⑨【校】《列子·说符》篇作“争鱼者濡，逐兽者趋”，《文子·微明》篇亦同。

⑩ 去不仁不义之言。

⑪ 至德之人，为乃无为。无为因天无为，天无为而万物成，乃有为也，故至德之人能体之也。

⑫ 末，小也。白公不能蹈无为，遂行其志，杀子西、子期而有荆国。叶公子高率方城外众攻白公，九日而杀之法室。法室，司寇也。一曰浴室，澡浴之室也。

【校】《列子》及《淮南·道应训》俱作“浴室”。

齐桓公合诸侯，[①] 卫人后至。公朝而与管仲谋伐卫，退朝而入，卫姬望见君，下堂再拜，请卫君之罪。公曰：“吾于卫无故，子曷为请？”对曰：“妾望君之入也，足高气强，有伐国之志也。见妾而有动色，伐卫也。”明日君朝，揖管仲而进之。管仲曰：“君舍卫乎？”公曰：“仲父安识之？”管仲曰：“君之揖朝也恭，而言也徐，见臣而有惭色，臣是以知之。”君曰：“善。仲父治外，夫人治内，寡人知终不为诸侯笑矣。”桓公之所以匿者不言也，今管子乃以容貌音声，夫人乃以行步气志，桓公虽不言，若暗夜而烛燎也。

① 合，会也。

晋襄公使人于周曰：“弊邑寡君寝疾，卜以守龟，曰：‘三涂为祟。’弊邑寡君使下臣愿藉途而祈福焉。”[①] 天子许之。[②] 朝，礼使者事毕，客出。苌弘谓刘康公曰：“夫祈福于三涂而受礼于天子，此柔嘉之事也，而客武色，殆有他事，愿公备之也。”[3]刘康公乃儆戎车卒士以待之。晋果使祭事先，因令杨子将卒十二万而随之，涉于棘津，袭聊、阮、梁蛮氏，灭三国焉。此形名不相当，圣人之所察也，苌弘则审矣。故言不足以断小事，唯知言之谓者可为。

① 三涂之山，陆浑之南，故假道于周也。襄公，文公之子驩也。按《春秋经》，襄公以鲁僖三十三年即位，至鲁文公六年卒，无卜三涂为祟之言也。《鲁昭十七年传》曰：“晋侯使屠蒯如周，请事于洛与三涂。苌弘谓刘子：‘客容猛，非祥也，其伐戎乎？陆浑睦于楚，必是故也。君其备之。’乃儆戎备。九月丁卯，晋荀吴帅师涉自棘津，使祭史先用牲于洛，陆浑人不知师从之。庚午，遂灭陆浑，数之以其贰于楚也。”计襄公卒至此，乃九十六年，历世亡失。按《传》，晋顷公也。此云襄公，复妄言也。

【校】注引《传》多讹，今悉据《传》文改正。唯“非祭也”作“非祥也”，误涉《昭十五年传》“非祭祥也”之文。

② 天子，周景王。

③ 晋襄公，周襄王时也。苌弘乃景王、敬王之大夫，春秋之末也。以世推之，当为晋顷公，其不得为襄公明矣。

离 谓

四曰：

言者以谕意也，言意相离，凶也。乱国之俗，甚多流言，而不顾其实，务以相毁，务以相誉，毁誉成党，[1]众口熏天，[2]

贤不肖不分，以此治国，贤主犹惑之也，[3]又况乎不肖者乎？惑者之患，不自以为惑，故惑[4]惑之中有晓焉，冥冥之中有昭焉。[5]亡国之主，不自以为惑，故与桀、纣、幽、厉皆也。然有亡者国，[6]无二道矣。

①【校】旧校云："'毁誉'一作'巧辞'。"

② 熏，感动也。

③ 分，别。惑，疑。

④ 句。

⑤【校】"昭"字当重。

⑥ 句。

郑国多相县以书者。子产令无县书，邓析致之。子产令无致书，邓析倚之。令无穷，则邓析应之亦无穷矣。是可不可无辨也。[1]可不可无辨，而以赏罚，其罚愈疾，其乱愈疾，此为国之禁也。[2]故辨而不当理则伪，[3]知而不当理则诈。诈伪之民，先王之所诛也。理也者，是非之宗也。[4]

① 辨，别。

② 为，治。禁，法。

③ 伪，巧也。

④ 宗，本也。

洧水甚大，郑之富人有溺者，人得其死者。[1]富人请赎之，其人求金甚多，以告邓析，[2]邓析曰："安之，人必莫之卖矣。"[3]得死者患之，以告邓析，邓析又答之曰："安之，此必无所更买矣。”④夫伤忠臣者有似于此也。夫无功不得民，则以其无功不得民伤之；有功得民，则又以其有功得民伤之。⑤人主之无度者，无以知此，岂不悲哉？比干、苌弘以此死，⑥箕子、商容以此穷，⑦周公、召公以此疑，⑧范蠡、子胥以此流，⑨死生存亡[1]安危，从此生矣。⑩

①【校】“死”与“尸”同。《史记·秦本纪》“晋、楚流死河二万人”，《汉书·酷吏传》“安所求子死，桓东少年场”，此书《期贤》篇“扶伤舆死”亦是。《意林》作“有人得富者尸”。

②【校】《意林》作“富人党以告邓析”。

③【校】《意林》作“必无买此者”。

④【校】《意林》作“必无人更买，义必无不赎”，下五字疑是注。

⑤ 此邓析之谗辩，所以车裂而死。

⑥ 以世诡辩，反白为黑，而主不知，故死。

⑦ 箕子，纣之庶父也。商容，纣时贤人，老子所从学者也。以主不知，故穷。

⑧ 以管、蔡流言，故疑也。《论语》曰“虽有周亲，不如仁人”，此之谓也。【校】此引《论语》，不解所用意。

⑨ 流，放。

⑩ 此谗辩无理若邓析。

子产治郑，邓析务难之，与民之有狱者约：“大狱一衣，小狱襦袴。”①民之献衣襦袴而学讼者，不可胜数。以非为是，以是为非，是非无度，而可与不可日变。②所欲胜因胜，所

[1] “亡”原作“以”，据乾隆本改。

欲罪因罪。郑国大乱,民口喧哗。子产患之,于是杀邓析而戮之,民心乃服,是非乃定,法律乃行。今世之人,多欲治其国,而莫之诛邓析之类,[3]此所以欲治而愈乱也。

①【校】旧校云:"一作'裈',下同。"案《玉篇》:"裈,子愦切,裈衣也。"

②【校】旧校云:"'日'一作'因'。"

③ 有如邓析者无能诛。

【校】案:《列子·力命》篇亦云"子产杀邓析"。考《左氏定九年传》"郑驷歂杀邓析而用其竹刑",驷歂乃代子太叔为政者,则邓析、子产并不同时。张湛注《列子》云:"子产卒后二十年而邓析死也。"

齐有事人者,所事有难而弗死也。遇故人于涂,故人曰:"固不死乎?"对曰:"然。凡事人以为利也,死不利,故不死。"故人曰:"子尚可以见人乎?"对曰:"子以死为顾可以见人乎?"[1]是者数传。不死于其君长,大不义也,其辞犹不可服,辞之不足以断事也明矣。夫辞者,意之表也。鉴其表而弃其意,悖。[2]故古之人得其意则舍其言矣。听言者以言观意也,听言而意不可知,其与桥言无择。[3]

① 顾,反。

① 悖,惑。

① 桥,戾也。择犹异。

齐人有淳于髡者,以从说魏王。魏王辩之,[1]约车十乘,将使之荆。辞而行,有以横说魏王,魏王乃止其行。[2]失从之意,又失横之事,夫其多能不若寡能,[3]其有辩不若无辩。周鼎著倕而龁其指，先王有以见大巧之不可为也。[4]

① 关东六国为从也。魏王以为辩达。

② 关西为横。髡以合关东从为未足，复说欲连关西之横，王多其言，故辍不使行之也。

【校】有以读为又以。

③ 寡，少。

④ 倕，尧之巧工也，以巧闻天下。周家铸鼎，著倕于鼎，使自啮其指，明不当大巧为也。一说：周铸鼎象百物，技巧绝殊，假令倕见之，则自衔啮其指，不能复为，故言“大巧之不可为也”。

【校】注前说是也。《淮南》《本经训》、《道应训》皆有此语。

淫辞

五曰：

非辞无以相期，从辞则乱。乱辞之中又有辞焉，心之谓也。言不欺心，则近之矣。凡言者以谕心也。言心相离，而上无以参之，则下多所言非所行也，所行非所言也。言行相诡，不祥莫大焉。

空雄之遇，秦、赵相与约，[1]约曰：“自今以来，秦之所欲为，赵助之；赵之所欲为，秦助之。”居无几何，秦兴兵攻魏，赵欲救之。秦王不说，使人让赵王曰：“约曰：‘秦之所欲为，赵助之；赵之所欲为，秦助之。’今秦欲攻魏，而赵因欲救之，此非约也。”赵王以告平原君，[②]平原君以告公孙龙，公孙龙曰：“亦可以发使而让秦王曰：‘赵欲救之，今秦王独不助赵，此非约也。’”

① 空雄，地名。遇，会也。约，盟也。

【校】“空雄”，前《听言》篇作“空洛”。此疑本是“空雒”，写者误耳。

② 赵王，赵惠王也。平原君，赵公子胜也。

孔穿、公孙龙相与论于平原君所，深而辩，至于藏三牙，公孙龙言藏之三牙甚辩，[①]孔穿不应，少选，辞而出。[②]明日，孔穿朝，[③]平原君谓孔穿曰：“昔者公孙龙之言甚辩。”[④]孔穿曰：“然，几能令藏三牙矣。虽然，难。[⑤]愿得有问于君，谓藏三牙甚难而实非也，谓藏两牙甚易而实是也，[⑥]不知君将从易而是者乎，[⑦]将从难而非者乎？”平原君不应。明日，谓公孙龙曰：“公无与孔穿辩。”[⑧]

① 公孙龙、孔穿皆辩士也。论，相易夺也。龙言藏之三牙。辩，说也。若乘白马禁不得度关，因言马白非白马，此之类也，故曰“甚辩”也。

【校】谢云：“臧二耳，见《孔丛子·公孙龙》篇。‘耳’字篆文近‘牙’，故传写致误。愚意‘臧’、‘羖’古字通用，谓羊也。此作‘藏’，尤误。”卢云：“作‘三耳’是也。龙意两耳，形也，又有一司听者以君之，故为三耳。但此下又言马齿，则此书似是作‘三牙’。又案《新论》言‘龙乘白马无符传，关吏不听出关，此虚言难以夺实也’，今此注意又相反，非也。”

② 少选，须臾。

③ 朝，见也。

④ 昔，昨日也。其辩，谓藏三牙之说也。

⑤ 言藏三牙之说近难成也。

⑥ 难易之说未闻。

⑦【校】旧“者乎”上有“也”字，衍，今删去。

⑧ 辩，相易夺也。

【校】《孔丛子》有“其人理胜于辞，公辞胜于理”二语，亦当并引。

荆柱国庄伯令其父视，[①]曰：“日在天。”“视其奚如？”曰：“正圆。”视其时，曰：“当今。”令谒者驾，曰：“无马。”令涓人取冠，“进上。”问马齿，圉人曰：“齿十二与牙三十。”[②]人有任臣不亡者，臣亡，庄伯决之任者无罪。[③]

① 柱国，官名，若秦之有相国。

② 马上下齿十二，牙上下十八，合为三十。谓若公孙龙灭去其三牙，多而偏，不可均，故难也；藏去其二，少而均，故易。

【校】正文与注皆难晓。

③ 断之便无罪，析言破律之刑。

【校】注“便”似当作“使”。

宋有澄子者，亡缁衣，求之涂，[①]见妇人衣缁衣，援而弗舍，欲取其衣，曰：“今者我亡缁衣。”妇人曰：“公虽亡缁衣，此实吾所自为也。”澄子曰：“子不如速与我衣。昔吾所亡者，纺缁也；今子之衣，禅缁也。以禅缁当纺缁，子岂不得哉？”[②]

① 涂，道也。

② 得犹便也。澄子横认路妇缁衣，计其禅与纺以为便，非其理也，言宋

乱无法也。

宋王谓其相唐鞅曰:“寡人所杀戮者众矣,而群臣愈不畏,其故何也?”[①]唐鞅对曰:“王之所罪,尽不善者也。罪不善,善者故为不畏。[②]王欲群臣之畏也,不若无辨其善与不善而时罪之,若此则群臣畏矣。”居无几何,宋君杀唐鞅。唐鞅之对也,不若无对。[③]

① 宋王,康王也。言何故不畏我。

②【校】杨倞注《荀子·解蔽》篇引《论衡》作“善者胡为畏”。

③ 鞅令宋王善与不善皆罪之以立威,王是以杀唐鞅,故曰“唐鞅之对,不若无对”。

惠子为魏惠王为法。为法已成,以示诸民人,[①]民人皆善之。[②]献之惠王,惠王善之,以示翟翦,翟翦曰:“善也。”[③]惠王曰:“可行邪?”翟翦曰:“不可。”惠王曰:“善而不可行,何故?”翟翦对曰:“今举大木者,前乎舆謣,后亦应之,此其于举大木者善矣。[④]岂无郑、卫之音哉?然不若此其宜也。[⑤]夫国亦木之大者也。”[⑥]

①【校】旧校云:“一作‘良人’。”

② 惠子,惠施,宋人也,仕魏,为惠王相也,孟子所见梁惠王也。

③ 翟翦,翟黄之后也。

④ “舆謣”或作“邪謣”。前人倡,后人和,举重劝力之歌声也。

⑤ 郑、卫之音皆新声,非雅乐,凡人所说也,不如呼“舆謣”宜于举大木也。

⑥ 言惠子之法若郑、卫之音，宜于众人之耳，于治国之法，未可用也，故曰“善而不可行”也。

不　屈

六曰：

察士以为得道则未也。虽然，其应物也，辞难穷矣。辞难穷，其为祸福犹未可知。[1]察而以达理明义，则察为福矣；察而以饰非惑愚，则察为祸矣。[2]古者之贵善御也，以逐暴禁邪也。

① 犹，尚也。

② 惑，误。

魏惠王谓惠子曰：“上世之有国，必贤者也。今寡人实不若先生，愿得传国。”[1]惠子辞。[2]王又固请曰：“寡人莫有之国于此者也，而传之贤者，民之贪争之心止矣。欲先生之以此听寡人也。”[3]惠子曰：“若王之言，则施不可而听矣。王固万乘之主也，以国与人犹尚可。今施，布衣也，可以有万乘之国而辞之，此其止贪争之心愈甚也。”惠王谓惠子曰“古之有国者，必贤者也”，夫受而贤者，舜也，是欲惠子之为舜也；夫辞而贤者，许由也，是惠子欲为许由也；传而贤者，尧也，是惠王欲为尧也。尧、舜、许由之作，非独传舜而由辞也，他行称此。今无其他，而欲为尧、舜、许由，故惠王布冠而拘于鄄，[④]齐威王几弗受；[⑤]惠子易衣变冠，乘舆而走，几不出乎魏境。[⑥]凡自行不可以幸，为必诚。[⑦]

① 传，授。

② 谢不受之。

③ 听，从。

④ 鄄，邑名也。自拘于鄄，将服于齐也。

⑤ 威王，田和之孙，孟子所见宣王之父。几，危。危不受魏惠王也。

⑥ 言几不免难于魏境内也。

⑦ 言惠王幸享传国之名[1]，惠子幸享以不受之名，以为必诚也。

匡章谓惠子于魏王之前曰："蝗螟，农夫得而杀之，奚故？为其害稼也。[①]今公行，多者数百乘，步者数百人；少者数十乘，步者数十人。此无耕而食者，其害稼亦甚矣。"[②]惠王曰："惠子施也，难以辞与公相应。[③]虽然，请言其志。"惠子曰："今之城者，或者操大筑乎城上，或负畚而赴乎城下，或操表掇以善睎望。若施者，其操表掇者也。[④]使工女化而为丝，不能治丝；使大匠化而为木，不能治木；使圣人化而为农夫，不能治农夫。施而治农夫者也，[⑤]公何事比施于螣螟乎？"惠子之治魏为本，其治不治。当惠王之时，五十战而二十败，所杀者不可胜数，大将、爱子有禽者也。[⑥]大术之愚，为

[1] "名"，原为"子"，据乾隆本改。

天下笑，得举其讳，[7]乃请令周太史更著其名。[8]围邯郸三年而弗能取，士民罢潞，[9]国家空虚，[10]天下之兵四至，[11]罪庶诽谤，[12]诸侯不誉。[13]谢于翟翦，而更听其谋，社稷乃存。[14]名宝散出，土地四削，魏国从此衰矣。[15]仲父，大名也；让国，大实也。说以不听不信。听而若此，不可谓工矣。不工而治，贼天下莫大焉。[16]幸而独听于魏也。[17]以贼天下为实，以治之为名，匡章之非，不亦可乎？[18]

① 匡章，孟子弟子也。蝗，螽也。食心曰螟，食叶曰蟘。今兖州谓蝗为螣。谕王与惠子擅相禅受，害于义者也。

【校】梁伯子云："高氏注《淮南·氾论训》以陈仲子为孟子弟子，此以匡章为孟子弟子，均妄说也。"

② 甚于蝗螟。

③ 公，谓匡章。

④ 施，惠子名也。表掇，仪度。

⑤ 而，能也。

⑥ 言惠王用惠子之谋，为土地之故，麋烂其民而战之，大败，又将复之，恐不胜，用乃驱其所爱子弟以殉之，此谓以其所不爱及其所爱，故曰"大将、爱子有禽者"矣。

⑦ 天下人笑之，得举书其讳恶。

⑧ 言惠王比惠子于管夷吾，欲更著其名。名，仲父之名也。

⑨ 潞，羸也。

【校】"潞"与"露"同。

⑩ 府藏竭也。

⑪ 救邯郸之兵从四方来至也。

⑫ 怨望多也。

⑬ 皆道其恶也。

⑭ 翟翦言惠子之法善而不可行，又为惠王说举大木，前呼舆謣，后亦和之，岂无郑、卫之音，不若此其宜也。尝谢负于翟翦而从其谋，社稷乃存也。

【校】注"尝"疑是"当"。末"也"字旧作"之"，误，今改正。

⑮ 名宝散出，以赂邻国也。土地为四方所侵削，故曰"魏国从此衰"。

⑯ 贼，害。

⑰ 言惠子之言独见听用于魏者幸也。

⑱ 匡章之非惠子，不亦可也？

白圭新与惠子相见也，惠子说之以强，[①]白圭无以应。惠子出，白圭告人曰："人有新取妇者，妇至，宜安矜烟视媚行。[②]竖子操蕉火而巨，新妇曰：'蕉火大巨。'[③]入于门，门中有歛陷，[④]新妇曰：'塞之！将伤人之足。'此非不便之家氏也，[⑤]然而有大甚者。今惠子之遇我尚新，[⑥]其说我有大甚者。"惠子闻之曰："不然。《诗》曰：'恺悌君子，民之父母。'恺者大也，悌者长也。君子之德，长且大者，则为民父母。父母之教子也，岂待久哉？何事比我于新妇乎？《诗》岂曰'恺悌新妇'哉？"诽污因污，诽辟因辟，是诽者与所非同也。白圭曰"惠子之遇我尚新，其说我有大甚者"，惠子闻而诽之，因自以为为之父母，其非有甚于白圭亦有大甚者。

① 以强力也。

② 媚行，徐行。

③【校】蕉，薪樵也。

④ 歛，读曰胁。

【校】歛从"欠"，呼滥切。疑即坎窞。注不可晓。旧校云："'陷'一作'埳'。"梁仲子疑"歛"为"欿"字之误。

⑤ 家氏，妇氏。

【校】此与《卫策》灭灶徙臼之事相似。

⑥ 遇，见。

应　言

七曰：

白圭谓魏王曰："市丘之鼎以烹鸡，多洎之则淡而不可食，[1]少洎之则焦而不熟，[2]然而视之蝺焉美无所可用。[3]惠子之言，有似于此。"[4]惠子闻之，曰："不然。使三军饥而居鼎旁，适为之甑，则莫宜之此鼎矣。"白圭闻之，曰："无所可用者，意者徒加其甑邪？"白圭之论自悖，其少魏王大甚。以惠子之言蝺焉美无所可用，是魏王以言无所可用者为仲父也，是以言无所用者为美也。

① 市丘，魏邑也。鼎，大鼎，不宜烹小也。能知五味也。肉汁曰洎。淡者，洎多无味，故不可食之也。

【校】梁仲子云："市邱之为魏邑，无考。'市'疑是'巿'，读若贝，与'市'字异。沛邱，齐地，见《史记·齐世家》。《左氏庄八年传》作'贝邱'。沛、贝同音，省文作'巿'。"卢云："昭廿年《传》'齐侯田于沛'，《释文》'沛，音贝'，是则沛邱之即贝邱信矣。"余案：《史记·孟荀列传》索隐引《吕氏春秋》作"函牛之鼎，不可以烹鸡"，疑当以"函牛"为是。函牛之鼎，大鼎也，与喻意似更切。又案《蔡邕集》载《荐边让书》引传曰"函牛之鼎以烹鸡，多汁则澹而不可食，少汁则燋而不熟”，其文与此正同。市丘、沛丘俱不闻以大鼎著名。今欲言大鼎，何必定取某地所出？然《蔡集》旧本亦注云“一曰市丘之鼎”，故并载梁说，以俟后来择焉。又注“能知五味也”上疑有脱文。

② 焦，燥。鸡难臑熟。

③ 蝺，读齲齿之齲。齲，鼎好貌。

【校】“蝺”字无考，疑是“竬”，与“偊”、“踽”皆同。

④ 似此鼎，好而不可用。

公孙龙说燕昭王以偃兵，[①]昭王曰：“甚善。寡人愿与客计之。”公孙龙曰：“窃意大王之弗为也。”王曰：“何故？”公孙龙曰：“日者大王欲破齐，诸天下之士其欲破齐者，大王尽养之；知齐之险阻要塞、君臣之际者，大王尽养之；虽知而弗欲破者，大王犹若弗养。其卒果破齐以为功。今大王曰：‘我甚取偃兵。’诸侯之士在大王之本朝者，尽善用兵者也。臣是以知大王之弗为也。”王无以应。

① 龙，魏人也。昭王，燕王哙之子也。偃，止也。

司马喜难墨者师于中山王前以非攻，[①]曰：“先生之所术非攻夫？”墨者师曰：“然。”[②]曰：“今王兴兵而攻燕，先生将非王乎？”墨者师对曰：“然则相国是攻之乎？”司马喜曰：“然。”墨者师曰：“今赵兴兵而攻中山，相国将是之乎？”司马喜无以应。

① 司马喜，赵之相国也。

② 然，如是。

路说谓周颇曰："公不爱赵，天下必从。"周颇曰："固欲天下之从也，天下从则秦利也。"路说应之曰："然则公欲秦之利夫？"周颇曰："欲之。"路说曰："公欲之，则胡不为从矣？"

魏令孟卬割绛、汾、安邑之地以与秦王。①王喜，令起贾为孟卬求司徒于魏王。②魏王不说，应起贾曰："卬，寡人之臣也。寡人宁以臧为司徒，无用卬。③愿大王之更以他人诏之也。"④起贾出，遇孟卬于廷，曰："公之事何如？"起贾曰："公甚贱于公之主，⑤公之主曰：'宁用臧为司徒，无用公。'"⑥孟卬入见，谓魏王曰："秦客何言？"王曰："求以女为司徒。"孟卬曰："王应之谓何？"王曰："宁以臧，无用卬也。"孟卬太息曰："宜矣王之制于秦也！王何疑秦之善臣也？以绛、汾、安邑令负牛书与秦，犹乃善牛也。⑦卬虽不肖，独不如牛乎？且王令三将军为臣先，曰'视卬如是身'，⑧是重臣也。令二轻臣也，⑨令臣责，⑩卬虽贤，固能乎？"⑪居三日，魏王乃听起贾。⑫凡人主之与其大官也，为有益也。今割国之锱锤矣，而因得大官，⑬且何地以给之？⑭大官，人臣之所欲也。孟卬令秦得其所欲，⑮秦亦令孟卬得其所欲，⑯责以偿矣，尚有何责？魏虽强，犹不能责无责，又况于弱？魏王之令乎孟卬为司徒，以弃其责，则拙也。

①【校】"孟卬"乃"孟卯"之误。《淮南子》注云："孟卯，齐人。"《战国策》作"芒卯"。案《魏策》"芒卯谓秦王曰'王有所欲于魏者，长羊、王屋、洛林之地也。王能使臣为魏之司徒，则臣能使魏献之'"，今此云"割绛、汾、安邑之地"，"汾"疑即"汾"之异文，字书不载。梁仲子云："安邑，魏都也。奈

何割其国都以与人？此殊不可信。”

②【校】起贾疑即须贾。

③ 臧亦魏臣。

④ 诏，告。

⑤ 公之主甚贱公。

⑥ 公谓印。

⑦ 言王使负牛持绛、窃、安邑之书致之于秦，秦犹善牛。

【校】负牛，当亦是魏臣，在孟印之下者。旧校云：“‘乃’一作‘之’。”

⑧ 王身。

⑨ 二，疑也。臣见疑则不重矣。

⑩ 令秦责臣。

⑪ 言不能也。

⑫ 听起贾言，用印为司徒。

⑬ 割，分也。錙锤，铢两也。谓分绛、窃、安邑而得大官。大官，司徒也。

⑭ 给，足。

⑮ 所欲田邑。

⑯ 所欲司徒。

秦王立帝，宜阳[1]许绾诞魏王，①魏王将入秦。魏敬谓王曰②：“以河内孰与梁重？”王曰：“梁重。”又曰：“梁孰与身重？”王曰：“身重。”又曰：“若使秦求河内，则王将与之乎？”王曰：“弗与也。”魏敬曰：“河内，三论之下也；③身，三论之上也。秦索其下而王弗听，索其上而王听之，臣窃不取也。”王曰：“甚然。”④乃辍行。⑤秦虽大胜于长平，三年然后决，⑥士

[1] 乾隆本“宜阳”下有“令”。

民倦，粮食。[⑦]当此时也，两周全，其北存。魏举陶削卫，地方六百，有之势是，[⑧]而入大蚤，[⑨]奚待于魏敬之说也？[⑩]夫未可以入而入，其患有将可以入而不入，[⑪]入与不入之时，不可不熟论也。[⑫]

① 诞，诈也。许绾，秦臣也。秦实未为帝也，诈魏王，言帝欲令魏王入朝也。

②【校】“魏敬”，《魏策》作“周䜣”。

③ 三论，谓河内与梁及身也。

④ 甚善。

【校】旧本注二字在“甚”字之下，误，今移正。

⑤ 辍，止。不入秦。

【校】旧本“辍”上有“辄”字，系误衍，今删。

⑥ 秦将白起攻赵三年，坑其卒四十万众于长平，故曰“大胜”也。

⑦【校】此二字下脱一字。

⑧ 有之势是，有是之势。

⑨ 入秦大蚤。

⑩ 言何必待魏敬之说乃不入秦邪。

⑪【校】旧本作“夫未可以入而入，其患有将可以入而入，其患有将可以入而不入”，衍正文九字，又于两“将”字下俱注“将大”二字，殊谬。“其患有将可以入而不入”本是一句，“有”与“又”同。诱岂不谙文义而以两“将”字为句乎？今削去。

⑫ 论，辩也。

具　备

八曰：

今有羿、蠭蒙、繁弱于此，而无弦，则必不能中也。[1]中非独弦也，而弦为弓中之具也。夫立功名亦有具，不得其具，贤虽过汤、武，则劳而无功矣。汤尝约于郼薄矣，[2]武王尝穷于毕裎矣，[3]伊尹尝居于庖厨矣，太公尝隐于钓鱼矣。贤非衰也，智非愚也，皆无其具也。故凡立功名，虽贤必有其具，然后可成。

① 羿，夏之诸侯，有穷之君也，善射，百发百中。蠭蒙，羿弟子也，亦能百中。繁弱，良弓所出地也，因以为弓名。

【校】孙宣公音《孟子》“蠭蒙”作“逄蒙”，音薄江反，似未考乎此。

② “薄”或作“亳”。

③ 毕裎，毕丰。

【校】“裎”与“程”同。孙宣公《孟子音义》“裎音程，亦作‘程’”。注“毕裎，毕丰”，盖以丰即程也。毕、丰皆在咸阳。案《周书·大匡解》“维周王宅程三年”，孔晁注云：“程，地名，在岐州左右，后以为国，初王季之子文王因焉，而遭饥馑，乃徙丰焉。”是丰、程不得为一地。《雍录》云：“丰在鄠县，程在咸阳东北。”案《孟子》云：“文王卒于毕郢。”文王墓在今西安府咸宁县。毕裎，疑当即毕郢。

宓子贱治亶父，恐鲁君之听谗人而令己不得行其术也，[1]将辞而行，请近吏二人于鲁君，[2]与之俱至于亶父。邑吏皆朝，宓子贱令吏二人书。吏方将书，宓子贱从旁时掣摇其肘，吏书之不善，则宓子贱为之怒。吏甚患之，辞而请归。宓子贱曰："子之书甚不善，子勉归矣！"③二吏归报于君，④曰："宓子不得为书。"君曰："何故？"吏对曰："宓子使臣书，而时掣摇臣之肘，书恶而有甚怒，吏皆笑宓子。⑤此臣所以辞而去也。"鲁君太息而叹曰："宓子以此谏寡人之不肖也。寡人之乱子，而令宓子不得行其术，必数有之矣。微二人，寡人几过。"遂发所爱，⑥而令之亶父，告宓子曰："自今以来，亶父非寡人之有也，子之有也。有便于亶父者，子决为之矣。五岁而言其要。"⑦宓子敬诺，乃得行其术于亶父。三年，巫马旗短褐衣弊裘，而往观化于亶父，见夜渔者，得则舍之。巫马旗问焉，曰："渔为得也，今子得而舍之，何也？"对曰："宓子不欲人之取小鱼也。⑧所舍者小鱼也。"巫马旗归，告孔子曰："宓子之德至矣，使民暗行若有严刑于旁。⑨敢问宓子何以至于此？"孔子曰："丘尝与之言曰：'诚乎此者刑乎彼。'⑩宓子必行此术于亶父也。"夫宓子之得行此术也，鲁君后得之也。鲁君后得之者，宓子先有其备也。先有其备，岂遽必哉？此鲁君之贤也。

① 子贱，孔子弟子宓不齐。

【校】"谗"，旧本作"说"，讹，今改正。

②【校】《家语·屈节解》"吏"作"史"，下文"邑吏吏皆外"并同。

③ 勉犹趣也。

④ 报鲁君也。

⑤ 吏，邑吏也。

⑥ 发，遣。

⑦ 要，约最簿书。

⑧ 古者鱼不尺不升于俎。宓子体圣人之化，为尽类也，故不欲人取小鱼。

⑨ 暗，夜。

⑩ 施至诚于近以化之，使刑行于远。

三月婴儿，轩冕在前，弗知欲也；斧钺在后，弗知恶也；慈母之爱谕焉，诚也。故诚有诚乃合于情，精有精乃通于天。乃通于天，[1]水木石之性，皆可动也，又况于有血气者乎？故凡说与治之务莫若诚。[2]听言哀者，不若见其哭也；听言怒者，不若见其斗也。说与治不诚，其动人心不神。[3]

①【校】五字疑误衍。

② 以诚说则信著之，以诚治则化行之。

③ 动，感。神，化。言不诚不能行其化也。

第十九卷　离俗览

离　俗

一曰：

世之所不足者，理义也；[1]所有余者，妄苟也。[2]民之情，贵所不足，贱所有余。[3]故布衣人臣之行，洁白清廉中绳，愈穷愈荣；[4]虽死，天下愈高之，所不足也。[5]然而以理义斫削，神农、黄帝犹有可非，微独舜、汤。[6]飞兔、要褭，古之骏马也，材犹有短。[7]故以绳墨取木，则宫室不成矣。[8]

① 人能蹈之者少，故曰"不足"。

② 妄作苟为，不尊理义，君子少，小人多，故有余也。

③ 所不足者理与义也，故贵之。所有余者妄与苟也，故贱之。

④ 绳，正也。行如此者，益穷困益有荣名。

⑤ 高，贵也。所洁白中正，若周时伯夷，卫之弘演。身虽死亡，天下闻之而益贵。

⑥ 微亦非也。舜有卑父之谤，汤有放弑之事，然以通义斫削，神农、黄帝之行犹有可苛者，非独舜与汤也。言虽圣不能无阙，况贤者乎？

【校】注"卑父之谤"，见下《举难》篇及《淮南·氾论训》。

⑦ 飞兔、要褭，皆马名也，日行万里，驰若兔之飞，因以为名也。材犹有短，力有所不足。"褭"字读如曲挠之挠也。

⑧ 正材难得，故宫室不成也。

舜让其友石户之农，石户之农曰："棬棬乎，后之为人也！[1]葆力之士也。"以舜之德为未至也，于是乎夫负妻戴，[2]携子以入于海，去之终身不反。舜又让其友北人无择，北人无择曰："异哉，后之为人也！居于甽亩之中，而游入于尧之门。不若是而已，[3]又欲以其辱行漫我，我羞之。"[4]而自投于苍领之渊。[5]汤将伐桀，因卞随而谋，卞随辞曰："非吾事也。"汤曰："孰可？"卞随曰："吾不知也。"汤又因务光而谋，[6]务光曰："非吾事也。"汤曰："孰可？"务光曰："吾不知也。"汤曰："伊尹何如？"务光曰："强力忍询，[7]吾不知其他也。"汤遂与伊尹谋夏伐桀，[8]克之。以让卞随，卞随辞曰："后之伐桀也，谋乎我，必以我为贼也；胜桀而让我，必以我为贪也。吾生乎乱世，而无道之人再来询我，吾不忍数闻也。"乃自投于颍水而死。[9]汤又让于务光，曰："智者谋之，[10]武者遂之，[11]仁者居之，[12]古之道也。吾子胡不位之？[13]请相吾子。"[14]务光辞曰："废上，非义也；[15]杀民，非仁也；[16]人犯其难，我享其利，非廉也。吾闻之，非其义，不受其利；无道之世，不践其土。况于尊我乎？吾不忍久见也。"乃负石而沈于募水。[17]故如石户之农、北人无择、卞随、务光者，其视天下若六合之外，人之所不能察；[18]其视贵富也，苟可得已，则必不之赖；[19]高节厉行，独乐其意，而物莫之害[20]；不漫于利，不牵于势，[21]而羞居浊世；惟此四士者之节。[22]若夫舜、汤，则苞裹覆容，缘不得已而动，因时而为，以爱利为本，以万民为义。譬之若钓者，鱼有小大，饵有宜适，羽有动静。[23]

①【校】“惓惓”,《庄子·让王》篇作“捲捲”,《释文》云:“音权,郭音眷,用力貌。”

②【校】“戴”,旧本作“妻”,讹,今依《庄子》改正。

③ 已,止也。

④ 漫,污也。

⑤ 投犹沈也。“苍领”或作“青令”。

【校】《庄子》作“清泠”,《淮南·齐俗训》亦同。

⑥【校】《庄子》作“瞀光”,《荀子·成相》篇作“牟光”。

⑦ 诟,辱也。

【校】《庄子》“诟”作“垢”。

⑧【校】《庄子》无“夏”字。

⑨ 以汤伐桀,故谓之无道之人也。以受汤之让为贪辱也。不忍闻之,故投水而死。颍出于颍川阳城西山中也。

【校】梁仲子云:“《水经·颍水注》引云‘卞随耻受汤让,自投此水而死’,张显《逸民传》、嵇叔夜《高士传》并言‘投洞水而死’,未知其孰是也。”案《庄子》作“椆水”,《释文》云:“本又作‘桐水’,司马本作‘洞水’。”

⑩ 图之也。

⑪ 遂,成也。

【校】旧校云:“‘武’一作‘贤’。”

⑫ 居,处也。

⑬【校】《庄子》作“立乎”。

⑭ 胡,何。何不位天子之位也。言己请为吾子为相。

【校】注下“为”字疑衍。

⑮ 上,天子,谓桀。废之,非礼义也。

⑯ 战伐杀民,非仁心。

⑰ 募,水名也,音千伯之伯。

【校】募无伯音,疑“蓦”之讹。《庄子》作“庐水”,司马本作“卢水”。

⑱ 察,见也。

⑲ 不之赖，不赖之也。赖，利也，一曰善也。

⑳ 不欲于物，故物无能害。

㉑ 漫，污；牵，拘也。

㉒ 四士，谓石户之农、北人无择、卞随、务光。羞居乱世，皆远引而去，或自投而死，此四人，介之大者。

㉓ 羽，钓浮也。

齐、晋相与战，平阿之余子亡戟得矛，[①]却而去，不自快，[②]谓路之人曰："亡戟得矛，可以归乎？"路之人曰："戟亦兵也，矛亦兵也，亡兵得兵，何为不可以归？"去行，心犹不自快，遇高唐之孤叔无孙，当其马前曰："今者战，亡戟得矛，可以归乎？"[③]叔无孙曰："矛非戟也，戟非矛也，亡戟得矛，岂亢责也哉？"[④]平阿之余子曰："嘻！还反战，趋尚及之。"遂战而死。叔无孙曰："吾闻之，君子济人于患，必离其难。"[⑤]疾驱而从之，亦死而不反。[⑥]令此将众，亦必不北矣；[⑦]令此处人主之旁，亦必死义矣。今死矣而无大功，其任小故也。任小者，不知大也。今焉知天下之无平阿余子与叔无孙也？故人主之欲得廉士者，不可不务求。

① 失戟得矛，心不平。平阿，齐邑也。余子，官氏也。与晋人战，亡其所执戟，而得晋人之矛也。

② 失戟得矛，心不自安。

【校】旧校云："'却'一作'退'。"案《御览》三百五十三作"退而不自快"。

③ 高唐，齐邑也。孤，孤特，位尊。叔，姓。无孙，名。守高唐之大夫也。余子当其马前而问之。

④ 亢，当也。

⑤ 济，入也。

⑥ 反，还也。

⑦ 北，走也。

齐庄公之时，[①]有士曰宾卑聚，梦有壮子，白缟之冠，丹绩之袧，[②]东布之衣，新素履，墨剑室，从而叱之，唾其面，惕然而寤，徒梦也。[③]终夜坐，不自快。明日，召其友而告之曰："吾少好勇，年六十而无所挫辱。今夜辱，吾将索其形，期得之则可，不得将死之。"每朝与其友俱立乎衢，三日不得，却而自殁。[④]谓此当务则未也，虽然，其心之不辱也，有可以加乎！[⑤]

① 庄公，名光，顷公之孙，灵公之子，景公之兄。

② 袧，缨也。

【校】"绩"疑"缋"。

③ 寤，觉。徒，但。

④【校】旧校云："'却'一作'退'。"

⑤ 加，上也。

高　义

二曰：

君子之自行也，[①]动必缘义，行必诚义，[②]俗虽谓之穷，通也。[③]行不诚义，动不缘义，俗虽谓之通，穷也。然则君子之穷通，有异乎俗者也。故当功以受赏，当罪以受罚。赏不当，虽与之必辞；[④]罚诚当，虽赦之不外。[⑤]度之于国，必利长久。长久之于主，必宜内反于心，[⑥]不惭然后动。

①【校】旧校云："'自'一作'为'。"

② 所行诚义也。

③ 通，达也。

④ 辞，不敢受也。

⑤ 不敢远也。

⑥【校】旧本"反"作"及"，孙据李善注《文选》崔子玉《座右铭》所引改。

孔子见齐景公，[①]景公致廪丘以为养，孔子辞不受，入谓弟子曰："吾闻君子当功以受禄。今说景公，景公未之行而赐之廪丘，其不知丘亦甚矣！"令弟子趣驾，辞而行。[②]孔子布衣也，官在鲁司寇，[③]万乘难与比行，三王之佐不显焉，取舍不苟也夫！[④]

① 景公，名杵臼，庄公光之弟，灵公环之子。

② 行，去也。

③ 为鲁定公之司寇。

④【校】旧校云："一作'不苟且也'。"

子墨子游公上过于越。[①]公上过语墨子之义，[②]越王说之，谓公上过曰："子之师苟肯至越，[③]请以故吴之地，阴江之浦，书社三百以封夫子。"[④]公上过往复于子墨子，[⑤]子墨子曰："子之观越王也，能听吾言、用吾道乎？"公上过曰："殆未能也。"[6]墨子曰："不唯越王不知翟之意，虽子亦不知翟之意。若越王听吾言、用吾道，翟度身而衣，量腹而食，比于宾萌，未敢求仕。[7]越王不听吾言、不用吾道，虽全越以与我，吾无所用之。[8]越王不听吾言、不用吾道，而受其国，[9]是以义翟也。义翟何必越，虽于中国亦可。"[10]凡人不可不熟论。秦之野人，以小利之故，弟兄相狱，亲戚相忍。今可得其国，恐亏其义而辞之，可谓能守行矣。其与秦之野人相去亦远矣。

① 公上过，子墨子弟子也。

【校】《墨子·鲁问》篇作"公尚过"。

② 义，道。

③ 苟，诚也。

④ 社，二十五家也。三百社，七千五百家。

⑤ 复，白也。

⑥ 殆，近也。

⑦ 宾，客也。萌，民也。

⑧ 无用越为之也。

⑨【校】旧校云："'受'一作'爱'。"

⑩【校】《墨子》作"是我以义耀也，钧之糴，亦于中国耳，何必于越哉"。此两"翟"字讹。"耀"字无考，当是"糶"字之误。

荆人与吴人将战，荆师寡，吴师众。荆将军子囊曰："我与吴人战，必败。败王师，辱王名，亏壤土，忠臣不忍为也。"不复于王而遁。[1]至于郊，使人复于王曰："臣请死。"王曰："将军之遁也，以其为利也。今诚利，将军何死？"子囊曰：

“遁者无罪，则后世之为王臣者，[2]将皆依不利之名而效臣遁。若是，则荆国终为天下挠。”[3]遂伏剑而死。王曰：“请成将军之义。”[4]乃为之桐棺三寸，加斧锧其上。[5]人主之患，存而不知所以存，亡而不知所以亡，此存亡之所以数至也。郼、岐之广也，[6]万国之顺也，从此生矣。[7]荆之为四十二世矣，尝有乾溪、白公之乱矣，[8]尝有郑襄、州侯之避矣，[9]而今犹为万乘之大国，其时有臣如子囊与！子囊之节，非独厉一世之人臣也。[10]

① 复，白也。遁，走也。

②【校】旧本缺“臣”字，今据《说苑·立节》篇补。《渚宫旧事》作“则后之为将者”，此处“者将”二字若乙转，可不添“臣”字。

③ 挠，弱也。

④【校】“之”字从《渚宫旧事》补，此脱在下句，下句可无“之”字。

⑤【校】梁仲子云：“案此即《左传》襄十四年楚子囊还自伐吴卒之事。检《传》上文言伐吴之役，为吴所败，未能全师而还。《吕览》大与《传》违。盖子囊之死，适当旋师之时，遂相传异说。夫见可知难，军之善政，子囊何至自讨，王亦何至忍与子玉、子反同诛？殆不可信。”

⑥ 郼，汤所居也。岐，武王所居也。

⑦ 顺，从。

【校】旧校云：“‘生’一作‘至’。”

⑧ 灵王作乾溪之台，百姓愁怨，公子弃疾弑之而立，是为平王；白公胜，平王太子建之子也，出奔郑，郑人杀之，胜请令尹子西、司马子旗伐郑复仇，许而未行，晋人伐郑，子西、子旗率师救郑，胜怒，杀令尹子西、司马子旗；故曰“乾溪、白公之乱”也。

【校】注旧本“杀之”作“杀报”，讹，今改正，并补“胜请”二字。

⑨ 郑襄、州侯事晋而伐楚，楚人避之也。

⑩ 言子囊之忠，虽百世犹不可忘，故曰“非独厉一世之人臣”。

荆昭王之时，有士焉曰石渚，[1]其为人也公直无私，王使为政。[2]道有杀人者，[3]石渚追之，则其父也。还车而反，立于廷曰：“杀人者，仆之父也。以父行法，不忍；[4]阿有罪，废国法，不可。[5]失法伏罪，人臣之义也。”于是乎伏斧锧，请死于王。[6]王曰：“追而不及，岂必伏罪哉？子复事矣。”[7]石渚辞曰：“不私其亲，不可谓孝子；事君枉法，不可谓忠臣。君令赦之，[8]上之惠也；不敢废法，臣之行也。”不去斧锧，殁头乎王廷。正法枉必死，父犯法而不忍，王赦之而不肯，石渚之为人臣也，可谓忠且孝矣。

①【校】《韩诗外传》二、《新序·节士》篇、《史记·循吏传》皆作“石奢”，《渚宫旧事》与此同。

② 昭王，楚平王弃疾之子熊轸。

③【校】“道”旧作“廷”，《新序》同，皆误也，今从《外传》、《史记》作“道”，方与下“追之”及“反立于廷”相合。

④ 不忍行刑于父，孝也。

⑤ 阿，私也。

⑥ 免父杀身，忠孝之义。

⑦ 事，职事也。

⑧【校】旧校云：“‘君令’一作‘令吏’。”案《渚宫旧事》作“令吏舍之”。

上 德

三曰：

为天下及国，[①]莫如以德，莫如行义。以德以义，不赏而民劝，[②]不罚而邪止。此神农、黄帝之政也。以德以义，则四海之大，江河之水，不能亢矣；太华之高，[③]会稽之险，[④]不能障矣；[⑤]阖庐之教，孙、吴之兵，不能当矣。[⑥]故古之王者，德回乎天地，[⑦]澹乎四海，[⑧]东西南北，极日月之所烛，天覆地载，爱思不臧，[⑨]虚素以公，[⑩]小民皆之，[⑪]其之敌而不知其所以然，此之谓顺天；教变容改俗，而莫得其所受之，[⑫]此之谓顺情。[⑬]故古之人，身隐而功著，形息而名彰，[⑭]说通而化奋，利行乎天下[⑮]而民不识。[⑯]岂必以严罚厚赏哉？严罚厚赏，此衰世之政也。

① 为，治也。

② 劝，善也。

③ 西岳也。

④ 山名，在吴郡。

⑤ 障，防也。

⑥ 孙、吴，吴起、孙武也。吴王阖庐之将也，兵法五千言是也。

⑦ 回，通。

⑧ 澹，之也。

【校】注疑未是。刘本作“泊也”，亦是妄改，或是“安也”，与“憺”义同。

⑨ 臧，匮也。

【校】“思”旧作“恶”，校云“‘恶’一作‘思’”，今从旧校改。臧之训匮，未知何出。

⑩ 素，质也。恶其质以奉公，王之实也。

【校】注“恶”疑当作“虚”，“王”疑当作“正”。

⑪ 皆公己也。

【校】“己”亦疑是“正”之误。

⑫ 得犹知也。

⑬ 情，性也。顺其天性也。

⑭ 身没于前，名明于后世。

⑮ 利民之化行满天下。

⑯ 识，知也。尧时民不知尧德，以季世视之则睹也。

三苗不服，禹请攻之。[①]舜曰：“以德可也。”行德三年而三苗服。[②]孔子闻之，曰：“通乎德之情，则孟门、太行不为险矣。[③]故曰德之速，疾乎以邮传命。”周明堂，金在其后，有以见先德后武也。[④]舜其犹此乎！[⑤]其臧武通于周矣。

① 三苗，远国，在豫章之彭蠡也。

②【校】孙云：“李善注《文选》王元长《曲水诗序》‘行德’作‘修德’。”

③ 孟门，太行之险也。太行塞在河内野王之北上党关也。

【校】注“之险也”疑是“皆险地”。

④ 作乐，金镈在后，故曰“先德后武”。

⑤【校】旧校云：“‘此’一作‘上’。”

晋献公为丽姬远太子。太子申生居曲沃，公子重耳居蒲，公子夷吾居屈。丽姬谓太子曰：“往昔君梦见姜氏。”太子祠而膳于公，[①]丽姬易之。[②]公将尝膳，姬曰：“所由远，请使人尝之。”[③]尝人，人死；食狗，狗死；故诛太子。太子不肯自释，[④]曰：“君非丽姬，居不安，食不甘。”遂以剑死。[⑤]公子夷吾自屈奔梁。公子重耳自蒲奔翟，去翟过卫，卫文公无礼焉；[⑥]过五鹿如齐，齐桓公死；去齐之曹，曹共公视其骈胁，使袒而捕池鱼；[⑦]去曹过宋，宋襄公加礼焉；[⑧]之郑，郑文公不敬，[⑨]被瞻谏曰：“臣闻贤主不穷穷。今晋公子之从者，皆贤者也。君不礼也，不如杀之。”郑君不听；去郑之荆，荆成王慢焉；[⑩]去荆之秦，秦缪公入之。[⑪]晋既定，兴师攻郑，求被瞻。被瞻谓郑君曰：“不若以臣与之。”郑君曰：“此孤之过也。”被瞻曰：“杀臣以免国，臣愿之。”被瞻入晋军，文公将烹之，被瞻据镬而呼曰：“三军之士皆听瞻也：自今以来，无有忠于其君，忠于其君者将烹。”文公谢焉，罢师，归之于郑。且被瞻忠于其君，而君免于晋患也；行义于郑，而见说于文公也；故义之为利博矣。[⑫]

① 姜氏，申生母也。膳，胙之也。

【校】注“之”字疑衍。

② 易犹毒也。

【校】梁仲子疑是“易以毒也”。汪本改作“置也”，义不足。

③ 太子自曲沃归膳，故曰“所由远”。姬施酖于酒，置毒于肉，故先使人尝之。

④ 释，理也。

⑤【校】案《传》云“缢于新城”。

⑥ 文公名毁，宣公庶子顽烝宣姜而生之。无礼，不礼重耳也。

⑦ 共公名襄，昭公之子。

【校】此与《淮南·人间训》同。《黄氏日抄》云“恐无此理”。

⑧ 襄公名兹父，桓公御说之子。

⑨ 文公名捷，郑厉公之子。

⑩ 慢，易，不敬也。《传》曰："及楚，楚子飨之曰：'公子若反晋国，则何以报不穀？'对曰：'子女玉帛则君有之，羽毛齿革则君地生焉，其波及晋国者，君之余也，其何以报君？'曰：'虽然，则何以报我？'对曰：'若以君之灵得反晋国，晋、楚治兵，遇于中原，其避君三舍；若不获命，其左执鞭弭，右属櫜鞬，以与君周还。'子玉请杀之。楚子曰：'晋公子廉而俭，文而有礼。其从者肃而宽，忠而能力。晋侯无亲，外内恶之。吾闻姬姓，唐叔之后，其后衰者也。其将由晋公子重耳乎？天将与之，谁能废之？违天必有大咎。'乃送诸秦。"推此言之，不得为慢之也。

【校】注本《左传》。"虽然"下"则"字衍。"廉而俭"，《传》作"广而俭"，无"重耳"二字。

⑪ 入，晋纳也。

【校】注当云"纳之晋也"。

⑫ 博，大也。

墨者巨子孟胜，善荆之阳城君。[1]阳城君令守于国，毁璜以为符，约曰："符合听之。"荆王薨，群臣攻吴起，兵于丧所，阳城君与焉，荆罪之。阳城君走，荆收其国。孟胜曰："受人之国，与之有符。今不见符，而力不能禁，不能死，不可。"其弟子徐弱谏孟胜曰："死而有益阳城君，死之可矣；无益也，而绝墨者于世，不可。"孟胜曰："不然。吾于阳城君也，非师则友也，非友则臣也。不死，自今以来，求严师必不于墨者矣，求贤友必不于墨者矣，求良臣必不于墨者矣。死之，所以行墨者之义而继其业者也。[2]我将属巨子于宋之田襄子。[3]田襄子，贤者也，何患墨者之绝世也？"[4]徐弱曰："若夫子之言，弱请先死以除路。”还殁头前于。孟胜因使二人传巨子于田襄子。[5]孟胜死，弟子死之者百八十三人。以致令于田襄子，[6]欲反死孟胜于荆。田襄子止之曰：“孟子已传巨子于我矣。”不听，[7]遂反死之。[8]墨者以为不听巨子不察。严罚厚赏，不足以致此。今世之言治，多以严罚厚赏，此上世之若客也。[9]

① 巨子孟胜，二人学墨道者也，为阳城君所善。

【校】《庄子·天下》释文引向秀云：“墨家号其道理成者为巨子，若儒家之硕儒。”此注非。下云“我将属巨子于宋之田襄子”，亦以名归之，而使其弟子皆从之受学也。

② 义，道；继，续也。

③ 我，谓孟胜也。属，托也。

④ 田襄子亦墨者也。

⑤ 二人，孟胜之弟子也。传，送也。

⑥【校】句上当有“二人”二字。“以”犹“已”也。

⑦【校】旧本作“当听”，非，今改正。

⑧ 反死孟胜于荆。

⑨【校】义未详。

用　民

四曰：

凡用民，太上以义，其次以赏罚。其义则不足死，赏罚则不足去就，若是而能用其民者，古今无有。民无常用也，无常不用也，唯得其道为可。①

① 可用也。

阖庐之用兵也不过三万，①吴起之用兵也不过五万。②万乘之国，其为三万、五万尚多，今外之则不可以拒敌，内之则不可以守国，其民非不可用也，不得所以用之也。不得所以用之，③国虽大，势虽便，卒虽众，何益？④古者多有天下而亡者矣，其民不为用也。⑤用民之论，不可不熟。剑不徒断，车不自行，或使之也。夫种麦而得麦，种稷而得稷，人不怪也。用民亦有种，不审其种，而祈民之用，惑莫大焉。⑥

① 阖庐，吴王光也。

② 吴起，卫人，为楚将。

③【校】孙云："《御览》二百七十一'守国'作'守固'，两'用之'下皆有'术'字，然案下文似不当有。"

④ 不知用之，何益于？不能以克敌也。

⑤ 自古以来，有天下者多，而多无遗，民不为之用，故灭亡。

⑥ 祈，求。

当禹之时，天下万国，至于汤而三千余国，今无存者矣，皆不能用其民也。民之不用，赏罚不充也。①汤、武因夏、商之民也，得所以用之也。管、商亦因齐、秦之民也，得所以用之也。②民之用也有故，③得其故，民无所不用。用民有纪有纲，壹引其纪，万目皆起；壹引其纲，万目皆张。为民纪纲者何也？欲也，恶也。何欲何恶？欲荣利，恶辱害。辱害所以为罚充也，荣利所以为赏实也。赏罚皆有充实，则民无不用矣。④

① 当赏不赏，当罚不罚，则民不怀不威，故不为之用也。

② 管，管仲。商，商鞅。

③ 故，事也。

④ 无不可用也。

阖庐试其民于五湖，剑皆加于肩，地流血几不可止。①句践试其民于寝宫，②民争入水火，③死者千余矣，遽击金而却之。④赏罚有充也。莫邪不为勇者兴，惧者变，⑤勇者以工，惧者以拙，能与不能也。

① 试，用，习肄之也。

②【校】旧作“寝官”，刘本作“寝宫”，案刘勰《新论·阅武》篇正作“寝宫”，今从刘本。

③【校】《韩非·内储说上》“越王将复吴而试其教，燔台而鼓之，使民赴火者，赏在火也；临江而鼓之，使人赴水者，赏在水也”，即此事。

④ 却犹止也。

【校】旧校云：“‘却’一作‘退’。”案《新论》正作“退”。

⑤ 莫邪，良剑也。不为勇者利、怯者钝也。

夙沙之民，自攻其君而归神农。①密须之民，自缚其主而与文王。②汤、武非徒能用其民也，又能用非己之民。能用非己之民，国虽小，卒虽少，功名犹可立。[3]古昔多由布衣定一世者矣，[4]皆能用非其有也。用非其有之心，不可察之本。[5]三代之道无二，以信为管。[6]

① 夙沙，大庭氏之末世也。其君无道，故自攻之。神农，炎帝。

②《诗》云“密人不共，敢距大邦”，此之谓也。

③ 立，成也。

④ 终一人之身为世。

⑤ 本，始也。

【校】似当云“不可不察之本”，少一“不”字。

⑥ 管，准法。

宋人有取道者，其马不进，倒而投之鸂水。[1]又复取道，其马不进，又倒而投之鸂水。如此者三。虽造父之所以威马，不过此矣。不得造父之道，而徒得其威，无益于御。[2]人主之不肖者，有似于此。不得其道，而徒多其威。威愈多，民愈不用。[3]亡国之主，多以多威使其民矣。故威不可无有，而不足专恃。譬之若盐之于味，凡盐之用，有所托也；不适，则败托而不可食。威亦然，必有所托，然后可行。[4]恶乎托？托于爱利。爱利之心谕，威乃可行。威太甚则爱利之心息，爱利之心息，而徒疾行威，身必咎矣。此殷、夏之所以绝也。君利势也，次官也。处次官，执利势，不可而不察于此。夫不禁而禁者，其唯深见此论邪。

① 倒，杀。投，弃之。

【校】梁仲子云:"《水经·淮水注》引作'投之鸡水'。"

② 无益于不知御之道。

③ 民不为之用。

④ 行之也。

适　威

五曰:

先王之使其民,若御良马,轻任新节,[1]欲走不得,故致千里。善用其民者亦然。民日夜祈用而不可得,[2]若得为上用,民之走之也,若决积水于千仞之溪,[3]其谁能当之?《周书》曰:"民,善之则畜也,不善则仇也。"[4]有仇而众,不若无有。厉王,天子也,[5]有仇而众,故流于彘,祸及子孙,[6]微召公虎而绝无后嗣。[7]今世之人主,多欲众之,[8]而不知善,此多其仇也。不善则不有,[9]有必缘其心爱之谓也,[10]有其形不可谓有之。[11]舜布衣而有天下。桀,天子也,而不得息,由此生矣。[12]有无之论,不可不熟。[13]汤、武通于此论,故功名立。[14]

① 节,节也。

【校】注疑"节,饰也",或是"节,节其力也"。

② 祈,求也。

③ 七尺曰仞。

④《周书》周公所作。畜，好。

⑤ 厉王名胡，《谥法》“杀戮不辜曰厉”，周夷王之子，宣王之父。

⑥ 流，放也。彘，地名，今河东永安是也。

⑦ 微，无也。虎臣宣王。《诗》云“王命召虎，式辟四方，彻我疆土”，此之谓也。

【校】赵云：“此注大谬。《周本纪》云‘厉王太子静匿召公家，国人围之，召公以己子代太子，太子得免，是为宣王’是也。‘虎臣宣王’似当作‘虎，宣王臣’。”

⑧【校】似当作“多欲民众”。

⑨ 不得有其位。

【校】注“位”当作“众”，下同。

⑩ 缘其仁心，故曰“心爱之谓也”。

【校】似当作“故曰爱之谓也”。

⑪ 形，体也。不可谓有天下之位也。

⑫ 息，安也。不得安其位，由此多其仇生矣。

⑬ 熟犹知。

⑭ 立犹见也。

古之君民者，仁义以治之，爱利以安之，忠信以导之，[①]务除其灾，思致其福。故民之于上也，若玺之于涂也，抑之以方则方，抑之以圜则圜。若五种之于地也，必应其类，而蕃息于百倍。此五帝、三王之所以无敌也。[②]身已终矣，而后世化之如神，[③]其人事审也。[④]

① 导犹先也。

② 无能敌之也。

③ 从其化有如神也。

④ 其所施行皆可为人法式，故曰“审也”。

魏武侯之居中山也，[①]问于李克曰：“吴之所以亡者何也？”[②]李克对曰：“骤战而骤胜。”[③]武侯曰：“骤战而骤胜，国家之福也。其独以亡，何故？”对曰：“骤战则民罢，骤胜则主骄。以骄主使罢民，然而国不亡者，天下少矣。骄则恣，恣则极物；[④]罢则怨，怨则极虑。[⑤]上下俱极，吴之亡犹晚。[⑥]此夫差之所以自殁于干隧也。”[⑦]

①【校】《韩诗外传》十、《新序·杂事五》俱作“魏文侯”。

② 武侯，文侯之子也。乐羊伐中山得中山，故武侯居之也。

③ 骤，数也。

④ 极尽可欲之物。

⑤ 极其巧欺不臣之虑。

⑥ 犹，尚。

⑦ 为越所破，自刭于干遂。

东野稷以御见庄公，进退中绳，[①]左右旋中规。[②]庄公曰：“善。”以为造父不过也，[③]使之钩百而少及焉。[④]颜阖入见，[⑤]庄公曰：“子遇东野稷乎？”对曰：“然，臣遇之。[⑥]其马必败。”庄公曰：“将何败？”少顷，东野之马败而至。庄公召颜阖而问之曰：“子何以知其败也？”颜阖对曰：“夫进退中绳，左右旋中规，造父之御无以过焉。乡臣遇之，犹求其马，臣是以知其败也。”[⑦]

①【校】旧校云:"'退'一作'却'。"下同。

② 东野,姓;稷,其名。

③ 过犹胜也。

④ 不达也。

⑤ 见,谒也。

⑥ 按《鲁世家》,庄公,桓公之子同也。颜阖在春秋后,盖鲁穆公时人也,在庄公后十二世矣。若实庄公,颜阖为妄矣。若实颜阖,庄公为妄矣。由此观之,咸阳市门之金,固得载而归也。

【校】梁伯子云:"东野稷事,此本于《庄子·达生》篇,《释文》曰'李云鲁庄公,或云颜阖不与鲁庄公同时,当是卫庄公'。余考《庄子·人间世》言'颜阖将傅卫灵公太子',《让王》言'鲁君致币颜阖',李云'鲁哀公',亦见本书《贵生》篇,又《庄子·列御寇》篇言'鲁哀公问颜阖',则此为卫庄公是也。而《荀子·哀公》篇、《韩诗外传》二、《新序·杂事五》、《家语·颜回》篇皆云'鲁定公问颜回,东野之御',盖传闻异辞耳。高氏未加详考,误以为鲁庄公,訾吕子妄说,思载咸阳市门之金而归,何其陋也。又《荀》、《韩》、《新序》、《人表》、《家语》'稷'字并作'毕'。"

⑦ 善当自求于心,而反求于御马速疾,故知其败也。

【校】此注非是。犹求其马,即下所云"极"是也。

故乱国之使其民,不论人之性,不反人之情,烦为教而过不识,①数为令而非不从,②巨为危而罪不敢,③重为任而罚不胜。④民进则欲其赏,退则畏其罪,知其能力之不足也,则以为继矣。以为继知,⑤则上又从而罪之,⑥是以罪召罪,⑦上下之相仇也,由是起矣。故礼烦则不庄,业烦则无功,⑧令苛则不听,禁多则不行。⑨桀、纣之禁,不可胜数,故民因而身为戮,⑩极也,不能用威适。⑪子阳极也好严,有过而折弓者,恐必死,遂应猘狗而弑子阳,极也。⑫周鼎有窃,⑬

曲状甚长，上下皆曲，以见极之败也。[14]

① 过，责。识，知。

② 令不可从，而非人不从之也。

③ 不敢登其危者而罪之也。

④ 不能胜其所任者而罪之也。

⑤【校】此二句疑当作“则难以为继矣，难以为继”，脱两“难”字，下“知”字衍。

⑥ 罪之，罪其为也。

⑦ 召，致也。

⑧【校】旧校云：“一作‘准’。”

⑨ 设禁而不禁，为不行也。

⑩【校】旧校云：“一作‘用’。”案：当是“困”字。

⑪ 适，宜也。

⑫ 子阳，郑君也，一曰郑相也。好严猛，于罪刑无所赦。家人有折弓者，恐诛，因国人有逐猘狗之扰而杀子阳。极于刑之故也。

⑬【校】旧校云：“一作‘穷’。”

⑭ 未闻。

为欲

六曰：

使民无欲，上虽贤，犹不能用。[1]夫无欲者，其视为天子也与为舆隶同，[2]其视有天下也与无立锥之地同，[3]其视为彭祖也与为殇子同。[4]天子至贵也，天下至富也，彭祖至寿也，诚无欲则是三者不足以劝。[5]舆隶至贱也，无立锥之地至贫也，殇子至夭也，诚无欲则是三者不足以禁。会有一欲，则北至大夏，南至北户，西至三危，东至扶木，不敢乱矣；[6]犯白刃，冒流矢，趣水火，[7]不敢却也；[8]晨寤兴，务耕疾庸，椇[9]为烦辱，不敢休矣。故人之欲多者，其可得用亦多；人之欲少者，其得用亦少；无欲者，不可得用也。人之欲虽多，而上无以令之，人虽得其欲，人犹不可用也。令人得欲之道，不可不审矣。

① 民无欲，不为物动，虽有贤君，不能得用之也。

② 舆，众也。

③ 同，等也。

④ 彭祖，殷贤大夫也，盖寿七百余岁。九岁以下为下殇，七岁以下为无服殇。

⑤ 劝，乐也。

⑥ 乱犹难也。

【校】钱詹事云："扶木即蟠木。古音扶如酺，声转为蟠。《汉书·天文志》'奢为扶'，郑氏云'扶当为蟠'。"

⑦【校】旧校云："'趣'一作'赴'。"

⑧ 却犹止也。

⑨ "椇"，古"耕"字。

【校】案：上既云"务耕疾庸"，则"椇"必非"耕"字。又似属下句，阙疑可也。

善为上者，能令人得欲无穷，故人之可得用亦无穷也。蛮夷反舌殊俗异习之国，[1]其衣服冠带、宫室居处、舟车器械、声色滋味皆异，其为欲使一也。[2]三王不能革，不能革而功成者，顺其天也；[3]桀、纣不能离，不能离而国亡者，逆其天也。逆而不知其逆也，湛于俗也。久湛而不去则若性。性异非性，不可不熟。不闻道者，何以去非性哉？无以去非性，则欲未尝正矣。欲不正，以治身则夭，以治国则亡。故古之圣王，审顺其天而以行欲，则民无不令矣，功无不立矣。圣王执一，四夷皆至者，其此之谓也！执一者，至贵也，至贵者无敌。圣王托于无敌，故民命敌焉。

① 反舌，夷语，与中国相反，故曰“反舌”也。

② 一，同也。

③ 天，身也。

群狗相与居，皆静无争。投以炙鸡，则相与争矣。[1]或折其骨，或绝其筋，争术存也。争术存，因争；不争之术存，因不争。取争之术而相与争，万国无一。凡治国，令其民争行义也；乱国，令其民争为不义也。强国，令其民争乐用也；弱国，令其民争竞不用也。夫争行义乐用与争为不义竞不用，此其为祸福也，天不能覆，地不能载。[2]

① 炙鸡，狗所欲之，故斗争之。

【校】注两“之”字皆衍。

② 言其大也。

晋文公伐原,[①]与士期七日。七日而原不下,[②]命去之。谋士言曰:“原将下矣。”师吏请待之。公曰:“信,国之宝也。得原失宝,吾不为也。”遂去之。明年,复伐之,[③]与士期必得原然后反。原人闻之,乃下。卫人闻之,以文公之信为至矣,乃归文公。故曰“攻原得卫”者,此之谓也。文公非不欲得原也,以不信得原,不若勿得也,必诚信以得之,归之者非独卫也。文公可谓知求欲矣。

① 原,晋邑。文公复国,原不从,故伐之。今河内轵县北原城是也。

② 下,降。

【校】僖廿五年《左氏传》、《淮南·道应训》俱作“三日”,《韩非·外储说左上》作“十日”,《新序·杂事四》作“五日”。

③【校】与《左传》、《韩非》不合。

贵　信

七曰:

凡人主必信。信而又信,谁人不亲?[①]故《周书》曰“允哉允哉”,以言非信则百事不满也。[②]故信之为功大矣。信立,则虚言可以赏矣。虚言可以赏,则六合之内皆为己府矣。信之所及,尽制之矣。制之而不用,人之有也;[③]制之而用之,己之有也。己有之,则天地之物毕为用矣。[④]人主有见此论者，其王不久矣；人臣有知此论者，可以为王者佐矣。

① 谁犹何也。

②《周书》，逸书也。满犹成。

③ 人之有，他人之有也。

④ 毕，尽也。

天行不信，不能成岁；地行不信，草木不大。[1]春之德风，风不信，其华不盛，华不盛，则果实不生。[2]夏之德暑，暑不信，其土不肥，土不肥，则长遂不精。[3]秋之德雨，雨不信，其谷不坚，谷不坚，则五种不成。[4]冬之德寒，寒不信，其地不刚，地不刚，则冻闭不开。[5]天地之大，四时之化，而犹不能以不信成物，又况乎人事？[6]君臣不信，则百姓诽谤，社稷不宁；处官不信，则少不畏长，贵贱相轻；赏罚不信，则民易犯法，不可使令；[7]交友不信，则离散鬱怨，不能相亲；[8]百工不信，则器械苦伪，丹漆染色不贞。[9]夫可与为始，可与为终，可与尊通，可与卑穷者，其唯信乎！信而又信，重袭于身，乃通于天。以此治人，则膏雨甘露降矣，寒暑四时当矣。[10]

① 不信，气节阴阳皆不交，故不成岁也。

② 在木曰实，在地曰蓏。

③ 遂，成也。

④ 坚，好；成，熟也。

⑤ 不开，气不通也。

⑥ 乎，于也。

⑦ 易，轻也。

⑧ 亲，比也。

⑨ 贞，正也。

⑩ 当犹应也。

齐桓公伐鲁，鲁人不敢轻战，去鲁国五十里而封之。鲁请比关内侯以听，[①]桓公许之。曹翙谓鲁庄公曰[②]："君宁死而又死乎？其宁生而又生乎？"庄公曰："何谓也？"曹翙曰："听臣之言，国必广大，身必安乐，是生而又生也；不听臣之言，国必灭亡，身必危辱，是死而又死也。"庄公曰："请从。"于是明日将盟，庄公与曹翙皆怀剑至于坛上。庄公左搏桓公，右抽剑以自承，[③]曰："鲁国去境数百里，今去境五十里，亦无生矣。钧其死也，戮于君前。"[④]管仲、鲍叔进，曹翙按剑当两陛之间，曰："且二君将改图，毋或进者！"庄公曰："封于汶则可，不则请死。"管仲曰："以地卫君，非以君卫地，君其许之。"乃遂封于汶南，与之盟。归而欲勿予，管仲曰："不可。人特劫君而不盟，君不知，不可谓智；[⑤]临难而不能勿听，不可谓勇；许之而不予，不可谓信。不智不勇不信，有此三者，不可以立功名。予之，虽亡地亦得信。以四百里之地见信于天下，君犹得也。"庄公，仇也；曹翙，贼也。信于仇贼，又况于非仇贼者乎？[⑥]夫九合之而合，壹匡之而听，从此生矣。管仲可谓能因物矣。以辱为荣，以穷为通，虽失乎前，可谓后得之矣。物固不可全也。

①【校】梁仲子云："关内侯，秦爵也。刘昭注《续汉书·百官志》引刘劭《爵制》曰：'秦都山西，以关内为王畿，故曰关内侯。'然则齐安得有关内

侯乎?《管子·大匡》篇载此事云:'鲁不敢战,去国五十里而为之关,鲁请比于关内以从于齐。'据此,疑'侯'字衍。"卢云:"案曹沫事出于战国之人所撰造,事既不实,辞亦鄙诞不经,但以耳目所见,施之上世,而不知其有不合也。"

②【校】"曹翙",《左传》作"曹刿",《公羊》、《国策》、《史记》并作"曹沫"。

③ 承,佐也。

【校】梁仲子云:"注非也。《左氏昭廿一年传》'子皮承宜僚以剑',哀十六年《传》'承之以剑',杜云'拔剑指其喉'。盖曹翙以剑自向,故下云'戮于君前',即以颈血湔衣之意。"

④ 钧,等也。戮,亦死也。

⑤【校】《御览》四百三十作"人将劫君而不知,不可谓智",此"不盟君"三字剩。

⑥《公羊传》曰:"庄公升坛,曹子手剑而从之,请复汶阳之田。管子曰:'君许之。'桓公曰:'诺。'曹子请盟。桓公下,与之盟。要盟可犯,而桓公不欺;曹子可仇,而桓公不怨。桓公之信著乎天下,自柯之盟始焉。"此之谓也。

举　难

八曰:

以全举人固难,物之情也。①人伤尧以不慈之名,舜以卑父之号,禹以贪位之意,汤、武以放弑之谋,五伯以侵夺之事。②由此观之,物岂可全哉?故君子责人则以人,③自责则以义。责人以人则易足，易足则得人；自责以义则难为非，难为非则行饰。[4]故任天地而有余。[5]不肖者则不然，责人则以义，自责则以人。责人以义责难瞻，难瞻则失亲；[6]自责以人则易为，易为则行苟。[7]故天下之大而不容也，身取危，国取亡焉。此桀、纣、幽、厉之行也。尺之木必有节目，寸之玉必有瑕瓋。先王知物之不可全也，[8]故择务而贵取一也。[9]

① 物，事。事难全也。

② 伤，毁也。

③【校】梁仲子云："此即以众人望人之意。"

④ 饰，读曰敕。敕，正也。

⑤ 德饶也。

⑥ 难瞻则恐，恐则离叛，故失所亲也。

【校】梁仲子云："'瞻'疑当作'赡'。"

⑦ 苟且，不从礼义也。

【校】《管子·水地》篇云"夫玉瑕適皆见，精也"，注云："瑕適，玉病也。"今此加"玉"旁，乃俗作，字书不载。

⑧【校】"不可全"，旧本"全"上衍一"不"字，今删。

⑨ 一，分。

季孙氏劫公家，孔子欲谕术则见外，[1]于是受养而便说，[2]鲁国以訾。[3]孔子曰："龙食乎清而游乎清，螭食乎清而游乎浊，鱼食乎浊而游乎浊。[4]今丘上不及龙，下不若鱼，丘其螭邪！"夫欲立功者，岂得中绳哉？救溺者濡，追逃者趋。[5]

① 季孙氏，武子季文子子也。劫夺公家政事而自专之也。孔子欲以道而见远外。

【校】旧校云："'谕'一作'论'。"案：注误，当云"桓子，季平子子也"。末疑有文脱，似当云"孔子欲以道术谕之而虑见远外也"。

② 孔子受其养，而季氏便之。

【校】注非也。受其养则不见远外，于以谕道术则便矣。

③ 訾，毁也。毁孔子也。

④ 螭，龙之别也。

⑤ 趋，走也。

魏文侯弟曰季成，友曰翟璜。[①] 文侯欲相之，而未能决，以问季充。[②] 季充对曰："君欲置相，[③] 则问乐腾与王孙苟端孰贤？"[④] 文侯曰："善。"以王孙苟端为不肖，翟璜进之；以乐腾为贤，季成进之。[⑤] 故相季成。凡听于主，言人不可不慎。季成，弟也，翟璜，友也，而犹不能知，何由知乐腾与王孙苟端哉？疏贱者知，亲习者不知，理无自然。自然而断相，过。季充之对文侯也，亦过。[⑥] 虽皆过，譬之若金之与木，金虽柔，犹坚于木。

① 【校】亦作"黄"。

② 【校】乃李克也，因形近而讹。

③ 置，立。

④ 孰，谁。

【校】《新序》四"乐腾"作"乐商"，下同。

⑤ 【校】"为不肖"，旧本作"而不肖"，"贤"作"贵"，今并从《新序》改正。

⑥ 过，长也。《论语》曰"过犹不及"，言俱不得其适。

孟尝君问于白圭曰:“魏文侯名过桓公,而功不及五伯,何也?”[①]白圭对曰:“文侯师子夏,友田子方,敬段干木,此名之所以过桓公也。卜相曰‘成与璜孰可’?此功之所以不及五伯也。[②]相也者,百官之长也。择者欲其博也。今择而不去二人,与用其仇亦远矣。且师友也者,公可也;戚爱也者,私安也。以私胜公,衰国之政也。然而名号显荣者,三士羽翼之也。”[③]

① 孟尝君,齐公子田婴之子田文也。白圭,周人。问文侯功何以不及五伯也。

② 卜,择也。成,季成。璜,翟璜也。

③ 羽翼,佐之。

【校】旧本脱“翼”字,今据李善注《文选》王子渊《四子讲德论》补。《新序》四作“三士翊之也”。注“羽翼”旧倒,《选》注枚叔《七发》引作“羽翼,佐也”。

甯戚欲干齐桓公,穷困无以自进,于是为商旅,将任车以至齐,[①]暮宿于郭门之外。桓公郊迎客,夜开门,辟任车,爝火甚盛,从者甚众。甯戚饭牛居车下,望桓公而悲,击牛角疾歌。[②]桓公闻之,抚其仆之手曰:“异哉!之歌者非常人也。”[③]命后车载之。桓公反,至,从者以请。[④]桓公赐之衣冠,将见之。甯戚见,说桓公以治境内。明日复见,说桓公以为天下。[⑤]桓公大说,将任之。[⑥]群臣争之曰:“客,卫人也。卫之去齐不远,君不若使人问之,而固贤者也,[⑦]用之未晚也。”桓公曰:“不然。问之,患其有小恶。以人之小恶,亡人之大美，此人主之所以失天下之士也已。”凡听必有以矣，今听而不复问，合其所以也。且人固难全，权而用其长者，[8]当举也。桓公得之矣。

① 任亦将也。

【校】注非是，与下“辟任车”不可通。《淮南·道应训》注云：“任，载也。《诗》曰‘我任我辇’。”此则是已。

② 歌《硕鼠》也。其诗曰“硕鼠硕鼠，无食我黍！三岁贯女，莫我肯顾。逝将去女，适彼乐土，乐土乐土，爰得我所。硕鼠硕鼠，无食我麦！三岁贯女，莫我肯得。逝将去女，适彼乐国，乐国乐国，爰得我直。硕鼠硕鼠，无食我苗！三岁贯女，莫我肯逃。逝将去女，适彼乐郊，乐郊乐郊，谁之永号”者是也。

【校】孙云：“《后汉书·马融传》注引《说苑》曰‘甯戚饭牛于康衢，击车辐而歌《硕鼠》’，与此正合。”梁仲子云：“今《说苑·善说》篇云：‘甯戚饭牛康衢，击车辐而歌《顾见》，桓公得之，霸也。’以上下文义求之，‘顾见’当是‘硕鼠’之讹。”卢云：“案《史记·邹阳传》集解引应劭曰：‘齐桓公夜出迎客，而甯戚疾击其牛角商歌曰：南山矸，白石烂，生不遭尧与舜禅。短布单衣适至骭，从昏饭牛薄夜半，长夜曼曼何时旦。’此歌出《三齐记》。《艺文类聚》又载一篇云：‘沧浪之水白石粲，中有鲤鱼长尺半。縠布单衣裁至骭，清朝饭牛至夜半。黄犊上坂且休息，吾将舍汝相齐国。’李善注《文选》成公子安《啸赋》又载一篇云：‘出东门兮厉石班，上有松柏清且兰。粗布衣兮缊缕，时不遇兮尧舜主。牛兮努力食细草，大臣在尔侧，吾当与尔适楚国。’三歌真赝虽不可知，合之亦自成章法。仁和陈嗣倩云：‘疾商歌，殆非一歌也。’今故具录之，以备参考焉。”

③【校】《新序》五“之”作“此”。

④ 请所置。

⑤ 为，治。

⑥ 任，用也。

⑦【校】“而”与“如”同。

⑧【校】《新序》作“当此举也”。

第二十卷　恃君览

恃　君

一曰：

凡人之性，爪牙不足以自守卫，[①]肌肤不足以扞寒暑，[②]筋骨不足以从利辟害，[③]勇敢不足以却猛禁悍，[④]然且犹裁万物，制禽兽，服狡虫，[⑤]寒暑燥湿弗能害，[⑥]不唯先有其备，而以群聚邪？群之可聚也，相与利之也。利之出于群也，君道立也。[⑦]故君道立则利出于群，[⑧]而人备可完矣。昔太古尝无君矣，[⑨]其民聚生群处，知母不知父，无亲戚兄弟夫妻男女之别，无上下长幼之道，无进退揖让之礼，无衣服履带宫室畜积之便，无器械舟车城郭险阻之备，此无君之患。[⑩]故君臣之义，不可不明也。[⑪]自上世以来，天下亡国多矣，而君道不废者，天下之利也。[⑫]故废其非君，而立其行君道者。[⑬]君道何如？利而物利章。[⑭]

① 卫，扞也。

② 扞，御也。

③ 从，随也。

④ 禁，止也。

⑤ 狡虫，虫之狡害者。

⑥ 古人知为之备。

⑦ 众之所奉戴，故道立。

⑧ 群，众也。

⑨ 太古，上古。两仪之始，未有君臣之制。

⑩ 上苟所无者，无以化下，故以无君为患。

⑪ 明，知也。

⑫ 君施庆赏威刑以正之，故天下之利也。

⑬ 行，奉也。

⑭ 熊虎为旗章，明识也。

非滨之东，[①]夷秽之乡，[②]大解、陵鱼、其、鹿野、摇山、扬岛、大人之居，多无君；[③]扬、汉之南，[④]百越之际，[⑤]敝凯诸、夫风、余靡之地，缚娄、阳禺、驩兜之国，多无君；[⑥]氐、羌、呼唐、离水之西，僰人、野人、[⑦]篇笮之川，舟人、送龙、突人之乡，多无君；[⑧]雁门之北，鹰隼、所鸷、须窥之国，饕餮、穷奇之地，叔逆之所，儋耳之居，多无君。[⑨]此四方之无君者也。其民麋鹿禽兽，[⑩]少者使长，长者畏壮，有力者贤，[⑪]暴傲者尊，日夜相残，无时休息，以尽其类。[⑫]圣人深见此患也，故为天下长虑，[⑬]莫如置天子也；[⑭]为一国长虑，莫如置君也。置君非以阿君也，[⑮]置天子非以阿天子也，置官长非以阿官长也。德衰世乱，然后天子利天下，[⑯]国君利国，官长利官，此国所以递兴递废也，乱难之所以时作也。[⑰]故忠臣廉士，内之则谏其君之过也，[⑱]外之则死人臣之义也。[⑲]

① 朝鲜乐浪之县，箕子所封，滨于东海也。

【校】“非”疑当作“北”，犹言北海之东也。

② 东方曰夷。秽，夷国名。

③ 东方之夷，无有君长。

④ 扬州、汉水南。

⑤ 越有百种。

⑥ 皆南越之夷无君者。

⑦ 僰，读如匍匐之匐。

⑧ 西方之戎无君者。先言氐、羌，后言突人，自近及远也。

⑨ 北方狄无君者也。孔子曰“夷狄之有君，不如诸夏之亡”，故曰“多无君”也。

⑩ 不知礼义，无长幼之别，如麋鹿禽兽也。

⑪ 贤，豪者也。

⑫ 类，种也。

⑬ 虑，计也。

⑭ 置，立也。

⑮ 阿犹私为也。

⑯ 幼奉长，卑事尊，强不得陵弱，众不得暴寡，以此利之。

【校】卢云：“注非是。利天下，言以天下为己利也。古之圣王有天下而不与后世，则以天下为己利，故有兴有废，而乱难时作。如此方与下文意相承接。”

⑰ 不得常，施时盗作耳。

⑱ 谏，止也。

⑲ 义重于身。

豫让欲杀赵襄子，[①]灭须去眉，自刑以变其容，为乞人而往乞于其妻之所。其妻曰：“状貌无似吾夫者，其音何类吾夫之甚也？”又吞炭以变其音。其友谓之曰：“子之所道甚难而无功。[②]谓子有志则然矣，谓子智则不然。以子之材而索事襄子，[③]襄子必近子。子得近而行所欲，此甚易而功必成。”豫让笑而应之曰：“是先知报后知也，为故君贼新君矣，大乱君臣之义者无此，失吾所为为之矣。[4]凡吾所为为此者，所以明君臣之义也，非从易也。”

① 欲为智伯杀赵襄子也，已说在上篇。

②【校】所道犹言所由。《赵策》无“所”字。

③ 索，求也。

④【校】《赵策》作“是为先知报后知，为故君贼新君，大乱君臣之义者无此矣”，无“失吾所为为之”六字。两本皆可通。无此犹言无如此。吴师道疑其有缺字，非也。

柱厉叔事莒敖公，[1]自以为不知，而去居于海上。[2]夏日则食菱芡，[3]冬日则食橡栗。[4]莒敖公有难，柱厉叔辞其友而往死之。[5]其友曰：“子自以为不知故去，今又往死之，是知与不知无异别也。”[6]柱厉叔曰：“不然。自以为不知故去，今死而弗往死，是果知我也。[7]吾将死之，以丑后世人主之不知其臣者也，[8]所以激君人者之行，而厉人主之节也。[9]行激节厉，忠臣幸于得察。[10]忠臣察则君道固矣。”[11]

① 莒，子国也。敖，公谥。公，君也。

【校】案：此与《列子·说符》篇同。《说苑·立节》篇作“莒穆公有臣曰朱厉附”。

② 柱厉叔自以不为敖公之所知，而远去居于海上也。

③ 菱，芰也；芡，鸡头也，一名雁头；生水中。

④ 橡，皂斗也，其状似栗。

⑤ 往死敖公之难也。

⑥ 言叔为不见知于敖公而舍之去，今复往死其难，是与见知、不见知无别异也。

⑦ 今不死其难，是为使敖公果知我为不良臣也。

⑧ 丑，愧也。唯明君能知忠臣耳，敖公弗及也。死其难，可以使后世不知良臣之君惭于不知人也。

⑨ 激，发也。所以发起君人之行。厉，高也。人君务在知人，知人则哲，所以厉人主之志节也。

【校】“人主”，《御览》六百二十一作“人臣”，非是。下云“行激节厉，忠臣幸于得察”，则“节厉”正指人主言。

⑩ 察，知也。

⑪ 臣见知则尽忠以卫上，故君道安固不危殆也。

长　利

二曰：

天下之士也者，虑天下之长利，而固处之以身若也。利虽倍于今，而不便于后，弗为也；[①]安虽长久，而以私其子孙，弗行也。[②]自此观之，陈无宇之可丑亦重矣，[③]其与伯成子高、周公旦、戎夷也，形虽同，取舍之殊，岂不远哉？[④]

① 为，施也。

② 私，利也。

③ 陈无宇，齐大夫，陈须无之子桓子也。丑，谓其贪也。与鲍文子俱伐

栾、高氏，战于稷，栾、高氏败，又败于庄，国人追之，又败于鹿门，栾施、高强出奔，陈、鲍分其室，是其贪禄也。

④ 伯成子高辞诸侯而耕。周公旦股肱周室、辅翼成王而致太平。戎夷，齐之仁人也。陈无宇虽身形与之同，然其行贪欲，相去绝远也。

尧治天下，伯成子高立为诸侯。尧授舜，舜授禹，伯成子高辞诸侯而耕。禹往见之，则耕在野。禹趋就下风而问曰："尧理天下，吾子立为诸侯。今至于我而辞之，故何也？"[①]伯成子高曰："当尧之时，未赏而民劝，未罚而民畏。民不知怨，不知说，愉愉其如赤子。今赏罚甚数，而民争利且不服，德自此衰，利自此作，[②]后世之乱自此始。[③]夫子盍行乎？无虑吾农事。"[④]协而耰，遂不顾。[⑤]夫为诸侯，名显荣，实佚乐，继嗣皆得其泽，伯成子高不待问而知之，然而辞为诸侯者，以禁后世之乱也。[⑥]

① 【校】《庄子·天地》篇作"其故何也"。

② 作，起也。

【校】《庄子》作"刑自此立"，《新序·节士》篇作"刑自此繁"。

③ 始，首也。

④ 盍，何不也。行，去也。虑犹乱也。

【校】《庄子》作"无落吾事"。虑、落声相近。

⑤ 协，和悦也。耰，覆种也。顾，视也。

⑥ 以止后世争荣之乱也。

辛宽见鲁缪公，曰："臣而今而后知吾先君周公之不若太公望封之知也。昔者太公望封于营丘，之渚海阻山高，险固之地也，[1]是故地日广，子孙弥隆。[2]吾先君周公封于鲁，无山林溪谷之险，诸侯四面以达，[3]是故地日削，子孙弥杀。”[4]辛宽出，南宫括入见。公曰：“今者宽也非周公，其辞若是也。”南宫括对曰：“宽少者，弗识也。[5]君独不闻成王之定成周之说乎？其辞曰：‘惟余一人，营居于成周。惟余一人，有善易得而见也，有不善易得而诛也。’[6]故曰善者得之，不善者失之，古之道也。[7]夫贤者岂欲其子孙之阻山林之险以长为无道哉？小人哉，宽也！”今使燕爵为鸿鹄凤皇虑，则必不得矣。[8]其所求者，瓦之间隙，屋之翳蔚也，[9]与一举则有千里之志，德不盛、义不大则不至其郊。[10]愚庳之民，其为贤者虑，亦犹此也。固妄诽訾，岂不悲哉？[11]

①【校】孙云：“李善注《文选》司马相如《子虚赋》引‘辛宽曰：太公望封于营邱，渚海阻山’，无‘之’字、‘高’字。‘渚’属下读，是。营邱恐不得言渚也。”梁仲子云：“赋云‘齐东陼巨海’，注引此，则‘渚’当为‘陼’。”卢云：“案韦昭注《越语》云‘水边曰陼’，此正言边海耳。‘山高’疑本是一‘嵩’字误分，《尔雅》‘山大而高嵩中岳’，盖依此名，《尔雅》本非专为中岳作释，故齐亦可言嵩。余当从《选》注。”

② 广，大也。隆，盛也。

③ 达，通也。

④ 削，小也。杀，衰也。

⑤ 少，小也。不知也。

⑥ 言恃德不恃险也。

⑦ 得之者，若汤、武也；失之者，若桀、纣。故曰“古之道也”。

⑧ 燕爵谕辛宽也。言宽亦不能为贤者虑也。

⑨ 燕爵志小而近也。

⑩ 为圣德之君至其郊也。

⑪ 亦如燕爵为鸿鹄凤皇虑，何时能得？既不得，又妄诽谤訾毁之，故曰“岂不悲哉”，痛伤之也。

戎夷违齐如鲁，天大寒而后门，[①]与弟子一人宿于郭外，寒愈甚，谓其弟子曰：“子与我衣，我活也；我与子衣，子活也。我国士也，为天下惜死；[②]子不肖人也，不足爱也。[③]子与我子之衣。”弟子曰：“夫不肖人也，又恶能与国士之衣哉？”[④]戎夷太息叹曰：“嗟乎！道其不济夫。”[⑤]解衣与弟子，夜半而死。弟子遂活。谓戎夷其能必定一世，则未之识；[⑥]若夫欲利人之心，不可以加矣。[⑦]达乎分，仁爱之心识也，故能以必死见其义。[⑧]

① 违，去。去齐至鲁也。后门，日夕门已闭也。

② 惜，爱也。

③ 爱亦惜也。

④ 恶，安也。不肖人亦自爱其死，安能与国士之衣哉？

⑤ 死之，道其不济也。

⑥ 识，知也。

⑦ 加，上也。

⑧ 诱以戎夷不义之义耳。欲求弟子之衣以惜其死，是不义也；弟子拒之以不肖人恶能与国士之衣，计不能两生，穷乃解衣，是不义之义也。《淮南记》曰：“楚有卖其母者，而谓其买者曰：‘此母老矣，幸善食之。’”不亦不义也？

【校】注末“也”字当与“邪”同，犹言此岂可谓之义？所引《淮南记》见《说山训》。

知　分

三曰：

达士者，达乎死生之分。[①]达乎死生之分，则利害存亡弗能惑矣。[②]故晏子与崔杼盟而不变其义；[③]延陵季子，吴人愿以为王而不肯；[④]孙叔敖三为令尹而不喜，[⑤]三去令尹而不忧；[⑥]皆有所达也，[⑦]有所达则物弗能惑。[⑧]

① 君子死义，不求苟生，不义而生弗为也，故曰“达乎死生之分”。《淮南记》曰：“左手据天下之图，右手刎其喉，愚夫弗为，生贵于天下也。”死君亲之难者，则当视死如归，盖义重于身也，此之谓达于死生之分者也。

② 不为利存而遂苟生，不为害亡而辞死，故曰利害存亡弗能惑移也。

③ 崔子盟，国人曰：“所不与崔、庆者不祥。”晏子仰天叹曰：“婴所不惟忠于君，利社稷者是与。”故曰“不变其义”。

【校】旧本注多讹，今从许本参以《左传》改正。“是与”下《左传》有“有如上帝”四字。

④ 季子，吴寿梦子札也，不肯为王，去之延陵，不入吴国，故曰“延陵季子”也。

【校】注“子札”旧本作“孙子”，讹，今改正。

⑤ 叔敖，蔿贾伯盈之子。

⑥ 令尹，楚卿也。《论语》曰“令尹子文”，不云叔敖。

⑦ 达于高位疾颠、厚味腊毒者也。

⑧ 惑，动也。

荆有次非者，得宝剑于干遂。[1]还反涉江，[2]至于中流，有两蛟夹绕其船。[3]次非谓舟人曰："子尝见两蛟绕船能两活者乎?"船人曰："未之见也。"次非攘臂祛衣，拔宝剑曰："此江中之腐肉朽骨也，弃剑以全己，余奚爱焉！"于是赴江刺蛟，[4]杀之而复上船，舟中之人皆得活。荆王闻之，仕之执圭。[5]孔子闻之曰："夫善哉！不以腐肉朽骨而弃剑者，其次非之谓乎！"

① 干遂，吴邑。

【校】"次非"，《汉书·宣帝纪》注如淳引作"兹非"，《后汉书》马融、蔡邕等传注及《北堂书钞》百三十七并引作"佽飞"，李善注《文选》郭景纯《江赋》作"佽非"，唯杨倞注《荀子·劝学》篇所引同。"干遂"，如淳作"干将"，杨倞作"于越"。

② 涉，度也。

③ 鱼满二千斤为蛟。

【校】《淮南》注作"二千五百斤"。

④ 赴，入也。

⑤《周礼》"侯执信圭"，楚以次非勇武而侯之。

禹南省，方济乎江，黄龙负舟。舟中之人五色无主。禹仰视天而叹曰："吾受命于天，竭力以养人。生，性也；死，命也。余何忧于龙焉?"[1]龙俯耳低尾而逝。[2]则禹达乎死生之分、利害之经也。[3]凡人物者，阴阳之化也。阴阳者，造乎天而成者也。天固有衰嗛废伏，有盛盈坌息；[4]人亦有困穷屈匮，有充实达遂。[5]此皆天之容物理也，而不得不然之数也。古圣人不以感私伤神，[6]俞然而以待耳。[7]

① 忧，惧也。

② 逝，去也。

③ 经，道。

④【校】“岔”，梁仲子疑“坌”。案《贾谊书》“坌冒楚棘”，一作“岔”。

⑤ 达，通。遂，成。

⑥ 感念私邪，伤神性也。

⑦ 俞，安。

晏子与崔杼盟，其辞曰：“不与崔氏而与公孙氏者，受其不祥！”① 晏子俯而饮血，仰而呼天曰：“不与公孙氏而与崔氏者，受此不祥！”② 崔杼不说，直兵造胸，句兵钩颈，③ 谓晏子曰：“子变子言，④ 则齐国吾与子共之；子不变子言，则今是已！”⑤ 晏子曰：“崔子，子独不为夫《诗》乎？《诗》曰：‘莫莫葛藟，延于条枚。凯弟君子，求福不回。’⑥ 婴且可以回而求福乎？子惟之矣！”⑦ 崔杼曰：“此贤者，不可杀也。”罢兵而去。晏子援绥而乘，⑧ 其仆将驰，晏子抚其仆之手曰⑨：“安之，毋失节。疾不必生，徐不必死。鹿生于山，而命悬于厨。今婴之命有所悬矣。”晏子可谓知命矣。命也者，不知所以然而然者也，人事智巧以举错者不得与焉。故命也者，就之未得，去之未失。⑩ 国士知其若此也，故以义为之决而安处之。⑪

① 公孙氏，齐群公子之子，故曰“公孙氏”。公党之[1]不与崔杼同者也，故曰“不祥”也。

[1] 之：原本作“也”，据许维遹本改。

② 反其盟也。

③ 直，矛也。句，戟也。

④ 变，更。

⑤ 已，竟也。言今竟子。

【校】注“竟”旧本作“竞”，误。杼欲置晏子于死，则是终竟之。今俗间恶詈人语尚有相似者。

⑥《诗·大雅·旱麓》之卒章。莫莫，葛藟之貌。延蔓于条枚之上，得其性也。乐易之君子，求福不以邪道，顺于天性，以正直受大福。

【校】“延于条枚”，此《韩诗》，见《外传》二，《后汉书·黄琬传》注同。“岂弟”作“凯弟”，《礼记·表记》同。注“旱麓”，李本作“干麓”。

⑦ 惟，宜也。

【校】梁仲子云：“当训为思。”

⑧【校】“援”旧多作“授”，汪本作“受”。案《意林》作“援”，今从之。

⑨【校】“抚”，旧本作“无良”，讹，案《晏子·杂上》及《韩诗外传》二俱作“抚”，《新序·义勇》篇作“拊”，俱无“良”字，今据删正。

⑩ 蹈义就死，未必死也，故曰“就之未得”。苟从不义，以去死求生，未必生，故曰“去之未失”也。

⑪ 处，居也。

白圭问于邹公子夏后启曰①：“践绳之节，四上之志，三晋之事，此天下之豪英。②以处于晋，而迭闻晋事，未尝闻践绳之节、四上之志。③愿得而闻之。”④夏后启曰：“鄙人也，焉足以问？”⑤白圭曰：“愿公子之毋让也。”夏后启曰：“以为可为，故为之。为之，天下弗能禁矣。⑥以为不可为，故释之。释之，天下弗能使矣。”⑦白圭曰：“利弗能使乎？威弗能禁乎？”夏后启曰：“生不足以使之，则利曷足以使之矣？⑧死不足以禁之，则害曷足以禁之矣？”⑨白圭无以应。

夏后启辞而出。[10]凡使贤不肖异，[11]使不肖以赏罚，[12]使贤以义。[13]故贤主之使其下也必义，审赏罚，然后贤不肖尽为用矣。[14]

① 夏后启，邹公子之名。

② 践绳之节，正直也。四上，谓君也。卿、大夫、士与君为四，四者之中，君处其上，故曰“四上之志”。晋之三卿韩、魏、赵氏，皆以豪英之才专制晋国，三分之为诸侯，卒皆称王，故曰“三晋之事，此天下之豪英”、万人为英，百人为豪。

③ 处，居。居于晋，数闻三晋之事。

【校】旧校云：“‘迭’，一作‘亟’。”今案注，作“亟”为是。

④ 愿闻践绳之节、四上之志也。

⑤ 言不足问。

⑥ 禁，止也。

⑦ 释，舍。

⑧ 生重利轻。言令必生犹不可使也，但以所利谕之，何足以使之？

⑨ 死重害轻也。言为义者，虽死为之，故曰“不足以禁之”。死且犹弗禁，何况害也，何足以禁之也？

⑩ 出，去。

⑪ 使贤以义，使不肖以利，故曰“异”也。

⑫ 言赏必生、罚必死，不肖者喜生恶死，则可使矣。

⑬ 贤者不畏义死，不好不义生，唯义之所在，死生一也。

⑭ 尽可得使为己用也。

召　类

四曰：

类同相召，[①]气同则合，[②]声比则应。[③]故鼓宫而宫应，[④]鼓角而角动。[⑤]以龙致雨，以形逐影。[⑥]祸福之所自来，众人以为命，焉不知其所由。故国乱非独乱，有必召寇。[⑦]独乱未必亡也，召寇则无以存矣。

① 召，致也。

② 合，会也。

③ 应，和也。

④ 鼓大宫，小宫应。

⑤ 击大角，小角动。

⑥ 龙，水物也，故致雨。影出于形，形行日中则影随之，故曰“以形逐影”。

⑦ 召，致。

【校】有读曰又。

凡兵之用也，用于利，用于义。[①]攻乱则服，服则攻者利；[②]攻乱则义，义则攻者荣。[③]荣且利，中主犹且为之，有况于贤主乎？[④]故割地宝器，戈剑卑辞屈服，不足以止攻，唯治为足。[⑤]治则为利者不攻矣，[⑥]为名者不伐矣。[⑦]凡人之攻伐也，非为利则固为名也。名实不得，国虽强大，则无为攻矣。[⑧]兵所自来者久矣。尧战于丹水之浦，以服南蛮；[⑨]舜却苗民，更易其俗；[⑩]禹攻曹魏、屈骜、有扈，以行其教。[⑪]三王以上，固皆用兵也。乱则用，治则止。治而攻之，不祥莫大焉；乱而弗讨，害民莫长焉。此治乱之化也，[12]文武之所由起也。文者爱之徵也，武者恶之表也。爱恶循义，文武有常，圣人之元也。[13]譬之若寒暑之序，时至而事生之。圣人不能为时，而能以事适时。事适于时者，其功大。[14]

①《传》曰："利，义之和也。"

② 得其利。

③ 得荣名也。

④【校】有读曰又。

⑤ 足以止人攻。

⑥ 为利动者不来攻己。

⑦ 为武移者不来伐己。

⑧ 无名实之国虽强大，则无为往攻之矣。《传》曰"取乱侮亡"此是也。

⑨ 丹水在南阳。浦，岸也，一曰崖也。

【校】梁仲子云："《水经·丹水注》引作'尧有丹水之战，以服南蛮'。"

⑩ 苗民，有苗也。却犹止。更，改。

⑪《春秋传》曰"启伐有扈"，言屈骜，不知出何书也。

【校】案：《路史·国名纪》："夏后攻曹魏、屈骜，《吕览》云'启'。《潜夫论》'曹，姜姓'。詹伯曰'祖自夏，以稷、魏、骀为吾西土'。《盟会图》云'嬴姓。隰之吉乡北有古屈城，北屈也'。"旧本"禹攻曹魏"下有小注"攻伐"二字，此殊可省，且其离句亦非也。

⑫ 化，变也。

⑬ 元，宝。

⑭ 事之适得其时，则无不成，故功大。

士尹池为荆使于宋，司城子罕觞之。[1]南家之墙犨于前而不直，[2]西家之潦径其宫而不止。[3]士尹池问其故，[4]司马子罕曰："南家工人也，为鞔者也。[5]吾将徙之，其父曰：'吾恃为鞔以食三世矣，[6]今徙之，是宋国之求鞔者不知吾处也，吾将不食。[7]愿相国之忧吾不食也。'为是故，吾弗徙也。西家高，吾宫庳，潦之经吾宫也利，故弗禁也。"士尹池归荆，荆王适兴兵而攻宋，士尹池谏于荆王曰："宋不可攻也。其主贤，[8]其相仁。[9]贤者能得民，[10]仁者能用人。[11]荆国攻之，其无功而为天下笑乎！"故释宋而攻郑。孔子闻之曰："夫修之于庙堂之上，而折冲乎千里之外者，其司城子罕之谓乎！"[12]宋在三大万乘之间，[13]子罕之时，无所相侵，边境四益，[14]相平公、元公、景公以终其身，其唯仁且节与！[15]故仁节之为功大矣。[16]故明堂茅茨蒿柱，土阶三等，以见节俭。[17]

① 司城，司空，卿官。宋武公名司空，故改为司城。觞，爵饮尹池酒也。

【校】"士尹池"，《御览》四百十九引作"工尹他"，《新序·刺奢》篇与此同。

② 犨犹出。曲出子罕堂前也。

③ 西家地高，潦东流经子罕之宫而不禁。

【校】"径"，《新序》、《御览》作"经"。旧校云："一作'注'。"孙云："李善注《文选》张景阳《杂诗》引作'注于庭下而不止'。"

④ 问不直墙、不止潦之故。

⑤ 鞔，履也。作履之工也。一曰：鞔，靷也。作车靷之工也。

【校】"者也"，旧本作"百也"，讹，今改正。《说文》云"鞔，履空也"，徐曰"履殼"。

⑥ 作鞔以共食。

⑦ 鞔不售，无以自食。

⑧ 主，君。

⑨ 相，子罕。

⑩ 得民欢心。

⑪ 人为之用也。

⑫ 冲车所以冲突敌之军，能陷破之也。有道之国，不可攻伐，使欲攻己者折还其冲车于千里之外，不敢来也。

⑬ 南有楚，北有晋，东有齐，故曰“三大万乘之间”也。

⑭ 四境不侵削则为益。

⑮ 节，俭也。

⑯ 按《春秋》，子罕杀宋昭公，不但相三君以终身。

【校】梁伯子云：“春秋时，子罕是乐喜，乃宋贤臣，奈何以为杀君乎？战国时，宋亦有昭公，其时亦有子罕，逐君擅政，如《韩非子》、《韩诗外传》、《淮南》、《说苑》诸书所说耳。”

⑰ 等，级也。茅可覆屋，蒿非柱任也，虽云俭节，实所未闻。

【校】案：《大戴·盛德》篇云：“周时德泽洽和，蒿茂大，以为宫柱，名蒿宫也。”

赵简子将袭卫，使史默往睹之，[①]期以一月，六月而后反。[②]赵简子曰：“何其久也？”史默曰：“谋利而得害，犹弗察也。[③]今蘧伯玉为相，史鰌佐焉，[④]孔子为客，子贡使令于君前，甚听。[⑤]《易》曰：‘涣其群，元吉。’涣者贤也，群者众也，元者吉之始也。‘涣其群元吉’者，其佐多贤也。”[⑥]赵简子按兵而不动。凡谋者，疑也。疑则从义断事，从义断事则谋不亏，谋不亏则名实从之。[⑦]贤主之举也，岂必旗偾将毙而乃知胜败哉？察其理而得失荣辱定矣。故三代之所贵，无若贤也。[⑧]

① 睹，视。

【校】《御览》四百二引作“瞶之”，注“瞶，视也，音贵”。案：睹，见也，疑非视义。

② 反，还也。

③ 察，知。

④ 伯玉，卫大夫蘧庄子无咎之子瑗，谥曰成子。史鳝亦卫之大夫，字子鱼。《论语》云“直哉史鱼”。

⑤ 君从其言。

⑥ 谓孔子、子贡之客也。吴公子札适卫，说蘧瑗、史鳝、公子荆、公叔发、公子犨曰“卫多君子，未有患也”，故曰“其佐多贤也”。

【校】案：《左传》“蘧瑗”下有“史狗”，陆德明作“史朝”，此公子犨疑是“鼂”之讹，即“朝”也。但公子朝通于宣姜，惧而作乱，不得为贤。梁伯子云“或是公孙朝”。

⑦ 既有美名，又有其实，故曰“名实从之”。

⑧ 若，如也。

达 郁

五曰：

凡人三百六十节、九窍、五藏、六府，肌肤欲其比也，[①]血脉欲其通也，[②]筋骨欲其固也，[③]心志欲其和也，[④]精气欲其行也，[⑤]若此则病无所居而恶无由生矣。病之留、恶之生也，精气郁也。[⑥]故水郁则为污，[⑦]树郁则为蠹，[⑧]草郁则为蒉。[⑨]

国亦有郁。生德不通,[10]民欲不达,此国之郁也。国郁处久,则百恶并起而万灾丛至矣,[11]上下之相忍也,由此出矣。[12]故圣王之贵豪士与忠臣也,为其敢直言而决郁塞也。

① 比犹致也。

【校】谓致密。

② 通,利。

③ 固,坚。

④ 和,调也。

⑤ 精气以行血脉,荣卫三百六十节,故曰“欲其行也”。

⑥ 郁,滞,不通也。

⑦ 水浅不流,污也。

⑧ 蠹,蝎,木中之虫也。

⑨ 蕢,秽。

【校】梁仲子云:“《续汉书·郡国志三》注引《尔雅》‘木立死曰菑’,又引此‘草郁即为菑’,疑‘蕢’本是‘蔷’字,即‘菑’也,因形近而讹。”

⑩【校】“生德”疑“主德”。

⑪ 丛,聚也。

⑫ 出,生也。

周厉王虐民,国人皆谤。[1]召公以告曰:“民不堪命矣!”王使卫巫监谤者,[2]得则杀之。国莫敢言,道路以目。[3]王喜,以告召公曰:“吾能弭谤矣!”[4]召公曰:“是障之也,非弭之也。[5]防民之口,甚于防川。川壅而溃,败人必多。夫民犹是也。是故治川者决之使导,治民者宣之使言。是故天子听政,使公卿列士正谏,好学博闻献诗,曚箴师诵,[6]庶人传语，[7]近臣尽规，[8]亲戚补察，而后王斟酌焉。[9]是以下无遗善，[10]上无过举。[11]今王塞下之口而遂上之过，恐为社稷忧。”王弗听也。三年，国人流王于彘。[12]此郁之败也。郁者，不阳也。周鼎著鼠，令马履之，为其不阳也。不阳者，亡国之俗也。

① 谤，怨。

② 召公，周大夫召公奭也。监，视。

【校】召公奭未必至厉王时尚在。据韦昭注《周语》，以为召康公之后穆公虎也。

③ 以目相视而已，不敢失言。

④ 弭，止也。

⑤ 障，防。

⑥ 目不见曰矇。师，瞽师。《诗》云“矇叟奏功”。

【校】《周语》云：“使公卿至于列士献诗，瞽献曲，史献书，师箴，瞍赋，矇诵，百工谏。”注引《诗》与今《毛诗》异。案《诗释文》云：“‘瞍’，依字作‘叟’。”又案《史记·屈原传》集解亦引作“奏功”。

⑦ 庶人，无官者，不得见王，故传语，因人以通。

⑧ 规，谏。

⑨ 斟酌，取其善而行。

⑩ 善皆达王所。

⑪ 过，失。

⑫ 流，放也。彘，河东永安是也。

管仲觞桓公。日暮矣，桓公乐之而徵烛。[1]管仲曰：“臣卜其昼，未卜其夜。君可以出矣。”[2]公不说曰：“仲父年老矣，寡人与仲父为乐将几之？请夜之。”[3]管仲曰：“君过矣。

夫厚于味者薄于德，沉于乐者反于忧。壮而怠则失时，[4]老而解则无名。[5]臣乃今将为君勉之，[6]若何其沉于酒也？”管仲可谓能立行矣。凡行之墮也于乐，[7]今乐而益饬；[8]行之坏也于贵，[9]今主欲留而不许。伸志行理，贵乐弗为变，以事其主。此桓公之所以霸也。[10]

① 觞，飨也。徵，求也。

【校】“日暮”旧作“曰暮”，讹，今改正。

② 出，罢。

【校】疑是“几何”。

③ 以夜继昼。

④ 怠，懈。

⑤ 无善终之名。

【校】注旧本作“之始”，讹。

⑥ 勉，励。励君使不沉于夜乐。

⑦ 墮，坏。酣乐。

⑧ 饬，正也。

⑨ 贵则骄。

⑩ 管仲不与桓公烛，不留桓公夜乐，所以能致桓公于霸也。

【校】梁伯子云：“《管子·中匡》篇所载略同。又《说苑·反质》篇以为景公、晏子事，恐皆由《左传》而附会耳”。

列精子高听行乎齐湣王，[1]善衣东布衣，白缟冠，颡推之履，特会朝雨袪步堂下，谓其侍者曰：“我何若？”[2]侍者曰：“公姣且丽。”[3]列精子高因步而窥于井，粲然恶丈夫之状也，[4]喟然叹曰：“侍者为吾听行于齐王也，夫何阿哉！[5]又况于所听行乎万乘之主？人之阿之亦甚矣，[6]而无所镜其残，亡无日矣。[7]孰当可而镜？[8]其唯士乎！”[9]人皆知说镜之明己也，而恶士之明己也。[10]镜之明己也功细，[11]士之明己也功大。[12]得其细，失其大，不知类耳。[13]

① 列精子高，六国时贤人也。听行，其德行见敬于齐王也。湣王，宣王之子。

② 颡推之履，弊履也。袪步，举衣而步也。列精子高自谓其从者曰：我好丑如何也？

【校】郑注《礼记》“深衣曰善衣，朝祭之服也”，然则颡推之履必非弊履可知。列精子高方且自矜其容以问侍者，恶有著弊履者乎？高不能注，不若阙诸。

③ 姣、丽，皆好貌也。

【校】孙云：“李善注《文选》陆士衡《日出东南隅行》‘高台多妖丽’引此‘姣’作‘妖’。”

④ 临井自照，见不好，故曰“恶丈夫之状也”。

⑤ 阿，曲媚也。列精子高言侍者以我为齐王所听而敬，谓我美丽，不言恶，故曰阿我也。

【校】注“以我”，旧本缺“以”字，今补。

⑥ 万乘之主，谓齐王。从者且犹阿我而云美且丽也，人之阿齐王，齐王实不良而言其良，甚于己侍者之言也。

【校】此又影合“邹忌修”事。

⑦ 言齐王无所用自见其残暴也，亡无期日矣。

⑧ 孰，能。镜，照。

⑨ 独士履礼蹈正，不阿于俗，而能镜之也。

⑩ 镜明见人之丑，而人不椎镜破之，而抆以玄锡，摩以白旃，是说镜之明己也。士有明己者，陈己之短，欲令改之，以除其病，而不德之，反欲杀

之，是恶士之明己也。

【校】注“丑”旧作“首”，又“改”作“长”，皆讹，今案文义改正。

⑪ 细，小。

⑫ 正己之服而以匡君致治，安定社稷，故功之大也。

⑬ 类，事。

赵简子曰：“厥也爱我，铎也不爱我。[①]厥之谏我也，必于无人之所；[②]铎之谏我也，喜质我于人中，[③]必使我丑。”[④]尹铎对曰：“厥也爱君之丑也，[⑤]而不爱君之过也；[⑥]铎也爱君之过也，而不爱君之丑也。臣尝闻相人于师，敦颜而土色者忍丑。[⑦]不质君于人中，恐君之不变也。”[⑧]此简子之贤也，人主贤则人臣之言刻。[⑨]简子不贤，铎也卒不居赵地，[⑩]有况乎在简子之侧哉？[⑪]

① 厥，赵厥，赵简子家臣也，铎，尹铎，亦家臣也。《传》曰：“季孙之爱我，疾疹也。孟孙之恶我，药石也。美疹不如恶石。”此之谓也。

【校】梁仲子云：“《说苑・臣术》篇作‘尹绰’、‘赦厥’，此注云‘赵厥’，未知所本。又‘疹’，《左传》作‘疢’。”

② 所，处也。

③ 质，正。

④ 丑，恶。

【校】案：丑当训耻。

⑤ 爱，惜。

⑥ 过，明也。

【校】案：过当训失。

⑦ 敦，厚也。土色，黄色也。土为四时五行之主，多所戴受，故能辱忍丑也。谓简子之色也。

【校】注“戴受”疑是“载受”，别本“受”作“爱”，今从许本作“受”。

⑧ 变，改。

⑨ 刻，尽。

⑩ 居，处。

⑪ 侧，犹在左右也。

行　论

六曰：

人主之行与布衣异，① 势不便，时不利，事仇以求存，② 执民之命。执民之命，重任也，不得以快志为故。③ 故布衣行此指于国，不容乡曲。④

① 布衣，匹夫。

② 仇，周也。

【校】旧校云：“‘存’一作‘全’。”

③ 故，事也。

④ 指犹志。布衣之人行此志于国，不能自容于乡曲。

尧以天下让舜。① 鲧为诸侯，怒于尧曰：“得天之道者为帝，得帝之道者为三公。今我得地之道，而不以我为三公。”以尧为失论，② 欲得三公，怒甚猛兽，欲以为乱，比兽之角能以为城，③ 举其尾能以为旌，④ 召之不来，仿佯于野以患帝。

舜于是殛之于羽山，副之以吴刀。[5]禹不敢怨而反事之，官为司空，[6]以通水潦，颜色黎黑，步不相过，窍气不通，以中帝心。[7]

① 让犹予也。

② 论犹理也。

③ 以为城池之固。

④ 以为旌旗之表也。

⑤ 羽山，东极之山也。《书》云"鲧乃殛死"，先殛后死也。

【校】副，当读如"为天子削瓜者副之"之副。梁仲子云："《海内经》郭注引《启筮》'副'作'剖'。"

⑥ 禹，鲧子也。不敢怨舜而还事舜，治水土者也。

【校】案：注"者"字衍。

⑦ 中犹得。

昔者纣为无道，杀梅伯而醢之，杀鬼侯而脯之，以礼诸侯于庙。[1]文王流涕而咨之。[2]纣恐其畔，欲杀文王而灭周。文王曰："父虽无道，子敢不事父乎？君虽不惠，臣敢不事君乎？孰王而可畔也？"纣乃赦之。天下闻之，以文王为畏上而哀下也。《诗》曰："惟此文王，小心翼翼。昭事上帝，聿怀多福。"[3]

① 肉酱为醢。肉熟为脯。梅伯、鬼侯皆纣之诸侯也。梅伯说鬼侯之女美，令纣取之，纣听妲己之谮曰以为不好，故醢梅伯、脯鬼侯，以其脯燕诸侯于庙中。

【校】注"曰"字疑是"因"。

② 咨，嗟叹辞。

③《诗·大雅·大明》之三章。言文王小心翼翼然敬慎，明于事上，不敢携贰，所以得众福也。

齐攻宋，燕王使张魁将燕兵以从焉，齐王杀之。燕王闻之，泣数行而下，召有司而告之曰："余兴事而齐杀我使，请令举兵以攻齐也。"[1]使受命矣。凡繇进见，争之曰："贤王故愿为臣。今王非贤主也，愿辞不为臣。"[2]昭王曰："是何也？"对曰："松下乱，先君以不安弃群臣也。王苦痛之，而事齐者，力不足也。[3]今魁死而王攻齐，是视魁而贤于先君。"王曰："诺。"[4]"请王止兵。"[5]王曰："然则若何？"凡繇对曰："请王缟素辟舍于郊，遣使于齐，客而谢焉，曰：'此尽寡人之罪也。大王贤主也，岂尽杀诸侯之使者哉？然而燕之使者独死，此弊邑之择人不谨也。愿得变更请罪。'"[6]使者行至齐，[7]齐王方大饮，左右官实，御者甚众，因令使者进报。[8]使者报言燕王之甚恐惧而请罪也，毕，又复之，以矜左右官实。[9]因乃发小使以反令燕王复舍。[10]此济上之所以败，[11]齐国以虚也。七十城，微田单，固几不反。[12]湣王以大齐骄而残，田单以即墨城而立功。[13]诗曰："将欲毁之，必重累之；将欲踣之，必高举之。"其此之谓乎！[14]累矣而不毁，举矣而不踣，[15]其唯有道者乎！[16]

①【校】"请令"疑当作"请今"。

② 辞，去也。

③ 昭王，燕王子哙之子。先君，谓子哙也。松下，地名也。齐伐燕，子

哙与松下战，为齐所获，故曰“弃群臣也”。王苦伤之而奉事齐者，盖力不足以伐齐。

④ 从凡繇谏也。

⑤ 请王出令止兵也。

⑥ 更，改更也。

⑦ 行，还也。

⑧ 使其使者进报燕使之至也。

⑨ 说燕王谓伏罪，讫，又复使说之，以自矜大于左右官实。官，长也。使闻知也。

⑩ 小使，微者也。反燕王使复舍也。

⑪ 此齐所以为燕军所败于济上也。

⑫ 虚，弱也。燕昭王使乐毅伐齐，得七十余城，事未讫，使骑劫代之，田单率即墨市民击骑劫军，尽破之，悉反其城，故曰无田单几不反矣。

【校】“不反”，旧作“不及”，注末作“几不及免矣”，两“及”字皆当作“反”，又“免”字衍，今并删正。

⑬ 湣王骄暴，淖齿杀之，擢其筋，悬之东庙，故曰“而残”也。田单以即墨市民大破燕军，故曰“而立功”也。

⑭ 诗，逸诗也。

⑮ 累之重，乃易毁也。踣，破也。举之高，乃易破也。以喻湣王骄乱甚，乃易破也。燕军攻高亦易破，使田单序其名也。

【校】据注，踣当读剖，与举为韵。“序其名”，“序”字必误，疑是“成其名”。

⑯ 有道者，能满而不溢，高而不危，故曰“其唯有道者乎”也。

楚庄王使文无畏于齐，过于宋，不先假道。[①]还反，华元言于宋昭公曰：“往不假道，来不假道，是以宋为野鄙也。[②]楚之会田也，故鞭君之仆于孟诸。[③]请诛之。”乃杀文无畏于扬梁之堤。[4]庄王方削袂，闻之曰："嘻！"[5]投袂而起，履及诸庭，[6]剑及诸门，[7]车及之蒲疏之市。[8]遂舍于郊，[9]兴师围宋九月。[10]宋人易子而食之，析骨而爨之。宋公肉袒执牺，[11]委服告病曰[12]："大国若宥图之，唯命是听。"庄王曰："情矣，宋公之言也！[13]乃为却四十里，[14]而舍于卢门之阖，[15]所以为成而归也。[16]凡事之本在人主，[17]人主之患在先事而简人，简人则事穷矣。今人臣死而不当，亲帅士民以讨其故，[18]可谓不简人矣。宋公服以病告而还师，[19]可谓不穷矣。夫舍诸侯于汉阳[20]而饮至者，其以义进退邪？[21]强不足以成此也。[22]

① 庄王，楚穆王商臣之子，恭王之父也。无畏申周，楚大夫也，使如齐，不假道于宋也。

【校】申周即申舟，古字通。

② 昭公，宋成公王臣之子杵臼。往来不假道，欲以宋为鄙邑。

③ 言往日与楚会田于孟诸，无畏挞宋公之仆。

④【校】梁仲子云："案：扬梁，宋地，见《左氏襄十二年传》。又《水经注》'涣水又东径杨亭北，即春秋杨梁也'，近水，故有堤防。'杨'、'扬'古通用。""堤"，李本作"腹"。

⑤ 嘻，怒貌也。

【校】孔太史广森《经学卮言》曰："削，裁也。投袂，投其所削之袂也。《左氏宣十四年传》文未备，杜氏遂以投为振，壹若拂袖之义，误已。"

⑥《传》曰"履及于绖皇"也。

⑦《传》曰"剑及寝门"。

⑧【校】"蒲疏"，《左传》作"蒲胥"，二字通。

⑨ 邑外曰郊。

⑩ 围宋在鲁宣公十四年。

⑪ 牺，牲也。

⑫ 病，困。

⑬【校】旧校云："'情'一作'殆'。"

⑭【校】《左传》作"三十里"。

⑮ 卢门，宋城门。阖，扉也。

⑯ 成，平。

⑰【校】旧此下有"之患"二字，乃因下文而衍，今删。

⑱ 讨，伐也。

⑲ 还，反也。

⑳ 水北曰阳。

【校】"舍"疑"合"字误。

㉑ 叛而讨之，以义进也。服而舍之，以义退也。

㉒《传》曰"强而不义，其毙必速"，唯义以济，故曰强不足以成也。

【校】注"毙"旧作"弊"，今据昭元年《左氏传》改正。

骄　恣

七曰：

亡国之主，必自骄，必自智，必轻物。[①] 自骄则简士，[②] 自智则专独，[③] 轻物则无备。[④] 无备召祸，专独位危，简士壅塞。[⑤] 欲无壅塞必礼士，欲位无危必得众，欲无召祸必完备。三者，人君之大经也。[⑥]

① 自谓有过人之智，故曰“轻物”。

② 简，傲也。

③ 不咨忠臣。

④《传》曰“无备而官办者，犹拾潘也”，此之谓也。

【校】旧本无“办者”二字，今从哀三年《左传》文补。又“潘”，《传》作“瀋”。

⑤ 士不尽规，故壅塞无闻知。

⑥ 经，道也。

晋厉公侈淫，好听谗人，欲尽去其大臣而立其左右。胥童谓厉公曰：“必先杀三郄。[①]族大多怨，去大族不逼。”[②]公曰：“诺。”乃使长鱼矫杀郄犨、郄锜、郄至于朝而陈其尸。于是厉公游于匠丽氏，栾书、中行偃劫而幽之，[③]诸侯莫之救，百姓莫之哀，[④]三月而杀之。人主之患，患在知能害人，而不知害人之不当而反自及也。[⑤]是何也？智短也。智短则不知化，不知化者举自危。[⑥]

① 三郄，锜、犨、至也。

② 不逼迫公室。

③ 栾书，武子也。中行偃，荀偃，荀伯游献子也。幽，囚也。

【校】偃字伯游。

④ 言厉公之恶。

⑤ 不当，谓害贤近不肖。自及，死于匠丽氏。

⑥ 危，败。

魏武侯谋事而当，攘臂疾言于庭曰：“大夫之虑莫如寡人矣！”[①]立有间，再三言。[②]李悝趋进曰[③]：“昔者楚庄王谋事而当，有大功，退朝而有忧色。左右曰：‘王有大功，退朝而有忧色，敢问其说？’王曰：‘仲虺有言，不穀说之，[④]曰：诸侯之德，能自为取师者王，能自取友者存，其所择而莫如己者亡。[⑤]今以不穀之不肖也，群臣之谋又莫吾及也，我其亡乎？’[⑥]曰：“此霸王之所忧也，而君独伐之，其可乎？”[⑦]武侯曰：“善。”人主之患也，不在于自少，而在于自多。自多则辞受，[⑧]辞受则原竭。[⑨]李悝可谓能谏其君矣，壹称而令武侯益知君人之道。

① 武侯，文侯之子也。疾言于庭，伐智自大也。

② 言自多也。

③【校】《荀子·尧问》篇、《新序·杂事一》“李悝”皆作“吴起”。

④ 仲虺，汤左相也。不穀，自谓也。

⑤ 择，取也。孔子曰：“无友不如己者，过则勿惮改。”故曰取无如己者亡。

【校】《困学纪闻》二引此，“取友”上亦有“为”字。

⑥ 今以不穀之名不肖，群臣之谋又无如吾，无能相匡以济道，故曰“我其亡乎”。

【校】注“名”字似衍。

⑦ 霸王唯此之忧，忧不得友而自存也，而独自务伐，言不可。

⑧ 辞受，当受言而不受。

⑨ 不受谋臣之言而自谋之，则谋虑之言竭尽也。

【校】卢云：“原，水之原也。川仰浦而后大，君受言而后圣，原其可竭乎？”

齐宣王为大室,[1]大益百亩,[2]堂上三百户。以齐之大,具之三年而未能成。[3]群臣莫敢谏王。[4]春居问于宣王曰[5]:“荆王释先王之礼乐而乐为轻,[6]敢问荆国为有主乎?”王曰:“为无主。”[7]“贤臣以千数而莫敢谏,敢问荆国为有臣乎?”王曰:“为无臣。”[8]“今王为大室,其大益百亩,堂上三百户。以齐国之大,具之三年而弗能成。群臣莫敢谏,敢问王为有臣乎?”王曰:“为无臣。”[9]春居曰:“臣请辟矣!”趋而出。[10]王曰:“春子,春子,反!何谏寡人之晚也?寡人请今止之。”遽召掌书曰:“书之,[11]寡人不肖,而好为大室,春子止寡人。”箴谏不可不熟。莫敢谏若,非弗欲也。春居之所以欲之与人同,其所以入之与人异。宣王微春居,几为天下笑矣。[12]由是论之,失国之主,多如宣王,然患在乎无春居。故忠臣之谏者,亦从入之,不可不慎。此得失之本也。[13]

①【校】“大”旧作“太”,今从《新序·刺奢》篇校改。

②【校】“益”,《新序》作“盖”,下同。《御览》一百七十四同。

③ 宣王,齐威王之子,孟子所见易衅钟之牛者也。成,立也。

④ 莫,无。

⑤【校】“春居”,《新序》作“香居”。

⑥《语》曰“君子不重则不威”,而反自乐,何以为贤也?

【校】注“反自”旧本倒,今乙正。

⑦ 为无贤主。

⑧ 为无贤臣。

⑨【校】“臣”字旧本缺,从《新序》补。

⑩ 出,去也。

⑪【校】“掌”,《新序》作“尚”。尚,主也。

⑫ 微，无。几，近。

⑬ 本，原也。

赵简子沉鸾徼于河，[1]曰："吾尝好声色矣，而鸾徼致之；吾尝好宫室台榭矣，而鸾徼为之；吾尝好良马善御矣，而鸾徼来之。[2]今吾好士六年矣，而鸾徼未尝进一人也。是长吾过而绌善也。"[3]故若简子者，能厚以理督责于其臣矣。[4]以理督责于其臣，则人主可与为善，而不可与为非；可与为直，而不可与为枉。此三代之盛教。

①【校】《说苑·君道》篇作"栾激"，《水经·河水四注》同。

②【校】《说苑》"来"作"求"。

③ 所得者皆过，所不进者乃善，故曰"长吾过而绌善也"。

【校】《说苑》作"而黜吾善也"。

④【校】"厚"，旧本作"后"，今从《水经注》四引改正。

观 表

八曰：

凡论人心，观事传，不可不熟，不可不深。天为高矣，而日月星辰云气雨露未尝休也；[1]地为大矣，而水泉草木毛羽裸鳞未尝息也。[2]凡居于天地之间、六合之内者，其务为相安利也，夫为相害危者，不可胜数。人事皆然。事随心，心随欲。欲无度者，其心无度。心无度者，则其所为不可知矣。人之心隐匿难见，渊深难测。[3]故圣人于事志焉。圣人之所以过人以先知，先知必审徵表。[4]无徵表而欲先知，尧、舜与众人同等。[5]徵虽易，表虽难，圣人则不可以飘矣，[6]众人则无道至焉。[7]无道至则以为神，以为幸。[8]非神非幸，其数不得不然。[9]郈成子、吴起近之矣。[10]

① 休，止也。

【校】"休也"，旧本作"休矣"，今从《意林》作"也"。

② 毛虫，虎狼之属也。羽虫，凤皇鸿鹄鹤鹙之属也。裸虫，麒麟麋鹿牛羊之属也，蹄角裸见，皆为裸虫。鳞虫，蛇鳞之属。

③ 测犹知也。

④ 徵，应。表，异。一曰奇表。

⑤ 圣人以徵表为异也。

⑥ 飘，疾也。必翔而后集，故不可以疾也。

⑦ 徵无表以道以至先也。

⑧ 无表之道，能过绝于人以先知者，则以为有神有幸。

⑨ 言非有神非有幸者必须表，故曰"其数不得不然"。

⑩【校】旧校云："'近'一作'有'。"

郈成子为鲁聘于晋，过卫，[1]右宰穀臣止而觞之，陈乐而不乐，酒酣而送之以璧。[2]顾反，过而弗辞。[3]其仆曰："曏者右宰穀臣之觞吾子，吾子也甚欢。[4]今侯渫过而弗辞？"[5]郈成子曰："夫止而觞我，与我欢也。陈乐而不乐，告我忧也。酒酣而送我以璧，[6]寄之我也。若由是观之，卫其有乱乎！"

倍卫三十里，[7]闻甯喜之难作，右宰穀臣死之。[8]还车而临，三举而归。[9]至，使人迎其妻子，隔宅而异之，[10]分禄而食之。其子长而反其璧。[11]孔子闻之，曰："夫智可以微谋，仁可以托财者，[12]其郈成子之谓乎！"郈成子之观右宰穀臣也，深矣，妙矣。不观其事而观其志，可谓能观人矣。

① 郈成子，鲁大夫也，郈敬子国之子，郈青孙也。适晋，道经卫。

【校】梁仲子云："《外传·鲁语上》注'国'作'同'。"

② 右宰穀臣，卫大夫也。以璧送郈成子。

【校】李善注《文选》刘孝标《广绝交论》"穀臣"作"轂臣"。

③ 反，还也。自晋还，过卫，不辞右宰穀臣。

④ 緜，囊也。甚，厚也。

⑤ 侯，何也。重过为渫过。何为不辞右宰。

⑥【校】旧本作"送之我以璧"，《孔丛子·陈士义》篇及《广绝交论注》皆无"之"字，今据删。

⑦【校】《孔丛》、《选注》"倍"皆作"背"。

⑧ 甯喜，卫大夫甯惠子殖之子悼子也。惠子与孙林父共逐献公出之。惠子疾，临终，谓悼子曰："吾得罪于君，名载诸侯之策。君入则掩之。若能掩之，则吾子也。"悼子许诺。鲁襄二十六年，杀卫侯剽而纳献公，故曰"甯喜之难作"也。

⑨ 临，哭也。右宰息如是者三，故曰"三举"。

【校】注"右宰息"三字有讹脱，疑当作"右宰一哭一息"。

⑩【校】《孔丛》"异"作"居"。

⑪ 反，还也。

⑫【校】《孔丛》作"仁可与托孤，廉可与寄财者"。

吴起治西河之外，[1]王错谮之于魏武侯，武侯使人召之。

吴起至于岸门，止车而休，望西河，泣数行而下。其仆谓之曰："窃观公之志，视舍天下若舍屣。[②]今去西河而泣，何也？"吴起雪泣而应之曰[③]："子弗识也。君诚知我，而使我毕能，[④]秦必可亡，而西河可以王。[⑤]今君听谗人之议，而不知我，西河之为秦也不久矣，[⑥]魏国从此削矣。"[⑦]吴起果去魏入荆，而西河毕入秦，魏日以削，秦日益大。此吴起之所以先见而泣也。

① 吴起，卫人，仕于魏文侯，为治西河。

【校】注旧本作"魏侯"，今补"文"字。

② 屣，弊履。

【校】前《长见》篇已载此事，两"舍"字皆作"释"。

③ 雪，拭也。

④ 毕，尽。

⑤ 可以立王政也。

⑥ 言西河畔魏入于秦也。

⑦ 削，弱也。

古之善相马者，寒风是相口齿，[①]麻朝相颊，子女厉相目，卫忌相髭，许鄙相脈，[②]投伐褐相胸胁，管青相膹肳，[③]陈悲相股脚，秦牙相前，赞君相后。[④]凡此十人者，皆天下之良工也。若赵之王良，秦之伯乐、九方堙，尤尽其妙矣。[⑤]其所以相者不同，[⑥]见马之一徵也，[⑦]而知节之高卑，足之滑易，材之坚脆，能之长短。非独相马然也，人亦有徵，事与国皆有徵。圣人上知千岁，下知千岁，非意之也，盖有自云也。绿图幡薄，从此生矣。[⑧]

①【校】“寒风”,《淮南·齐俗训》作“韩风”,又“是”字朱本作“氏”。案:“寒”、“韩”,“是”、“氏”,古皆通用。

② 脈,后窍也。脈字读如穷穹之穹。

【校】“脈”乃“尻”之俗体,《玉篇》“苦刀切”,此音读未详。

③【校】李善注《文选》张景阳《七命》作“唇吻”,《御览》八百九十六同。

④【校】“赞”,《御览》作“赍”。

⑤【校】以上十七字旧本无,据《七命》注补。孙云:“又见《七发》及《荐祢衡表》、《与吴季重书》注,无‘九方堙’。”

⑥ 以,用。

⑦ 徵,验也。

⑧ 幡亦薄也,锻作铁物,言薄令薄也。

【校】语未详,当出纬书。注亦欠明。“言薄”或是“言幡”。梁仲子云:“《淮南·俶真训》有‘洛出丹书,河出绿图’语。”

第二十一卷　开春论

开　春

一曰：

开春始雷，则蛰虫动矣。①时雨降，则草木育矣。②饮食居处适，则九窍百节千脉皆通利矣。③王者厚其德，积众善，而凤皇圣人皆来至矣。④共伯和修其行，好贤仁，而海内皆以来为稽矣。⑤周厉之难，天子旷绝，⑥而天下皆来谓矣。⑦以此言物之相应也，故曰行也成也。善说者亦然。言尽理而得失利害定矣，岂为一人言哉？⑧

① 动，苏也。

② 育，长也。

③ 通利，不壅闭，无疾病矣。

④ 雄曰凤，雌曰皇，三代来至门庭，周室至于山泽。《诗》云“凤皇鸣矣，于彼高冈”，此之谓也。圣人皆来至，谓尧得夔、龙、稷、契，舜得益，汤得伊尹，武丁得傅说之属是也。

⑤ 共，国；伯，爵；夏时诸侯也。以好贤仁而人归之，皆以来附为稽迟也。

【校】案《竹书纪年》，厉王十二年奔彘，十三年共伯和摄行天子事，至二十六年宣王立，共伯和遂归国。诱时《竹书》未出，故说此多讹。

⑥ 难，厉王流于彘也。周无天子十一年，故曰“旷绝”也。

⑦ 谓天子也。

⑧ 善说者大言天下之事，得其分理，爱之不助，憎之不枉，故曰"岂为一人言哉"。

魏惠王死，葬有日矣。[1]天大雨雪，至于牛目。群臣多谏于太子者，曰："雪甚如此而行葬，民必甚疾之，[2]官费又恐不给，[3]请弛期更日。"[4]太子曰："为人子者，以民劳与官费用之故，而不行先王之葬，不义也。子勿复言。"群臣皆莫敢谏，而以告犀首。[5]犀首曰："吾未有以言之。[6]是其唯惠公乎？请告惠公。"[7]惠公曰："诺。"驾而见太子，曰："葬有日矣？"太子曰："然。"惠公曰："昔王季历葬于涡山之尾，灓水啮其墓，[8]见棺之前和。[9]文王曰：'嘻！先君必欲一见群臣百姓也，天故使灓水见之。'[10]于是出而为之张朝，百姓皆见之，三日而后更葬。此文王之义也。今葬有日矣，而雪甚，及牛目，难以行。太子为及日之故，得无嫌于欲亟葬乎？愿太子易日。先王必欲少留而抚社稷、安黔首也，故使雨雪甚。[11]因弛期而更为日，此文王之义也。若此而不为，意者羞法文王也？"太子曰："甚善。敬弛期，更择葬日。"惠子不徒行说也，又令魏太子未葬其先君而因有说文王之义。[12]说文王之义以示天下，岂小功也哉？

① 孟子所见梁惠王也。秦伐魏，魏徙都大梁。梁在陈留浚仪西大梁城是也。

② 【校】《战国·魏策》作"甚病之"。

③ 给，足也。

④ 更，改也。

⑤ 犀首，魏人公孙衍也。佩五国相印，能合从连横，号为“犀首”。

⑥ 未犹无也。

⑦ 言唯惠公能谏之也。惠公，惠王相惠施也。

⑧【校】梁仲子云：“《魏策》作‘楚山之尾’，《论衡·死伪》篇作‘滑山之尾’，《初学记》十四引作‘涡水之尾’。”“欒”从“水”，旧本讹从“木”。吴师道《国策》注：“姚宏云：‘欒音鸾，《说文》云漏流也，一曰渍也。’”

⑨ 棺题曰和。

【校】“题”旧本作“头”，据李善注《文选》谢惠连[1]《祭古冢文》所引改。《说文》云：“题，额也。”

⑩ 见犹出也。

【校】“天”，《国策》、《论衡》皆作“夫”。又“欒水”，《初学记》引作“明水”，《国策》注同。

⑪【校】《国策》无“雨”字。

⑫【校】“因有”当作“有因”，“有”与“又”同。《国策》作“又因”。

韩氏城新城，期十五日而成。①段乔为司空，有一县后二日，段乔执其吏而囚之。囚者之子走告封人子高曰：“唯先生能活臣父之死，②愿委之先生。”封人子高曰：“诺。”乃见段乔，自扶而上城。封人子高左右望曰：“美哉城乎！一大功矣，子必有厚赏矣。自古及今，功若此其大也，而能无有罪戮者，未尝有也。”封人子高出，③段乔使人夜解其吏之束缚也而出之。故曰封人子高为之言也，而匿己之为而为也；段乔听而行之也，匿己之行而行也。说之行若此其精也，封人子高可谓善说矣。

---

[1] 谢惠连：原本作“谢灵运”，误，据《文选》改。

① 韩氏本都弘农宜阳，其后都颍川阳翟。新城，今河南新城是也。故戎蛮子之国也。

② 子高，贤者也。封人，田大夫，职在封疆，故谓之封人。《周礼》亦有封人之官。《传》曰“颍考叔为颍谷封人”也。

③ 出，去也。

叔向之弟羊舌虎善栾盈。[①]栾盈有罪于晋，晋诛羊舌虎，叔向为之奴而䞘。[②]祈奚曰：“吾闻小人得位，不争不祥；[③]君子在忧，不救不祥。”[④]乃往见范宣子而说也，[⑤]曰：“闻善为国者，赏不过而刑不慢。赏过则惧及淫人，刑慢则惧及君子。与其不幸而过，宁过而赏淫人，毋过而刑君子。故尧之刑也，殛鲧于虞而用禹；[⑥]周之刑也，戮管、蔡而相周公；[⑦]不慢刑也。”宣子乃命吏出叔向。救人之患者，行危苦，不避烦辱，犹不能免。今祈奚论先王之德，而叔向得免焉。学岂可以已哉？类多若此。

① 栾盈，晋大夫栾书之孙、栾黡之子怀子也。

② 奴，戮也。律坐父兄没入为奴。《周礼》曰“其奴，男子入于罪隶”，此之谓也。䞘，系也。

【校】案：字书无“䞘”字，疑是“朡”，缩肉之意也。

③ 当谏君退之，故不争不祥也。

④ 忧，厄也。当谏君免之，故不救不祥也。

⑤ 祈奚，高梁伯之子祈黄羊也。为范宣子说叔向也。范宣子，范文子之子丐也。

【校】“丐”乃“匄”之或体。

⑥ 殛，诛也。于舜用禹。禹，鲧之子也。

⑦ 管叔，周公弟，蔡叔其兄也。二人流言，欲乱周室，而戮之。周公相成王而尹天下也。

【校】注以蔡叔为周公兄，误，说已见《察微》篇。

察　贤

二曰：

今有良医于此，治十人而起九人，所以求之万也。[①]故贤者之致功名也，比乎良医，而君人者不知疾求，岂不过哉？[②]今夫塞者，[③]勇力、时日、卜筮、祷祠无事焉，善者必胜。立功名亦然，要在得贤。[④]魏文侯师卜子夏，友田子方，礼段干木，[⑤]国治身逸。[⑥]天下之贤主，岂必苦形愁虑哉？执其要而已矣。[⑦]雪霜雨露时，则万物育矣，[⑧]人民修矣，疾病妖厉去矣。[⑨]故曰尧之容若委衣裘，以言少事也。

① 以术之良，故人多求之也。

② 人皆知求良医以治病，人君不知求贤臣以治国，故曰"岂不过哉"。

③【校】"塞"，旧本作"寒"，赵云"当作'塞'"，今从之。"塞"亦作"簺"，先代切，《说文》云"行綦相塞也"。

④ 要，约也。

⑤ 礼，式其间也。

⑥ 逸，不劳也。

⑦ 要，谓师贤友明，敬有德而已也。

⑧ 育，成也。

⑨ 妖，怪。厉，恶。去犹除也。

宓子贱治单父，[①]弹鸣琴，身不下堂，而单父治。巫马期以星出，以星入，日夜不居，以身亲之，而单父亦治。巫马期问其故于宓子，宓子曰："我之谓任人，子之谓任力。任力者故劳，任人者故逸。"[②]宓子则君子矣。逸四肢，全耳目，平心气，而百官以治，义矣，任其数而已矣。[③]巫马期则不然，弊生事精，[④]劳手足，烦教诏，虽治犹未至也。

① 子贱，孔子弟子宓不齐也。

【校】孙云："李善注《文选》潘正叔《赠河阳》诗'宓'作'虙'。"今案："虙"字是。虙羲字作此。

②【校】《说苑·政理》篇两"故"字作"固"，古通用。

③ 数，术也。

④【校】《说苑》作"弊性事情"。

期　贤

三曰：

今夫爚蝉者，务在乎明其火，振其树而已。火不明，虽振其树，何益？[①]明火不独在乎火，在于暗。[②]当今之时，世暗甚矣，人主有能明其德者，天下之士，其归之也，若蝉之走明火也。[③]凡国不徒安，名不徒显，必得贤士。[④]

① 虽振树，蝉飞去，不能得之，故曰“何益”也。

② 暗冥无所见，火乃光耳，故曰“在于暗”也。

③ 走，趋也。

【校】孙云：“李善注《文选》干令升《晋纪总论》引作‘赴明火’，《御览》九百五十二亦同。”

④《传》曰：“不有君子，其能国乎？”故曰“必得贤士”。

赵简子昼居，喟然太息曰：“异哉！吾欲伐卫十年矣，而卫不伐。”[①]侍者曰：“以赵之大而伐卫之细，君若不欲则可也，君若欲之，请令伐之。”[②]简子曰：“不如而言也。[③]卫有士十人于吾所，[④]吾乃且伐之，十人者其言不义也，而我伐之，是我为不义也。”故简子之时，卫以十人者按赵之兵，[⑤]殁简子之身。卫可谓知用人矣，游十士而国家得安。简子可谓好从谏矣，听十士而无侵小夺弱之名。

① 不伐，不果伐也。

②【校】“令”疑“今”。

③ 而，汝。

④ 于犹在也。

⑤ 按，止也。

魏文侯过段干木之闾而轼之。[①]其仆曰：“君胡为轼？”曰：“此非段干木之闾欤？段干木盖贤者也，吾安敢不轼？

且吾闻段干木未尝肯以己易寡人也,[②]吾安敢骄之?[③]段干木光乎德,寡人光乎地;[④]段干木富乎义,寡人富乎财。”其仆曰:“然则君何不相之?”[⑤]于是君请相之,段干木不肯受,则君乃致禄百万,而时往馆之。[⑥]于是国人皆喜,相与诵之曰:“吾君好正,段干木之敬;吾君好忠,段干木之隆。”[⑦]居无几何,秦兴兵欲攻魏,司马唐谏秦君曰[⑧]:“段干木贤者也,而魏礼之,天下莫不闻,无乃不可加兵乎?”[⑨]秦君以为然,乃按兵,辍不敢攻之。[⑩]魏文侯可谓善用兵矣。尝闻君子之用兵,莫见其形,其功已成,其此之谓也。野人之用兵也,鼓声则似雷,号呼则动地,尘气充天,流矢如雨,扶伤舆死,[⑪]履肠涉血,无罪之民,其死者量于泽矣,[⑫]而国之存亡、主之死生犹不可知也。其离仁义亦远矣!

① 闾,里也。《周礼》“二十五家为闾”。轼,伏轼也。礼:国君轼马尾;兵车不轼,尚威武也。

② 谓以己之德易寡人之处不肯也。

③ 骄慢之也。

④【校】孙云:“李善注左太冲《魏都赋》‘地’作‘势’。”

⑤ 何不以段干木为辅相也。

⑥ 时往诣其馆也。

⑦ 隆,高也。

⑧【校】《古今人表》有司马庾,与魏文侯相接。《淮南》正作“庾”,注云:“秦大夫。或作‘唐’。”

⑨【校】《选》注“兵乎”二字倒。

⑩ 辍,止也。

【校】“敢”字疑衍。

⑪【校】“死”与“尸”同。

⑫ 量犹满也。

审 为

四曰：

身者所为也，天下者所以为也，审所以为，而轻重得矣。[①]今有人于此断首以易冠，杀身以易衣，世必惑之。[②]是何也？冠所以饰首也，衣所以饰身也，杀所饰，要所以饰，则不知所为矣。[③]世之走利，有似于此。危身伤生、刈颈断头以徇利，则亦不知所为也。

① 身所重，天下所轻也。得犹知也。

② 惑，怪也。

③ 为谓相为之为。

【校】注“谓”疑“读”。

太王亶父居邠，狄人攻之。[①]事以皮帛而不受，事以珠玉而不肯，[②]狄人之所求者，地也。[③]太王亶父曰：“与人之兄居而杀其弟，与人之父处而杀其子，吾不忍为也。[④]皆勉处矣！为吾臣与狄人臣，奚以异？[⑤]且吾闻之，不以所以养害所养。”杖策而去。[⑥]民相连而从之，遂成国于岐山之下。[⑦]太王亶父可谓能尊生矣。[8]能尊生，虽贵富不以养伤身，虽贫贱不以利累形。今受其先人之爵禄，则必重失之。生之所自来者久矣，而轻失之。岂不惑哉？[9]

① 太王亶父，公祖之子，王季之父，文王之祖，号曰古公。《诗》曰："古公亶父，来朝走马，率西水浒，至于岐下。"避狄难也。狄人，猃狁，今之匈奴也。

【校】注"公祖"，《史记·本纪》作"公叔祖类"，《索隐》引皇甫谧云："公祖，一名祖绀诸盩，字叔类，号曰太公也。"旧本脱"诗曰古公"四字，今补。

②【校】《庄子·让王》篇"皮帛"句下有"事之以犬马而不受"一句，此"肯"字亦作"受"。《淮南·道应训》云："事之以皮帛珠玉而弗受。"则"犬马"句可不增。《诗·大雅·绵》正义云："《毛传》言'不得免焉'，《书传略说》云'每与之不止'，《吕氏春秋》云'不受'。"据此，则此"肯"字定误。

③【校】《淮南》句上有"曰"字，此亦可不增。

④ 言忍争土地，与狄人战斗，杀人之子弟也。

⑤ 勉，务。处，居也。教邠人务安居，为臣等耳，故曰"奚以异"。

【校】案：《庄子》云"子皆勉居矣"，则此疑亦当有"子"字。

⑥ 所以养者，土地也。所养者，谓民人也。策，棰也。

⑦ 连，结也。民相与结檐随之众多，复成为国也。岐山在右扶风美阳之北，其下有周地，周家因之以为天下号也。

⑧ 尊，重也。

⑨ 言今人重失其先人之爵禄，争土地而失其生命，故曰"岂不惑哉"。

韩、魏相与争侵地。子华子见昭釐侯，昭釐侯有忧色。[1]子华子曰："今使天下书铭于君之前，书之曰：'左手攫之则右手废，右手攫之则左手废，然而攫之必有天下。'君将攫之乎？亡其不与？"[2]昭釐侯曰："寡人不攫也。"子华子曰："甚善。自是观之，两臂重于天下也，身又重于两臂。韩之轻于天下远,今之所争者,其轻于韩又远。[3]君固愁身伤生以忧之戚不得也?"[4]昭釐侯曰:"善。教寡人者众矣,未尝得闻此言也。"子华子可谓知轻重矣。知轻重,故论不过。[5]

① 子华子,体道人也。昭釐,复谥也。韩武子五世之孙哀侯之子也。

【校】昭釐,已说见《任数》篇。此"五世"当作"六世","哀侯"当作"懿侯"也。

②【校】音否欤。

③ 远犹多也。

④ 戚,近也。

【校】旧本"戚"作"臧",案臧不当训近,《庄子·让王》篇作"戚"此应不异。

⑤ 过,失也。

中山公子牟谓詹子曰:"身在江海之上,心居乎魏阙之下,奈何?"[1]詹子曰:"重生,重生则轻利。"[2]中山公子牟曰:"虽知之,犹不能自胜也。"[3]詹子曰:"不能自胜则纵之,神无恶乎。[4]不能自胜而强不纵者,此之谓重伤。重伤之人无寿类矣。"[5]

① 子牟,魏公子也,作书四篇。魏伐得中山,公以邑子牟,因曰"中山公子牟"也。詹子,古得道者也。身在江海之上,言志放也。魏阙,心下巨阙也。心下巨阙,言神内守也。一说:魏阙,象魏也。悬教象之法,浃日而收之,魏魏高大,故曰"魏阙"。言身虽在江海之上,心存王室,故在天子门阙之下也。

【校】案:后一说得本意。

② 言不以利伤生也。

③ 言人虽知重生当轻利，犹不能自胜其情欲也。

④ 言人不能自胜其情欲则放之，放之神无所憎恶，言当宁神以保性也。

【校】“纵之”下当再叠“纵之”二字。《文子·下德》篇、《淮南·道应训》俱叠作“从之从之”，又下“不纵”作“不从”，又“恶乎”，《淮南》作“怨乎”，《文子》作“则神无所害也”。

⑤ 言人不能自胜其情欲而不放之，则重伤其神也。神伤则夭殒札瘥，故曰“无寿类”也。重，读复重之重。

【校】案：此“重”不当读平声，当从《庄子释文》音直用反。

爱类

五曰：

仁于他物，不仁于人，不得为仁。不仁于他物，独仁于人，犹若为仁。仁也者，仁乎其类者也。故仁人之于民也，可以便之，无不行也。① 神农之教曰②：“士有当年而不耕者，则天下或受其饥矣；③ 女有当年而不绩者，则天下或受其寒矣。”④ 故身亲耕，妻亲织，⑤ 所以见致民利也。贤人之不远海内之路，而时往来乎王公之朝，非以要利也，⑥ 以民为务故也。⑦ 人主有能以民为务者，则天下归之矣。王也者，非必坚甲利兵选卒练士也，非必隳人之城郭杀人之士民也。上世之王者众矣，而事皆不同，其当世之急、忧民之利、除民之害同。⑧

① 便,利也。行,为也。

② 神农,炎帝也。

③ 当其丁壮之年,故不耕植,则谷不丰,故有受其饥者也。

④《诗》云:“不绩其麻,市也婆娑。”衣服不供,有受其寒者。

【校】旧本作“不绩其麻布也”,误,案当全引《诗》文,今补正。

⑤ 身,神农之身也。

⑥ 要,徼也。

⑦ 以利民为务。

⑧ 同,等也。

公输般为高云梯,欲以攻宋。[①]墨子闻之,自鲁往,裂裳裹足,日夜不休,十日十夜而至于郢,[②]见荆王曰:“臣,北方之鄙人也,[③]闻大王将攻宋,信有之乎?”王曰:“然。”墨子曰:“必得宋乃攻之乎?亡其不得宋且不义犹攻之乎?”[④]王曰:“必不得宋,[⑤]且有不义,则曷为攻之?”墨子曰:“甚善。臣以宋必不可得。”[⑥]王曰:“公输般,天下之巧工也,已为攻宋之械矣。”[⑦]墨子曰:“请令公输般试攻之,臣请试守之。”于是公输般设攻宋之械,墨子设守宋之备。公输般九攻之,[⑧]墨子九却之,不能入。[⑨]故荆辍不攻宋。墨子能以术御荆免宋之难者,此之谓也。

① 公输,鲁般之号也。在楚为楚王设攻宋之具也。

② 郢,楚都也。

③ 鄙,小也。

④ 犹,尚也。

⑤【校】旧校云:“‘必’一作‘既’。”

⑥ 臣以为攻宋必不可得也。

⑦ 械，器也。

⑧【校】旧本此句无“公输般”三字，今据《御览》三百二十所引补。

⑨ 入犹下也。

圣王通士不出于利民者无有。[①]昔上古龙门未开，吕梁未发，[②]河出孟门，大溢逆流，[③]无有丘陵沃衍、平原高阜，尽皆灭之，[④]名曰鸿水。[⑤]禹于是疏河决江，为彭蠡之障，[⑥]干东土，所活者千八百国，[⑦]此禹之功也。[⑧]勤劳为民，无苦乎禹者矣。[⑨]

① 言皆欲利民也。

② 龙门，河之阨，在左冯翊夏阳之北。吕梁，在彭城吕县，大石在水中，禹决而通之，号曰吕梁。发，通也。

③ 昔龙门、吕梁未通，河水稸积，其深乃出于孟门山[1]之上。大溢逆流，无有涯畔也。

④ 灭，没也。

⑤ 鸿，大也。

⑥ 彭蠡泽在豫章。障，防也。

【校】《黄氏日抄》云：“此于地里不合。”卢云：“此‘为彭蠡之障’不必承上为文，且亦不必连下‘干东土’也。”

⑦ 干，燥也。禹致群臣于会稽，执玉帛者万国，此曰千八百者，但谓被水灾之国耳。言使民得居燥土不溺死，故曰活之也。

⑧ 功，治水之功也。

⑨ 事功曰劳。其治水，凿龙门，辟伊阙，决江疏河，其勤苦无如禹者也。

---

[1] 原为“清门山”，误，据乾隆本改正。

匡章谓惠子曰："公之学去尊，今又王齐王，何其到也？"① 惠子曰："今有人于此，欲必击其爱子之头，石可以代之。② 匡章曰[1]公取之代乎？其不与？③ 施取代之。子头所重也，石所轻也，击其所轻以免其所重，岂不可哉？"④ 匡章曰："齐王之所以用兵而不休，攻击人而不止者，其故何也？"⑤ 惠子曰："大者可以王，其次可以霸也。今可以王齐王而寿黔首之命，免民之死，是以石代爱子头也，何为不为？"⑥ 民寒则欲火，暑则欲冰，燥则欲湿，湿则欲燥。寒暑燥湿相反，其于利民一也。利民岂一道哉？当其时而已矣。⑦

① 去尊，弃尊位也。今王事齐王，居其尊位，谓惠子言行何其到逆相违背也。

【校】古"倒"字皆作"到"。

② 爱子，所爱之子也。舍爱子头而击石也，故曰石可以代子也。

③ 言公取石以代子头乎？其不与邪？

④ 言其可也。

【校】施，惠子名。此段乃惠子语。

⑤ 为何等故也。

⑥ 言何为不用兵也。

⑦ 冬寒欲温，夏暑欲凉，故曰"当其时而已矣"。

[1] "匡章曰"三字疑衍。

贵 卒

六曰：

力贵突，智贵卒。[①]得之同则速为上，胜之同则湿为下。[②]所为贵骥者，为其一日千里也，[③]旬日取之，与驽骀同。[④]所为贵镞矢者，为其应声而至，[⑤]终日而至，则与无至同。[⑥]

①【校】音仓卒之卒。

② 湿犹迟，久之也。

【校】案：《荀子·修身》篇“卑湿重迟”，作“湿”字为是，音他合切。

③ 贵其疾也。

④ 十日为旬。驽骀十日亦至千里，故曰“与驽骀同”也。

⑤ 镞矢轻利也。小曰镞矢，大曰篇矢。

⑥ 射三百步，终一日乃至，是为与无所至同也。

【校】旧校云“‘无至’一作‘无矢’。”

吴起谓荆王曰：“荆所有余者，地也；所不足者，民也。今君王以所不足益所有余，臣不得而为也。”[①]于是令贵人往实广虚之地，皆甚苦之。[②]荆王死，贵人皆来。尸在堂上，贵人相与射吴起。吴起号呼曰：“吾示子吾用兵也。”拔矢而走，伏尸插矢而疾言曰：“群臣乱王！”吴起死矣。[③]且荆国之法，丽兵于王尸者尽加重罪，逮三族。吴起之智可谓捷矣。[④]

① 臣无所得为君计耳。

② 贵人，贵臣也。皆不欲往实广虚之地，苦病之也。

③ 吴起拔人所射之矢以插王尸，因言曰群臣谓王为乱而射王尸，欲令群臣被诛，以自为报也。

④ 捷，疾也。言发谋以报其仇之速疾也。

齐襄公即位，憎公孙无知，收其禄。[①]无知不说，杀襄公。公子纠走鲁，公子小白奔莒。既而国杀无知，未有君。[②]公子纠与公子小白皆归，俱至，争先入公家。[③]管仲扜弓射公子小白，中钩。[④]鲍叔御公子小白僵。[⑤]管子以为小白死，告公子纠曰："安之，公子小白已死矣。"鲍叔因疾驱先入，故公子小白得以为君。鲍叔之智应射而令公子小白僵也，其智若镞矢也。[⑥]

① 齐襄公，庄公购之孙，僖公禄父之子诸儿也。公孙无知，僖公之弟夷仲年之子，故曰孙，于襄公为从弟。

② 公孙无知自立为君，故国人杀之，未有其君也。

③ 公家，公之朝也。

④ 钩，带钩也。

⑤ 御犹使也。僵犹偃也。

⑥ 镞矢，言其捷疾也。

周武君使人刺伶悝于东周。伶悝僵，[①]令其子速哭曰："以谁刺我父也?"刺者闻，以为死也。[②]周以为不信，因厚罪之。[③]

① 周武君，西周之君。伶悝，东周之臣也。僵，毙也。

【校】案：此"僵"与上小白佯死之"僵"一也，上训偃，此不当又训毙，似当删去。

② 刺者闻伶悝已死，因报西周武君曰伶悝已死矣。

③ 罪所使刺伶悝者也。

赵氏攻中山。中山之人多力者曰吾丘鸩，[①]衣铁甲、操铁杖以战，而所击无不碎，所冲无不陷，以车投车，以人投人也，几至将所而后死。[②]

①【校】吾丘即虞丘，《汉书》"吾丘寿王"，《说苑》作"虞丘"。"鸩"当即"鴥"之或体，《集韵》音戎用切，从"穴"得声，未必然也。孙云"《御览》三百十三、又三百五十六并作'鸠'。"

② 将，赵氏之将也。近至其将所然后死，言吾丘鸩力有余也。

第二十二卷　慎行论

慎　行

一曰：

行不可不孰。不孰，如赴深溪，虽悔无及。[①]君子计行虑义，[②]小人计行其利乃不利。[③]有知不利之利者，则可与言理矣。[④]

① 孰犹思也。有水曰涧，无水曰溪。不可不思行仁如入深溪，不可使满而平也。虽悔行不纯淑，陷入刑辟，无所复及也。

② 虑，度也。度义而后行之也。

③《传》曰"蕴利生孽"，故曰"乃不利"也。

④ 理，道也。

荆平王有臣曰费无忌，[①]害太子建，欲去之。[②]王为建取妻于秦而美，[③]无忌劝王夺。[④]王已夺之，而疏太子。[⑤]无忌说王曰："晋之霸也，近于诸夏，而荆僻也，[⑥]故不能与争。[⑦]不若大城城父而置太子焉，以求北方，[⑧]王收南方，是得天下也。"[⑨]王说，使太子居于城父。居一年，乃恶之曰："建与连尹将以方城外反。"[⑩]王曰："已为我子矣，又尚奚求？"[⑪]对曰："以妻事怨，且自以为犹宋也，[⑫]齐、晋又辅之，[⑬]将以害荆，其事已集矣。"[⑭]王信之，使执连尹，[⑮]太子建出奔。[⑯]左尹郄宛，国人说之，无忌又欲杀之，谓令尹子常曰：“郄宛欲饮令尹酒。”[17]又谓郄宛曰：“令尹欲饮酒于子之家。”郄宛曰：“我贱人也，不足以辱令尹。令尹必来辱，[18]我且何以给待之？”无忌曰：“令尹好甲兵，[19]子出而寘之门，[20]令尹至，必观之已，因以为酬。”[21]及飨日，惟门左右而寘甲兵焉。[22]无忌因谓令尹曰：“吾几祸令尹。郄宛将杀令尹，甲在门矣。”令尹使人视之，信，[23]遂攻郄宛，杀之。国人大怨，动作者莫不非令尹。[24]沈尹戌谓令尹曰：“夫无忌，荆之谗人也，[25]亡夫太子建，[26]杀连尹奢，屏王之耳目。[27]今令尹又用之，杀众不辜，以兴大谤，患几及令尹。”[28]令尹子常曰：“是吾罪也，敢不良图？”乃杀费无忌，尽灭其族，以说其国。动而不论其义，知害人而不知人害己也，以灭其族，费无忌之谓乎！[29]

①【校】宋邦乂本从《左传》作“极”，各本俱作“忌”，与《史记》、《吴越春秋》同。

② 平王，楚恭王之子弃疾也。

③ 美，好也。

④ 夺，取也。

⑤ 疏，远也。

⑥ 僻，远也。

⑦ 争，霸也。

⑧ 城父，楚北境之邑，今属沛国。北方，宋、郑、鲁、卫也。

⑨ 南方，谓吴、越也。

⑩ 连尹，伍奢，子胥之父也。方城，楚之阨塞也。反，叛也。

⑪ 子，太子也。

⑫ 犹，如也。

【校】《左传》作"犹宋、郑也"。

⑬ 辅,助也。

⑭ 集,合也。

⑮ 执,囚也。

⑯ 出奔郑也。

⑰ 子常,名囊瓦,令尹子囊之孙。郄尹,光唐之子也。宛,字也。

【校】注"光唐"无考,高或据《世本》为说。宛字子恶,注"也"字讹。

⑱ 辱,屈辱也。

⑲ 甲,铠也。兵,戟也。

⑳ 寘,置也。

㉑ 酬,报也。《诗》云"献酬交错",此之谓也。

【校】案:古者燕饮,于酬之时皆有物,以致劝侑之意,故曰"因以为酬"。注"报也",旧讹作"执也",今据《诗·彤弓》传改正。

㉒【校】《左氏昭廿七年传》作"帷诸门左"。梁仲子云:"'惟'、'帷'形声俱相近,古多通借。《左氏定六年释文》'小惟子,本又作帷',《庄子·渔父》释文'缁帷,本或作惟'。"

㉓ 信有甲也。

㉔ 非,咎也。

【校】"动作者",《左传》作"进胙者"。

㉕ 沈尹戍,庄王之孙,沈诸梁叶公子高之父也。

【校】"戍",《左传》作"戌",庄玉之曾孙也。

㉖【校】"夫"衍字。案昭廿七年《左氏传》作"丧太子建"。

㉗ 屏,蔽也。

㉘ 几,近也。

㉙ 以谗邪害人,人以公正害之,故族灭也。

崔杼与庆封谋杀齐庄公,庄公死,更立景公,崔杼相之。[①]庆封又欲杀崔杼而代之相,于是㧻崔杼之子,令之争后。崔杼之子相与私閧。②崔杼往见庆封而告之，庆封谓崔杼曰："且留，吾将兴甲以杀之。"因令卢满嫳兴甲以诛之，③尽杀崔杼之妻、子及枝属，烧其室屋，报崔杼曰："吾已诛之矣。"崔杼归，无归，因而自绞也。④庆封相景公，景公苦之。庆封出猎，景公与陈无宇、公孙灶、公孙虿诛封。⑤庆封以其属斗，不胜，走如鲁。齐人以为让，⑥又去鲁而如吴，王予之朱方。⑦荆灵王闻之，率诸侯以攻吴，围朱方，拔之，⑧得庆封，负之斧质，以徇于诸侯军，因令其呼之曰："毋或如齐庆封，弑其君而弱其孤，以亡其大夫。"乃杀之。⑨黄帝之贵而死，⑩尧、舜之贤而死，孟贲之勇而死，人固皆死，若庆封者，可谓重死矣，⑪身为僇，支属不可以见，行忮之故也。⑫

① 庄公名光，灵公之子也。景公名杵臼，庄公之弟也。

② 閧，斗也。閧，读近鸿，缓气言之。

【校】"掭"与"椓"同。《左氏哀十七年传》"太子又使椓之"，旧训诉，于此不切，义当与嗾同，今人言挑拨，意颇近之。"閧"旧本"门"内作"卷"，字书无此字。《广韵》一送"鬨"字下云"兵鬬也，又下降切，俗作閧"。《集韵》、《类篇》皆同。《韵会》"鬨"依《说文》从"鬥"，谓《广韵》"今与门户字同"之说为非，今"閧"字亦从之。

③【校】"卢满嫳"，《左传》作"卢蒲嫳"。"蒲"、"满"二字形近，古书多互出。"嫳"旧本作"婺"，讹，今改正。

④ 绞，经也。

⑤ 无宇，陈须无之子桓子也。公孙灶，惠公之孙，公子栾坚之子子雅也。虿，惠公之孙，公子高祈之子子尾也。与共诛庆封也。

【校】坚，子栾名。祈，子高名。旧本"子雅"作"子射"，讹，今改正。

⑥ 责让鲁，为其受庆封。

⑦ 朱方，吴邑，以封庆封也。

【校】"吴"字当重。

⑧ 灵王，恭王庶子围也。覆取之曰拔。

⑨ 亡其大夫，谓崔杼强而死。

【校】"以亡"，《左氏昭四年传》作"以盟"。

⑩ 黄帝得道仙而可贵，然终归于死。

⑪【校】死而又死，谓之重死。

⑫ 忮，恶也。

凡乱人之动也，其始相助，后必相恶。为义者则不然，始而相与，久而相信，卒而相亲，后世以为法程。[①]

① 程，度也。

无 义

二曰：

先王之于论也极之矣，[①]故义者，百事之始也，[②]万利之本也。[③]中智之所不及也，[④]不及则不知，不知趋利，[⑤]趋利固不可必也，公孙鞅、郑平、续经、公孙竭是已。[⑥]以义动则无旷事矣。[⑦]人臣与人臣谋为奸，犹或与之，又况乎人主与其臣谋为义，其孰不与者？非独其臣也，天下皆且与之。

① 极，尽也。

② 始，首也。

③ 本，原也。《传》曰："利，义之和也。"故曰"利之本也"。

④ 不能及知之也。

⑤【校】似当作"不知则趋利"，脱一"则"字。

⑥ 公孙鞅，商鞅也。郑平，秦臣也。续经，赵人也。公孙竭，亦秦之臣也。并下自解。

⑦ 旷，废也。

公孙鞅之于秦，非父兄也，非有故也，以能用也，欲堙之责，非攻无以，[1]于是为秦将而攻魏。魏使公子卬将而当之。[2]公孙鞅之居魏也，固善公子卬，使人谓公子卬曰："凡所为游而欲贵者，以公子之故也。今秦令鞅将，魏令公子当之，岂且忍相与战哉？公子言之公子之主，鞅请亦言之主，而皆罢军。"于是将归矣，使人谓公子曰："归未有时相见，[3]愿与公子坐而相去别也。"公子曰："诺。"魏吏争之曰："不可。"公子不听，遂相与坐。公孙鞅因伏卒与车骑以取公子卬。秦孝公薨，惠王立，以此疑公孙鞅之行，欲加罪焉。公孙鞅以其私属与母归魏，襄庛不受，曰："以君之反公子卬也，吾无道知君。"故士自行不可不审也。[4]

① 堙，塞也。鞅欲报塞相秦之责，非攻伐无以塞责。

② 当，应也。

③ 言归相见无有时也。

④ 惠王杀鞅，车裂之，何得以其私族与母归魏而不见受乎？公子卬家何以不取而杀之？鞅执公子卬，有罪于魏，推此言之，复归魏妄矣。《战国

策》曰："鞅欲归魏。秦人曰：'商君之法急，不得出也。'惠王得而车裂之。"襄疪，魏人也。

【校】襄疪即穰疪，《竹书纪年》梁惠成王二十八年"穰疪帅师及郑孔夜战于梁赫"，本或作"疵"者讹。

郑平于秦王，臣也；其于应侯，交也。欺交反主，为利故也。方其为秦将也，天下所贵之无不以者，重也。重以得之，轻必失之。去秦将，入赵、魏，天下所贱之无不以也，所可羞无不以也。行方可贱可羞，而无秦将之重，不穷奚待？①

① 待，恃也。

赵急求李欬，李言、续经与之俱如卫，抵公孙与，公孙与见而与入，①续经因告卫吏使捕之，②续经以仕赵五大夫。③人莫与同朝，④子孙不可以交友。⑤

① 抵，主也。入犹纳也。

【校】案：《史记·张耳传》"去抵父客"，《索隐》云："抵，归也。"此训最惬。《广雅》则云"至也"。

② 捕李欬也。

③ 五大夫，爵也。

④ 贱续经之行也。

⑤ 人不交友之也。

公孙竭与阴君之事，而反告之樗里相国，①以仕秦五大夫。功非不大也，然而不得入三都，②又况乎无此其功而有行乎？③

① 樗里疾也。

② 三都，赵、卫、魏也。

③ 无有交友受寄托之功，而有其相输告之行也。

【校】正文“其”字疑当在“有”字下。

疑 似

三曰：

使人大迷惑者，必物之相似也。玉人之所患，患石之似玉者；相剑者之所患，患剑之似吴干者；[①]贤主之所患，患人之博闻辩言而似通者。[②]亡国之主似智，亡国之臣似忠。相似之物，此愚者之所大惑，而圣人之所加虑也。[③]故墨子见歧道而哭之。[④]

① 吴干，吴之干将者也。

② 通，达也。

③ 虑则知之也。

④ 为其可以南可以北。言乖别也。

周宅酆镐近戎人，与诸侯约，为高葆祷于王路，[①]置鼓其上，远近相闻，即戎寇至，传鼓相告，诸侯之兵皆至救天子。戎寇当至，[②]幽王击鼓，诸侯之兵皆至，褒姒大说，喜之。[③]幽王欲褒姒之笑也，因数击鼓，诸侯之兵数至而无寇。至于后戎寇真至，幽王击鼓，诸侯兵不至，幽王之身乃死于丽山之下，为天下笑。[④]此夫以无寇失真寇者也。贤者有小恶以致大恶。[⑤]褒姒之败，乃令幽王好小说以致大灭。[⑥]故形骸相离，三公九卿出走，此褒姒之所用死，而平王所以东徙也，[⑦]秦襄、晋文之所以劳王劳而赐地也。[⑧]

①【校】《御览》三百三十八"葆"作"堡"，无下四字。

②【校】"当至"别本作"尝至"，今从元本。《御览》三百九十一作"戎尝寇周"。

③【校】《御览》作"大说而笑"。

④【校】旧本无"幽王击鼓，诸侯兵不至"九字，"之身"倒作"身之"，今并从《御览》补正。

⑤ 恶积足以灭身，故曰"以致大恶"。

⑥《诗》云"赫赫宗周，褒姒灭之"也。

⑦ 平王，幽王之太子宜臼也。东徙于洛邑，今河南县也。

⑧ 秦襄公，秦仲之孙，庄公之子也。幽王为犬戎所败：平王东徙，襄公将兵救周有功，受周故地酆镐，列为诸侯。晋文侯仇，穆侯之子也。《传》曰"平王东迁，晋、郑焉依"，此之谓也。

【校】"焉依"旧误倒，今从《左氏隐六年传》乙正。

梁北有黎丘部，有奇鬼焉，[①]喜效人之子侄昆弟之状。[②]邑丈人有之市而醉归者，黎丘之鬼效其子之状，扶而道苦之。丈人归，酒醒而诮其子[③]曰："吾为汝父也，岂谓不慈哉？[④]我醉，汝道苦我，何故？"其子泣而触地曰："孽矣！无此事也。昔也往责于东邑，人可问也。"其父信之，曰："嘻！是必夫奇鬼也。我固尝闻之矣。”明日端复饮于市，欲遇而刺杀之。明旦之市而醉，其真子恐其父之不能反也，[5]遂逝迎之。[6]丈人望其真子，[7]拔剑而刺之。丈人智惑于似其子者，而杀其真子。夫惑于似士者而失于真士，[8]此黎丘丈人之智也。

①【校】孙云："章怀注《后汉书·张衡传》'部'引作'乡'。"

②【校】孙云"李善注《文选》张平子《思玄赋》'喜'引作'善'。"案：子侄之称，始见于此。

③ 诮，让。

④【校】《御览》八百八十三"谓"作"为"。

⑤ 反，还也。

⑥ 逝，往也。

⑦【校】《选注》作"丈人望见之"。

⑧【校】"其真子"，旧本作"于真子"，今从《选》注改正。

疑似之迹，不可不察，察之必于其人也。舜为御，尧为左，禹为右，入于泽而问牧童，入于水而问渔师，奚故也？其知之审也。夫孪子之相似者，其母常识之，知之审也。

壹　行

四曰：

先王所恶，无恶于不可知。不可知，则君臣、父子、兄弟、朋友、夫妻之际败矣。十际皆败，乱莫大焉。凡人伦，以十际为安者也，释十际则与麋鹿虎狼无以异，多勇者则为制耳矣。不可知，则知无安君、无乐亲矣，无荣兄、无亲友、无尊夫矣。

强大未必王也，而王必强大。王者之所藉以成也何？藉其威与其利。非强大则其威不威，其利不利。其威不威则不足以禁也，[1]其利不利则不足以劝也，[2]故贤主必使其威利无敌，故以禁则必止，以劝则必为。[3]威利敌而忧苦民、行可知者王，威利无敌而以行不知者亡。[4]小弱而不可知，则强大疑之矣。[5]人之情不能爱其所疑，小弱而大不爱，则无以存。[6]故不可知之道，王者行之废，[7]强大行之危，[8]小弱行之灭。[9]

① 禁，止也。

② 劝，进也。

③ 为，治也。

④ 无仁义之行见知，故亡也。

⑤ 小而不小，弱而不弱，故强国大国疑之也。

⑥ 小国弱国而为强大者，不为大国所爱，则无以自存。

⑦ 废，坏也。

⑧ 危，倾陨也。

⑨ 灭，破亡也。

今行者见大树，必解衣县冠倚剑而寝其下，大树非人之情亲知交也，而安之若此者信也。[1]陵上巨木，人以为期，易知故也。[2]又况于士乎？士义可知故也，则期为必矣。[3]又况强大之国？强大之国诚可知，则其王不难矣。[4]人之所乘船者，为其能浮而不能沉也。世之所以贤君子者，为其能行义而不能行邪辟也。

① 大树不欺诈人，故信之。

② 巨木，人所同见也。期会其下，荫休之也。故曰“易知故也”。

③ 聚人复期会于其所而咨诹之。

④《孟子》曰“以齐王犹反手也”，故曰“不难矣”。

孔子卜，得贲。孔子曰：“不吉。”[1]子贡曰：“夫贲亦好矣，何谓不吉乎？”孔子曰：“夫白而白，黑而黑，夫贲又何好乎？”故贤者所恶于物，无恶于无处。[2]

① 贲，色不纯也。《诗》云：“鹑之贲贲。”

【校】案：《诗》作“奔奔”。“贲”与“奔”古通用。《左传》僖五年、襄廿七年、《礼记·表记》皆作“贲贲”。

② 恶物之无目，恶其无处可名之也。

夫天下之所以恶，莫恶于不可知也。夫不可知，盗不与期，贼不与谋。盗贼大奸也，而犹所得匹偶，[1]又况于欲成大功乎？夫欲成大功，令天下皆轻劝而助之，[2]必之士可知。

①【校】“所得”二字疑倒。

② 劝，进也。

求 人

五曰：

身定、国安、天下治，必贤人。[①]古之有天下也者，七十一圣。观于《春秋》，自鲁隐公以至哀公十有二世，其所以得之，所以失之，其术一也。得贤人，国无不安，名无不荣；失贤人，国无不危，名无不辱。先王之索贤人，无不以也，[②]极卑极贱，极远极劳。虞用宫之奇、吴用伍子胥之言，此二国者，虽至于今存可也，则是国可寿也。有能益人之寿者，则人莫不愿之。今寿国有道，而君人者而不求，过矣。

① 身者国之本也。詹子曰："未闻身乱而国治者也。"故曰身定国安而治，须贤人也。

② 以，用也。

尧传天下于舜，礼之诸侯，妻以二女，臣以十子，身请北面朝之，至卑也。[①]伊尹，庖厨之臣也，傅说，殷之胥靡也，[②]皆上相天子，至贱也。禹东至榑木之地，日出、九津、青羌之野，[③]攒树之所，揞天之山，[④]鸟谷、青丘之乡，黑齿之国，[⑤]南至交阯、孙朴、续樠之国，丹粟、漆树、沸水、漂漂、九阳之山，[⑥]羽人、裸民之处，不死之乡，[⑦]西至三危之国，巫山之下，饮露、吸气之民，积金之山，[⑧]其肱、一臂、三面之乡，北至人正之国，夏海之穷，衡山之上，[⑨]犬戎之国，夸父之野，禺强之所，积水、积石之山，不有懈堕，[⑩]忧其黔首，颜色黎黑，窍藏不通，[⑪]步不相过，[12]以求贤人，欲尽地利，至劳也。[13]得陶、化益、真窥、横革、之交五人佐禹，[14]故功绩铭乎金石，[15]著于盘盂。[16]

① 舜，布衣也，故曰“至卑”。

② 胥靡，刑罪之名也。

③ 榑木，大木也。津，崖也。《淮南子》曰“日出阳谷”。青羌，东方之野也。

【校】榑木即扶木，《为欲》篇“东至扶木”。

④ 山高至天也。

【校】播音民，抚也。疑亦与“扪”同音义。

⑤ 东方其人齿黑，因曰“黑齿之国”也。

⑥ 南方积阳，阳数极于九，故曰“九阳之山”也。

⑦ 羽人，鸟喙，背上有羽翼。裸民，不衣衣裳也。乡亦国也。

⑧ 饮露、吸气，养形人也。西方刚气所在，故曰“积金之山”也。

⑨ 今正，北极之国也。夏海，大冥也。北方纯阴，故曰大冥之中处。衡山者，北极之山也。

【校】其肱，疑即《海外西经》之奇肱，所谓一臂三目者是也。注首“今正”与正文“人正”不知孰是。又“之中处”疑是“之穷处”，或三字是衍文。

⑩ 犬戎，西戎之别也。夸父，兽名也。禺强，天神也。之所，处也。积水，谓海也。积石，山名也。经营行之，不懈堕休息也。

【校】郭璞注《海外北经》云：“夸父者，盖神人之名也。”经云：“北方禺强，人面鸟身，珥两青蛇，践两赤蛇。”

⑪ 病也。

⑫ 罢也。

⑬ 地利，嘉谷也。至，大也。事功曰劳。

⑭【校】王厚斋云：“《荀子·成相》曰‘禹得益、皋陶、横革、直成为辅’，此陶即皋陶也，化益即伯益也，真窥即直成也，‘真’与‘直’字相类，横革名同，唯之交未详。”卢云：“案‘窥’或本是‘窴’字，与‘成’音近。”

⑮ 金，钟鼎也。石，丰碑也。

⑯ 盘盂之器，皆铭其功。

昔者尧朝许由于沛泽之中，曰："十日出而焦火不息，不亦劳乎？[1]夫子为天子而天下已定矣，[2]请属天下于夫子。"许由辞曰："为天下之不治与？而既已治矣。自为与？啁噍巢于林，不过一枝；[3]偃鼠饮于河，不过满腹。归已君乎！[4]恶用天下？"[5]遂之箕山之下，颍水之阳，耕而食，[6]终身无经天下之色。[7]故贤主之于贤者也，物莫之妨，[8]戚爱习故，[9]不以害之，故贤者聚焉。贤者所聚，天地不坏，鬼神不害，人事不谋，[10]此五常之本事也。

①【校】梁仲子云："《庄子·逍遥游》'焦火'作'爝火'，《释文》云'本亦作燋，音爵'。此'焦'下已从'火'，则不必更加火旁。"

② 夫子，谓许由也。

③ 自为，为己也。与，即也。啁噍，小鸟也。巢，蔟也。偃，息也。啁音超。【校】"啁噍"，《庄子》作"鷦鷯"。注"与即也"，疑误，两"与"字皆语辞。又"偃息也"衍。"啁音超"亦非高注。

④ 满腹，不求余也。归，终也。

⑤ 恶，安也。

⑥ 箕山在颍川阳城之西。水北曰阳也。

⑦ 经，横理也。

⑧ 不以物故，妨害贤者。

⑨ 戚，亲也。

⑩ 人不以奸邪谋之也。

皋子众疑取国，召南宫虔、孔伯产而众口止。[1]

① 皋子，贤者也。其取国，告虔、产，口乃止。虔、产，其徒之贤者也。其事不与许由相连也。皋子众疑许由欲取国也。

【校】此注上下异说。“其取国”上当有“众疑”二字。末云“皋子众疑许由欲取国也”，或当有“一云”二字。以众为皋子之名，然于“众口止”仍难强通。

晋人欲攻郑，令叔向聘焉，视其有人与无人。[①]子产为之诗曰：“子惠思我，褰裳涉洧；子不我思，岂无他士？”叔向归曰：“郑有人，子产在焉，不可攻也。秦、荆近，其诗有异心，不可攻也。”[②]晋人乃辍攻郑。[③]孔子曰：“《诗》云‘无竞惟人’，子产一称而郑国免。”[④]

① 视其有无贤人也。

② 郑近秦与荆也。其诗云“子不我思，岂无他人”，将事秦、荆，故曰“有异心，不可攻也”。

③ 辍，止也。

④《诗·大雅·抑》之二章也，“无竞惟人，四方其训之”。无竞，竞也。国之强，惟在得人，故曰郑国免其难也。

察　传

六曰：

夫得言不可以不察，数传而白为黑，黑为白。故狗似玃，玃似母猴，母猴似人，人之与狗则远矣。[1]此愚者之所以大过也。

① 玃，猳玃，兽名也。

闻而审则为福矣，闻而不审不若无闻矣。齐桓公闻管子于鲍叔，楚庄闻孙叔敖于沈尹筮，审之也，故国霸诸侯也。[1]吴王闻越王句践于太宰嚭，智伯闻赵襄子于张武，不审也，故国亡身死也。[2]

① 鲍叔牙说管仲于桓公，沈尹筮说叔敖于庄王，察其贤明审也。

② 太宰嚭，吴王夫差臣也。张武，智伯臣也。不审句践、襄子之智能，故越攻吴，吴王夫差死于干遂，智伯围赵襄子于晋阳，襄子与韩、魏通谋，杀智伯于高梁之东，故曰"国亡身死也"。

凡闻言必熟论，其于人必验之以理。[1]鲁哀公问于孔子曰："乐正夔一足，信乎？"孔子曰："昔者舜欲以乐传教于天下，乃令重黎举夔于草莽之中而进之，舜以为乐正。[2]夔于是正六律，和五声，以通八风，而天下大服。[3]重黎又欲益求人，[4]舜曰：'夫乐，天地之精也，得失之节也，故唯圣人为能和，乐之本也。夔能和之，以平天下，[5]若夔者一而足矣。'故曰'夔一足'，非'一足'也。"宋之丁氏，家无井而出溉汲，常一人居外。及其家穿井，告人曰："吾穿井得一人。"有闻而传之者曰："丁氏穿井得一人。"国人道之，闻之于宋君。宋君令人问之于丁氏，丁氏对曰："得一人之使，非得一人于井中也。”求能之若此，[6]不若无闻也。[7]子夏之晋，过卫，[8]有读史记者曰：“晋师三豕涉河。”[9]子夏曰：“非也，是己亥也。夫‘己’与‘三’相近，‘豕’与‘亥’相似。”[10]至于晋而问之，则曰“晋师己亥涉河”也。

① 验，效也。理，道理也。

② 乐官之正也。

③ 六律，六气之律。阳为律，阴为吕，合十二也。五声，五行之声，宫商角徵羽也。八风，八卦之风也。通和阴阳，故天下大服也。

【校】“和五声”，《风俗通·正失》篇引作“和均五声”，李善注《文选》马季长《长笛赋》亦有“均”字。

④ 益求如夔者也。

⑤ 和，调也。

⑥【校】孙疑是“求闻若此”。

⑦ 无闻则不妄言也。

⑧ 子夏，孔子弟子卜商也。

⑨【校】《意林》作“渡河”。

⑩【校】案“己”古文作“己”，“亥”古文作“豕”。

辞多类非而是，多类是而非。是非之经，不可不分。[1]此圣人之所慎也。然则何以慎？缘物之情及人之情以为所闻，则得之矣。[2]

① 经，理也。分，明也。

② 物之所不得然者，推之以人情，则夔不得一足、穿地作井不得一人明矣，故曰以为所闻得之矣。

第二十三卷　贵直论

贵　直

一曰：

贤主所贵莫如士。所以贵士，为其直言也，言直则枉者见矣。[①]人主之患，欲闻枉而恶直言，是障其源而欲其水也，[②]水奚自至？[③]是贱其所欲而贵其所恶也，所欲奚自来？[④]

① 睹玉之白，别漆之黑也，故枉者见矣。

② 障，塞也。

【校】孙云："《御览》四百二十八作'是障水源而欲其流也'。"

③ 奚，何也。自，从也。

④ 所欲，欲闻己枉也。贵其所恶，恶闻直言，则己枉何从来至？《淮南子》曰："塞其耳而欲闻五音，掩其目而欲督青黄，不可得也。"此之谓也。

能意见齐宣王。宣王曰："寡人闻子好直，有之乎？"[①]对曰："意恶能直？意闻好直之士，家不处乱国，身不见污君。身今得见王，而家宅乎齐，意恶能直？"[②]宣王怒曰："野士也！"[③]将罪之。能意曰："臣少而好事，长而行之。王胡不能与野士乎，将以彰其所好耶？"[④]王乃舍之。[⑤]能意者，使谨乎论于主之侧，亦必不阿主。[⑥]不阿主之所得岂少哉？此贤主之所求，而不肖主之所恶也。[7]

① 能，姓也。意，名也。齐士也。宣王，威王之子也。

② 宅，居也。恶，安也。

③ 言鄙野之士也。

④ 与犹用也。彰，明也。上有明君，下乃有直臣，王胡为不能用意之好直也？

⑤ 舍，不诛也。

⑥ 阿，曲也。

⑦ 恶，疾也。

狐援说齐湣王曰："殷之鼎陈于周之廷，[1]其社盖于周之屏，[2]其干戚之音在人之游。[3]亡国之音不得至于庙，亡国之社不得见于天，亡国之器陈于廷，所以为戒。[4]王必勉之！其无使齐之大吕陈之廷，[5]无使太公之社盖之屏，[6]无使齐音充人之游。"齐王不受。[7]狐援出而哭国三日，[8]其辞曰："先出也，[9]衣缔纻；后出也，满囹圄。吾今见民之洋洋然东走，而不知所处。"齐王问吏曰："哭国之法若何？"吏曰："斮。"[10]王曰："行法！"吏陈斧质于东闾，不欲杀之而欲去之。狐援闻而蹶往过之。[11]吏曰："哭国之法斮，先生之老欤？昏欤？"[12]狐援曰："曷为昏哉？"于是乃言曰："有人自南方来，鲋入而鲵居，[13]使人之朝为草而国为墟。[14]殷有比干，吴有子胥，齐有狐援。已不用若言，[15]又斮之东闾，每斮者以吾参夫二子者乎！"[16]狐援非乐斮也，国已乱矣，上已悖矣，哀社稷与民人，故出若言。出若言非平论也，将以救败也，固嫌于危。[17]此触子之所以去之也，达子之所以死之也。[18]

① 狐援，齐臣也。湣王，齐宣王之子也。殷纣灭亡，鼎迁于周，故陈其庭也。

【校】“狐援”，《齐策》作“狐咺”，《古今人表》作“狐爰”。

② 屏，障也。言周存殷社而屋其上，屏之以为戒也。

③ 干，楯。戚，斧。舞者所执以舞也。游，乐也。

④ 戒惧灭亡。

⑤ 大吕，齐之钟律也。陈，列也。

⑥ 太公，田常之孙田和也，始代吕氏为齐侯，田氏宗之，号为太公。

⑦ 湣王不受狐援之言。

⑧ 狐援哭也。

【校】案：合两注观之，正文本无“狐援”二字。“三日”，《困学纪闻·考史》引作“五日”，或笔误。

⑨ 出，去也。

⑩ 斮，斩。

⑪ 蹶，颠蹶走往也。过犹见也。

⑫ 昏，乱也。

⑬ 鲋，小鱼。鲵，大鱼，鱼之贼也，啖食小鱼。而鲵居人国，喻为人害。

⑭ 墟，丘墟也。

⑮ 若言犹直言也。

⑯ 每犹当也。斮狐援者，比比干、子胥而三之也，故曰以参夫二子者。

⑰ 固，必也。嫌犹近也。

⑱ 乐毅为燕昭王将，伐齐，齐使触子应之。齐湣王不礼触子，触子欲齐军败，触子乘车而去，故曰“所以去之”。达子代触子将，又为燕败，故曰“达子之所以死”也。

【校】事见《权勋》篇。

赵简子攻卫附郭，自将兵，及战，且远立，[1]又居于犀蔽屏橹之下，[2]鼓之而士不起。简子投桴而叹曰[3]："呜呼！士之速弊一若此乎。"[4]行人烛过免胄横戈而进曰："亦有君不能耳，士何弊之有？"[5]简子艴然作色曰："寡人之无使，而身自将是众也。[6]子亲谓寡人之无能，有说则可，无说则死！"对曰："昔吾先君献公即位五年，兼国十九，[7]用此士也。惠公即位二年，淫色暴慢，身好玉女，[8]秦人袭我，逊去绛七十，[9]用此士也。[10]文公即位二年，厎之以勇，故三年而士尽果敢，城濮之战，五败荆人，围卫取曹，拔石社，[11]定天子之位，[12]成尊名于天下，[13]用此士也。亦有君不能取，[14]士何弊之有？"简子乃去犀蔽屏橹，而立于矢石之所及，[15]一鼓而士毕乘之。[16]简子曰："与吾得革车千乘也，不如闻行人烛过之一言。"行人烛过可谓能谏其君矣，战斗之上，枹鼓方用，赏不加厚，罚不加重，一言而士皆乐为其上死。[17]

① 附郭，近郭也。远立，立于矢石所不及也。

②【校】孙云："《御览》三百五十一作'屏蔽犀橹'，又三百十三亦作'犀橹'。《说文系传》广部'庰'字引'赵简子立于庰蔽之下'。盖今本'犀'与'屏'互易也。"

③ 投，弃也。

④ 速犹化也。一犹皆也。言士之变化弊恶皆如此乎。

⑤【校】旧本脱"士"字，今从《御览》补，与下文合。

⑥【校】"而"旧讹"汝"，今从《御览》改正。

⑦【校】《韩非·难二》作"并国十七"。

⑧ 玉女，美女也。

⑨【校】《韩非》作"秦人来侵，去绛十七里"。

⑩ 陨于韩，为秦所获也。

⑪【校】梁仲子云："《淮南·齐俗训》'殷人之礼，其社用石'，详《陈氏礼书》九十二。"

⑫ 天子，周襄王也，避子带之乱，出居于郑，文公纳之，故曰"定天子之位"也。

⑬ 尊名，霸诸侯之名也。

⑭【校】《韩非》作"耳"，《御览》三百十三同。

⑮ 矢，箭；石，砮也。及，至也。

⑯ 毕，尽也。乘，陵也。

【校】"陵"，旧讹"后"，今案文义改。

⑰ 烛过之谏，简子能行。

直　谏

二曰：

言极则怒，[1]怒则说者危，非贤者孰肯犯危？而非贤者也，将以要利矣。[2]要利之人，犯危何益？故不肖主无贤者。无贤则不闻极言，不闻极言则奸人比周，百邪悉起，[3]若此则无以存矣。凡国之存也，主之安也，必有以也。[4]不知所以，虽存必亡，虽安必危，[5]所以不可不论也。[6]

① 极，尽也。人能受逆耳之尽言者少，故怒之。

② 要，求也。

③ 起，兴也。

④《诗》云："何其久也，必有以也。"此之谓也。

⑤《书》曰"于安思危"，此之谓也。

【校】"于安思危"，《周书·程典解》文。刘本作"居安思危"，出《左氏襄十一年传》，魏绛亦引《书》以告晋悼公者。

⑥ 论犹知也。

齐桓公、管仲、鲍叔、甯戚相与饮，酒酣，[①]桓公谓鲍叔曰："何不起为寿？"鲍叔奉杯而进曰："使公毋忘出奔在于莒也，[②]使管仲毋忘束缚而在于鲁也，[③]使甯戚毋忘其饭牛而居于车下。"[④]桓公避席再拜曰："寡人与大夫能皆毋忘夫子之言，则齐国之社稷幸于不殆矣！"[⑤]当此时也，桓公可与言极言矣。可与言极言，故可与为霸。

① 酣，乐也。

② 桓公遭公孙无知杀襄公之乱也，出奔莒。毋忘之者，欲令其在上不骄也。

③ 不死公子纠之难，出奔于鲁，鲁人束缚之以归于齐。

④ 甯戚，卫人也，为商旅，宿于齐郭门之外。桓公夜出郊迎客，甯戚于其车下饭牛，疾商歌。桓公知其贤，举以为大夫也。

⑤ 避席，下席也。殆，危也。

荆文王得茹黄之狗，宛路之矰，[①]以畋于云梦，[②]三月不反；得丹之姬，[③]淫，期年不听朝。[④]葆申曰："先王卜以臣为葆，吉。[⑤]今王得茹黄之狗，宛路之矰，畋三月不反；得丹之姬，淫，期年不听朝。王之罪当笞。"王曰："不穀免衣襁褓而齿于诸侯，[6]愿请变更而无笞。”葆申曰：“臣承先王之令，不敢废也。王不受笞，是废先王之令也。臣宁抵罪于王，毋抵罪于先王。”王曰：“敬诺。”引席，王伏。[7]葆申束细荆五十，[8]跪而加之于背，如此者再，谓：“王起矣。”王曰：“有笞之名一也。”遂致之。[9]申曰：“臣闻君子耻之，小人痛之。耻之不变，痛之何益？”葆申趣出，[10]自流于渊，请死罪。文王曰：“此不穀之过也。葆申何罪？”王乃变更，召葆申，杀茹黄之狗，析宛路之矰，[11]放丹之姬。后荆国兼国三十九。[12]令荆国广大至于此者，葆申之力也，极言之功也。

① 文王，荆武王之子。矰，弋射短矢。

【校】《说苑·正谏》篇“茹黄”作“如黄”，“宛路”作“箘簬”。《御览》二百六亦作“如黄”。

② 畋，猎也。云梦，楚泽，在南郡华容也。

③【校】《说苑》“丹”作“舟”。

④ 淫，惑也。朝，正也。

【校】注似以政训朝，不当作“正”。

⑤ 葆，太葆，官也。申，名也。

【校】《说苑》“葆”俱作“保”。《淮南·说山训》作“鲍申”，非。

⑥ 襁，缕格绳；褓，小儿被也。齿，列也。

【校】旧本“缕”讹“楼”，“被”讹“补”。案《明理》篇注云“襁，缕格上绳也”，此少一“上”字。“缕”字、“被”字据改正。

⑦【校】《说苑》作“乃席王，王伏”。

⑧【校】《说苑》“荆”作“箭”。

⑨ 遂痛致之。

⑩【校】《说苑》作“趋出”。

⑪【校】《说苑》"析"作"折",当从之。

⑫【校】《说苑》作"兼国三十"。

知 化

三曰:

夫以勇事人者以死也,未死而言死,不论,[①]以虽知之与勿知同。[②]凡智之贵也,贵知化也。人主之惑者则不然。[③]化未至则不知,化已至,虽知之与勿知一贯也。事有可以过者,有不可以过者。而身死国亡,则胡可以过?此贤主之所重,惑主之所轻也。所轻,国恶得不危?身恶得不困?危困之道,身死国亡,在于不先知化也。吴王夫差是也。[④]子胥非不先知化也,谏而不听,故吴为丘墟,祸及阖庐。[⑤]

① 诈言已死,不可为人论说。

【校】此注未明。事人以死,谓扞敌御难而致死,死有益于人国也。未得死所而徒以言死,其言又不用,是不论也。下"知之"指君言,下文甚明。注皆非。

②《诗》云:"既明且哲,以保其身。"《传》曰:"生,好物也。死,恶物也。好物,乐也。恶物,哀也。"虽知以死事人,是为乐可哀也,故与勿知同。勿,无也。

③ 不然,不知化也。

④ 夫差,吴王阖庐光之子也。夫差不知胜越,而为越所灭也。

⑤ 越王句践报吴，灭其社稷，故为丘墟也。宗庙破灭，不得血食，故曰“祸及阖庐”也。

吴王夫差将伐齐。子胥曰：“不可。夫齐之与吴也，习俗不同，言语不通。我得其地不能处，[1]得其民不得使。[2]夫吴之与越也，接土邻境，壤交通属，[3]习俗同，言语通。我得其地能处之，得其民能使之。越于我亦然。夫吴、越之势不两立，越之于吴也，譬若心腹之疾也，虽无作，其伤深而在内也。夫齐之于吴也，疥癣之病也，不苦其已也，且其无伤也。今释越而伐齐，譬之犹惧虎而刺猏，[4]虽胜之，其后患无央。”[5]太宰嚭曰：“不可。君王之令所以不行于上国者，齐、晋也。君王若伐齐而胜之，徙其兵以临晋，晋必听命矣，是君王一举而服两国也，君王之令必行于上国。”[6]夫差以为然，不听子胥之言，而用太宰嚭之谋。子胥曰：“天将亡吴矣，则使君王战而胜；天将不亡吴矣，则使君王战而不胜。”夫差不听。子胥两祛高蹶而出于廷，[7]曰：“嗟乎！吴朝必生荆棘矣。”[8]夫差兴师伐齐，战于艾陵大败齐师，[9]反而诛子胥。子胥将死，曰：“与！吾安得一目以视越人之入吴也？”乃自杀。夫差乃取其身而流之江，[10]抉其目，著之东门，曰：“女胡视越人之入我也？”居数年，越报吴，残其国，绝其世，灭其社稷，夷其宗庙，[11]夫差身为擒。[12]夫差将死，曰：“死者如有知也，吾何面以见子胥于地下？”乃为幎以冒而死。[13]夫患未至，则不可告也；患既至，虽知之无及矣。故夫差之知慚于子胥也，不若勿知。

① 处，居也。

② 使，役也。

③ 属，连也。

④ 兽三岁曰猏也。

⑤ 虎之患未能央。

【校】央亦训尽。后患不必指虎言。

⑥ 上国，中国也。

⑦ 两手举衣而行。蹶，蹈也。《传》曰“鲁人之皋，使我高蹈”，嗔怒貌，此之谓也。

【校】此与举趾高正相似，《哀廿一年传》注“高蹈，远行也”，无嗔怒意。

⑧ 嗟，叹辞也。子胥谓太宰嚭劝王伐齐，国必破亡，故朝生荆棘也。

⑨ 艾陵，齐地也。

⑩《传》曰“子胥自杀，吴王盛之鸱夷，投之江”，故曰“流”。

⑪ 夷，平也。

⑫ 为越所擒也。

⑬ 冒，覆面也，惭见于子胥也。

【校】“以冒而死”，旧本作“以冒面死”，案注云“冒，覆面也”，则正文不当有“面”字，今改正。

过　理

四曰：

亡国之主一贯，①天时虽异，其事虽殊，所以亡同者，乐不适也，乐不适则不可以存。糟丘酒池，肉圃为格，②雕柱而桔诸侯,不适也。[3]刑鬼侯之女而取其环,[4]截涉者胫而视其髓,[5]杀梅伯而遗文王其醢,不适也。[6]文王貌受以告诸侯。[7]作为琁室,筑为顷宫,[8]剖孕妇而观其化,[9]杀比干而视其心,不适也。[10]孔子闻之曰:“其窍通则比干不死矣。”[11]夏、商之所以亡也。[12]

① 一,道也。贯,同也。其所以亡之道同,同于不仁,且不知足也。

② 格以铜为之,布火其下,以人置上,人烂堕火而死,笑之以为乐,故谓之乐不适也。

【校】“炮格”,各书俱讹作“炮烙”,得此可以正之。

③ 雕画高柱,施桔槔于其端,举诸侯而上下之,故曰“不适”。

④ 听妲己之谮,杀鬼侯之女以为脯,而取其所服之环也。

【校】“环”,旧本作“瓌”,讹,今改正。

⑤ 以其涉水能寒也,故视其髓,欲知其与人有异不也。

【校】注“能寒”,能读曰耐。

⑥ 梅伯,纣之诸侯也,说鬼侯之女美好。纣受妲己之谮,以为不好,故杀梅伯以为醢。醢,肉酱也,以遗文王。故曰“不适也”。

⑦ 貌受,心不受也,故曰“告诸侯”也。

⑧ 琁室,以琁玉文饰其室也。顷宫,筑作宫墙,满一顷田中,言博大也。

【校】书传多云桀作璇室,纣作倾宫。今举属之纣,以言其土木之侈,固不必细为分别也。梁仲子云:“《淮南·本经训》注:‘琁或作旋。言室施机关,可转旋也。’顷宫,此注作如字读,它书俱作‘倾’字。”

⑨ 化,育也。视其胞裹。

【校】注旧本作“胞裹”,“裹”当作“褢”,亦疑是“裹”字。

⑩ 比干,纣之诸父也,数谏纣之非,纣不能听,故视其心,欲知其何以不与人同也。

⑪ 圣人心达性通。纣性不仁,心不通,安于为恶,杀比干,故孔子言其

一窍通则比干不见杀也。

⑫ 桀杀关龙逄，纣杀比干，故曰此“夏、商之所以亡也”。

晋灵公无道，从上弹人而观其避丸也，[①]使宰人臑熊蹢，不熟，[②]杀之，令妇人载而过朝以示威，不适也。赵盾骤谏而不听，公恶之，乃使沮麛。[③]沮麛见之，不忍贼，[④]曰：“不忘恭敬，民之主也。贼民之主，不忠；[⑤]弃君之命，不信。[⑥]一于此，不若死。”[⑦]乃触廷槐而死。[⑧]

① 灵公，襄公之子，文公之孙也。从高台上引弹，观其走而避丸以为乐也。

②【校】《左氏宣二年传》作“宰夫胹熊蹯不熟”。

③ 盾，赵成子之子宣子也。

【校】《左传》“使鉏麑贼之”，今此“贼之”二字亦当有，或下文“见之”字误，而又误入下文耳。

④ 贼，杀也。

⑤ 大夫称主，因曰民之主也。

⑥ 违命不信。

⑦ 不忠不信，若行之必有其一也。

【校】正文“一”上，《左传》有“有”字

⑧ 触，畜也。

【校】“畜”疑“撞”字之误。

齐湣王亡居卫，[①]谓公王丹曰：“我何如主也？”[②]王丹对曰：“王，贤主也。臣闻古人有辞天下而无恨色者，臣闻其声，[③]于王而见其实。[④]王名称东帝，实辨天下，[⑤]去国居卫，容貌充满，颜色发扬，[⑥]无重国之意。”[⑦]王曰：“甚善！丹知寡人。寡人自去国居卫也，带益三副矣。”[⑧]

① 湣王，宣王之子。

② 公王丹，湣王臣也。

【校】公王丹即公玉丹，古“玉”字作“王”，三画匀。

③ 声，名也。

④ 所行之实。

⑤ 辨，治也。

⑥ 光明也。

⑦ 言轻之也。

⑧ “副”或作“倍”。度湣王之亡国宜也。但湎涎无忧耻辱，喜于公王丹巧佞之言，因云“丹知寡人”也。带益三倍，苟活者肥，令腹大耳。

宋王筑为蘖帝，鸱夷血，高悬之，射著甲胄，从下，血坠流地。[①]左右皆贺曰：“王之贤过汤、武矣。汤、武胜人，今王胜天，贤不可以加矣。”[②]宋王大说，饮酒。室中有呼万岁者，堂上尽应。堂上已应，堂下尽应。门外庭中闻之，莫敢不应。不适也。[③]

① 宋王，康王也。“蘖”当作“巘”，“帝”当作“臺”。蘖与巘其音同，帝与臺字相似，因作“蘖帝”耳。《诗》云“庶姜巘巘”，高长貇也。言康王筑为台，革囊之大者为鸱夷，盛血于台上，高悬之以象天，著甲胄，自下射之，血流堕地，与之名，言中天神下其血也。

【校】注“貇”，旧本作“类”，讹。“与之名言”四字，刘本作“谓之”二字。

② 加，上也。

③ 不僭不滥、动中礼义之谓适。今此畏无道,不敢不应耳,故曰“不适也”。

壅塞

五曰:

亡国之主,不可以直言。不可以直言,则过无道闻,[①]而善无自至矣。无自至则壅。[②]

① 不可以直言谏正也,则其过成。以无道远闻,人皆闻之。

【校】过无道闻,言过无路以闻于主也。注非是。

② 自,从也。《传》曰“善进善,不善蔑由至矣;不善进不善,善亦蔑由至矣”,故曰“壅”。

【校】注“传曰”下文有脱,今据《论人篇》注增补。

秦缪公时,戎强大。秦缪公遗之女乐二八与良宰焉。戎主大喜,以其故,数饮食,日夜不休。左右有言秦寇之至者,因扜弓而射之。[①]秦寇果至,戎主醉而卧于樽下,卒生缚而擒之。未擒则不可知,[②]已擒则又不知。[③]虽善说者,犹若此何哉?[④]

① 寇,兵也。扜,引也。

【校】“扜”旧讹作“扞”，注同。案《大荒南经》“有人方扜弓射黄蛇，名曰蜮人”，郭璞注：“扜，挽也，音纡。”今据改正。扜亦音乌。

② 不知将见擒也。

③ 醉不自知也。

【校】旧校云“一本作‘既擒则无及矣’”，李本“矣”作“也”。

④ 言说无如之何。

齐攻宋，[①]宋王使人候齐寇之所至。[②]使者还，曰：“齐寇近矣，国人恐矣。”左右皆谓宋王曰：“此所谓‘肉自生虫’者也。[③]以宋之强，齐兵之弱，恶能如此？”[④]宋王因怒而诎杀之。[⑤]又使人往视齐寇，使者报如前，宋王又怒诎杀之。如此者三。其后又使人往视，齐寇近矣，国人恐矣。使者遇其兄，曰：“国危甚矣，若将安适？”[⑥]其弟曰：“为王视齐寇，[⑦]不意其近而国人恐如此也。今又私患乡之先视齐寇者，皆以寇之近也报而死。今也报其情，死；[⑧]不报其情？又恐死。[⑨]将若何？”其兄曰：“如报其情，有且先夫死者死，先夫亡者亡。”[⑩]于是报于王曰：“殊不知齐寇之所在，国人甚安。”王大喜。左右皆曰：“乡之死者宜矣。”王多赐之金。寇至，王自投车上驰而走，此人得以富于他国。夫登山而视牛若羊，视羊若豚。牛之性不若羊，羊之性不若豚，[⑪]所自视之势过也，而因怒于牛羊之小也，此狂夫之大者。狂而以行赏罚，此戴氏之所以绝也。[⑫]

① 齐湣王攻宋，灭之也。

② 候，视也。

③【校】“生”旧本作“至”，讹，今改正。

④ 言宋强盛，齐兵之弱，安能来至此也。

⑤ 诎，枉也。无罪而杀之曰枉。

⑥ 适，之也。

⑦【校】“为王”，旧本作“为兄”，讹，今改正。

⑧ 以齐寇至之情实告宋王，必诛死也。

⑨ 不以寇至之情报而设备，齐寇至杀人，是又恐死。

⑩【校】有，读与又同。

⑪ 性犹体也。若犹如也。

⑫ 戴氏子罕，戴公子孙也，别为乐氏。《传》曰：“宋之乐，其与宋升降乎？”宋国衰，子罕后子孙亦衰，赏罚失中，故曰“此戴氏之所以绝也”。

【校】旧校云：“‘戴氏’一本作‘叔世’。”

齐王欲以淳于髡傅太子，髡辞曰：“臣不肖，不足以当此大任也，王不若择国之长者而使之。”齐王曰：“子无辞也。寡人岂责子之令太子必如寡人也哉？寡人固生而有之也。子为寡人令太子如尧乎，其如舜也？”凡说之行也，道[1]不智听智，从自非受是也。[2]今自以贤过于尧、舜，[3]彼且胡可以开说哉？说必不入，不闻存君。[4]

① 句。

②【校】道谓有道也。“自”字疑衍。

③【校】旧校云：“‘过’一作‘远’。”

④ 不纳忠言之说，鲜不危亡，故曰“不闻存君”也。

齐宣王好射，[1]说人之谓己能用强弓也。[2]其尝所用不过三石，以示左右。左右皆试引之，中关而止，[③]皆曰："此不下九石，非王其孰能用是？"[④]宣王之情，[⑤]所用不过三石，而终身自以为用九石，岂不悲哉？[⑥]非直士其孰能不阿主？世之直士，其寡不胜众，数也。[⑦]故乱国之主，患存乎用三石为九石也。[⑧]

① 好，喜也。

② 示有力也。

【校】"用"旧作"则"，孙据《御览》三百四十七改正。

③ 关，谓关弓。弦正半而止也。

④ 言九石之弓，独王用之耳。

⑤ 情，实也。

⑥ 伤其自轻，而不知其实。

【校】注"自轻"疑"用轻"之误。

⑦ 数，道数也。

⑧ 力不足，而自以为有余也。其功德，其治理，皆亦如之也。

原 乱

六曰：

乱必有弟，[①]大乱五，小乱三，訒乱三。[②]故《诗》曰"毋过乱门"，所以远之也。[③]虑福未及，虑祸之，所以皃之也。[④]武王以武得之，以文持之，倒戈弛弓，示天下不用兵，所以守之也。

① 弟，次也。

【校】“弟”，本一作“第”，今从汪本，乃古“第”字。

② 大乱五，谓晋国废长立少，立而复杀之也。小乱三，谓杀里克之党也。訌乱三，谓于朝栾盈以兵昼入于绛也。

【校】訌字或音喧声也，或云与“訩”同，义皆不当，注亦不明了。此似皆指骊姬之乱，安得忽及栾盈？又“于朝”上似尚有缺文。窃疑“訌”或是“讨”字之讹。惠公杀里克，文公杀吕郤，是讨乱三也。

③ 逸《诗》也。

【校】案：《左氏昭十九年传》子产引作谚。

④【校】“皃”疑“免”字之误。

晋献公立骊姬以为夫人，以奚齐为太子，里克率国人以攻杀之。[①]荀息立其弟公子卓，已葬，里克又率国人攻杀之。[②]于是晋无君。公子夷吾重赂秦以地而求入，[③]秦缪公率师以纳之，晋人立以为君，是为惠公。惠公既定于晋，背秦德而不予地。[④]秦缪公率师攻晋，晋惠公逆之，与秦人战于韩原。晋师大败，秦获惠公以归，囚之于灵台。十月，乃与晋成，[⑤]归惠公而质太子圉。太子圉逃归也。惠公死，圉立为君，是为怀公。秦缪公怒其逃归也，起奉公子重耳以攻怀公，杀之于高梁，[⑥]而立重耳，是为文公。文公施舍，振废滞，匡乏困，救灾患，禁淫慝，薄赋敛，宥罪戾，[⑦]节器用，用民以时，败荆人于城濮，[⑧]定襄王，[⑨]释宋，出穀戍，[⑩]外内皆服，[⑪]而后晋乱止。故献公听骊姬，近梁五、优施，杀太子申生，而大难随之者五，三君死，一君虏，[⑫]大臣卿士之死者以百数，离咎二十年。

① 杀奚齐也。

② 复杀公子卓也。

③ 地,河外之城五。求入为晋君也。

④《传》曰"入而背秦赂",此之谓也。

⑤ 成,平也。

⑥ 高梁,晋地。

⑦ 宥,宽也。

⑧ 荆人,成王。

⑨ 周襄王辟子带之难,出居于郑,文公纳之,故曰"定"也。

⑩ 楚子围宋,又使申公叔侯守齐之穀邑。晋文伐曹、卫,将平之。楚爱曹、卫,与晋俱成,解宋之围,召穀戍而去之也。

⑪ 外,诸侯;内,卿大夫也。皆服文公之德也。

⑫ 三君死,申生、奚齐、公子卓也。一君虏,惠公为秦所执,囚之灵台也。

【校】谢云"三君死,谓奚齐、卓子、怀公。注误。"

自上世以来,乱未尝一。而乱人之患也,皆曰一而已,此事虑不同情也。事虑不同情者,心异也。故凡作乱之人,祸希不及身。[1]

① 希,鲜也。

第二十四卷　不苟论

不　苟

一曰：

贤者之事也，虽贵不苟为，[①]虽听不自阿，[②]必中理然后动，[③]必当义然后举，[④]此忠臣之行也。贤主之所说，[⑤]而不肖主之所不说，[⑥]非恶其声也。人主虽不肖，[⑦]其说忠臣之声与贤主同，[⑧]行其实则与贤主有异。[⑨]异，故其功名祸福亦异。[⑩]异，故子胥见说于阖闾而恶乎夫差，[⑪]比干生而恶于商，[⑫]死而见说乎周。[⑬]

① 虽欲尊贵，不苟为也。不如礼曰苟为也。

② 虽言见听，当以忠正，不自阿媚以取容也。

③ 非理不移也。

④ 非义不行也。

⑤ 说犹敬也。

⑥【校】旧作"而不肖主虽不肖其说"，乃因下文而讹，今改正。

⑦ 句。

⑧ 同，等也。

⑨ 贤主能用忠臣之言，不肖主能刑杀之，故曰"有异"也。

⑩ 贤主受大福，不肖主获大祸，故曰"亦异"也。

⑪ 夫差恶子胥也。

⑫ 商纣恶之也。

⑬ 周武王说其忠也。

武王至殷郊，系堕。[①]五人御于前，莫肯之为，[②]曰："吾所以事君者非系也。"武王左释白羽，右释黄钺，勉而自为系。孔子闻之曰："此五人者之所以为王者佐也，不肖主之所弗安也。"故天子有不胜细民者，天下有不胜千乘者。[③]

①【校】《韩非·外储说左下》云"文王伐崇，至凤黄虚，韈系解，因自结"，一事而传者异。

②【校】疑是"为之系"，倒二字，脱一字。

③ 天下，海内也。千乘，一国也。

秦缪公见戎由余，说而欲留之，由余不肯。缪公以告蹇叔，蹇叔曰："君以告内史廖。"内史廖对曰："戎人不达于五音与五味，君不若遗之。"缪公以女乐二八人与良宰遗之。[①]戎王喜，迷惑大乱，饮酒，昼夜不休。由余骤谏而不听，因怒而归缪公也。蹇叔非不能为内史廖之所为也，其义不行也。缪公能令人臣时立其正义，故雪殽之耻而西至河雍也。[②]

①【校】"人"字疑衍。 宰，谓膳宰。

② 雪，除也。

秦缪公相百里奚。[①]晋使叔虎、齐使东郭蹇如秦，公孙枝请见之。[②]公曰："请见客，子之事欤？"对曰："非也。""相国使子乎？"[③]对曰："不也。"公曰："然则子事非子之事也。[④]秦国僻陋戎夷，事服其任，人事其事，犹惧为诸侯笑。今子为非子之事，退！将论而罪。”⑤公孙枝出，自敷于百里氏。百里奚请之，公曰：“此所闻于相国欤？枝无罪，奚请？有罪，奚请焉？”⑥百里奚归，辞公孙枝。公孙枝徙，自敷于街，百里奚令吏行其罪。定分官，此古人之所以为法也。今缪公乡之矣，其霸西戎，岂不宜哉？

① 以百里奚为相也。

②【校】梁仲子云：“叔虎即下文郤子虎，晋大夫郤芮子父郤豹也，见韦昭《晋语》注。” 公孙枝，秦大夫子桑也。

③ 相国，百里奚也。

④ 事，见客事也。

【校】上“子”字疑衍。

⑤ 而，汝也。

⑥ 奚，何也。

晋文公将伐邺，赵衰言所以胜邺之术，文公用之，果胜。还，将行赏。衰曰：“君将赏其本乎？赏其末乎？赏其末则骑乘者存，赏其本则臣闻之郤子虎。”文公召郤子虎曰：“衰言所以胜邺，邺既胜，将赏之，曰：‘盖闻之于子虎，请赏子虎。’”①子虎曰：“言之易，行之难。臣言之者也。”公曰：“子无辞。”郤子虎不敢固辞，乃受矣。凡行赏欲其博也，博则多助。今虎非亲言者也，而赏犹及之，此疏远者之所以尽能竭智者也。晋文公亡久矣，归而因大乱之余，犹能以霸，其由此欤？②

①【校】《新序》四、《御览》六百三十三皆无两“虎”字,是。

② 亡久,谓避骊姬之乱,在狄十二年,历行诸侯五年,凡十七年。归晋国,因大乱之后,能建霸功,皆由用此术也。

赞 能

二曰:

贤者善人以人,中人以事,[①] 不肖者以财。[②] 得十良马,不若得一伯乐;[③] 得十良剑,不若得一欧冶;[④] 得地千里,不若得一圣人。[⑤] 舜得皋陶而舜受之,[⑥] 汤得伊尹而有夏民,[⑦] 文王得吕望而服殷商。[⑧] 夫得圣人,岂有里数哉?[⑨]

① 贤者以人,以人之德也。中人任人,以人之力也。

② 不肖者任人,以人之财贿也。《传》曰“政以贿成”,此之谓也。

③ 伯乐善得马,得伯乐则得良马,不但十也,故曰“不若得一伯乐”也。

④ 欧冶善为剑工也,义与伯乐同。

⑤ 义与欧冶同。

【校】孙云:“《初学记》十七《贤类》引作‘不如得一贤士’,《意林》及《御览》四百二皆作‘贤人’。《御览》八百九十六作‘圣人’,当由后来传本误也。”

⑥ 受,用也。

【校】注“受”字,旧本作“授”。今案:“受之”即《书》所谓“俾予从欲以治”也,不当训用。舜未授皋陶以天下,亦不当作“授”。

⑦ 有夏桀之民也,王天下也。

⑧ 殷纣之众服从文王之德也。

⑨ 言得其用多不可数也,故曰“岂有里数哉”。

管子束缚在鲁,[①]桓公欲相鲍叔。[②]鲍叔曰:“吾君欲霸王,则管夷吾在彼,[③]臣弗若也。”桓公曰:“夷吾,寡人之贼也,射我者也,不可。”[④]鲍叔曰:“夷吾为其君射人者也。[⑤]君若得而臣之,则彼亦将为君射人。”桓公不听,[⑥]强相鲍叔。固辞让而相,[⑦]桓公果听之。于是乎使人告鲁曰:“管夷吾,寡人之仇也,愿得之而亲加手焉。”[⑧]鲁君许诺,乃使吏鞹其拳,[⑨]胶其目,盛之以鸱夷,置之车中。至齐境,[⑩]桓公使人以朝车迎之,祓以爟火,衅以牺猳焉,[⑪]生与之如国,[⑫]命有司除庙筵几而荐之,[⑬]曰:“自孤之闻夷吾之言也,目益明,耳益聪。孤弗敢专,敢以告于先君。”[⑭]因顾而命管子曰:“夷吾佐予!”[⑮]管仲还走,再拜稽首,受令而出。[⑯]管子治齐国,举事有功,桓公必先赏鲍叔,曰:“使齐国得管子者,鲍叔也。”桓公可谓知行赏矣。凡行赏欲其本也,本则过无由生矣。[⑰]

① 为鲁所束缚也。

② 欲以鲍叔为齐相也。

③ 彼,鲁也。

④《传》曰“乾时之役,申孙之矢射于桓公,中钩”,故曰“不可”。

⑤ 其君,公子纠也。

⑥ 不从鲍叔之言。

⑦ 固,必也。

【校】“鲍叔”当重,“而相”二字衍文。

⑧ 言欲得管仲,亲手自杀之,以为辞也。

⑨ 鞹，革也。以革囊其手也。

⑩ 境，界也。

⑪ 火所以祓除不祥也。《周礼》“司爟掌行火之政令”，故以爟火祓之也。杀牲以血涂之为衅。小事不用大牲，故以猳豚也。《传》曰“郑伯使卒出猳，行出犬鸡”，此之谓也。爟，读如权衡。

【校】“权衡”，旧本误作“权字”，今依《本味篇》注改正。

⑫ 如，至也。

⑬ 荐，进也。

⑭ 告，白也。

⑮ 予，我也。

⑯ 出于庙也。

⑰ 过，失也。

孙叔敖、沈尹茎相与友。① 叔敖游于郢三年，声问不知，② 修行不闻。③ 沈尹茎谓孙叔敖曰：“说义以听，方术信行，能令人主上至于王，下至于霸，我不若子也。耦世接俗，说义调均，以适主心，子不若我也。子何以不归耕乎？吾将为子游。”④ 沈尹茎游于郢五年，荆王欲以为令尹，沈尹茎辞曰：“期思之鄙人有孙叔敖者，圣人也。⑤ 王必用之，臣不若也。”荆王于是使人以王舆迎叔敖，以为令尹，十二年而庄王霸，此沈尹茎之力也。功无大乎进贤。

①【校】当作“筮”，下同。

②【校】旧校云：“‘问’一作‘晦’。”

③ 郢，楚都也。

④ 欲令孙叔敖隐也。

【校】游谓游扬也。

⑤【校】梁仲子云:"《左传》文十年杜注:'楚期思邑,今弋阳期思县。'杨倞注《荀子·非相》篇云:'鄙人,郊野之人也。'"

自　知

三曰:

欲知平直,则必準绳;[①]欲知方圆,则必规矩;[②]人主欲自知,则必直士。[③]故天子立辅弼,设师保,所以举过也。[④]夫人故不能自知,人主犹其。[⑤]存亡安危,勿求于外,[⑥]务在自知。

① 準,平;绳,直也。

【校】李本"準"皆作"准"。

② 规,圆;矩,方也。

③ 唯直士能正言也。

④ 举犹正也。

⑤【校】孙云:"《御览》七十七作'夫人固不能自知,人主独甚'。此'犹其'二字讹。"

⑥ 言皆在己也。

尧有欲谏之鼓,[①]舜有诽谤之木,[②]汤有司过之士,[③]武王有戒慎之鞀,[④]犹恐不能自知。[⑤]今贤非尧、舜、汤、武也,而有掩蔽之道，奚繇自知哉？荆成、齐庄不自知而杀，[6]吴王、智伯不自知而亡，[7]宋、中山不自知而灭，[8]晋惠公、赵括不自知而虏，[9]钻荼、庞涓、太子申不自知而死，[10]败莫大于不自知。[11]

① 欲谏者击其鼓也。

【校】《淮南·主术训》作“尧置敢谏之鼓”。

② 书其过失以表木也。

【校】注“以”字，《淮南》注作“于”。

③ 司，主也。主，正也。正其过阙也。

④ 欲戒者摇其鞀鼓之。

⑤ 犹尚恐己不能自知其过失也。

⑥ 荆成王为公子商臣所杀，齐庄公为崔杼所杀，皆不自知之咎也。

⑦ 吴王，夫差也。智伯，晋卿智襄子也。夫差为越所破，死于干隧；智伯为赵襄子所破，死于高粱之东；故曰“而亡”也。

⑧ 宋康王无道，为齐所灭。中山乱男女之别，为魏所灭也。

⑨ 惠公为秦所虏。赵括以军降，秦坑其兵四十万于长平也。

⑩ 钻荼、庞涓，魏惠王之将。申，魏惠王之太子也，与庞涓东伐齐，战于马陵，齐人尽杀之。故惠王谓孟子曰：“晋国，天下莫强焉，叟之所知也。及寡人身，东败于齐，长子死。”此之谓也。

⑪ 莫，无也。

范氏之亡也，[1]百姓有得钟者，欲负而走，则钟大不可负，以椎毁之，钟况然有音，[2]恐人闻之而夺己也，遽掩其耳。[3]恶人闻之，可也；恶己自闻之，悖矣。为人主而恶闻其过，非犹此也？[4]恶人闻其过尚犹可。

① 范氏，晋卿范武子之后也。谓简子率师逐范吉射也。一曰：智伯伐范氏而灭之，故曰“亡”也。

②【校】李善注《文选》任彦昇《百辟劝进笺》“况然”作“悦然”，《淮南·说山训》作“鎗然有声”。

③ 遽，疾也。

④ 此，自掩其耳也。

【校】案：“非犹此也”，“也”与“邪”通用。《选》注作“亦犹此也”，则如字。

魏文侯燕饮，皆令诸大夫论己。[①]或言君之智也。[②]至于任座，任座曰：“君，不肖君也。得中山不以封君之弟，而以封君之子，是以知君之不肖也。”文侯不说，知于颜色。[③]任座趋而出。次及翟黄，翟黄曰：“君，贤君也。臣闻其主贤者，其臣之言直。今者任座之言直，是以知君之贤也。”文侯喜曰：“可反欤？”[④]翟黄对曰：“奚为不可？臣闻忠臣毕其忠，[⑤]而不敢远其死。座殆尚在于门。”[⑥]翟黄往视之，任座在于门，以君令召之。任座入，文侯下阶而迎之，终座以为上客。[⑦]文侯微翟黄，则几失忠臣矣。[⑧]上顺乎主心以显贤者，其唯翟黄乎！[⑨]

①【校】李善注《文选》孔文举《荐祢衡表》引作“问诸大夫，寡人何如主也”。

②【校】孙云：“《御览》六百二十二作‘或言君仁，或言君义，或言君智’，疑此有脱文。”

③ 知犹见也。

④ 欤，邪也。谓任座可反邪？

⑤ 毕，尽也。

⑥ 殆犹必也。

⑦ 客，敬也。

⑧ 微，无也。几，近也。

⑨【校】《新序》一前作翟黄语，后作任座语，与此互异。

当　赏

四曰：

民无道知天，民以四时寒暑日月星辰之行知天。① 四时寒暑日月星辰之行当，则诸生有血气之类皆为得其处而安其产。② 人臣亦无道知主，③ 人臣以赏罚爵禄之所加知主。④ 主之赏罚爵禄之所加者宜，⑤ 则亲疏远近贤不肖皆尽其力而以为用矣。⑥

① 以，用也。

② 产，生也。

【校】《日抄》作"皆得其处"，无"为"字。

③ 主，君也。

④ 加，施也。

⑤ 宜犹当也。

⑥ 为君用也。

晋文公反国，赏从亡者，而陶狐不与。[①]左右曰："君反国家，爵禄三出，而陶狐不与。敢问其说。"[②]文公曰："辅我以义、导我以礼者，吾以为上赏；教我以善、强我以贤者，吾以为次赏；拂吾所欲、数举吾过者，吾以为末赏。三者所以赏有功之臣也。若赏唐国之劳徒，则陶狐将为首矣。"[③]周内史兴闻之曰："晋公其霸乎！[④]昔者圣王先德而后力，晋公其当之矣！"[⑤]

① 赏不及之也。

【校】梁仲子云："'陶狐'，《史记·晋世家》作'壶叔'，《外传》三、《说苑·复恩》篇作'陶叔狐'。"

② 欲知之也。

③ 唐国，晋国也。勤劳之徒，则陶狐也，故不与三赏中也。

【校】注"故"字旧作"欲"，讹，今改正。

④ 内史兴，周大夫也，奉使来赐文公命闻之。

⑤ 当先德而后力也。

秦小主夫人用奄变，群贤不说自匿，百姓郁怨非上。[①]公子连亡在魏，闻之，欲入，因群臣与民从郑所之塞。[②]右主然守塞，弗入，[③]曰："臣有义，不两主。公子勉去矣！"[④]公子连去，入翟，从焉氏塞，[⑤]菌改入之。[⑥]夫人闻之，大骇，[⑦]令吏兴卒，奉命曰："寇在边。"卒与吏其始发也，[⑧]皆曰："往击寇。"中道因变曰："非击寇也，迎主君也。"[⑨]公子连因与卒俱来，至雍，围夫人，夫人自杀。[⑩]公子连立，是为献公，怨右主然而将重罪之，[⑪]德菌改而欲厚赏之。[⑫]监突争之曰："不可。[⑬]秦公子之在外者众，[14]若此则人臣争入亡公子矣。此不便主。”[15]献公以为然，故复右主然之罪，[16]而赐菌改官大夫，[17]赐守塞者人米二十石。献公可谓能用赏罚矣。凡赏非以爱之也，罚非以恶之也，用观归也。所归善，虽恶之，赏；所归不善，虽爱之，罚；[18]此先王之所以治乱安危也。[19]

① 小主，秦君也，秦厉公曾孙惠公之子也。夫人用奄变，为惑乱也。

【校】以《史记·秦本纪》考之，小主即出子也。

② 公子连一名元，秦厉公曾孙灵公之子也，于小主为从父昆弟也。

【校】公子连即献公，于小主为从祖昆弟。《索隐》云“名师隰”，殆据《世本》。

③ 右主然，秦守塞吏也。弗内公子连也。

④ 内公子连则两主矣。劝之使疾去。

⑤ 塞在安定。将之北翟。

【校】注“将”、“翟”二字疑衍。

⑥ 菌改亦守塞吏也。入之，内公子连也。

⑦ 小主夫人也。骇，惊也。

⑧ 发，行也。

⑨ 主君，谓公子连。

⑩ 雍，秦都也。

⑪ 怨其不入己也。

⑫ 德其入己也。

⑬ 监突，秦大夫也。

⑭ 众，多也。

⑮ 如此则诸臣争内亡公子。亡公子得入，则争为君，故于主不便也。

⑯ 复，反也。反其罪，不复罪也。

⑰ 官大夫，秦爵也。

⑱《传》曰："善有章，虽贱，赏也；恶有衅，虽贵，罚也。"此之谓也。

⑲ 乱者能治之也，危者能安之也。

博　志

五曰：

先王有大务，去其害之者，故所欲以必得，所恶以必除，此功名之所以立也。①俗主则不然，有大务而不能去其害之者，此所以无能成也。夫去害务与不能去害务，此贤不肖之所以分也。②使獐疾走，马弗及至，已而得者，其时顾也。③骥一日千里，车轻也；以重载则不能数里，任重也。④贤者之举事也，不闻无功，⑤然而名不大立、利不及世者，愚不肖为之任也。⑥冬与夏不能两刑，⑦草与稼不能两成，新谷熟而陈谷亏，凡有角者无上齿，果实繁者木必庳，⑧用智褊者无遂功，天之数也。⑨故天子不处全，不处极，不处盈。全则必缺，极则必反，盈则必亏。先王知物之不可两大，故择务，当而处之。

① 立，成也。

② 分，别也。

③ 反顾稽其行，故见得也。

④ 任，载也。

⑤ 言有功也。

⑥ 愚不肖人为之任政事，故使其君贤名不立，福利不及后世子孙也。

⑦《传》曰“火中而寒暑退”，故曰“不能两刑”。

【校】案：刑犹成也。

⑧ 有核曰果。物莫能两大，故戴角者无上齿，果实繁者木为之庳小也。

【校】《大戴礼·易本命》篇“戴角者无上齿”，又《战国·秦策》引诗曰“木实繁者披其枝”，亦是此义。梁仲子云：“齿、庳为韵。”

⑨ 遂，成也。

孔、墨、甯越，皆布衣之士也，虑于天下，以为无若先王之术者，[①]故日夜学之。有便于学者，无不为也；有不便于学者，无肯为也。盖闻孔丘、墨翟，昼日讽诵习业，夜亲见文王、周公旦而问焉。[②]用志如此其精也，[③]何事而不达？何为而不成？故曰：“精而熟之，鬼将告之。”非鬼告之也，精而熟之也。[④]今有宝剑良马于此，玩之不厌，视之无倦；宝行良道，一而弗复。欲身之安也，名之章也，不亦难乎？

① 孔子、墨翟也。甯越，中牟人也，知道术之士也。

② 夜则梦见文王、周公而问其道也。《论语》曰：“吾衰久矣，吾不复梦见周公。”

【校】案：“吾衰久矣”，尚是朱子以前读法，宋本句读亦如此。

③ 精，微密也。

④ 史曰“日精所学，致无鬼神”，故曰有鬼告之也。

甯越，中牟之鄙人也，苦耕稼之劳，谓其友曰：“何为而可以免此苦也？”其友曰：“莫如学。学三十岁则可以达矣。”

甯越曰："请以十五岁。[①] 人将休，吾将不敢休；人将卧，吾将不敢卧。"[②] 十五岁而周威公师之。[③] 矢之速也，而不过二里止也；步之迟也，而百舍不止也。今以甯越之材而久不止，其为诸侯师，岂不宜哉？

①【校】"五"字旧本脱，据李善注《文选》韦宏嗣《博弈论》补，《御览》六百十一同。

②【校】案："吾"下两"将"字皆疑衍。

③ 威公，西周君也。师之者，以甯越为师也。

养由基、尹儒，皆文艺之人也。[①] 荆廷尝有神白猿，荆之善射者莫之能中，荆王请养由基射之。养由基矫弓操矢而往，未之射而括中之矣，发之则猿应矢而下，则养由基有先中中之者矣。[②] 尹儒学御三年而不得焉，苦痛之，[③] 夜梦受秋驾于其师。明日往朝其师，[④] 望而谓之曰："吾非爱道也，恐子之未可与也。今日将教子以秋驾。"[⑤] 尹儒反走，北面再拜，曰："今昔臣梦受之。"先为其师言所梦，所梦固秋驾已。[⑥] 上二士者可谓能学矣，可谓无害之矣，此其所以观后世已。[⑦]

①【校】"尹儒"一作"尹需"。"文艺"，本或作"六艺"，今从李本，与下篇合。

②《幽通记》曰"养流睇而猿号"，此之谓也。

【校】注"流"字，旧作"由基"二字，讹，今改正。

③ 痛，悼也。

④【校】"师"字当重。

⑤ 秋驾，御法也。

⑥ 句。

⑦ 二士，甯越、尹儒也。观，示也。

贵　当

六曰：

名号大显，不可强求，必繇其道。[①]治物者不于物于人，治人者不于事于君，[②]治君者不于君于天子，治天子者不于天子于欲，[③]治欲者不于欲于性。性者，万物之本也，不可长，不可短，因其固然而然之，此天地之数也。窥赤肉而乌鹊聚，狸处堂而众鼠散，[④]衰绖陈而民知丧，竽瑟陈而民知乐，汤、武修其行而天下从，[⑤]桀、纣慢其行而天下畔，[⑥]岂待其言哉？君子审在己者而已矣。

① 繇，用也。

② 治，饬也。君，侯也。

③ 欲，贪欲也。不贪欲则天子安乐也。

④ 窥，见也。散，走也。

⑤ 修其仁义之行，故天下顺从之也。

⑥ 慢，易也。

荆有善相人者，所言无遗策，[①]闻于国。[②]庄王见而问焉，对曰："臣非能相人也，能观人之友也。观布衣也，其友皆孝悌纯谨畏令，如此者，其家必日益，[③]身必日荣矣，所谓吉人也。观事君者也，其友皆诚信有行好善，如此者，事君日益，官职日进，此所谓吉臣也。[④]观人主也，其朝臣多贤，左右多忠，主有失，皆交争证谏，[⑤]如此者，国日安，主日尊，天下日服，[⑥]此所谓吉主也。臣非能相人也，能观人之友也。"庄王善之，于是疾收士，日夜不懈，遂霸天下。故贤主之时见文艺之人也，非特具之而已也，所以就大务也。[⑦]夫事无大小，固相与通。田猎驰骋，弋射走狗，贤者非不为也，为之而智日得焉，不肖主为之而智日惑焉。志曰："骄惑之事，不亡奚待？"[⑧]

① 遗犹失也。

② 国人闻之也。

③ 益，富也。

④ 吉，善也。

⑤ 交，俱也。

【校】《外传》九、《新序》五作"正谏"。案：证亦谏也，见《说文》。

⑥ 服其德也。

⑦ 就，成也。

⑧ 志，古记也。

齐人有好猎者，[①]旷日持久而不得兽，入则愧其家室，出则愧其知友州里。惟其所以不得之故，则狗恶也。欲得良狗，则家贫无以。[②]于是还疾耕，疾耕则家富，家富则有以求良狗，狗良则数得兽矣，田猎之获常过人矣。[③]非独猎也，百事也尽然。霸王有不先耕而成霸王者，古今无有。此贤者不肖之所以殊也。[4]贤不肖之所欲与人同，尧、桀、幽、厉皆然，所以为之异。故贤主察之，以为不可，弗为；以为可，故为之。为之必繇其道，物莫之能害，此功之所以相万也。[5]

①【校】"齐人"，旧本或作"君"，或作"尹"，皆讹，今从《日抄》改正。孙云："《御览》八百三十二，又九百五并作'齐'字。"

② 无以买狗。

③ 过犹多也。

④ 殊，异也。

⑤ 万倍也。

第二十五卷　似顺论

似　顺

一曰：

事多似倒而顺，多似顺而倒。[①]有知顺之为倒、倒之为顺者，则可与言化矣。[②]至长反短，至短反长，天之道也。[③]

① 倒，逆也。

② 化，道也。

③ 夏至极长，过至则短，故曰"至长反短"；冬至极短，过至则长，故曰"至短反长"也。天道有盈缩之数，故曰"天之道也"。

荆庄王欲伐陈，[①]使人视之。使者曰："陈不可伐也。"庄王曰："何故？"对曰："城郭高，沟洫深，蓄积多也。"宁国曰："陈可伐也。[②]夫陈，小国也，而蓄积多，赋敛重也，则民怨上矣；城郭高，沟洫深，则民力罢矣。兴兵伐之，陈可取也。"庄王听之，遂取陈焉。[③]

① 庄王，楚穆王之子也。

② 宁国，楚臣。

【校】《说苑·权谋》篇"蓄积多"下云"其国宁也。王曰：陈可伐也"，后"庄王听之"作"兴兵伐之"。

③《传》曰“伐而言取，易也。”

【校】注“传曰”旧作“陈曰”，讹，今改正。

田成子之所以得有国至今者，有兄曰完子，仁且有勇。[①]越人兴师诛田成子，曰：“奚故杀君而取国？”[②]田成子患之。完子请率士大夫以逆越师，请必战，战请必败，败请必死。田成子曰：“夫必与越战可也。战必败，败必死，寡人疑焉。”[③]完子曰：“君之有国也，百姓怨上，贤良又有死之，臣蒙耻。以完观之也，国已惧矣。今越人起师，臣与之战，战而败，贤良尽死，不死者不敢入于国。君与诸孤处于国，以臣观之，国必安矣。”完子行，田成子泣而遣之。夫死败，人之所恶也，而反以为安，岂一道哉？故人主之听者与士之学者，不可不博。[④]

① 成子，田常也。有国，齐国也。

② 杀君，杀齐简公而取其国也。

③ 疑焉，不欲其死也。

④ 听博则达义，学博则达道也。

尹铎为晋阳，下，有请于赵简子。[①]简子曰：“往而夷夫垒。我将往，往而见垒，是见中行寅与范吉射也。”[②]铎往而增之。[③]简子上之晋阳，望见垒而怒曰：“嘻！铎也欺我。”于是乃舍于郊，将使人诛铎也。孙明进谏曰：“以臣私之，铎可赏也。[④]铎之言固曰：‘见乐则淫侈，见忧则诤治，此人之道也。今君见垒念忧患，而况群臣与民乎？夫便国而利于主，虽兼于罪，铎为之。[⑤] 夫顺令以取容者，众能之，而况铎欤？’[⑥] 君其图之。”[⑦] 简子曰：“微子之言，寡人几过。”[⑧] 于是乃以免难之赏赏尹铎。人主太上喜怒必循理，[⑨] 其次不循理必数更，虽未至大贤，犹足以盖浊世矣，[⑩] 简子当此。[⑪] 世主之患，耻不知而矜自用，好愎过而恶听谏，[⑫] 以至于危。耻无大乎危者。[⑬]

① 尹铎者，赵简子家臣也。晋阳，简子邑。为，治也。

② 夷，平也。中行文子与范昭子专晋君权，伐赵简子，围之晋阳，所作垒壁培堙也。简子不欲见之，故使尹铎平除之也。

【校】《晋语》九“垒”下有“培”字，观此注似亦本有“培”字。又“是”字下旧本脱“见”字，据《晋语》补。

③ 增益其垒壁令高大也。

④ 孙明，简子臣孙无政邮良也。私，惟也。

【校】《晋语》邮无正字伯乐，《左传》邮无恤亦名邮良，即王良也。此云孙明，当即孙阳。注云孙无政，亦见前。

⑤【校】旧注云：“‘兼’或作‘谦’。”疑亦校者之辞。“谦”字无义，或当为“嫌”。

⑥ 容，说也。况铎为贤人也。

⑦ 图，议之也。

⑧ 过，失也。

⑨ 太上，上德之君。

⑩ 更，革也。变革不循危亡之迹，虽未至大贤，尚足以盖浊世专欲之人也。

⑪ 简子之行与此相值也。

⑫ 鄙耻于不知而矜大于自用，愎过恶谏，固败是求，世主之大病也。

【校】注旧本缺“求”字，案“固败是求”见《左传》庆郑语，此用其成文，今补。

⑬ 危败则灭亡，耻但惭辱耳，故无大于危者也。

别　类

二曰：

知不知，上矣。过者之患，不知而自以为知。物多类然而不然，故亡国僇民无已。夫草有莘有藟，[1]独食之则杀人，合而食之则益寿。[2]万堇不杀。[3]漆淖水淖，[4]合两淖则为蹇，[5]湿之则为干。[6]金柔锡柔，合两柔则为刚，燔之则为淖。[7]或湿而干，或燔而淖，类固不必可推知也。[8]小方，大方之类也；小马，大马之类也；小智，非大智之类也。[9]

①【校】《御览》九百九十四"莘"作"华"，《日抄》作"萃"。

② 合药而服，愈人病，故曰益人寿也。

③【校】堇，乌头也，毒药，能杀人。万堇则不能杀，未详。

④【校】"水"下旧无"淖"字，今案文义补。

⑤ 蹇，强也。言水漆相得则强而坚也。

⑥ 干，燥也。

⑦ 火炽金流，故为淖也。

⑧ 漆得湿而干燥，金遇燔而流淖，皆非其类也，故曰"不必可推知也"。

⑨ 大智知人所不知，见一隅则以三隅反，小智闻十裁通其一，故不可以为类也。

鲁人有公孙绰者，告人曰："我能起死人。"① 人问其故，对曰："我固能治偏枯，② 今吾倍所以为偏枯之药，则可以起死人矣。"物固有可以为小，不可以为大；可以为半，不可以为全者也。③

①《淮南记》曰"王孙绰"。

【校】见《淮南·览冥训》。彼注云："盖周人，一曰卫人。王孙贾之后也。"

②【校】旧校云："'治'一作'为'。"为亦治也。

③ 半谓偏枯，全谓死人也。

【校】梁仲子云："小、大、半、全，乃概论物情。注太泥。"

相剑者曰："白所以为坚也，黄所以为牣也，① 黄白杂则坚且牣，良剑也。"难者曰："白所以为不牣也，黄所以为不坚也，黄白杂则不坚且不牣也。又柔则锩，② 坚则折。剑折且锩，焉得为利剑？"剑之情未革，而或以为良，或以为恶，说使之也。故有以聪明听说，则妄说者止；无以聪明听说，则尧、桀无别矣。③ 此忠臣之所患也，④ 贤者之所以废也。⑤

①【校】"牣"与"韧"、"忍"、"刃"、"纫"古皆通用。李善注《王文宪集序》引作"纫"。

②【校】字书无此字，当与"卷"同。

③ 无聪明以听说，不能知贤不肖，故尧、桀无有所别也。

④ 患，忧也。

⑤ 不见别白黑，故废弃也。

义，小为之则小有福，大为之则大有福。于祸则不然，小有之不若其亡也。[①]射招者欲其中小也，射兽者欲其中大也。物固不必，安可推也？[②]

① 祸虽微小，积小成大，以危身亡国，故曰小有之不若无也。

② 招，埻艺也。中小，谓剖微不失毫分，射之工也。射兽欲其中大者，得肉多，故以中为工也。射则同也，中之小大异，故曰“物固不必，安可推也”。

高阳应将为室，家匠对曰：“未可也。木尚生，加涂其上，必将挠。[①]以生为室，今虽善，后将必败。”[②]高阳应曰：“缘子之言，则室不败也。木益枯则劲，[③]涂益干则轻，以益劲任益轻则不败。”[④]匠人无辞而对，受令而为之。室之始成也善，其后果败。高阳应好小察，而不通乎大理也。

① 高阳，宋邑，因以为氏。应，名也。或作“高魋”。宋大夫也。家匠，家臣也。挠，弱曲也，故曰“未可也”。

【校】梁仲子云：“《淮南·人间训》作‘高阳魋’，《广韵》‘阳’字下引《吕氏》有辩士‘高阳魋’，此注内脱一‘阳’字。”

② 家臣所谓，直于辞而合事实者也。

③ 劲，强也。

④ 此俛于辞，而后必败，其言不合事实者也。

【校】俛当是勉强之义。

骥骜绿耳背日而西走，至乎夕则日在其前矣。[①]目固有不见也，智固有不知也，数固有不及也。不知其说所以然而然，圣人因而兴制，不事心焉。

① 日东行，天西旋。日行迟，天旋疾。及夕，日入于虞渊之北，骥不能及，故曰在前矣。

【校】注说迂曲。

有 度

三曰：

贤主有度而听，故不过。[①]有度而以听，则不可欺矣，[②]不可惶矣，不可恐矣，不可喜矣。以凡人之知，不昏乎其所已知，而昏乎其所未知，[③]则人之易欺矣，可惶矣，可恐矣，可喜矣，知之不审也。

① 度，法也。

② 欺，误也。

③ 昏，暗也。

客有问季子曰："奚以知舜之能也？"[①]季子曰："尧固已治天下矣，舜言治天下而合己之符，[②]是以知其能也。""若虽知之，奚道知其不为私？"[③]季子曰："诸能治天下者，固必通乎性命之情者，当无私矣。夏不衣裘，非爱裘也，暖有余也。冬不用箑，[④]非爱箑也，清有余也。[⑤]圣人之不为私也，非爱费也，节乎己也。[⑥]节己，虽贪污之心犹若止，又况乎圣人？"

① 季子,户季子,尧时诸侯也。

② 己,尧也。

③ 私,邪也。

【校】此二句,客又问也。

④ 篓,扇也。

【校】"篓"与"篷"同。

⑤ 清,寒。

⑥【校】"费",旧本误作"贵",孙云:"《重己》篇云'非好俭而恶费也,节乎性也',与此正相同。《御览》四百二十九亦作'费'。"今改正。

许由非强也,有所乎通也,[1]有所通则贪污之利外矣。[2]孔、墨之弟子徒属充满天下,皆以仁义之术教导于天下,然而无所行。教者术犹不能行,又况乎所教?[3]是何也?仁义之术外也。夫以外胜内,匹夫徒步不能行,又况乎人主?[4]唯通乎性命之情,而仁义之术自行矣。

① 通于无为也。

② 外,弃也。

③ 所教,谓孔、墨弟子之弟子也。

④ 人主,谓俗主,又不能行也。

先王不能尽知,执一而万物治。[1]使人不能执一者,物感之也。[2]故曰:通意之悖,解心之缪,去德之累,通道之塞。[3]贵、富、显、严、名、利六者,悖意者也。[4]容、动、色、理、气、意六者,缪心者也。[5]恶、欲、喜、怒、哀、乐六者,累德者也。[6]智、能、去、就、取、舍六者,塞道者也。[7]此四六者不荡乎胸中则正，[8]正则静，静则清明，清明则虚，虚则无为而无不为也。[9]

① 不能尽知万物也，执守一道而万物治理矣。

② 感，惑也。

③ 悖、缪、累、塞四者所以为人病也，唯执一者能解去道之塞，不壅闭也。

④ 此六者人情所欲也。孔子曰“富与贵，人之所欲也，不以其道，得之不居”，故曰“悖意”。悖，乱也。

【校】案：古读皆以“不以其道”为句，此注亦当尔。《论语》“不处”，此作“不居”，《论衡》《问孔》、《刺孟》两篇并同。

⑤ 此六者不节，所以惑人心者也。

⑥ 此六者不节，所以为德累者也。

⑦ 此六者宜适难中，所以窒塞道，使不通者也。

⑧ 荡，动也。此四六者皆得其适，不倾邪荡动于胸臆之中则正矣。《诗》云：“静恭尔位，正直是与。”此之谓也。

⑨ 虚者道也。道尚空虚，无为而无不为，人能行之亦无不为也。

分　职

四曰：

先王用非其有如己有之，[1]通乎君道者也。[2]夫君也者，处虚素服而无智，故能使众智也；智反无能，故能使众能也；

能执无为，故能使众为也。无智、无能、无为，此君之所执也。[3]人主之所惑者则不然，以其智强智，以其能强能，以其为强为，此处人臣之职也。处人臣之职而欲无壅塞，虽舜不能为。[4]

①【校】孙云："《御览》六百二十作'如己之有'。案下文皆作'如己有之'，《御览》非也。"

② 桀、纣有天下，非汤、武之有也，而汤、武有之，此之类也，故曰"通乎君道者也"。

③ 君执一以为化之也。

【校】注"之"字疑衍。

④ 若此者，虽舜之圣不能无壅塞，况惑主乎？

武王之佐五人。[1]武王之于五人者之事无能也，然而世皆曰取天下者武王也。故武王取非其有如己有之，通乎君道也。通乎君道，则能令智者谋矣，能令勇者怒矣，能令辩者语矣。夫马者，伯乐相之，造父御之，[2]贤主乘之，一日千里。无御相之劳而有其功，则知所乘矣。[3]

① 五人者，周公旦、召公奭、太公望、毕公高、苏公忿生也。

② 伯乐善相马，秦缪公臣也。造父，嬴姓，飞廉之子，善御，周穆王臣也。

③ 功，千里之功也，故曰知乘也。

今召客者，酒酣，[1]歌舞鼓瑟吹竽，明日不拜乐己者，[2]而拜主人，主人使之也。先王之立功名有似于此，[3]使众能与众贤，功名大立于世，不予佐之者，而予其主，其主使之也。④譬之若为宫室，必任巧匠，奚故？⑤曰：匠不巧则宫室不善。夫国，重物也，其不善也岂特宫室哉？⑥巧匠为宫室，为圆必以规，为方必以矩，为平直必以准绳。功已就，⑦不知规矩绳墨，而赏匠巧匠之。宫室已成，⑧不知巧匠，而皆曰："善，此某君某王之宫室也。"此不可不察也。⑨人主之不通主道者则不然，自为人则不能，⑩任贤者则恶之，与不肖者议之。此功名之所以伤，⑪国家之所以危。⑫

① 召，请也。饮酒合乐为酣。

② 拜，谢也。乐已者，谓倡优也。

③ 有似于主人使之者也。

④【校】"其主"二字旧本不重，今据《困学纪闻》十所引补。

⑤ 奚，何也。

⑥ 特犹直也。

⑦ 就，成也。

【校】李本作"准"，别本作"準"。

⑧【校】《困学纪闻》"赏匠巧"下有"也"字，又有"巧"字。卢云："案'也'字当有，下'匠之'二字系衍文，当删。"

⑨ 察犹知也。

⑩【校】"自为人"疑是"自为之"。

⑪ 伤，败也。

⑫ 危，亡也。

枣，棘之有；裘，狐之有也。食棘之枣，衣狐之皮，先王固用非其有而己有之。汤、武一日而尽有夏、商之民，尽有夏、商之地，尽有夏、商之财。以其民安，而天下莫敢之危；[①]以其地封，而天下莫敢不说；以其财赏，而天下皆竞。[②]无费乎郁与岐周，而天下称大仁，称大义，通乎用非其有。[③]

①【校】"敢之"二字似当乙转。

② 竞，进也。

③ 通，达也。

白公胜得荆国，[①]不能以其府库分人。七日，石乞曰："患至矣。[②]不能分人则焚之，毋令人以害我。"白公又不能。[③]九日，叶公入，乃发太府之货予众，[④]出高库之兵以赋民，[⑤]因攻之。十有九日而白公死。国非其有也而欲有之，可谓至贪矣。不能为人，又不能自为，可谓至愚矣。譬白公之啬，若枭之爱其子也。[⑥]

① 杀令尹子西、司马子期而得荆国也。

② 石乞，白公臣也。

③ 不能焚之也。

④ 叶公，楚叶县大夫沈诸梁子高也。

⑤ 赋，予也。

⑥ 枭爱养其子，子长而食其母也。白公爱荆国之财而杀其身也。

卫灵公天寒凿池。[①]宛春谏曰："天寒起役，恐伤民。"[②]公曰："天寒乎？"宛春曰："公衣狐裘，坐熊席，陬隅有灶，[③]是以不寒。今民衣弊不补，履决不组。[④]君则不寒矣，民则寒矣。"公曰："善。"令罢役。左右以谏曰："君凿池，不知天之寒也，而春也知之。以春之知之也而令罢之，福将归于春也，[5]而怨将归于君。”公曰：“不然。夫春也，鲁国之匹夫也，而我举之，[6]夫民未有见焉，[7]今将令民以此见之。曰春也有善，于寡人有也，[8]春之善非寡人之善欤？”灵公之论宛春，可谓知君道矣。君者固无任，而以职受任。工拙，下也；赏罚，法也；君奚事哉？若是则受赏者无德，而抵诛者无怨矣，人自反而已。此治之至也。[9]

① 灵公，襄公之子。

② 伤，病也。

③【校】《新序·刺奢》篇“陬隅”作“陬隅”。

④【校】《新序》作“苴”。

⑤【校】《新序》“福”作“德”，《御览》三十四同。

⑥ 举，用也。

⑦ 未见其德。

⑧【校】“曰”，《新序》作“且”。

⑨ 抵，当也。

处 方

五曰：

凡为治必先定分，君臣父子夫妇。君臣父子夫妇六者当位，则下不逾节而上不苟为矣，少不悍辟而长不简慢矣。[1]

金木异任，水火殊事？阴阳不同，其为民利一也。[②]故异所以安同也，同所以危异也。[③]同异之分，贵贱之别，长少之义。此先王之所慎，而治乱之纪也。[④]

① 悍，凶也。辟，邪也。简，惰也。慢，易也。

② 六者皆所以为民用，故曰“为民利一也”。

③ 言同异更相成。

④ 圣人以治，乱人以乱，在所以由之也。

今夫射者仪豪而失墙，[①]画者仪发而易貌，[②]言审本也。[③]本不审，虽尧、舜不能以治。[④]故凡乱也者，必始乎近而后及远，必始乎本而后及末。[⑤]治亦然。[⑥]故百里奚处乎虞而虞亡，处乎秦而秦霸；[⑦]向挚处乎商而商灭，处乎周而周王。[⑧]百里奚之处乎虞，智非愚也；向挚之处乎商，典非恶也；无其本也。[⑨]其处于秦也，智非加益也；其处于周也，典非加善也；有其本也。[⑩]其本也者，定分之谓也。[⑪]

① 仪，望也。睎望毫毛之微，而不视堵墙之大，故能中也。

② 画者睎毫发，写人貌，仪之于象，不失其形，故曰“易貌”也。

③ 射必能中，画必象人，故曰“审本”。

④ 本，身；审，正也。身不正而欲治者，尧、舜且犹不能，况凡人乎？

⑤ 近喻小，远喻大也。为乱之君先小后大也。本谓身，末谓国也。詹何曰“未闻身乱而国治也”，故曰“始乎本而后及末”。

⑥ 未闻身治而国乱也，故曰“亦然”。

⑦ 虞公贪璧马之赂，不从其言，为晋所灭，故亡也。秦缪公用其谋而兼西戎，故霸也。

⑧ 向挚，纣之太史令也。纣不从其言而奔周，期年而纣灭，周武王用其谋而王天下也。

⑨ 本谓虞、商之君。身不治，自取灭亡也。

⑩ 有其本，言秦、周之君身正而治也。

⑪ 言其为君治理分定，不悖惑也。

齐令章子将而与韩、魏攻荆，荆令唐蔑将而应之。[1]军相当，六月而不战。齐令周最趣章子急战，其辞甚刻。[2]章子对周最曰："杀之免之，残其家，王能得此于臣。不可以战而战，可以战而不战，王不能得此于臣。"与荆人夹泚水而军，[3]章子令人视水可绝者，荆人射之，水不可得近。[4]有刍水旁者，告齐候者[5]曰："水浅深易知。荆人所盛守，尽其浅者也；所简守，皆其深者也。"候者载刍者与见章子。章子甚喜，因练卒以夜奄荆人之所盛守，果杀唐蔑。章子可谓知将分矣。

① 应，击也。

【校】"唐蔑"，《楚世家》作"唐昧"。"应之"旧作"拒之"，注"'拒'一作'应'"，梁仲子云"《水经·泚水注》引作'荆使唐蔑应之'"，则"应"字正是本文，今改正。

② 趣，督也。刻亦急也。

③【校】"泚"旧作"沘"，梁仲子云："旧本《水经》'沘水'，何氏焯改作'泚水'，注引此文。新校本从《汉·地理志》改作'比水'，引此作'夹比而军'。"

④ 近犹迫也。

⑤ 候，视也。

韩昭釐侯出弋，靷偏缓。[①]昭釐侯居车上，谓其仆："靷不偏缓乎？"其仆曰："然。"至，舍，昭釐侯射鸟，其右摄其一靷适之。[②]昭釐侯已射，驾而归。上车，选间[③]曰："乡者靷偏缓，今适，何也？"其右从后对曰："今者臣适之。"昭釐侯至，诘车令，[④]各避舍。[⑤]故擅为妄意之道虽当，贤主不由也。[⑥]

① 弋，猎也。《论语》曰"戈不射宿"。

② 适犹等也。

③ 选间犹选顷也。

④ 诘，让也。

⑤【校】句上似当有"与右"二字。

⑥ 由，用也。

今有人于此，擅矫行则免国家，利轻重则若衡石，为方圜则若规矩，此则工矣巧矣，而不足法。[①]法也者，众之所同也，贤不肖之所以其力也。[②]谋出乎不可用，[③]事出乎不可同，此为先王之所舍也。[④]

① 巧而不足法者，以其不循规矩故也。

②【校】"其力"疑当作"共力"。

③【校】旧校云："一作'行'。"

④ 舍而不为也。

慎小

六曰：

上尊下卑。卑则不得以小观上。① 尊则恣，恣则轻小物，② 轻小物则上无道知下，下无道知上，上下不相知则上非下，下怨上矣。人臣之情，不能为所怨；③ 人主之情，不能爱所非。④ 此上下大相失道也。故贤主谨小物以论好恶。⑤ 巨防容蝼而漂邑杀人，⑥ 突泄一熛而焚宫烧积，⑦ 将失一令而军破身死，⑧ 主过一言而国残名辱，为后世笑。⑨

① 观，视也。上，君也。

② 小物，凡小事也。

③ 不能为之竭力尽节也。

④ 方非罪之，何能爱也？

⑤ 好，善也。恶，恶也。

⑥ 巨，大；防，堤也。如堤有孔穴容蝼蛄，则溃漏窍决，至于漂没闾邑，溺杀人民也。

⑦ 灶突烟泄出，则火滥炎上，烧人之宫室积委也。

【校】“突”亦作“堗”。《广雅》：“灶窗谓之堗。”或谓“突”当作“宎”。案《说文》：“宎，深也，一曰灶突。”然则宎特灶突之一名，《说文》亦但云“一曰灶突”，不云“灶宎”，何得以“突”为“宎”之误？故今仍作“突”字。又“熛”旧本讹作“烟”，今从《日抄》改正。

⑧ 教令不当为失。失令不从，士无先登之心，而怀奔北之志，故军破败，将见禽获而身死也。

⑨ 主过一言犹将失一令，故国残亡，恶名著闻，以自污辱，乃为后世之

人所非笑也。

卫献公戒孙林父、甯殖食。[①]鸿集于囿，虞人以告，[②]公如囿射鸿。二子待君，日晏，公不来至。[③]来，不释皮冠而见二子。二子不说，逐献公，立公子黚。[④]

① 林父，孙文子也。甯殖，惠子也。

② 畜禽兽大曰苑，小曰囿。虞人，主囿之官也。以告，以鸿告也。

③ 晏，暮也。

④《传》曰："卫人立公孙剽，孙林父、甯殖相之。"此云立公子黚，复误矣。案《卫世家》，公子黚乃灵公之子，太子蒯聩之弟也，是为悼公，于献公为曾孙也，焉得立之乎？

卫庄公立，欲逐石圃。[①]登台以望，见戎州而问之曰："是何为者也？"侍者曰："戎州也。"[②]庄公曰："我姬姓也，戎人安敢居国？"使夺之宅，残其州。晋人适攻卫，戎州人因与石圃杀庄公，立公子起。[③]此小物不审也。[④]人之情不蹶于山，[⑤]而蹶于垤。[⑥]

① 庄公，灵公之子蒯聩也。石圃，卫卿石恶之子也。蒯聩在外，圃不欲纳之，故立而逐之也。

② 戎州，戎之邑也。

③ 公子起，卫灵公子，庄公之弟也。

④ 审，慎也。

⑤ 蹶，踬颠顿也。

⑥ 垤，蚁封也。蚁封卑小，人轻之，故踬颠也。

齐桓公即位，三年三言，而天下称贤，群臣皆说。去肉食之兽，去食粟之鸟，去丝罝之网。[①]

① 是三言也。

吴起治西河，欲谕其信于民，[①]夜日置表于南门之外，[②]令于邑中曰："明日有人能偾南门之外表者，仕长大夫。"[③]明日日晏矣，莫有偾表者。[④]民相谓曰："此必不信。"[⑤]有一人曰："试往偾表，不得赏而已，何伤？"[⑥]往偾表，来谒吴起。[⑦]吴起自见而出，仕之长大夫。夜日又复立表，又令于邑中如前。邑人守门争表，表加植，不得所赏。[⑧]自是之后，民信吴起之赏罚。[⑨]赏罚信乎民，何事而不成，岂独兵乎？[⑩]

① 吴起，卫人也，为魏武侯西河守。谕，明也。

② 置，立也。表，柱也。

③ 偾，僵也。长大夫，上大夫也。

【校】"能"字旧本缺，孙据《纪闻》十补，《御览》四百三十同。

④ 莫，无也。

⑤ 不信其有赏也。

⑥ 言不敢必得其赏也。

【校】"而已"，《纪闻》作"则已"。言纵不得赏，非有害也。注不得解。

⑦ 谒，告也。

⑧ 如前，与前令同也。邑人贪赏，争往偾表，表深植而不能偾，不得其所赏也。

⑨ 吴起赏罚不欺民，民信之也。

⑩ 言非独信用兵以成功也，大信用赏罚以成事，故使秦人不敢东向犯盗西河也。

【校】旧校云："'岂独兵乎'一作'非独兵也'。"案：注"大"，刘本作"亦"。

第二十六卷　士容论

士　容

一曰：

士不偏不党，柔而坚，虚而实。[①]其状朖然不儇，若失其一。[②]傲小物而志属于大，[③]似无勇而未可恐狼，[④]执固横敢而不可辱害，[⑤]临患涉难而处义不越，[⑥]南面称寡而不以侈大，[⑦]今日君民而欲服海外，节物甚高而细利弗赖，[⑧]耳目遗俗而可与定世，[⑨]富贵弗就而贫贱弗朅，[⑩]德行尊理而羞用巧卫，[⑪]宽裕不訾而中心甚厉，[⑫]难动以物而必不妄折，[⑬]此国士之容也。[⑭]

① 而，能也。

② 一谓道也。能柔坚虚实之士，其状貌朖然舒大，不儇给巧伪为之，畏失其道也。

③ 傲，轻也。轻略丛脞翳薉之事，而志属连于有大成功也。

④ 未可恐以非义之事也。

⑤ 狼，贪兽也。所搏执坚固。横犹勇敢。之士若此者不可辱，亦不可害也。

【校】注“犹”疑“犷”。

⑥ 越，失也。

⑦ 南面，君位也。孤寡，谦称也。士之如此者，使即南面之君位，亦处义而已，不以奢侈广大也。

【校】注“位”字阙，今案文义补。

⑧ 海外，四海之外。而欲服之，化广大也。节物，事也。行事甚高，细小之利不恃赖之也。

⑨ 耳目视听，礼义是则，故能遗弃流俗，可与大定于一世也。

⑩ 轻富贵，甘贫贱。

【校】朅，去也。宋玉《九辩》云“车既驾兮朅而归”。

⑪ 尊重道理而行，羞以巧媚自荣卫也。

【校】注“荣”疑“营”。

⑫ 不訾，毁败人也。甚厉，至高远也。

⑬ 不为物动，唯义所在，不妄屈折也。

⑭ 容犹法也。

齐有善相狗者，其邻假以买取鼠之狗。[①] 期年乃得之，曰：“是良狗也。”其邻畜之数年，而不取鼠，以告相者。相者曰：“此良狗也。其志在獐麋豕鹿，不在鼠。欲其取鼠也则桎之。”其邻桎其后足，[②] 狗乃取鼠。[③] 夫骥骜之气，鸿鹄之志，有谕乎人心者，诚也。人亦然，诚有之则神应乎人矣。言岂足以谕之哉？此谓不言之言也。[④]

① 假犹请也。请善相狗者买取鼠之狗也。

【校】旧校云：“一本作‘其邻借之买鼠狗’。”借犹请也。今案：《御览》九百五作“其邻藉之买鼠狗”，则当作“藉”字。

② 桎，械也。著足曰桎，著手曰梏。

③【校】旧校云：“一本作‘狗则取鼠矣’。”

④ 不言之言，以道化也。

客有见田骈者，[①] 被服中法，进退中度，趋翔闲雅，辞令逊敏。② 田骈听之毕而辞之。③ 客出，田骈送之以目。④ 弟子谓田骈曰："客士欤？"田骈曰："殆乎非士也。⑤ 今者客所弇敛，士所术施也；士所弇敛，客所术施也。⑥ 客殆乎非士也。"故火烛一隅，则室偏无光；⑦ 骨节早成，空窍哭历，身必不长；⑧ 众无谋方，乞谨视见，多故不良；⑨ 志必不公，⑩ 不能立功；⑪ 好得恶予，国虽大不为王，⑫ 祸灾日至。故君子之容，纯乎其若钟山之玉，桔乎其若陵上之木，⑬ 淳淳乎慎谨畏化而不肯自足，⑭ 乾乾乎取舍不悦而心甚素朴。⑮

① 田骈，齐人也，作《道书》二十五篇。

② 逊，顺也。敏，材也。

③ 辞，遣也。

④ 以目送而视之也。

⑤ 殆，近也。

⑥【校】旧校云："'术'皆当作'述'。"今案：古亦通用。

⑦ 烛，照也。偏，半也。

⑧ 长，大也。

⑨ 良，善也。

⑩ 公，正也。

⑪ 立，成也。

⑫ 好得，厚敛也。恶予，悋啬也。多藏厚亡，故必不为王。

⑬ 纯，美也。钟山之玉，燔以炉炭，三日三夜，色泽不变。陵上之木鸿且大，皆天性也。君子天性纯敏，故以此为喻也。

⑭ 化，教也。常畏而奉之，不肯自足。其智思以事，必问详而后行之也。

⑮ 乾乾，进不倦也。取舍不悦，常敬慎也。心甚素朴，精洁专一，情不散欲也。

唐尚敌年为史，[①]其故人谓唐尚愿之，[②]以谓唐尚。唐尚曰："吾非不得为史也，羞而不为也。"其故人不信也。[③]及魏围邯郸，唐尚说惠王而解之围，以与伯阳，[④]其故人乃信其羞为史也。居有间，其故人为其兄请。[⑤]唐尚曰："卫君死，吾将汝兄以代之。"其故人反兴再拜而信之。夫可信而不信，不可信而信，此愚者之患也。[⑥]知人情不能自遗，以此为君，虽有天下何益？[⑦]故败莫大于愚。愚之患，在必自用，自用则戆陋之人从而贺之。有国若此，不若无有。古之与贤从此生矣。[⑧]非恶其子孙也，非徼而矜其名也，反其实也。[⑨]

① 史，国史也。

② 故人者，唐尚知旧也。以唐尚明习天文宿度，审咎徵之应，故为愿之也。

③ 不信其羞为史。

④ 惠王，魏文侯之孙，武侯之子，孟子所见梁惠王也。解邯郸围也。以与伯阳，以伯阳邑资之也。

⑤ 请于唐尚，欲仕其兄。

⑥ 可信，谓唐尚羞为史。不可信，谓唐尚欲以其兄代卫君。卫君不可得也，而信为可得，故曰"不可信而信也"。患者，犹病也。

⑦ 不能自遗亡其贪欲之情，必危亡也，故曰"虽有天下何益"。

⑧ 古人传位于贤，以子不肖，不可予也。

⑨ 徼，求也。矜，大也。以国予贤则兴，子孙不肖，予其国必灭亡，故曰"反其实也"。

务　大

二曰：

尝试观于上志，[①]三王之佐，其名无不荣者，[②]其实无不安者，功大故也。[③]俗主之佐，其欲名实也与三王之佐同，[④]其名无不辱者，其实无不危者，无功故也。[⑤]皆患其身不贵于其国也，而不患其主之不贵于天下也，此所以欲荣而逾辱也，[⑥]欲安而逾危也。

① 上志，古记也。

② 荣，显也。

③ 实犹终也。

④ 同，等也。

⑤ 无大功故也。

⑥ 逾，益也。

孔子曰：燕爵争善处于一屋之下，母子相哺也，区区焉相乐也，[①]自以为安矣。灶突决，上栋焚，燕爵颜色不变，是何也？不知祸之将及之也。不亦愚乎？[②]为人臣而免于燕爵之智者寡矣。夫为人臣者，进其爵禄富贵，父子兄弟相与比周于一国，区区焉相乐也。而以危其社稷，其为灶突近矣，而终不知也，其与燕爵之智不异。故曰：天下大乱，无有安国；一国尽乱，无有安家；一家尽乱，无有安身。此之谓也。故细之安，[③]必待大；大之安，必待小。[④]细大贱贵，交相为赞，[5]然后皆得其所乐。[6]

① 区区，得志貌也。

【校】“区区”当作“呕呕”，下同。前《谕大》篇作“姁姁”。

②【校】“及之”当作“及己”。

③ 细，小也。

④ 言相须也。

【校】两“待”字，前《谕大》篇俱作“恃”，下“赞”字亦作“恃”。

⑤ 交，更也。赞，助也。

⑥ 乐，愿也。

薄疑说卫嗣君以王术，[1]嗣君应之曰：“所有者千乘也，愿以受教。”[2]薄疑对曰：“乌获奉千钧，又况一斤？”[3]杜赫以安天下说周昭文君，[4]昭文君谓杜赫曰：“愿学所以安周。”[5]杜赫对曰：“臣之所言者不可，则不能安周矣；臣之所言者可，则周自安矣。”[6]此所谓以弗安而安者也。[7]

① 嗣君，卫平侯之子也，秦贬其号曰君。

② 卫君国之赋，兵车千乘耳。王者万乘，故愿以受教也。

【校】案：《淮南·道应训》“所有”上有“予”字。此注非是。愿以受教者，愿以千乘之国受教也。薄疑之对，以千钧谕王术，一斤喻治国。言王术可为，于治国乎何有？注皆不得本意。

③ 千钧，三万斤也。喻卫君之贤，为王术，若乌获之力以举一斤，言其易也。

【校】《淮南》“奉”作“举”。

④ 杜赫，周人杜伯之后也。周昭文君，周分为二，东周之君也。

⑤ 以，用也。

⑥ 所言安行仁与义也。

⑦ 当昭文君时，人不安行仁义，而仁义不行也。然仁义，必安之本也，故曰“以弗安而安者也”。

郑君问于被瞻曰：“闻先生之义，不死君，不亡君，信有之乎？”[①]被瞻对曰：“有之。夫言不听，道不行，则固不事君也。若言听道行，又何死亡哉？”[②]故被瞻之不死亡也，贤乎其死亡者也。[③]

① 郑君，穆公也。被瞻事郑文公，故穆公即位，问瞻所行之义信不乎？

② 言从贤臣之言，不死亡也。

③ 使君无道，臣不能正，乃死亡耳。被瞻言听道行，不死不亡，故曰“贤乎死亡者也”。

昔有舜欲服海外而不成，既足以成帝矣。禹欲帝而不成，既足以王海内矣。汤、武欲继禹而不成，既足以王通达矣。五伯欲继汤、武而不成，既足以为诸侯长矣。孔、墨欲行大道于世而不成，既足以成显荣矣。夫大义之不成，既有成已，故务事大。

上　农

三曰：

古先圣王之所以导其民者，先务于农。民农非徒为地利也，贵其志也。民农则朴，朴则易用，易用则边境安，主位尊。[①]民农则重，重则少私义，[②]少私义则公法立，力专一。民农则其产复，[③]其产复则重徙，重徙则死其处而无二虑。[④]民舍本而事末则不令，[⑤]不令则不可以守，不可以战。[⑥]民舍本而事末则其产约，其产约则轻迁徙，轻迁徙则国家有患，皆有远志，无有居心。[⑦]民舍本而事末则好智，好智则多诈，多诈则巧法令，[⑧]以是为非，以非为是。

① 尊，重也。

【校】次“易用”，旧本脱“用”字，据《御览》七十七补，《亢仓子·农道》篇作“易用则边境安，安则主位尊”，又多“安则”二字。

②【校】“重”，《亢仓子》作“童”，亦如《大戴》之《王言》篇与《家语》“童”、“重”互异也。

③【校】《御览》“复”作“厚”，《亢仓子》作“複”，下并同。

④ 处，居。

⑤ 令，善。

⑥ 战，攻。

⑦ 居，安也。

⑧ 巧，读如巧智之巧。

【校】《亢仓子》有“巧法令则”四字在下句首。

后稷曰：“所以务耕织者，以为本教也。”是故天子亲率诸侯耕帝籍田，大夫、士皆有功业。[①]是故当时之务，农不见于国，[②]以教民尊地产也。[③]后妃率九嫔蚕于郊，桑于公田。是以春秋冬夏皆有麻枲丝茧之功，以力妇教也。[④]是故丈夫不织而衣，妇人不耕而食，男女贸功以长生，[5]此圣人之制也。[6]故敬时爱日，非老不休，[7]非疾不息，非死不舍。[8]

①《传》曰"王耕一发，班三之，庶人终于千亩"，故曰"皆有功业"也。

【校】"皆有功业"，《亢仓子》作"第有功级"。注"一发"，《周语》作"一墢"，此作"发"，讹。韦昭注："一墢，一耜之发也。"玩注意，似《亢仓子》本是。

② 当启蛰耕农之务，农民不见于国都也。《孟春纪》曰"王布农事，命田舍东郊"，故农民不得见于国也。

③ 地产，嘉谷也。

④ 力，任其力、效其功也。

【校】《亢仓子》作"劝人力妇教也"。

⑤ 贸，易也。

【校】"以长生"，《亢仓子》作"资相为业"。

⑥ 制，法也。

⑦ 休，止也。

⑧ 舍，置也。

上田夫食九人，下田夫食五人，可以益，不可以损。[1]一人治之，十人食之，六畜皆在其中矣。此大任地之道也。故当时之务，不兴土功，不作师徒，庶人不冠弁[2]、娶妻、嫁女、享祀，不酒醴聚众，[3]农不上闻，不敢私籍于庸，为害于时也。然后制野禁，苟非同姓，[4]农不出御，[5]女不外嫁，以安农也。[6]野禁有五：地未辟易，不操麻，不出粪；[7]齿年未长，不敢为园囿；量力不足，不敢渠地而耕；[8]农不敢行贾，[9]不敢为异事。[10]为害于时也。然后制四时之禁：山不敢伐材下木，[11]泽人不敢灰僇，[12]缳网罝罦不敢出于门，罛罟不敢入于渊，[13]泽非舟虞，不敢缘名。为害其时也。[14]若民不力田，墨乃家畜。

① 损，减也。

② 弁，鹿皮冠。《诗》云“冠弁如星”。

【校】冠弁不见《诗考》，恐是字误。

③《礼》“取妇之家，三日不举乐；嫁女之家，三日不绝烛”，故不以酒醴聚众也。

④ 苟，诚也。

⑤ 御妻也。

⑥ 异姓之女不出闾邑而嫁也。

⑦ 出犹捐也。

⑧ 渠，沟也。

⑨ 守其疆亩也。

⑩ 异犹他也。

⑪ 伐，斫也。

⑫ 烧灰不以时多僇。

⑬ 罝，兽罟也。《诗》云“肃肃兔罝”。罟，鱼罟也。《诗》云“施罛涉涉，鳣鲔发发”。

⑭ 舟虞，主舟官。

国家难治，三疑乃极，[1]是谓背本反则，[2]失毁其国。凡民自七尺以上，属诸三官。[3]农攻粟，工攻器，贾攻货。[4]时事不共，是谓大凶。夺之以土功，是谓稽，不绝忧唯，必丧其秕。夺之以水事，是谓籥，丧以继乐，[5]四邻来虚。夺之以兵事，是谓厉，[6]祸因胥岁，不举铚艾。数夺民时，大饥乃来。野有寝耒，或谈或歌，旦则有昏，丧粟甚多。皆知其末，莫知其本真。[7]

①【校】义未详。

② 则,法也。

③ 三官,农、工、贾也。

④ 攻,治也。

⑤ 继,续也。

⑥ 厉,摩也。

⑦ 不敏也。

【校】三字疑亦正文。

任　地

四曰:

后稷曰:子能以窐为突乎?[1]子能藏其恶而揖之以阴乎?[2]子能使吾士靖而甽浴士乎?[3]子能使保湿安地而处乎?子能使雚夷毋淫乎?[4]子能使子之野尽为泠风乎?[5]子能使藁数节而茎坚乎?子能使穗大而坚均乎?[6]子能使粟圜而薄糠乎?子能使米多沃而食之强乎?无之若何?

① 窐,容污,下也。突,理出,丰高也。

② 阴犹润泽也。

③ “士”当作“土”。

【校】古“士”、“土”间亦通用。

④ 淫，延生也。

⑤ 泠风，和风，所以成谷也。

⑥《诗》云：“实发实秀，实坚实好。”此之谓也。

凡耕之大方：力者欲柔，柔者欲力；息者欲劳，劳者欲息；棘者欲肥，肥者欲棘；① 急者欲缓，缓者欲急；② 湿者欲燥，燥者欲湿。③ 上田弃亩，下田弃甽。五耕五耨，必审以尽。其深殖之度，阴土必得，大草不生，④ 又无螟蜮。⑤ 今兹美禾，来兹美麦。⑥ 是以六尺之耜，所以成亩也；其博八寸，所以成甽也；⑦ 耨柄尺，此其度也；⑧ 其耨六寸，所以间稼也。⑨ 地可使肥，又可使棘。人肥必以泽，⑩ 使苗坚而地隙；人耨必以旱，使地肥而土缓。⑪

① 棘，羸瘠也。《诗》云“棘人之栾栾”，言羸瘠也。土亦有瘠土。

② 急者，谓强垆刚土也，故欲缓。缓者，谓沙堧弱土也，故欲急。和二者之中，乃能殖谷。

③ 湿，谓下湿近污泉，故欲燥。燥，谓高明暵干，故欲湿。不燥不湿，取其中适，乃成黍稷也。

④ 草，秽也。

⑤ “蜮”，或作“螣”。食心曰螟，食叶曰蜮。兖州谓蜮为螣，音相近也。

【校】惠氏栋云：“‘蜮’，当为‘蟘’。”

⑥ 兹，年也。

⑦ 耜六尺，其刃广八寸。古者以耜耕，广六尺为亩，三尺为甽，辽西之人谓之“堵”也。

【校】《周礼》“广尺深尺曰𤰝”，此云“三尺”，黄东发谓于正文不合。其言曰："耜者，今之犁，广六尺，旋转以耕土，其块彼此相向，亦广六尺，而成一疄，此之谓亩。而百步为亩，总亩之四围总名。'其博八寸，所以成甽'者，犁头之刃，逐块随刃而起，其长竟亩，其起而空之处与刃同其阔，此之谓甽。"案此所云，则与《周礼》相近。"堵"，字书无考。

⑧ 度，制也。

⑨ 耨，所以耘苗也。刃广六寸，所以入苗间也。

⑩ 地耕熟则肥，肥即得谷多，不则瘠，瘠则得谷少，故曰"可使"也。人肥则颜色润泽。

⑪ 缓，柔也。

草諯大月。①冬至后五旬七日，菖始生。②菖者，百草之先生者也。于是始耕。③孟夏之昔，杀三叶而获大麦。④日至，苦菜死而资生，⑤而树麻与菽，⑥此告民地宝尽死。凡草生藏日中出，豨首生而麦无叶，⑦而从事于蓄藏，⑧此告民究也。⑨五时见生而树生，见死而获死。⑩天下时，地生财，不与民谋。⑪

① 大月，孟冬月也。

② 菖，菖蒲，水草也，冬至后五十七日而挺生。

③《传》曰"土发而耕"，此之谓也。

④ 昔，终也。三叶，荠、亭历、菥蓂也，是月之季枯死，大麦熟而可获。大麦，旋麦也。

【校】《初学记》二十七引《吕氏》"孟夏之山百谷三叶而获大麦"。

⑤ 菜名也。

【校】"资"疑即"薋"，蒺藜也。

⑥ 树，种也。菽，豆也。

⑦ 凡草，庶草也。日中，春分也。众草生而出也。豨首，草名也，至其

生时，麦无叶，皆成熟也。

⑧ 藏之于仓也。

⑨ 究，毕也。刈麦毕也。

⑩ 五时，五行生杀之时也。见生，谓春夏种稼而生也。见死，谓秋冬获刈收死者也。

⑪ 天降四时，地出稼穑，自然之道也，故曰"不与民谋"。

有年瘗土，无年瘗土。[①]无失民时，无使之治下。知贫富利器，皆时至而作，渴时而止。[②]是以老弱之力可尽起，[③]其用日半，其功可使倍。[④]不知事者，时未至而逆之，时既往而慕之，[⑤]当时而薄之，[⑥]使其民而郄之。[⑦]民既郄，乃以良时慕，此从事之下也。操事则苦，不知高下，民乃逾处。种稑禾不为稑，种重禾不为重，[⑧]是以粟少而失功。[⑨]

① 祭土曰瘗。年，谷也。有谷祭土，报其功也。无谷祭土，禳其神也。

【校】"禳"，旧作"让"，讹，赵改正。

② 利用之器，有其时而为之，无其时而止之。

③【校】《亢仓子》作"可使尽起"。

④ 一辟曰倍。

【校】注"一辟"疑是"一倍"。

⑤ 慕，思也。

⑥ 薄，轻也，言不重时也。"薄"或作"怠"。

⑦ 郄，逆之也。

⑧ 晚种早熟为稑，早种晚熟为重。《诗》云："黍稷重稑，植穉菽麦。"此之谓也。

⑨ 不当其时，故粟少也。食之少气力，故曰"少而失功"也。

辩　土

五曰：

凡耕之道，必始于垆，[①]为其寡泽而后枯；[②]必厚其靹，[③]为其唯厚而及。𩞄[④]者荎之，坚者耕之，泽其靹而后之；上田则被其处，下田则尽其污。无与三盗任地：夫四序参发，大甽小亩，为青鱼胠，苗若直猎，地窃之也。既种而无行，耕而不长，则苗相窃也。弗除则芜，[⑤]除之则虚，[⑥]则草窃之也。故去此三盗者，而后粟可多也。

① 垆，埴垆地也。

② 言土燥湿也。

【校】注“燥湿”下疑当有一“均”字。

③ 厚，深也。

【校】靹，音义缺。

④ “𩞄”或作“选”。

【校】梁仲子云：“‘𩞄’，疑即‘餢’字。《集韵》‘饱，或从缶’。”荎，音义并缺。

⑤ 芜，秽也。

⑥ 虚，动稼根。

所谓今之耕也，营而无获者。[①]其早者先时，晚者不及时，寒暑不节，稼乃多菑实。其为亩也，高而危则泽夺，陂则埒，见风则橛，[②]高培则拔，[③]寒则雕，[④]热则修，[⑤]一时而五六死，故不能为来。[⑥]不俱生而俱死，虚稼先死，[⑦]众盗乃窃。

望之似有余，就之则虚。[⑧]农夫知其田之易也，[⑨]不知其稼之疏而不适也；[⑩]知其田之际也，不知其稼居地之虚也。[⑪]不除则芜，除之则虚，此事之伤也。[⑫]故亩欲广以平，甽欲小以深，[⑬]下得阴，[⑭]上得阳，[⑮]然后咸生。[⑯]

① "获"或作"种"。

② 偃，仆也。

③ 培田侧也。

④ 雕，不实也。

⑤ 修，长也。

⑥ 来丕成也。

⑦ 虚，根不实。

⑧ 虚，不颖不栗。《诗》云"实颖实栗，有邰家室"也。

⑨ 易，治也。易，读如易纲之易也。

【校】注"易纲"，梁仲子疑是"易畤"。

⑩ 疏，希也，不中适也。

⑪ 虚，亦希也。

⑫ 伤，败也。

⑬【校】孙云："李善注《文选》王元长《策秀才文》'清甽泠风'引此'深'作'清'。"今案："深"字是，《亢仓子》作"甽欲深以端"。

⑭ 阴，湿也。

⑮ 阳，日也。

⑯ 咸，皆也。

稼欲生于尘，而殖于坚者。[①]慎其种，勿使数，亦无使疏。于其施土，无使不足，[②]亦无使有余。[③]熟有耰也，[④]必务其培。其耰也植，植者其生也必先。[⑤]其施土也均，均者其生也必坚。[⑥]是以亩广以平则不丧本，[⑦]茎生于地者五分之以地。[⑧]茎生有行，故速长；弱不相害，故速大。[⑨]衡行必得，纵行必术。正其行，通其风，[⑩]夬心中央，帅为泠风。[⑪]苗其弱也欲孤，[⑫]其长也欲相与居，[⑬]其熟也欲相扶。[⑭]是故三以为族，乃多粟。[⑮]

① 殖，长也。

② 土，壤也。

③ 余犹多也。

④ 稄，覆种也。

⑤ 先犹速也。

⑥ 坚，好也。

⑦ 本，根也。

⑧ 分，别也。

⑨ 速，疾也。

⑩ 行，行列也。

⑪ 夬，决也。心于苗中央。帅，率也。啸泠风以摇长之也。“夬”或作“使”。

【校】《选》注引作“夬必中央，师为泠风”，又引注云“必于苗中央，师师然肃泠风以摇长也”。

⑫ 弱，小也。苗始生小时，欲得其孤特疏数适中则茂好也。

⑬ 言相依植，不偃仆。

【校】旧本无“其”字，又注作“相依助不僵仆”，皆讹脱，今据《齐民要术》所引补正。《亢仓子》亦有“其”字。《要术》“居”作“俱”。今案《亢仓》作“居”，与此同。

⑭ 扶，相扶持，不可伤折也。

【校】《齐民要术》作“相扶持，不伤折”，此亦衍二字。

⑮ 族，聚也。

【校】《亢仓子》作“稼乃多谷”。

凡禾之患，不俱生而俱死。是以先生者美米，后生者为秕。[1]是故其耨也，长其兄而去其弟。[2]树肥无使扶疏，树垅不欲专生而族居。[3]肥而扶疏则多秕，[4]垅而专居则多死。[5]不知稼者，其耨也去其兄而养其弟，[6]不收其粟而收其秕，上下不安则禾多死，[7]厚土则孽不通，[8]薄土则蕃辐而不发。垆埴冥色，刚土柔种，免耕杀匿，使农事得。

① 秕，不成粟也。

② 养大杀小。

③ 专，独也。

④ 根扇迫也。

⑤ 专，独。不能自荫润其根，故多枯死也。

⑥ 杀其大者，养其小者也。

⑦【校】旧本“秕”作“粗”，下“不”字脱，并依《亢仓子》补正。

⑧ 壤深不能自达，故多孽死也。

审 时

六曰：

凡农之道，厚之为宝。斩木不时，不折必穗；[1]稼就而不获,[②]必遇天灾。[③]夫稼为之者人也,[④]生之者地也,养之者天也。是以人稼之容足,耨之容耨,据之容手。[⑤]此之谓耕道。

① 折犹坚也。

② 获,得也。

③ 灾,害也。

④ 为,治也。

⑤ 谓根苗疏数之间也。

【校】《亢仓子》作"耨之容耰,耘之容手"。

是以得时之禾,长稠长穗,大本而茎杀,[①]疏穖而穗大,[②]其粟圆而薄糠,[③]其米多沃而食之强。[④]如此者不风。[⑤]先时者,茎叶带芒以短衡,穗巨而芳夺,秮米而不香。[⑥]后时者,茎叶带芒而末衡,穗阅而青零,[⑦]多秕而不满。[⑧]

① "杀"或作"小"。本,根也。茎稍小,鼠尾桑条谷也。

② 穖,禾穗果蠃也。

③ 圆,丰满也。薄糠,言米大也。

④ 强,有势力也。

⑤ 风,落也。

⑥ "夺"或作"奋"字。

【校】旧校云:"'末'一作'小'。"案:《亢仓子》作"小茎"。

⑦ 青零,未熟而先落。

【校】"阅",《亢仓子》作"锐"。

⑧ 满,成也。

得时之黍，芒茎而徼下，穗芒以长，抟米而薄糠，舂之易，而食之不噮而香。[①] 如此者不饴。先时者，大本而华，茎杀而不遂，[②] 叶藁短穗。后时者，小茎而麻长，短穗而厚糠，小米钳而不香。[③]

【校】《亢仓》"穗"下有"不"字。

① 香，美也。噮，读如餲厌之餲。

【校】《御览》八百四十二作"餲"。窃疑上注"读如餲厌之餲"当在此句下。据《御览》，噮音北县切，決不当读餲也。

② 遂，长。

【校】"藁"，《御览》作"高"。

③ 小米故厚糠也。

【校】"米钳"，《御览》作"米令"，注云"令，新也"。

得时之稻，大本而茎葆，长桐疏穖，穗如马尾，大粒无芒，抟米而薄糠，舂之易而食之香。如此者不益。[①] 先时者，本大而茎叶格对，[②] 短桐短穗，多秕厚糠，薄米多芒。后时者，纤茎而不滋，厚糠多秕，庢辟米不得恃定熟，[③] 印天而死。

① 益，息也。

【校】旧校云："'益'一作'葿'。"案：《御览》八百三十九作"蕤"。注"益，息也"，义亦难晓。

② 对，等也。

③ 辟，小也。"恃"或作"待"。

【校】《御览》无"庢"字，字书无考，下作"辟米不大"，注止"辟小"二字，正文“得恃”及注“恃或作待”皆无。

得时之麻，必芒以长，疏节而色阳，小本而茎坚，厚枲以均，后熟多荣，日夜分复生。如此者不蝗。[①]

① 蝗虫不食麻节也。

得时之菽，长茎而短足，其荚二七以为族，多枝数节，竞叶蕃实，[①]大菽则圆，小菽则抟以芳，称之重，食之息以香。如此者不虫。[②]先时者，必长以蔓，浮叶疏节，小荚不实。后时者，短茎疏节，本虚不实。

① 二七，十四实也。

【校】“荚”旧讹作“芙”，今从《初学记》、《御览》改，下讹作“英”，亦并改。

② 虫不啮其荚芒也。

得时之麦，秱长而颈黑，二七以为行，而服，薄糕而赤色，称之重，食之致香以息，使人肌泽且有力。[①]如此者不蚼蛆。先时者，暑雨未至，[②]胕动，蚼蛆而多疾，[③]其次羊以节。后时者，弱苗而穗苍狼，薄色而美芒。

① “肌”或作“肥”。

② “至”或作“上”。

③ 胕动，病心。胕，读如疛。

【校】洪氏亮吉《汉魏音》引此注云：“胕读如疛。”案：“肘”如“疛”，音同，知“胕”“肘”本一字也。今本“疛”作“痛”，误，从旧本改正。《亢仓》“胕动”作

“胕肿”。

【校】案：苍狼，青色也。在竹曰“苍筤”，在天曰“仓浪”，在水曰“沧浪”，字异而义皆同。

是故得时之稼兴，[①]失时之稼约。[②]茎相若称之，得时者重，粟之多。量粟相若而舂之，得时者多米。量米相若而食之，[③]得时者忍饥。[④]是故得时之稼，其臭香，其味甘，其气章，[⑤]百日食之，[⑥]耳目聪明，心意睿智，[⑦]四卫变强，[⑧]殈气不入，身无苛殃。[⑨]黄帝曰：“四时之不正也，正五谷而已矣。”[⑩]

① 兴，昌也。

② 约，青病也。

③【校】旧校云：“一作‘以为食’。”

④ 忍犹能也。能，耐也。

⑤ 气，力也。章，盛也。

⑥“百日食之”者，食之百日也。

⑦ 睿，明也。

⑧ 四卫，四枝也。

⑨ 苛，病。殃，咎。

⑩ 五谷正时，食之无病，故曰“正五谷而已”。

吕氏春秋附考

序　说

《吕氏春秋·序意》：维秦八年，岁在涒滩，[1]秋，甲子朔，朔之日，良人请问十二纪。文信侯曰："尝得学黄帝之所以诲颛顼矣，爰有大圜在上，大矩在下，汝能法之，为民父母。盖闻古之清世，是法天地。凡十二纪者，所以纪治乱存亡也，所以知寿夭吉凶也。上揆之天，下验之地，中审之人，若此则是非可不可无所遁矣。天曰顺，顺维生；地曰固，固维宁；人曰信，信维听。三者咸当，无为而行。行也者，行其理也。行数，循其理，平其私。夫私视使目盲，私听使耳聋，私虑使心狂，三者皆私设精[2]则智无由公。智不公，则福日衰，灾日隆，以日倪而西望知之。"[3]

① 高诱注：秦始皇即位八年。

② 疑情。

③ 此《吕氏》十二纪原序，且其言近道，故以为冠冕。

《史记·吕不韦列传》：吕不韦者，阳翟大贾人也……太子政立为王，尊吕不韦为相国，号称"仲父"……当是时，魏有信陵君，楚有春申君，赵有平原君，齐有孟尝君，皆下士喜宾客以相倾。吕不韦以秦之强，羞不如，亦招致士，厚遇之，至食客三千人。是时诸侯多辩士，如荀卿之徒，著书布天下。吕不韦乃使其客人人著所闻，集论以为八览、六论、十二纪，二十余万言。以为备天地万物古今之事，号曰《吕氏春秋》。布咸阳市门，悬千金其上，延诸侯游士宾客有能增损一字者予千金。[①]

① 案：不韦著书之由，惟此最详且确。太史公曰："孔子之所谓'闻'者，其吕子乎！"真能灼见不韦本意。后之言《吕氏春秋》者多失之。

《十二诸侯年表》，吕不韦者，秦庄襄王相，亦上观尚古，删拾《春秋》，集六国时事，以为八览、六论、十二纪，为《吕氏春秋》。

《太史公自序》：不韦迁蜀，世传《吕览》。[①]

①《正义》曰：即《吕氏春秋》。

《汉书·司马迁传》：不韦迁蜀，世传《吕览》。[①]

① 苏林曰：《吕氏春秋》篇名八览、六论。

郑康成曰：《月令》……本《吕氏春秋》十二月纪之首章也。以礼家好事抄合之，后人因题之名曰《礼记》。[①]

①《三礼目录》。

又曰：吕氏说月令而谓之“春秋”，事类相近焉。[①]

①《礼运》注。

蔡邕曰：《周书》七十一篇，而《月令》第五十三。秦相吕不韦著书，取“月令”为纪号。淮南王安亦取以为第四篇，改名曰“时则”。故偏见之徒，或云“《月令》，吕不韦作”，或云“淮南”，皆非也。[①]

①《蔡中郎集》。

司马贞曰：八览者，《有始》、《孝行》、《慎大》、《先识》、《审分》、《审应》、《离俗》、《时君》也。[①]六论者，《开春》、《慎行》、《贵直》、《不苟》、《以顺》、《士容》也。[②]十二纪者，记十二月也，其书有《孟春》等纪。二十余万言，三十余卷也。[③]

① 本书作“恃”。

② 本书作“似”。

③《史记索隐》。

【校】案《汉志》及《隋》《唐志》皆“二十六”，此及《子钞》与《书录解题》俱作“三十”，误也。

唐马总曰：吕不韦，始皇时相国，乃集儒士为十二纪、八览、六论，暴于咸阳市，有能增损一字与千金。无敢易者。[①]

①《意林》。

宋黄震曰:《吕氏春秋》者,秦相吕不韦耻以贵显而不及荀卿子之徒著书布天下,使其宾客共著八览、六论、十二纪,窃名《春秋》。高诱为之训解。淳熙五年冬,尚书韩彦直为之序,谓:"士之传于天下后世者,非徒以其书。夫子之圣则书宜传,孟子之亚圣则书宜传。过是而以书传者,老聃以虚无传,庄周以假寓传,屈原以骚传,荀卿以刑名传,[①]司马迁以史传,扬雄以《法言》传,班孟坚以续史迁传。然概之孔、孟宜无传,而皆得并传者,其人足与也。《吕氏春秋》言天地万物之故,其书最为近古,今独无传焉,岂不以吕不韦而因废其书邪?愈久无传,恐天下无有识此书者,于是序而传之。"括苍蔡伯尹又跋其书之后曰:"汉兴,高堂生、后仓、二戴之徒取此书之十二纪为《月令》,河间献王与其客取其《大乐》、《适音》为《乐记》,司马迁多取其说为《世家》、《律历书》,孝武藏书以预九家之学,刘向集书以系《七略》之数。今其书不得与诸子争衡者,徒以不韦病也,然不知不韦固无与焉者也。"[②]

① 此句似有讹脱。或是"荀卿以性恶传,韩非以刑名传"。

②《黄氏日抄》。

宋高似孙曰:淮南王尚奇谋,募奇士,庐馆一开,天下隽绝驰骋之流无不雷奋云集,蜂议横起,瑰诡作新,可谓一时杰出之作矣。及观《吕氏春秋》,则淮南王书殆出于此者乎？不韦相秦，盖始皇之政也。始皇不好士，不韦则徕英茂，聚畯豪，簪履充庭，至以千计；始皇甚恶书也，不韦乃极简册，攻笔墨，采精录异，成一家言。吁！不韦何为若此者也？不亦异乎？《春秋》之言曰："十里之间，耳不能闻；帷墙之外，目不能见；三亩之间，心不能知。而欲东至开晤，南抚多鹦，西服寿靡，北怀儋耳，何以得哉？"[①]此所以讥始皇也，始皇顾不察哉！不韦以此书暴之咸阳门曰"有能损益一字者与千金"，人卒无一敢易者，是亦愚黔之甚矣。秦之士其贱若此，可不哀哉！虽然，是不特人可愚也，虽始皇亦为之愚矣！异时亡秦者，又皆屠沽负贩不一知书之人，呜呼！[②]

① 语见《任数》篇，"开晤"作"开梧"，"多鹦"作"多颗"。《意林》所载作"开悟"、"多鹦"也。

②《子略》。

宋马端临曰：《吕氏春秋》暴咸阳门，有能增损一字者予千金，时人无增损者。高诱以为非不能也，畏其势耳。昔《张侯论》为世所贵，崔浩《五经注》，学者尚之。二人之势犹能使其书传如此，况不韦权位之盛，学者安能牾其意而有所更易乎？诱之言是也。然十二纪者，本周公书，后置于《礼记》，善矣，而目之为吕令者，误也。[①]

①《文献通考》。

宋王应麟曰：《书目》……是书凡百六十篇，以月纪为首，故以“春秋”名书。十二纪篇首与《月令》同。[①]

①《玉海》。

元陈澔曰：吕不韦相秦十余年，此时已有必得天下之势，故大集群儒，损益先王之礼而作此书，名曰“春秋”，将欲为一代兴王之典礼也，故其间亦多有未见与《礼经》合者。其后徙死。始皇并天下，李斯作相，尽废先王之制，而《吕氏春秋》亦无用矣。然其书也，亦当时儒生学士有志者所为，犹能仿佛古制，故记礼者有取焉。[①]

①《礼记集说》。

明方孝孺曰：《吕氏春秋》十二纪、八览、六论，凡百六十篇。吕不韦为秦相时，使其宾客所著者也。太史公以为不韦徙蜀乃作《吕览》。夫不韦以见疑去国，岁余即饮鸩死，何有宾客，何暇著书哉？史又称不韦书成，悬之咸阳市，置千金其上，有易一字者辄与之。不韦已徙蜀，安得悬书于咸阳？由此而言，必为相时所著，太史公之言误也。[①]不韦以大贾乘势市奇货、致富贵而行不谨，其功业无足道者，特以宾客之书显其名于后世，况乎人君任贤以致治者乎？然其书诚有足取者，其《节丧》、《安死》篇讥厚葬之弊，其《勿躬》篇言人君之要在任人，《用民》篇言刑罚不如德礼，《达郁》、《分职》篇皆尽君人之道，切中始皇之病。其后秦卒以是数者偾败亡国，非知幾之士，岂足以为之哉？第其时去圣人稍远，论德皆本黄老，书出于诸人之所传闻，事多舛谬，如以桑谷共生为成汤，以鲁庄与颜阖论马，与齐桓伐鲁，鲁请比关内侯，皆非实事，而其时竟无敢易一字者，岂畏不韦势而然耶？然予独有感焉，世之谓严酷者，必曰秦法，而为相者，乃广致宾客以著书，书皆诋訾时君为俗主，至数秦先王之过无所惮，若是者皆后世之所甚讳，而秦不以罪。呜呼！然则秦法犹宽也。

① 本传不误。

卢文弨曰：《玉海》云："《书目》，是书凡百六十篇。"今书篇数与《书目》同。然《序意》旧不入数，则尚少一篇。此书分篇极为整齐，十二纪，纪各五篇；六论，论各六篇；八览，览当各八篇，今第一览止七篇，正少一。考《序意》本明十二纪之义，乃末忽载豫让一事，与《序意》不类，且旧校云"一作'廉孝'"，与此篇更无涉，即豫让亦难专有其名。[①] 因疑《序意》之后半篇俄空焉，别有所谓"廉孝"者，其前半篇亦简脱，后人遂强相附合，并《序意》为一篇，以补总数之缺。然《序意》篇首无"六曰"二字，后人于目中专辄加之，以求合其数，而不知其迹有难掩也。今故略为分别，正以明不敢妄作之意云耳。

① 黄氏震云"十二纪终而缀之以《序意》，主豫让"云，则在宋时本已如此，然以为主豫让者，其说亦误也。

卷 帙

《汉书·艺文志》杂家:《吕氏春秋》二十六篇,秦相吕不韦辑智略士作。

梁庾仲容《子钞》:《吕氏春秋》三十六卷。[①]

①《子略》。

《隋书·经籍志》杂部:《吕氏春秋》二十六卷,秦相吕不韦撰,高诱注。

马总《意林》:《吕氏春秋》二十六卷。

《旧唐书·经籍志》杂家:《吕氏春秋》二十六卷,吕不韦撰。

《新唐书·艺文志》杂家:《吕氏春秋》二十六卷,吕不韦撰,高诱注。

《文献通考·经籍》杂家:《吕氏春秋》二十卷。[①]

① 此脱"六字"。

《通志·艺文略》杂家:《吕氏春秋》二十六卷,秦相吕不韦撰,高诱注。

《郡斋读书志》杂家类:《吕氏春秋》二十六卷,右秦相吕不韦撰,后汉高诱注。

《直斋书录解题》杂家类:《吕氏春秋》三十六卷,秦相吕不韦撰,后汉高诱注。[①]

① 此与《子钞》卷数皆误。

《宋史·艺文志》杂家类:吕不韦《吕氏春秋》二十六卷,高诱注。

《国学典藏》丛书
已出书目

周易［明］来知德 集注
诗经［宋］朱熹 集传
尚书 曾运乾 注
礼记［元］陈澔 注
论语·大学·中庸［宋］朱熹 集注
孟子［宋］朱熹 集注
左传［战国］左丘明 著［晋］杜预 注
孝经［唐］李隆基 注［宋］邢昺 疏
尔雅［晋］郭璞 注
战国策［汉］刘向 辑录
［宋］鲍彪 注［元］吴师道 校注
国语［战国］左丘明 著
［三国吴］韦昭 注
徐霞客游记［明］徐弘祖 著
荀子［战国］荀况 著［唐］杨倞 注
老子［汉］河上公 注［汉］严遵 指归
［三国魏］王弼 注
庄子［清］王先谦 集解
列子［晋］张湛 注［唐］卢重玄 解
［唐］殷敬顺［宋］陈景元 释文
孙子［春秋］孙武 著［汉］曹操 等注
墨子［清］毕沅 校注
韩非子［清］王先慎 集解
吕氏春秋［汉］高诱 注［清］毕沅 校
管子［唐］房玄龄 注［明］刘绩 补注
淮南子［汉］刘安 撰
［汉］许慎 注
坛经 丁福保 笺注
世说新语［南朝宋］刘义庆 著
［南朝梁］刘孝标 注
山海经［晋］郭璞 注［清］郝懿行 笺疏
梦溪笔谈［宋］沈括 著
容斋随笔［宋］洪迈 著
困学纪闻［宋］王应麟 著
［清］阎若璩 等注
楚辞［汉］刘向 辑
［汉］王逸 注［宋］洪兴祖 补注
玉台新咏［南朝陈］徐陵 编
［清］吴兆宜 注
［清］程琰 删补
乐府诗集［宋］郭茂倩 编撰
唐诗三百首［清］蘅塘退士 编选
［清］陈婉俊 补注
宋词三百首［清］朱祖谋 编选
词综［清］朱彝尊 汪森 编
陶渊明全集［晋］陶渊明 著［清］陶澍 集注
王维诗集［唐］王维 著［清］赵殿成 笺注
孟浩然诗集［唐］孟浩然 著［宋］刘辰翁 评
李商隐诗集［唐］李商隐 著［清］朱鹤龄 笺注
杜牧诗集［唐］杜牧 著［清］冯集梧 注
李贺诗集［唐］李贺 著
［宋］吴正子 注［宋］刘辰翁 评
李煜词集（附李璟词集、冯延巳词集）
［南唐］李煜 著
柳永词集［宋］柳永 著
晏殊词集·晏幾道词集
［宋］晏殊 晏幾道 著
苏轼词集［宋］苏轼 著［宋］傅幹 注
黄庭坚词集·秦观词集
［宋］黄庭坚 著［宋］秦观 著
李清照诗词集［宋］李清照 著
辛弃疾词集［宋］辛弃疾 著
纳兰性德词集［清］纳兰性德 著
西厢记［元］王实甫 著［清］金圣叹 评点
牡丹亭［明］汤显祖 著
［清］陈同 谈则 钱宜 合评
长生殿［清］洪昇 著［清］吴人 评点
桃花扇［清］孔尚任 著［清］云亭山人 评点
古文辞类纂［清］姚鼐 纂集
古文观止［清］吴楚材 吴调侯 选注
文心雕龙［南朝梁］刘勰 著
［清］黄叔琳 注 纪昀 评
李详 补注 刘咸炘 阐说
人间词话·王国维词集 王国维 著

部分将出书目

（敬请关注）

仪礼
周礼
公羊传
穀梁传
说文解字
史记
汉书
后汉书
三国志
史通
颜氏家训
孔子家语
日知录
文选
李白诗集
杜甫诗集

上海古籍出版社
官方微信

《国学典藏》丛书
官方公众号